Ludger Pries
Soziologie

O.D.

Ludger Pries

Soziologie

Schlüsselbegriffe
Herangehensweisen
Perspektiven

2., überarbeitete Auflage

BELTZ JUVENTA

Der Autor

Ludger Pries, geb. 1953, Dr. phil., ist Professor für Soziologie an der Fakultät für Sozialwissenschaft, Ruhr-Universität Bochum. Seine Arbeits- und Forschungsschwerpunkte sind (international vergleichende) Organisations- und Arbeitssoziologie, Migrationssoziologie, Transnationalisierungsforschung.

1. Auflage 2014
2., überarbeitete Auflage 2016

Bibliografische Information der Deutschen Nationalbibliothek
Die Deutsche Nationalbibliothek verzeichnet diese Publikation in der Deutschen Nationalbibliografie; detaillierte bibliografische Daten sind im Internet über http://dnb.d-nb.de abrufbar.

MIX
Papier aus verantwortungsvollen Quellen
FSC® C089473

www.beltz.de · www.juventa.de
Druck und Bindung: Beltz Bad Langensalza GmbH, Bad Langensalza
Printed in Germany

ISBN 978-3-7799-3384-7

Inhalt

Vorwort zur zweiten Auflage

Dass bereits ein Jahr nach Erscheinen der Erstauflage eine zweite Auflage eines wissenschaftlichen Buches angezeigt ist, freut wohl jeden Autor und jede Autorin. Es ist aber vielleicht auch Ausdruck der schnelllebigen Zeit, in der Auflagen zunächst schlank kalkuliert und geplant werden. In dieser zweiten Auflage wurden ersichtliche Fehler korrigiert und an einigen Stellen (hoffentlich) verständlichere und präzisere Formulierungen eingefügt, die sich aus Hinweisen von Studierenden, Tutorinnen und Tutoren (dankbar bin ich besonders Daniel Diekmann und Kathrin Diekmann) sowie von Kerstin Rosenow-Williams und Hans-Jürgen Streicher ergaben.

Bochum, im August 2015
Ludger Pries

Vorwort zur ersten Auflage

Noch ein (deutschsprachiges) Einführungsbuch in die Soziologie!? Es gibt doch schon so viele – und auch viele gute!

Wohl kaum jemand hat sich diese Frage so häufig gestellt wie der Schreiber dieser Zeilen selbst. Letztlich hat die Überzeugung überwogen, dass der hiermit vorgelegte Text seine spezifische Berechtigung hat. Er beruht auf mehr als zehnjähriger Erfahrung mit Vorlesungen und begleitenden Seminaren für Diplom-, BA- und Master-Studierende, die in die Grundlagen der Soziologie und in soziologisches Denken einführen. Dieses Buch ist nicht nach den großen Themenbereichen der Soziologie (wie z.B. Joas 2007; Korte/Schäfers 2010; Meulemann 2012 oder Nassehi 2011), nach wesentlichen soziologischen Theorien (wie z.B. Treibel 2006; Abels 2009) oder entlang einer Mischung hieraus (Feldmann 2006; Henecka 2009; Huinink 2005; Korte 2004) aufgebaut. Es möchte vielmehr vor allem **die soziologische Denk- und Betrachtungsweise durch die Behandlung zentraler soziologischer Grundbegriffe vermitteln,** wobei drei unterschiedliche **Herangehensweisen** und drei soziologische **Perspektiven** eine Grundorientierung bieten sollen.[1]

1 In soziologische Schlüsselbegriffe führt auch das sehr gute Werk von Bahrdt (2003) ein, leider wurde dies (nach dem Tod des Autors 1994) nicht mehr weiter entwickelt. Man könnte auch andere Werke nennen wie z.B. das Büchlein „Denkweisen und Grundbegriffe der Soziologie. Eine Einführung“ der AG Soziologie, das immerhin 15

Für alle, die sich einen Überblick über die Soziologie und soziologisches Denken verschaffen möchten, mag nicht nur die Vielzahl an Einführungswerken, sondern auch die soziologischer Theorien, Gegenstände und speziellen Arbeitsbereiche verwirrend erscheinen. Man könnte die Soziologie ausgehend von einer bestimmten Theorie – etwa dem Symbolischen Interaktionismus oder der Systemtheorie – kennenlernen. Man könnte sich ihr auch über ein bestimmtes Themengebiet – etwa Familie oder Globalisierung – nähern. Das vorliegende Buch schlägt als Orientierungsrahmen die kritische Behandlung von soziologischen Schlüsselbegriffen in einer Matrixstruktur vor, die durch **drei Perspektiven** der Soziologie (auf soziales Handeln, soziale Ordnungen und sozialen Wandel) und **drei Herangehensweisen** (vom Individuum aus, von der Gesellschaft aus und von sozialen Verflechtungszusammenhängen aus) gebildet wird. Es eignet sich für BA- und MA-Studierende sowie für alle, die sich einen Überblick über die Soziologie als Fachdisziplin verschaffen wollen.

Der Leser und die Leserin[2] lernen soziologische Hauptbegriffe, wichtige Autoren und – in einem ersten Überblick – paradigmatische Betrachtungsweisen[3] kennen. Die Orientierung an Schlüsselbegriffen erscheint vor allem deshalb sinnvoll, weil fast alle Kernbegriffe der Soziologie auch in der Alltagssprache Verwendung finden. Daher will dieses Buch die Lesenden ausgehend von deren alltagsweltlichen Erfahrungsbezügen in die kritisch-soziologische Darstellung und Diskussion von spezifisch soziologischen Betrachtungsweisen einführen. Schon Max Weber, einer der Begründer der Soziologie, legte großen Wert auf präzise Begriffsdefinition und -reflexion und meinte: „Die scheinbar nutzlos ‚mühselige' Definition dieser Tatbestände

---

Auflagen erlebte, oder das aus dem Französischen übersetzte Buch „Soziologische Stichworte" von Boudon/Bourricaud (1992), welches eher ausgedehnte Schlagwörter in der Art eines Nachschlagewerkes integriert. Es wurden hier aber nur solche Soziologie-Einführungen berücksichtigt, die seit 2000 eine Überarbeitung oder zumindest eine Neuauflage erfahren haben. Man könnte bei den drei „Perspektiven" auf soziales Handeln, soziale Ordnungen und sozialen Wandel auch von „Gegenstandsbereichen" der Soziologie und bei den „Herangehensweisen" auch von „Betrachtungsebenen" sprechen – aber auch dies wäre nur ein anderer Begriffsgebrauch für die spezifische hier gewählte perspektivische Herangehensweise an die Soziologie.

2 Zum Zwecke der besseren Lesbarkeit wird in diesem Text auf geschlechtsspezifische Differenzierungen verzichtet.

3 Unter einem Paradigma kann man zunächst eine bestimmte Weltsicht, Denkweise oder Lehrmeinung verstehen; der Begriff wird in den Kapiteln 12 und 13 ausführlicher behandelt. Für einen ersten Blick ins soziologische Paradigmendorf vgl. http://de.wikibooks.org/wiki/Soziologische_Klassiker/_Das_soziologische_Dorf (Abruf 19.08.2015).

[sozialer Beziehungen, L.P.] ist ein Beispiel dafür: dass gerade das ‚Selbstverständliche' (weil anschaulich Eingelebte) am wenigsten ‚gedacht' zu werden pflegt." (Weber 1972[1922], S. 23).[4] Aus der Kombination der drei *Perspektiven* und der drei *Herangehensweisen* ergibt sich der in Tabelle 1.1 dargestellte Grundaufbau dieses Buches mit insgesamt neun Kernkapiteln. Diesen sind jeweils zwei einführende und zwei weiterführende Kapitel vor- bzw. nachgestellt.

Tabelle 1.1: Inhaltlicher Aufbau des Buches

Einführung	1.1 Überblick, Begriffe, Positionen			1
	1.2 Anthropologische Grundlagen			2
	Individuum	**Gesellschaft**	**Verflechtung**	
Soziales Handeln	2.1 Handeln, Sinn, Präferenzen, rationale Wahl	2.2 Werte, Normen, Rolle, Sozialisation	2.3 (Symbolische) Interaktion, Kommunikation	3, 4, 5
Soziale Ordnung	3.1 Identität, Habitus, Kultur, Soziale Gruppe	3.2 Gesellschaft, System, Institution	3.3 Lebenswelt, Praxis, Netzwerk, Organisation	6, 7, 8
Sozialer Wandel	4.1 Lebenslauf, Wertewandel, Migration	4.2 Gesellschaftswandel: Formen/Theorien	4.3 Konflikt, Macht, Soziale Bewegung	9, 10, 11
Ausblick	5.1 Denkschulen: Das Beispiel Soziale Ungleichheit			12
	5.2 Epistemologie, Methodologie, Methoden			13

Jedes Kapitel folgt dabei einer festen Struktur. Nach der Präsentation eines einführenden Beispiels folgt ein in drei bis fünf Teilabschnitte gegliederter Haupttext. Daran schließt ein kurzer Teil mit einer Zusammenfassung sowie Verständnis- bzw. Übungsfragen und weiterführender Literatur zum Kapitelthema an. In formaler Hinsicht ist das Buch so konzipiert, dass es als gedruckte Version gut lesbar ist und gleichzeitig als digitale Version voll in eine durch elektronische Medien gestützte Umwelt integriert werden kann. Entsprechend finden sich erläuternde Fußnoten im gedruckten Text und

4 In diesem Buch erfolgen Zitierungen nach dem jeweils gültigen, möglichst aktuellen und zuletzt revidierten Referenzerscheinungsjahr, in eckigen Klammern wird bei Klassikerwerken zur besseren Orientierung auch das Jahr der Ersterscheinung angegeben.

gleichzeitig Hyperlinks für bestimmte Begriffe und Sachverhalte. Die Texte in Zitaten wurden nicht an die neue Rechtschreibung angepasst, sondern in der jeweils gültigen Form belassen, dies wird in den Zitatquellenangaben ***nicht*** gesondert ausgewiesen; ausgewiesen werden aber mögliche Hervorhebungen oder Ergänzungen, die durch den Zitierenden (L.P.) vorgenommen wurden. Sofern es sich um Klassiker der Soziologie handelt, werden bei deren erster Nennung Geburts- und Todesjahr in Klammern angegeben. Hyperlinks verweisen auf soziologisch einschlägige Internetseiten, wobei Wikipedia-Seiten vom Autor geprüft wurden und nur dann verlinkt sind, wenn auf der Seite selbst oder vom Autor keine Überarbeitungserfordernisse angezeigt werden.

Ich danke Valentin Gube und Ayse Yildirir für die redaktionelle Assistenz bei der Erstellung dieses Buches sowie Martin Seeliger, Frank Thieme und den unzähligen Studierenden der Soziologie für ihre hilfreichen Fragen, Kritiken und Vorschläge.

Dankbar bin ich auch Frank Engelhardt und besonders Sabine Pröschel vom Beltz-Juventa-Verlag für das editorische Engagement bei der Vorbereitung der Buchpublikation – das ist leider in der heutigen Zeit keine Selbstverständlichkeit mehr.

Bochum, im Mai 2014
Ludger Pries

Kapitel 1
Soziologie als Wissenschaft

Kasten 1.1

Soziologische Regel:
Das Tier, welches am wenigsten weiß, was Wasser ist, ist der Fisch!

Dem Menschen ist seine alltägliche Lebenspraxis das Lebenselixier wie dem Fisch das Wasser – sie erscheint ihm als etwas Natürliches, ist aber vollständig sozial konstruiert.
Der Mensch ist ein durch und durch soziales, auf Interaktionsbeziehungen mit anderen Menschen, mit der Natur und mit sich selbst ausgerichtetes Wesen. Wie tief und weit diese Sozialität reicht, nehmen die Menschen in ihrer alltäglichen Lebenspraxis fast so wenig wahr, wie der Fisch weiß, dass er im Wasser schwimmt. Der soziologische Blick auf das Soziale und auf Vergesellschaftung kann von drei Positionen aus erfolgen: vom Einzelnen, von der Gesamtgesellschaft und von sozialen Verflechtungsbeziehungen her.
In diesem Kapitel wird erklärt, (1) in welchem gesellschaftlichen Zusammenhang sich die Soziologie als eigenständige Wissenschaft herausbildete, (2) wie man die Soziologie von anderen Wissenschaftsdisziplinen abgrenzen kann und (3) was ihr spezifischer Forschungs- und Erkenntnisgegenstand ist. Schon bei diesem dritten Teil wird sich zeigen, dass es trotz eines gemeinsamen Grundverständnisses durchaus sehr unterschiedliche Herangehensweisen und Denkschulen in der Soziologie gibt.

1.1 Praxisbeispiel und Grundidee

Alle Menschen leben nach und mit spezifischen sozialen Regeln und Mechanismen des Umgangs mit sich selbst, mit der Natur und mit den anderen Menschen. Diese sozialen Regeln und Mechanismen erscheinen ihnen so lange als fraglos gegeben und gleichsam *natürlich*, bis sie (irritiert) andere soziale Regeln und Mechanismen kennenlernen oder sich vorstellen können. Ein gutes Beispiel sind die Begrüßungsregeln. Es ist keine Menschengruppe bekannt, bei der das persönliche Zusammentreffen mit Anderen nicht ganz bestimmten sozialen Normen und Mechanismen unterliegt: Hut ziehen,

Hände schütteln, ein, zwei oder drei Küsschen auf die Wange, sich verbeugen, die Hand küssen, sich umarmen, bestimmte Formeln sagen, die Fäuste oder Schultern gegeneinander stoßen etc. Die für eine bestimmte Menschengruppe geltenden Begrüßungsregeln sind für sie selbstverständlich, kein Anlaß für Irritationen, sie werden in der alltäglichen Lebenswelt[5] (siehe Abschnitt 8.3) einfach mehr oder weniger unbewusst praktiziert. Aufmerksamkeit und bewusste Wahrnehmung erlangen Begrüßungsrituale, wenn sie nicht zum eigenen alltagspragmatischen Repertoire gehören oder gar unbekannt sind. Das folgende Foto verdeutlicht diesen Sachverhalt (siehe Abbildung 1.1).

Abbildung 1.1: Traditionaller Nasengruß (Hongi) der Maori auf Neuseeland
(Quelle: http://de.wikipedia.org/wiki/Hongi)

Das Bild zeigt keineswegs zwei Kämpfer, die sich erschöpft vor dem letzten entscheidenden Hieb gegenseitig stützen. Vielmehr sehen wir einen Soldaten der US-amerikanischen Armee und einen Maori-Krieger bei dem für die Maori typischen Begrüßungsritual des Hongi. Der Hongi oder Nasengruß ist Teil einer recht differenzierten Begrüßungszeremonie der Ureinwohnern Neuseelands, der Maori. Die Grüßenden rücken hierbei Stirn und Nase aneinander, sagen „HM-HM" und atmen hörbar aus. Auch ein Nasenkuss wird gegeben, um miteinander den Atem zu teilen. Für die Maori – und wohl für viele andere Menschen auch – ist dies etwas Spirituelles, der Begrüßte wird dadurch vom Fremden zum Freund. Ein ähnliches Begrüßungsritual ist

5 Verlinkungen im Text und Hyperlinks in den Fußnoten: eingesehen am 19.05.2014

übrigens auch auf Hawaii bekannt.[6] Auch in vielen arabischen Ländern ist es bei der Begrüßung wichtig, sich zu umarmen und den Atem des Gegenübers zu spüren. Dies gilt aber nur für Männer, selbst dann, wenn sie sich vorher nicht gekannt haben. Frauen dagegen dürfen von Personen, die nicht zur engeren Familie gehören, bei der Begrüßung nicht einmal berührt werden. In Indien leitet sich der Name der Unberührbaren davon ab, dass die so Bezeichneten von den anderen sozialen Gruppen als die absoluten Underdogs angesehen werden, die alle schmutzigen Arbeiten ausführen müssen und deswegen nicht angefasst werden sollten. Es sind also nicht die absolut oben, sondern die absolut unten in der Hierarchie Stehenden, die als unberührbar bezeichnet werden (Prashad 2000).

Völlig undenkbar wäre so etwas wie der Hongi oder eine Umarmung – wie sie inzwischen in vielen europäischen Ländern bei Frauen und auch bei Männern üblich geworden ist – in einem Land wie Japan. Dort wird eine so starke körperliche Annährung als große Irritation wahrgenommen. Begrüßungsrituale in Japan und auch anderen asiatischen Ländern sind durch relativ strikte und vergleichsweise große Entfernungen zwischen den beiden Sich-Begrüßenden bestimmt. Nicht nur der Raumabstand zwischen den Sich-Begrüßenden, sondern auch die Form der Begrüßung – ob Handschlag, Verbeugung, ein, zwei oder drei Wangenküsschen oder der Nasenkuss der Maori – sind gesellschaftlich vorgeprägt. All diese Aspekte variieren nicht nur zwischen Ländern und Kulturen, sondern auch nach Alter, Geschlecht, Lebensstil und anderen sozial relevanten Merkmalen. Schließlich ändern sich die Begrüßungsrituale auch innerhalb ein und derselben sozialen Gruppe im Laufe der Zeit. So galt für Männer in Deutschland noch bis in die 1960er-Jahre, dass sie möglichst mit einer Kopfbedeckung das Haus zu verlassen hätten und bei der Begrüßung von Bekannten und Unbekannten den Hut ziehen sollten. Fünfzig Jahre später behalten Männer, sofern sie überhaupt eine Kopfbedeckung tragen, ihre Baseball- oder Wollmütze am liebsten auch nachts im Bett noch auf – zumindest in universitären Lehrveranstaltungen kämen sie kaum auf die Idee, sie abzunehmen.

Die Beispiele dieser so unterschiedlichen Begrüßungsrituale führen unmittelbar in das Zentrum der Soziologie. Eine alltägliche Lebenspraxis, die allen Menschen auf der Welt im Laufe ihrer Erziehung und **Sozialisation** (siehe Abschnitt 4.5) geradezu eingeimpft und zur nicht mehr hinterfragten alltäglichen Routine wird, diese alltägliche und als fraglos gegebene Lebenspraxis variiert bei genauerem Hinsehen *zwischen* verschiedenen Gesellschaf-

---

6 Fong 1994; vgl. zu Begrüßungsritualen in vergleichender Perspektive allgemein Firth 1972 und Duranti 1997.

ten, nach sozialen Gruppen und im Laufe der Zeit auch *innerhalb* von Gesellschaften. Für die Mitglieder einer bestimmten sozialen Gruppe gilt eine bestimmte Begrüßungsform als völlig normal, als quasi natürlich, als nicht infrage gestelltes Verhalten. Solange diese Menschen keine anderen Begrüßungspraktiken kennenlernen, haben sie davon so wenig Ahnung wie der Fisch vom Wasser – sie können sie schlicht nicht als etwas Besonderes wahrnehmen. Im Vergleich mit anderen Gruppen und im zeitlichen Vergleich erst erweisen sich Begrüßungsrituale durchaus als sehr variabel. Wenn der Fisch feststellt, dass es andere Lebens(um)welten als Wasser gibt, ist es um ihn schon geschehen, er muss an der Luft geradezu ersticken. Nehmen dagegen Menschen andere als die ihnen zunächst als *natürlich* gegeben erscheinenden Begrüßungsformen wahr, dann dürften sie in der Regel irritiert sein – so wie bei uns noch heute der Nasengruß der Maori Irritationen auslösen mag.

Begrüßungsrituale sind wichtiger Bestandteil der sozialen Beziehungen zwischen Menschen, sie sind nicht genetisch fixiert und angeboren, sondern werden sozial vererbt und durch Lernen erworben. Dies führt direkt zum Kern der Soziologie: Es geht um **soziale Beziehungen** (siehe Kapitel 3) zwischen Menschen, um Alltagspraktiken und festgelegte Routinen des Umgangs der Menschen mit sich selbst, mit der Natur und mit anderen Menschen; es geht um soziale **Verflechtungszusammenhänge**[7] und Gruppenstrukturen (siehe Kapitel 8), und es geht um gesellschaftliche **Institutionen** (siehe Kapitel 7) (wie z.B. Begrüßungsregeln) als komplexe Handlungsprogramme, die das Leben, Verhalten und Handeln größerer Menschengruppen strukturieren. Die Soziologie interessiert sich dabei für die sozialen Beziehungen, Verflechtungszusammenhänge und Institutionen, die das menschliche Leben wesentlich strukturieren und nicht biologisch-genetisch fixiert sind, sondern die sich als **Kultur** (siehe Kapitel 6) im Laufe der Menschheitsgeschichte (phylogenetisch) und des individuellen Lebenslaufes (ontogenetisch) durch die Menschen selbst, ihre Interventionen in der Natur und ihre Interaktionen untereinander entwickelt haben (siehe Kapitel 2).

Wie das Beispiel der Begrüßungsrituale zeigt, haben diese kulturellen Erscheinungsformen menschlichen Lebens oft eine solche Wirkungsmächtigkeit und Selbstverständlichkeit, dass sie als gleichsam festes und *natürliches* Inventar, als unverrückbare „soziale Tatsachen" (Émile Durkheim) im Alltagsleben ihren Platz haben. Die Soziologie analysiert diese starken Regelmäßigkeiten des sozialen Lebens, aber auch deren Gewordenheit und Konstruk-

---

7 Der in dieser Einführung in die Soziologie zentral gestellte Begriff der Verflechtung und sozialen Verflechtungszusammenhänge geht auf Norbert Elias zurück, für den soziale Figurationen jedweder Art aus der Verflechtung der Handlungen einer Gruppe interdependenter Individuen bestehen (vgl. Elias 1986: 139ff).

tion durch soziales Handeln. Damit beschäftigt sich die Soziologie mit einem Gegenstand, den zunächst einmal jeder Mensch kennt bzw. glaubt zu kennen. Alle Menschen leben in sozialen Beziehungen, nehmen an kleineren und größeren sozialen Verflechtungszusammenhängen wie z.B. Familien, Schulen, Universitäten, Unternehmen, Fußballvereinen oder lokalen Trachtengruppen teil. Allerdings trügt der laienhafte Blick des im alltäglichen sozialen Leben Stehenden erheblich. Denn so wie der Fisch das Wasser als seine Lebensumwelt nutzt, ohne sich dieser überhaupt als einer besonderen Art von Biotop bewusst zu sein, so nutzen auch die Menschen alltäglich vielfältige soziale Regeln, Normen und komplexere Handlungsprogramme, ohne diese beständig infrage zu stellen oder sich dieser immer bewusst zu sein. Würden sich die Menschen in eine permanente Reflexion all ihrer Sinneserfahrungen begeben, so müssten sie ihre eigene Identität aufgeben. Denn diese setzt ja als kohärente Form der Erinnerung und Weltinterpretation eine gewisse Dauerhaftigkeit von Selbstverständlichkeiten voraus. Wer sich in einen unendlichen Regress der Selbstreflexion begibt, wird letztlich handlungsunfähig. Aus ganz pragmatischen Gründen also vollzieht sich das soziale Leben immer auf einem mal dünner, mal dicker ausgeformten Eis von – bis auf Weiteres – gegebenen und nicht hinterfragten sozialen *Gewissheiten*. Unsere soziale Gewordenheit und potenzielle Andersartigkeit der sozialen Welt zu verstehen und zu erklären ist die Aufgabe der Soziologie.

Dieses Buch will einen Überblick über die Soziologie als Sozialwissenschaft geben und orientiert sich dabei wesentlich auf die Vermittlung der soziologischen Betrachtungsweise anhand der zentralen Begriffe, die dieses Fach benutzt. Dabei ist es strukturiert entlang der drei bereits erwähnten Betrachtungsebenen der sozialen Beziehungen auf der Individuenebene, der sozialen Verflechtungszusammenhängen und der gesamtgesellschaftlichen Institutionen einerseits und von drei hauptsächlichen Gegenstandsbereichen soziologischer Reflexion andererseits: dem sozialen Handeln, den sozialen Ordnungsmustern und dem sozialen Wandel. Diesen drei großen Themenbereichen der Soziologie – sozialem Handeln, sozialer Ordnung, sozialem Wandel – kann man sich gleichsam von unten aus der Perspektive der individuenbezogenen sozialen Beziehungen, von oben aus der Perspektive von gesamtgesellschaftlichen Systemen und Strukturen oder aus der Mitte der beobachtbaren sozialen Verflechtungsbeziehungen heraus nähern.

Damit ist der matrixförmige Aufbau dieses Buches im Wesentlichen beschrieben. Bevor vom dritten bis zum elften Kapitel die grundlegenden Begriffe, sozialen Regelmäßigkeiten und Mechanismen sowie soziologischen Faustregeln entlang der in Tabelle 1.1 dargestellten Matrix entwickelt werden, sind in diesem und dem folgenden Kapitel die historischen Entstehungsbedingungen der Soziologie und die ihr zugrunde liegenden Vorstellungen vom Menschen zu erläutern.

1.2 Historische Entstehungsbedingungen der Soziologie als Wissenschaft

Unter welchen Umständen und wann eigentlich ist es zur Entstehung der Soziologie als einer eigenständigen Wissenschaft gekommen? Gibt es eine einheitliche Definition für dieses Fach und eine klare Abgrenzung zu anderen Sozialwissenschaften? Lässt sich schließlich der Gegenstand der Soziologie definieren, besteht hierüber Einverständnis unter den Soziologinnen und Soziologen? Anhand dieser Fragen soll in diesem Kapitel ein erstes Grundverständnis vermittelt werden.

Grob gesprochen entstand die Soziologie in der zweiten Hälfte des 19. Jahrhunderts. Vielfach werden Namen soziologischer Klassiker aus Frankreich, Deutschland und Italien als die Gründungsväter angesehen. Wodurch waren die historischen Bedingungen der Entstehung von Soziologie als Wissenschaft gekennzeichnet? Zumindest sechs Faktoren erscheinen als prägend für den Entstehungskontext der Soziologie.

Ein erster Punkt bezieht sich auf den allgemeinen Zeitgeist von Aufklärung und Positivismus, also von geistigen Strömungen, die bereits seit dem 18. Jahrhundert in Europa Verbreitung fanden. Ein Grundgedanke dabei war, dass die Menschen schrittweise aus ihrer „selbstverschuldeten Unmündigkeit" (Immanuel Kant) nach und nach heraustreten könnten. Durch positive, also nicht mehr mystische oder mythische Erklärungen wichtiger Phänomene der Natur und des Menschen sollte ein immer größer werdender Wissensberg aufgehäuft werden können, der schließlich zu einem eindeutigen wissenschaftlichen Verständnis der Wirklichkeit führen könne. Zu nennen ist hier etwa das große Buchprojekt der sogenannten Enzyklopädisten, das seit 1751 in insgesamt 35 Bänden erschien und den Anspruch verfolgte, alles vorhandene gesicherte Wissen der Welt zu systematisieren und zu dokumentieren.[8] Nach den Jahrtausenden von Aberglauben und unwissenschaftlicher Welterklärung sollte nach Meinung der Aufklärer die Rationalität und das ‚positive Wissen' das Denken und Handeln der Menschen bestimmen.

8 Vgl. Spindler, U. (2006): Die Encyclopédie von Diderot und d'Alembert. In: Madame de Pompadour – Die Encyclopédie. http://www.historicum.net/themen/pompadour-und-ihre-zeit/leben-und-alltag/ii-encyclopedie/ (Abruf: 15..05.2014).

Ein zweiter wichtiger Faktor, der nicht zuletzt auch die große Bedeutung französischer Intellektueller und Wissenschaftler für die Begründung des Faches der Soziologie erklären kann, ist das weltweit vielbeachtete Ereignis der Französischen Revolution von 1789. Damit wurde für Europa zum ersten Mal in der jüngeren Geschichte eine grundlegende Umwälzung der gesellschaftlichen Verhältnisse bewirkt. Es ging dabei nämlich nicht in erster Linie um eine Neuverteilung gesellschaftlicher Machtpositionen und Ressourcen unter Beibehaltung der dominanten – feudal-höfischen – Ordnung, sondern um den **sozialen Wandel** (siehe Abschnitte 3.1–3.3) als eine grundlegende Veränderung der gesellschaftlichen Verhältnisse, der Klassenstrukturen und der Dominanzverhältnisse zwischen den sozialen Gruppen selbst. Bis zur relativen Stabilisierung Frankreichs in der Dritten Republik ab 1870 befand sich dieses Land in einem tief greifenden gesellschaftlichen Umwälzungsprozess. Der ersten revolutionären Periode, die mit den großen Idealen von Freiheit, Gleichheit, Brüderlichkeit gestartet war, folgten düstere Zeiten der Guillotine, der Eroberungsfeldzüge unter Napoleon Bonaparte und der blutigen Pendelausschläge von Machtverteilung und dominanten Regeln im neuen republikanischen Frankreich.[9] Angesichts dieser Entwicklungen ist es nicht verwunderlich, dass in Frankreich, aber auch in den anderen europäischen Ländern die folgende Frage zu einer drängenden und breite Kreise der Bevölkerungen bewegenden Problemstellung wurde: Wie sind gesellschaftliche Stabilität und Ordnung möglich? Was kann Gesellschaften als Ganzes zusammenhalten? Vor dem Hintergrund der französischen Revolution wurde damit die bereits zwei Jahrhunderte zuvor von Thomas Hobbes angesichts der gewaltsamen Auseinandersetzungen in Großbritannien in seinem Buch „Leviathan" (1651) aufgeworfene Frage neu formuliert: Wie ist Gesellschaft überhaupt möglich, ohne dass es zu einem Kampf aller gegen alle kommt?

Ein dritter entscheidender Faktor, der die Entstehung der Soziologie geprägt und beeinflusst hat, war der einschneidende Prozess der Land-Stadt-Wanderung und der daraus resultierenden Urbanisierung gesellschaftlichen Lebens, die in vielen europäischen Ländern im Laufe des 19. Jahrhunderts erfolgte. Die traditionellen Bindungen, in denen Menschen Jahrhunderte lang in dörflich-agrarischen Verhältnissen gelebt hatten, wurden zunehmend ausgedünnt und ausgehöhlt. Voraussetzung hierfür war die in einigen Ländern im 18., in anderen erst im 19. Jahrhundert erfolgte sogenannte Bauern-

9 Engels, J. I. (2007): Kleine Geschichte der Dritten französischen Republik (1870–1940). Köln: Böhlau Verlag.

befreiung.[10] Die bis dahin bestehende feudale Hörigkeit des Großteils der gesamten ländlichen Bevölkerung – dieser gehörten damals acht bis neun von zehn Menschen in Ländern wie Deutschland, Frankreich oder Großbritannien an – hatte größere Migrationsbewegungen vom Land in die aufkommenden Städte oder auch in die Kolonien nach Übersee stark gebremst. Die zunehmende Mechanisierung der Landwirtschaft seit dem 19. Jahrhundert hatte zudem breite Teile der ländlichen Bevölkerung verelenden lassen.[11] In den Städten dagegen winkten neue Industriearbeitsplätze, die zwar meistens erbärmliche Arbeitsbedingungen, aber auch ein regelmäßigen festes Einkommen boten. Die Urbanisierung hatte aus soziologischer Sicht ganz erhebliche Wirkungen. Denn innerhalb weniger Jahrzehnte mussten Menschen lernen, miteinander auf dichtem Raum zusammen zu leben, die vorher ländlich-bäuerlichen Prinzipien der sozialen Beziehungen gefolgt waren. Auf dem Lande kannte jeder jeden, in der Stadt trafen Fremde aufeinander, die sich hinsichtlich ihrer Glaubensvorstellungen, Kleidungs- und Essgewohnheiten und wohl auch in Bezug auf die ihnen geläufigen Begrüßungsregeln stark unterschieden. Es entstanden neue Formen der Vergesellschaftung, in den Manufakturen und Fabriken, aber auch in den Arbeitsselbsthilfevereinen und Gewerkschaften. Nicht zufällig beschäftigten sich viele der Gründerväter der Soziologie mit den Besonderheiten und Herausforderungen des Großstadtlebens.[12]

Ein vierter wichtiger Faktor, der eng mit dem vorherigen zusammenhängt, ist die Ausweitung der kapitalistischen Industriegesellschaft, die in England bereits im 18. Jahrhundert und in Deutschland in der zweiten Hälfte des 19. Jahrhunderts begann und die zunehmend die feudal-agrarische Lebensweise verdrängte. Immer mehr Menschen fristeten ihr Dasein und ihren Erwerb nicht mehr vorrangig durch landwirtschaftliche Arbeit als vereinzelte, in der Regel selbstständig arbeitende Bauern in der direkten Auseinandersetzung mit der Natur, sondern in den Manufakturen; stärker noch in den großen Fabriken wurde der Einzelne zu einem Rädchen in einem komplexen

---

10 Noch bis ins 19. Jahrhundert wurde die räumliche Mobilität weniger durch Einwanderungs- als durch Auswanderungskontrollen beschränkt. Es waren vor allem die feudalen Machthaber, die die in ihrem Territorien Lebenden nicht ziehen lassen wollten. Vgl. http://www.worldcat.org/title/bauernbefreiung-und-der-ursprung-der-landarbeiter-in-den-alteren-theilen-preussens/oclc/12275688

11 Vgl. die eindringlichen Beschreibungen in den ersten sozialwissenschaftlichen Studien, die im Zusammenhang des Vereins für Socialpolitik entstanden waren: Weber, M.[1892] (1984): Die Lage der Landarbeiter im ostelbischen Deutschland. Tübingen: Mohr.

12 Vgl. Simmel, G. (1903): Die Großstadt. Vorträge und Aufsätze zur Städteausstellung. In: Petermann, T. (Hrsg.): Jahrbuch der Gehe-Stiftung Dresden. Band 9, S. 185-206.

Getriebe der Herstellung industrieller Güter. Die Gussstahlfabrik der Firma Krupp in Essen beschäftigte im Jahre 1819 erst acht Beschäftigte, drei Jahrzehnte später hatte sich die Beschäftigtenzahl auf 74 fast verzehnfacht. Danach ging das Wachstum mindestens ebenso schnell weiter: Im Jahre 1861 waren es 2.108 und im Jahre 1891/92 gar 25.000 Arbeitnehmer, die allein in dieser Kruppschen Fabrik tätig waren.[13] Industrielle Arbeit, die damit verbundenen sozialen Probleme und Konflikte, die aufkommende Arbeiterbewegung und auch die sich seit den Bismarckschen Sozialreformen entwickelnden sozialen Sicherungssysteme veränderten fast alle Lebensbereiche der Menschen in nur wenigen Generationen (Einführung der gesetzlichen Krankenversicherung 1883, der Unfallversicherung 1884 und der Invaliditäts- und Alterssicherung 1889). Der industrielle Kapitalismus veränderte nicht nur die Arbeits- und Beschäftigungsbedingungen sowie die Berufe, sondern auch das Spektrum der Güter und Waren (komplexe industrielle Investitionsgüter und vergleichsweise erschwingliche Massenkonsumgüter), die Möglichkeiten des Transports (Eisenbahn und Auto) und der Kommunikation und Informationsverbreitung (Presse, Telefon und später Radio und Fernsehen).[14]

Ein fünfter Gesichtspunkt gesellschaftlicher Entwicklungen, der für die Soziologie von großer Bedeutung war, kann mit den Stichworten Modernisierung und Individualisierung des Zusammenlebens umrissen werden (Beck 1986). Im Zusammenhang der bereits skizzierten Faktoren wurden die Menschen seit dem ausgehenden 19. Jahrhundert in vielfältiger Weise herausgefordert, ihr Leben und ihr Schicksal in weit stärkerem Maße selbst aktiv zu gestalten, als dies noch in der eher statischen Agrargesellschaft der Fall war. Es zählte nicht mehr nur, was die Dorfhonoratioren – der Pfarrer und der Lehrer (und eventuell der Großgrundbesitzer) – sagten, sondern jeder konnte und musste sich durch die Erzählungen anderer und über die aufkommende bürgerliche Öffentlichkeit ein eigenes Urteil bilden.[15] Modernisierung bedeutete in diesem Zusammenhang auch die Rationalisierung von Lebensweisen und Vorstellungswelten. Dies ging einher mit der Bedeutungszunahme kollektiver Organisationsformen wie z.B. von Gewerkschaften und anderen Interessenverbänden wie etwa den Konsumgenossenschaften. Um die Wende vom 19. zum 20. Jahrhundert entstanden die großen Traditions-

13 Quelle: Ruppert, W. (1983): Die Fabrik. München: C.H. Beck., S. 19.

14 Sombart, W. (1902): Der moderne Kapitalismus. Leipzig: Duncker & Humblot; Ziegler, D. (2012): Die Industrielle Revolution: Geschichte – Kompakt. 3. Auflage. Darmstadt: Wissenschaftliche Buchgesellschaft.

15 Sennet, R. (2004): Verfall und Ende des öffentlichen Lebens. Die Tyrannei der Intimität. Frankfurt am Main: Fischer.

fußballvereine, deren Namen noch heute an diese Zeit erinnern: 1860 München, Hannover (18)96, Schalke (19)04 und BV Borussia Dortmund (19)09.

Ein sechster und letzter entscheidender Kontextfaktor der Entstehung der Soziologie war schließlich die Bildung von Nationalstaaten, die in England und Frankreich früher, in Deutschland erst 1871 vollzogen wurde. Die Soziologie entstand in Europa zu einer Zeit, als Bevölkerungen und Territorien in mehr oder weniger klare nationalstaatliche Einheiten aufgeteilt wurden. Das Projekt von nationalstaatlich verfassten Gesellschaften beruhte auf der Idee einer starken Kohäsion nach innen und einer klaren Abgrenzung nach außen. Nationen wurden als weitgehend homogene bzw. zu vereinheitlichende Einheiten nach Abstammung, Kultur, Sprache und Werten konstruiert. Nationale Zugehörigkeiten, nationale Besonderheiten und nationale Wert- und Kulturvorstellungen wurden als historisches Erbe überhöht, die internen Differenzierungen und Konflikte wurden weitgehend ausgeblendet. Mit einem republikanisch-modernisierenden nationalen Sendungsbewusstsein zogen Napoleons Truppen zu Beginn des 19. Jahrhunderts von Spanien bis Russland. Später fielen im Namen Deutschlands Soldaten dreimal in Frankreich ein, 1870 und im Ersten Weltkrieg noch mit lauten Hurra-Rufen. Im Namen eines *arischen Volkskörpers* organisierte dann das NS-Regime die grausame Vernichtung ganzer Menschengruppen und die blutige Unterordnung vieler Länder. Dabei war das spätere Deutschland über viele Jahrhunderte ein bunter Flickenteppich von Herzogtümern und Feudalstaaten, mit stark variierenden Sprachen und Dialekten, sehr unterschiedlichen Ambitionen und Gebräuchen. All diese sozial relevanten internen Unterschiede wurden minimiert zugunsten der Idee einer nationalen Einheitlichkeit. Im Rahmen des Nation Building als politischem Projekt würden sich integrierte Nationalgesellschaften ausformen – dies war die in der gesellschaftlichen Öffentlichkeit und auch in der Soziologie dominante Sichtweise.

Die Soziologie als Wissenschaft entstand also seit dem 19. Jahrhundert im Zusammenhang tief greifender Umbrüche im Zusammenleben der Menschen und in den Formen, wie dieses Zusammenleben als Vergesellschaftung immer wieder hergestellt und gesichert wurde. Die Soziologie entwickelte sich als eigenständige Wissenschaft, weil sich im 18. und vor allem im 19. Jahrhundert die Einsicht immer mehr durchsetzte, dass die Formen des menschlichen Zusammenlebens nicht *naturgegebenen* sind, gleichsam nur biologischen Gesetzmäßigkeiten folgen. Vielmehr haben die Menschen selbst diese Formen des Zusammenlebens im Laufe ihrer kulturellen Entwicklung geformt. Diese von Menschengruppen geschaffenen Regeln und Regelmäßigkeiten des Zusammenlebens und der Auseinandersetzung mit der Natur und sich selbst sind allerdings keineswegs beliebig oder weniger prägend als die genetisch fixierten Eigenschaften und Verhaltensprogramme.

Obwohl nicht unmittelbar sichtbar oder als solche wahrnehmbar, entfalten soziale Normen, Mechanismen und Strukturen des Zusammenlebens doch – wie das Beispiel der Begrüßungsregeln zeigt – eine Strukturierungskraft, der sich der einzelne Akteur kaum entziehen kann.

In der Soziologie wurde der Begriff der Gesellschaft dabei einerseits als ein allgemeiner Begriff zur Unterscheidung verschiedener Gesellschaftsformationen, etwa der feudalen und der bürgerlichen Gesellschaft, benutzt. Andererseits – und dies war die vorherrschende Verwendung – wurde mit Gesellschaft eine spezifische Gesellschaftsformation, nämlich die moderne Nationalgesellschaft bezeichnet, und zwar als die allumfassende Bezugseinheit des Zusammenschlusses aller Menschen eines bestimmten, durch einen Nationalstaat eingefriedeten und repräsentierten Gemeinwesens (siehe Abschnitt 3.2 und 5.3). Allerdings war nur für einen Teil der Soziologen die Makroebene der gesamten Gesellschaft der wesentliche Ausgangspunkt ihrer Analysen. Ein anderer Teil der Soziologen setzte eher umgekehrt auf der Mikroebene der einzelnen Menschen an. (Wie) Lässt sich dann ein gemeinsamer Nenner für die Bestimmung von Soziologie finden?

1.3 Wie lässt sich Soziologie definieren?

Das Wort Soziologie setzt sich aus dem griechischen Wortbestandteil logos und dem lateinischen Wort socius zusammen. Gemeint ist also im ursprünglichen, wörtlichen Sinne die Lehre von den Mitmenschen. Eingeführt wurde der Begriff Soziologie von Auguste Comte 1798–1857, der hiermit die neuentstehende Wissenschaft bewusst von der Statistik und der einfachen Menschenzählerei abgrenzen wollte. Der belgische Astronom, Mathematiker und Statistiker Adolphe Quetelet (1796–1874) hatte 1835 ein Buch mit dem Titel „Soziale Physik oder Abhandlung über die Entwicklung der Fähigkeiten des Menschen“[16] veröffentlicht, in dem er in Anlehnung an die Physik eine Art

16 Quetelet, Adolphe, 1835: Sur l'homme et le développement de ses facultés, ou essai de physique sociale, 2 Bde., Paris: Bachelier; die gedankliche Anlehnung an die Physik wird in folgendem Zitat deutlich: „Der Mensch, wie ich ihn hier betrachte, ist in der Gesellschaft dasselbe, was der Schwerpunkt in den (physikalischen, L.P.) Körpern ist; er ist das Mittel (als Durchschnitt, L.P.), um das die Elemente der Gesellschaft oszillieren; er ist, wenn man so will, ein fingiertes Wesen, bei dem alle Vorgänge, den in Bezug auf die Gesellschaft erlangten mittleren Ergebnissen entsprechen werden. Wenn man die Grundlagen einer *sozialen Physik* einigermaßen feststellen will, so muß man den Menschen unter diesem Gesichtspunkte auffassen, ohne sich mit den besonderen Fällen, noch bei den Regelwidrigkeiten aufzuhalten, und ohne zu untersuchen,

neuer Physik aller sozialer Erscheinungen begründen wollte. Nach Meinung von Auguste Comte ging es allerdings bei diesem Buch nur „um einfache Statistik“ (zit. nach Hillmann 2007, S. 838). Quetelet wollte die ihm wichtig erscheinenden Eigenschaften – wie etwa Körpergröße, Gewicht, Zu- und Abzügen aus Städten, Tötungen, Morde, Gefängnisinsassen etc. (ebd., S. 106f. und 143ff.) – der Menschen und (National-)Gesellschaften messen und durch Mittelwertbildungen zum Wesen des Sozialen, zur „sozialen Physik“ (so der Vorschlag zur Bezeichnung dessen, was dann später allgemein Soziologie genannt wurde) vorzustoßen.

Für Comte war das Programm der Herausbildung einer eigenständigen Wissenschaft als Soziologie wesentlich weiterführend: „Soziologie – die Wissenschaft, die sich auf das positive Studium der sämtlichen, den sozialen Erscheinungen zugrunde liegenden Gesetze bezieht“ (Comte 1923 [1851–1854], S. 184) war seine programmatische Definition. In den Begriffen „positives Studium“ und „zugrunde liegenden Gesetzte“ scheint bereits das weiter oben skizzierte geistige Klima des 19. Jahrhunderts durch: Aufklärung, Positivismus und wissenschaftliche Analyse von Dingen, die bisher nicht eindeutig erklärt und vermessen worden waren. Das Soziale, die sozialen Beziehungen zwischen den Menschen als eigenständige Größen der zu analysierenden *objektiven* Wirklichkeit in den Mittelpunkt der wissenschaftlichen Anstrengungen zu stellen, diese Überlegung stand am Anfang der Entwicklung der Soziologie zur Wissenschaft. Die Anwendung der wissenschaftlichen Methode nicht nur auf die physikalische, biologische und chemische Welt, sondern auf die Gesellschaft selbst – dies war eine zur damaligen Zeit geradezu revolutionäre Idee. Auguste Comte war von 1817 bis 1824 der persönliche Sekretär von Saint-Simon (1760–1825) gewesen, der als industrieller Reformer zu Beginn des 19. Jahrhunderts die Französische Revolution beenden und das Land stabilisieren wollte. Hierzu sollte – gegen alle Handwerkerromantik – die industrielle Produktionsweise massiv gefördert werden.

Für Comte gab es eine klare Rangfolge der Wissenschaften gemäß der von ihnen angewendeten Methoden (ebd., S. 108). Am Anfang stand die abstrakte Mathematik, die sich allein auf die Logik stützte. Danach entwickelten sich Geometrie, Mechanik und Astronomie, die vor allem auf der Methode der genauen Beobachtung basierten. In einem dritten Schritt entwickelte sich die Physik, die Beobachtungen mit Experimenten kombinierte. Dem fügte

ob dieses oder jenes Individuum hinsichtlich einer seiner Fähigkeiten eine mehr oder weniger hohe Entwicklungsstufe erreichen kann.“ (Schreibweise und Hervorhebung im Original, zitiert nach der deutschen Ausgabe: Quetelet, A. (1914): Soziale Physik oder Abhandlung über die Entwicklung der Fähigkeiten des Menschen. Jena: Verlag Gustav Fischer, S. 165).

die Chemie dann das Prinzip der Klassifikation hinzu. Die Biologie entwickelte sich als fünfte Stufe, auf der nun schon die Beobachtung, das Experiment, die Klassifikation und der systematische Vergleich zur Anwendung kamen. Die Soziologie bringt schließlich – so Comte – das System der Wissenschaften als krönende Disziplin zum Abschluss, indem sie all den vorher genannten Vorgehensweisen noch die historische Methode hinzufügt.

Comte entwickelte in diesem Zusammenhang das sogenannte Dreistadiengesetz. Ganz im Geiste der Aufklärung vollzieht sich der Fortschritt von Wissen und Naturerkenntnis demnach in drei großen Schritten. Am Anfang der Menschheitsgeschichte stand das **theologisch-fiktive** Stadium der Welterklärung. Im Fetischismus z.B. werden allen Körpern (Steinen genauso wie Bäumen, Tieren und Menschen) eine eigene Seele, ein inneres Leben zugesprochen. Im Polytheismus und im Monotheismus werden Natur- und Welterelgnisse mit dem Wirken und der unmittelbaren Intervention außerirdischer Gottheiten erklärt. Tonangebend in diesem ersten Stadium sind Magier, Priester und Krieger. Im zweiten, dem **metaphysisch-abstrakten** Stadium, das etwa mit der Reformation beginnt und bis zur Französischen Revolution reicht, dominieren eine philosophisch-kontemplative Welterklärung und eine Elite von Weisen und Gelehrten. Es werden nicht fiktive, sondern abstrakte Wesenheiten als Quelle und Ursache des Geschehens in der Natur und unter den Menschen herangezogen. So gab es im Mittelalter z.B. vielfältigste Spekulationen über die vier Grundelemente Feuer, Wasser, Luft und Erde, aus der alle Wirklichkeit gemacht sei.

Das dritte und letzte Stadium ist für Comte das der **wissenschaftlich-positiven** Welterklärung. Nicht Imagination, Introspektion oder Kontemplation befördert den weiteren Fortschritt der Welterkenntnis, sondern strenge Beobachtung real existierender, intersubjektiv wahrnehmbarer Phänomene. Anfänge der wissenschaftlich-positiven Weltsicht gab es schon – wie oben angedeutet – in der Mathematik der Ägypter und Griechen vor mehr als zweitausend Jahren. Aber durchgesetzt hat sich nach Comte eine empirisch-erfahrungswissenschaftliche Vorgehensweise erst seit etwa dem 19. Jahrhundert. Wissenschaft als systematische Tätigkeit kann und soll so zu einer positiven Welterklärung und Wirklichkeitsdiagnose führen, derer dann auch entsprechende Prognosen folgen können. Entsprechend formulierte Comte – vor dem Hintergrund der Erfahrungen der Französischen Revolution – die Aufgabe der Soziologie als „Wissen, um vorherzusehen, vorherzusehen, um handeln zu können".[17] Mittels der Diagnose bestimmter gesellschaftlicher

17 Vgl. http://de.wikipedia.org/wiki/Auguste_Comte und auch http://de.wikibooks.org/wiki/Soziologische_Klassiker/_Comte,_Auguste.

Verhältnisse sollten Voraussagen über mögliche Entwicklungen und hierauf fußend Maßnahmen zu einer gedeihlichen und stabilen Entwicklung von Gesellschaften möglich werden.

Fragt man sich heute, was das spezifisch Soziologische einer solchen Wissenschaft ausmacht, so kann in einem ersten Anlauf generell gesagt werden: Die Soziologie will jenseits der Gewissheiten unserer alltäglichen Lebenspraxis und des sogenannten gesunden Menschenverstandes soziale Phänomene wissenschaftlich untersuchen, wobei (1) die jeweiligen Entdeckungs-, Begründungs- und Interessenszusammenhänge der Forschungen kritisch zu hinterfragen sind, (2) der jeweilige theoretische und begriffliche Bezugsrahmen deutlich werden muss, (3) die angewandten wissenschaftlichen Methoden expliziert werden sollen, um schließlich (4) intersubjektiv überprüfbare Ergebnisse zu präsentieren. Dass Soziologie als Wissenschaft Erkenntnisse produzieren kann, die dem alltagsweltlichen Wissen des gesunden Menschenverstandes bzw. der Intuition überlegen sind, zeigen die folgenden zwei Beispiele (Kasten 1.2). Die Beispiele verdeutlichen, wie bereits zu Beginn des Kapitels ausgeführt, dass der Mensch ein durch und durch soziales, auf Interaktionsbeziehungen mit anderen Menschen, mit der Natur und mit sich selbst ausgerichtetes Wesen ist. Seine Sozialität ist komplexer, als es sich ihm selbst in seiner alltäglichen Lebenspraxis erschließt. Den Menschen bleiben die sozialen Regeln und Mechanismen größtenteils unbewusst, so wie der Fisch nicht merkt, dass er im Wasser schwimmt. Alle Menschen sind Experten ihres eigenen praktischen Lebens. Aber auch, wenn wir alle täglich Nahrung zu uns nehmen, verstehen wir noch längst nicht, was dabei in uns vor sich geht. So wie Mediziner, Psychologen oder Biologen diesbezügliches Expertenwissen haben, so haben Soziologen Expertenwissen im Hinblick auf die wissenschaftliche Untersuchung der Sozialität der Menschen.

Kasten 1.2

Richtig oder falsch?

Wenn an einem Bauwerk (z.B. einer Brücke), an dem sich viele Suizide ereignen, bauliche Präventionen getroffen werden, geht (a) die Anzahl der Suizide in der ganzen Großregion zurück oder (b) verlagern sich die Suizide nur auf andere Bauwerke/Stellen.

Antwort: „Doch bringt es etwas, diese Brücken mit baulichen Massnahmen zu sichern? Bereits an der Münsterplattform in Bern, die im Jahre 1998 durch Netze gesichert wurde, konnte gezeigt werden, dass Suizide verhindert werden. Ferner, und völlig kontraintuitiv, zeigte diese Studie, dass in den Jahren nach der Sicherung auch die Suizide an benachbarten Sprungorten signifikant zurückgingen. Das Argument: ‚Die springen dann alle anderswo', wurde damit eindeutig widerlegt. Bei einer genauen Analyse der Wohnorte der Verstorbenen zeigte sich, dass vor allem Menschen, die weiterentfernt lebten, nach der Sicherung seltener von den Berner Brücken sprangen. Die plausibelste Erklärung für dieses Resultat ist die Tatsache, dass die Medienberichte durch fehlende Sprünge an der Münsterplattform Bern ausblieben, so dass kein Medien-Werther-Effekt stattfinden konnte." (Retsch 2009: 747; vgl. auch Pirkis et al. 2013).

Richtig oder falsch?

Je höher der Ausländeranteil in einer bestimmten Region ist,
a) desto höher ist der Grad der Fremdenfeindlichkeit in dieser Region,
b) desto niedriger ist der Grad der Fremdenfeindlichkeit in dieser Region.
Antwort: Ausländerfeindlichkeit kann sehr unterschiedlich gemessen werden. Für Deutschland zeigen empirische Studien, dass das Ausmaß ausländerfeindlicher Einstellungen nach Bundesländern eher dort höher ist, wo der Anteil von Wohnhaften mit nicht-deutscher Staatsangehörigkeit vergleichsweise geringer ist (vgl. Decker/Brähler 2008, S. 46); für die Schweiz berichtet Stolz (1990: 283 ff.) einen leicht positiven Zusammenhang zwischen individueller Kontaktintensität und (negativer) „Einstellung gegenüber ausländischen Personen"; generell sind die Ursachen für Fremdenfeindlichkeit wesentlich komplexer, als es die Kontakthäufigkeitshypothese unterstellt (vgl. Heitmeyer 2001 und verschiedene Beiträge in Heitmeyer 2002ff; für einen europäischen Vergleich z. B. Gang et al. 2002 und Constant et al. 2008).

1.4 Was ist der Gegenstand der Soziologie? Drei Positionen

Nach der Darstellung des Entstehungskontextes der Soziologie als Wissenschaft und einer ersten allgemeinen Bestimmung ihrer Aufgaben ist nun näher zu klären, was der spezifische Forschungs- und Erkenntnisgegenstand der Soziologie ist und mit welchen Begriffen dieser am besten gekennzeichnet werden kann. Dabei zeigt sich, dass viele zunächst naheliegende Termini kaum geeignet sind. Darüber hinaus wird deutlich, dass es drei verschiedene theoretisch-konzeptionelle Zugänge zur soziologischen Perspektive und Wissenschaft gibt: vom Individuum ausgehend, von der Gesellschaft ausgehend und von sozialen Verflechtungen ausgehend.

Eine erste Antwort auf die Frage nach dem Forschungs- und Erkenntnisgegenstand der Soziologie könnte lauten, die Soziologie beschäftige sich generell mit Menschen und der Menschheit als Ganzes. Eine solche Festlegung ist nicht falsch, allerdings zu allgemein und zu breit gefasst. Mit den Menschen und der Menschheit befassen sich sehr viele Wissenschaften, von der Biologie über die Medizin und Psychologie bis hin zur Philosophie. Man spricht in diesem Zusammenhang manchmal auch von den Humanwissenschaften oder Humanities. Eine solche Bestimmung ist viel zu weit gefasst und trifft nicht den Kern dessen, womit sich die Soziologie beschäftigt. Eine zweite Option wäre es, alles Soziale zum Gegenstand der Soziologie zu erklären. Auch eine solche Definition wäre zu weit gefasst, denn zwischen allem Sozialen und soziologisch relevanten Phänomenen und Tatbeständen besteht ein großer Unterschied, den bereits Émile Durkheim (1858–1917) herausgestellt hat. Im Zusammenhang seiner Definition des Gegenstandes der Soziologie mithilfe des Begriffs Fait Social (sozialer Tatbestand), den René König (1999, S. 38) ausdrücklich als **soziologischen Tatbestand** übersetzte, betonte Durkheim die Notwendigkeit einer präzisen Abgrenzung:

> „Was ist ein soziologischer Tatbestand? (…) Diese Fragestellung erscheint umso notwendiger, als man den Ausdruck ‚soziologischer Tatbestand' ohne besondere Präzision verwendet. Man gebraucht ihn hergebrachterweise, um beinahe alle Erscheinungen zu bezeichnen, die sich in der Gesellschaft vollziehen, wenn sie nur ein Mindestmaß an sozialem Interesse mit einer gewissen Allgemeinheit vereinigen. In diesem Sinne gibt es aber sozusagen kein menschlich bedeutsames Geschehnis, das nicht sozial genannt werden könnte. Jedes Individuum trinkt, schläft, ißt, denkt, und die Gesellschaft hat alles Interesse daran, daß diese Funktionen regelmäßig vor sich gehen. Wären sie aber soziologische Tatbestände, so gäbe es keinen besonderen Gegenstand der Soziologie, ihr Gebiet würde mit dem der Biologie und der Psychologie zusammenfallen" (Durkheim 1999, S. 105).

Wenn also *die Menschen* und *alles Soziale* nur allgemeine Bestimmungen dessen sind, womit sich die Soziologie beschäftigt, könnte dann eventuell *die Gesellschaft als solche* besser den Gegenstand der Soziologie bezeichnen? Dies kommt der Sache schon wesentlich näher, verlegt aber das Definitionsproblem nur auf den **Begriff der Gesellschaft**: Was nämlich ist eine Gesellschaft? Geht es einfach um eine Ansammlung von Menschen? Geht es um einen gemeinsamen Kulturkreis? Geht es um alle Menschen, die in einem bestimmten nationalstaatlichen Gebiet leben? Geht es um einen abstrakten und unterstellten Funktionszusammenhang zwischen verschiedenen Untereinheiten oder Aggregaten von „Gesellschaft"? Wäre es sinnvoll, von einer bzw. *der* deutschen Gesellschaft zu sprechen? Gehören dann diejenigen, die in Deutschland leben, aber nicht die deutsche Staatsangehörigkeit haben (das waren 2012 immerhin etwa 7 Millionen Menschen), zur deutschen Gesellschaft dazu oder nicht? Sollte Gesellschaft nicht über territoriale oder Kulturaspekte definiert werden, sondern eher über bestimmte Charakterisierungen von Epochen bzw. Entwicklungsstufen wie Industriegesellschaft, kapitalistische Gesellschaft, Dienstleistungsgesellschaft oder Wissensgesellschaft? Es zeigt sich: Ganz offensichtlich sind auch mit diesem Begriff viele Probleme verbunden, wenn der Gegenstand der Soziologie spezifischer benannt werden soll.

Eine weitere Option wäre, das **Individuum in der Gesellschaft** zum Gegenstand der Soziologie zu erklären. Dann würde aber eher der Gegenstand der (Sozial-)Psychologie als der der Soziologie beschrieben. Man könnte auch das Verhältnis oder die Kombination von Individuum und Gesellschaft zum Hauptgegenstand der Soziologie machen. Eine solche Annäherung über das Begriffspaar **Individuum und Gesellschaft** ist in der Soziologie durchaus üblich.[18] Allerdings stellt sich sofort die Frage, ob es Individuen jenseits von Gesellschaften oder Gesellschaften jenseits von Individuen geben kann. Es zeigt sich schnell, dass die Aufteilung des Gegenstandes der Soziologie in Individuum und Gesellschaft bereits eine folgenreiche analytische Entscheidung voraussetzt, die das Verständnis für den eigentlichen Gegenstand der Soziologie nicht unbedingt fördert. Gerade weil dieses Begriffspaar aber eine erhebliche Rolle im Denken vieler klassischer und zeitgenössischer Soziologen spielt, hat es auch die Struktur dieses Einführungsbuches wesentlich beeinflusst. Man *kann* sich dem Erkenntnisgegenstand der Soziologie entweder ausgehend von den einzelnen Menschen als Individuen nähern; man *kann* das Themenfeld der Soziologie aber auch ausgehend von der Vorstellung einer Gesellschaft als Ganzes her betreten.

Allerdings wird in dieser Einführung der Standpunkt vertreten, dass beides nicht hinreichend ist. Den Gegenstand der Soziologie kann man auch und vielleicht besser über den Begriff „sozialer Verflechtungen" erschließen, der gleichsam eine Synthese aus den beiden Herangehensweisen *vom Individuum her* und *von der Gesellschaft her* darstellt. Werner Sombart (1863–1941), ein wichtiger und wegen seiner vorübergehenden Sympathie für das NS-Regime nicht unumstrittener deutscher Nationalökonom und Sozialwissenschaftler[19], definierte die Soziologie als „Wissenschaft vom menschlichen Zusammenleben" (Sombart 1967, S. 9). Es geht also in der Soziologie um die Untersuchung der Regelmäßigkeiten, Muster und Mechanismen der sozialen Beziehungen als dauerhafte Verflechtungen. Die Regeln und Mechanismen des Umgangs mit sich selbst, mit der Natur und mit den anderen Menschen

18 Vgl. z. B. die beiden sehr lesenswerten Einführungsbände in soziologische Theorien von Abels (2007), die betitelt sind: „Der Blick auf die Gesellschaft" (Band 1) und „Die Individuen in ihrer Gesellschaft" (Band 2).

19 Vgl. https://de.wikipedia.org/wiki/Soziologie_im_Nationalsozialismus und https://de.wikipedia.org/wiki/Werner_Sombart (Abruf 19.08.2015).

sind in erheblichem Maße kulturgebunden, in sozialen Verflechtungsbeziehungen selbst entstanden und nicht in erster Linie genetisch fixiert.

In einer vorläufigen Definition kann also festgehalten werden, dass sich die **Soziologie** vornehmlich mit den **(1) sozialen Verflechtungsbeziehungen zwischen Menschen, (2) den Beziehungen zwischen Menschen und den anderen Teilen der Welt (Natur, Tiere, Artefakte, Technik) und (3) dem gesellschaftlich geprägten Verhältnis der Menschen zu sich selbst** befasst. Individuelles soziales Handeln und gesamtgesellschaftliche Strukturen und Prozesse existieren nur in und als soziale Verflechtungen. Eine solche Gegenstandsbestimmung der Soziologie wurde vor allem in den Arbeiten von Georg Simmel (1858–1918), Alfred Schütz (1899–1959) und Norbert Elias (1897–1990) entwickelt. Es geht der Soziologie um das Verstehen und die darauf fußende Erklärung menschlicher Verflechtungszusammenhänge als relativ dichte und stabile **Sozialräume**. Diese Sozialräume haben die drei Dimensionen von sozialer Praxis, Symbolsystemen und Artefakten. Mit **sozialer Praxis** sind die alltäglichen Lebensvollzüge der Menschen als zwischenmenschliche Interaktionen, als Gestaltung und Umformung der Natur und als Umgang der Menschen mit sich selbst, z. B. mit ihrer Körperlichkeit und Identität gemeint. Sich begrüßen, arbeiten, erziehen, lernen, Sport treiben, ins Kino gehen, sich lieben – all dies sind Teilbereiche der sozialen Praxis, die sich – zumindest größtenteils – direkt beobachten und analysieren lassen. Dabei kommen einfache und auch sehr komplexe **Symbolsysteme** zum Einsatz. Begrüßungsrituale wurden bereits als ein sehr ausdifferenziertes Symbolsystem erwähnt. Die gesprochene Sprache, aber auch die Körpersprache, Kleidungsnormen, Baustile und Musikstile, Computerprogramme, Handy-, SMS- und E-Mailkommunikation sind Beispiele für Symbolsysteme, ohne die soziale Beziehungen nicht existieren könnten. Schließlich gehören auch die Aspekte der Produktion, Konsumption und des Umgangs mit **Artefakten** zur Mindestausstattung unseres sozialen Lebens in Sozialräumen. Die Gebäude, in denen die Menschen leben und arbeiten, die Verkehrswege, über die sie sich bewegen, die von ihnen genutzten technischen Geräte sind von Menschen entwickelte Dinge als Artefakte, die unser alltägliches Leben geradezu als *zweite Natur* mit strukturieren.

Diese vorläufige Bestimmung des Gegenstandes der Soziologie, die in den weiteren Kapiteln ausführlicher entwickelt wird, kann als eine brauchbare und mehrheitsfähige Minimalbestimmung verstanden werden. Man kann den eigentlichen Untersuchungs- und Erkenntnisgegenstand der Soziologie also ausgehend vom Individuum, ausgehend von der Gesellschaft oder ausgehend von den sozialen Verflechtungen bestimmen. Alle drei Herangehensweisen sind hilfreich und wichtig, die Präferenz des Autors liegt – das dürfte deutlich geworden sein – bei der dritten Option. Wie stark diese drei Herangehensweisen die Soziologie bereits seit ihren Anfängen prägten, soll im Folgenden an jeweils einem klassischen Vertreter des Faches aufgezeigt werden. Alle drei Klassiker wirkten um die Wende des 19. zum frühen 20. Jahrhundert. Als erstes sei der französische Soziologe **Émile Durkheim** genannt, der einer der wichtigen Gründer des Faches überhaupt ist und als Repräsentant der Betrachtungsweise „von der Gesellschaft ausgehend" bezeichnet werden kann. Im Hinblick auf den Gegenstand der Soziologie schreibt Émile Durkheim:

> „In Wahrheit gibt es in jeder Gesellschaft eine fest umgrenzte Gruppe von Erscheinungen, die sich deutlich von all denen unterscheiden, welche die übrigen Naturwissenschaften erforschen. Wenn ich die Pflichten als Bruder, Gatte oder Bürger erfülle, oder wenn ich übernommene Verbindlichkeiten einlöse, so gehorche ich damit Pflichten, die außerhalb meiner Person und der Sphäre meines Willens im Recht und in der Sitte begründet sind. Selbst wenn sie mit meinen persönlichen Gefühlen im Einklang stehen und ich ihre Wirklichkeit im Innersten empfinde, so ist diese doch etwas Objektives. Denn nicht ich habe diese Pflichten geschaffen, ich habe sie vielmehr im Wege der Erziehung übernommen." (Durkheim 1999, S.105).

Neben der interessanten Selbstbeschreibung der Soziologie als einer Naturwissenschaft neben den „übrigen *Natur*wissenschaften" wird hier die zentrale Bedeutung des Begriffes „Gesellschaft" und der mit Gesellschaft gegebenen Verbindlichkeiten, Pflichten, Rechte und Sitten als etwas gleichsam außerhalb der individuellen Akteure Stehendes deutlich. Dem einzelnen Menschen treten diese gesellschaftlichen feststehenden Regeln als soziologische Tatbestände wie feste und gleichsam objektive Strukturen gegenüber. Diese – das soziale Handeln bestimmenden – ehernen Gesetze sind für Émile Durkheim der eigentliche Gegenstand der Soziologie:

> „Unsere Definition wird also weit genug sein, wenn sie sagt: Ein soziologischer Tatbestand ist jede mehr oder minder festgelegte Art des Handelns, die die Fähigkeit besitzt, auf den Einzelnen einen äußeren Zwang auszuüben; oder auch, die im Bereiche einer gegebenen Gesellschaft allgemein auftritt, wobei sie ein von ihren individuellen Äußerungen unabhängiges Eigenleben besitzt" (ebd., S. 114).

Nach Durkheim ist der eigentliche Gegenstand der Soziologie also durch gleichsam unumstößliche, wie objektive Naturgewalten für den Einzelnen wirkende gesellschaftliche Regeln und festgelegte Arten des Handelns gegeben, die die Handlungsmöglichkeiten des Einzelnen vorgeben und strukturieren und jenseits individueller Besonderheiten für gegebene Gesellschaften allgemein auftreten. Die Zitate machen deutlich, dass für Durkheim der Dreh- und Angelpunkt seiner Bestimmung des Gegenstandes soziologischer

Reflexion die Gesellschaft und die in ihr wirkenden soziologischen Tatbestände als quasi eherne Gesetze sind, die das Handeln leiten und bestimmen. An anderer Stelle definiert Durkheim die sozialen Institutionen einer Gesellschaft zum eigentlichen Kern der Soziologie (siehe Kapitel 7).

Einen ganz anderen Ansatzpunkt für die Bestimmung des Gegenstandes der Soziologie wählt Max Weber (1864–1920), ein Zeitgenosse von Émile Durkheim. Während es Émile Durkheim vorrangig um das **Erklären** von gesamtgesellschaftlichen Institutionen als gleichsam *objektiv* identifizierbaren soziologischen Tatbeständen ging, meinte Max Weber, die Soziologie müsse zunächst das soziale Handeln der einzelnen Menschen in seinem jeweiligen subjektiven Sinnzusammenhang **verstehen**, um dessen Ursachen und Wirkungen dann erklären zu können. Max Weber wird deshalb auch als Begründer der verstehenden Soziologie bezeichnet. In seinem Buch „Wirtschaft und Gesellschaft" definiert er gleich ganz zu Beginn:

> „Soziologie (im hier verstandenen Sinn dieses sehr vieldeutig gebrauchten Wortes) soll heißen: Eine Wissenschaft, welche soziales Handeln deutend verstehen und dadurch in seinem Ablauf und seinen Wirkungen ursächlich erklären will" (Weber 1967, S. 1).

Während Durkheim von der Gesellschaft als Ganzes ausgeht, beginnt Max Weber seine Definition der Soziologie und ihres Gegenstandes umgekehrt aus der Perspektive des einzelnen Akteurs und seines sozialen Handelns. In Absetzung von biologistischen Erklärungen und der medizinischen Perspektive auf menschliches Verhalten, in der die Steuerung von menschlichen Lebensäußerungen durch genetisch fixierte Triebimpulse oder Instinkte im Mittelpunkt steht, ist für Max Weber **Handeln** vor allem bestimmt durch den subjektiven Sinn, den Akteure mit einem bestimmten Verhalten verbinden. Insofern dieses Handeln auf das Verhalten anderer Akteure bezogen ist, spricht er von **sozialem Handeln**. Hierdurch ist Max Weber deutlich als Theoretiker einer „verstehenden Soziologie" zu kennzeichnen. Denn es geht ihm darum, den subjektiv gemeinten Sinn – der sich ja nicht gleichsam mit dem Stethoskop oder Fieberthermometer extern abgreifen lässt – deutend zu verstehen, nachzuvollziehen, um dann daraus ursächlich den Ablauf und die Wirkungen dieser Handlungen zu erklären. Im übernächsten Kapitel 3 wird dieser Denkansatz ausführlicher behandelt. Hier muss der Hinweis genügen, dass Weber einen völlig anderen Zugang zu den sozialen Verflechtungszusammenhängen wählt, nämlich den über das soziale Handeln einzelner Akteure.

Als dritter Klassiker der Soziologie, der für eine spezifische Zugangsweise zur Soziologie und Bestimmung ihres Gegenstandes steht, kann Georg Simmel gelten. Für Georg Simmel ist es weder die Gesamtgesellschaft als imaginierte Einheit noch das soziale Handeln des Einzelnen, welches den zentralen Fokus soziologischer Forschung ausmachen soll. Vielmehr sind es nach Simmel die spezifischen Formen der **Wechselwirkungen** unter den Menschen, die sozialen Verflechtungsbeziehungen zwischen ihnen, die im Zentrum der soziologischen Betrachtung stehen sollten:

> „Kann man sagen, Gesellschaft sei Wechselwirkung unter Individuen, so wäre: die Formen dieser Wechselwirkungen zu beschreiben, Aufgabe der Gesellschaftswissenschaft im engsten Sinne und eigentlichsten Sinne der ‚Gesellschaft'." (Simmel 1992, S. 47).

Simmel setzt hier den Begriff der Gesellschaft selbst in Anführungszeichen und positioniert sich als jemand, dem es um die *Wechselwirkungen zwischen den Individuen* – jenseits der Makroperspektive auf Gesellschaft und der Mikroperspektive auf Individuen – geht. Weil es bei Simmel in erster Linie um die *Formen* von Wechselwirkungen unter den Menschen geht, wird seine Soziologie häufig auch als „formale Soziologie" bezeichnet:

> „Diese Forschung – man könnte sie die ‚reine' Soziologie nennen – zieht aus den Erscheinungen das Moment der Vergesellschaftung, induktiv und psychologisch von der Mannigfaltigkeit ihrer Inhalte und Zwecke, die für sich noch nicht gesellschaftlich sind, gelöst, wie die Grammatik die reinen Formen der Sprache von den Inhalten sondert, an denen diese Formen lebendig sind. Tatsächlich finden wir an gesellschaftlichen Gruppen, welche ihren Zwecken und ihrer ganzen Bedeutung nach die denkbar Verschiedensten sind, die gleichen formalen Verhaltungsweisen der Individuen zueinander. Über- und Unterordnung, Konkurrenz, Nachahmung, Arbeitsteilung, Parteibildung, Vertretung, Gleichzeitigkeit des Zusammenschlusses nach Innen und des Abschlusses nach Außen und unzähliges Ähnliches findet sich an einer staatlichen Gesellschaft wie an einer Religionsgemeinde, an einer Verschwörerbande wie an einer Wirtschaftsgenossenschaft, an einer Kunstschule wie an einer Familie." (ebd., S. 47).

Wie das Zitat verdeutlich, geht es Simmel in erster Linie um die allen sozialen Verbindungstypen und Verflechtungen, allen sozialen Beziehungsmustern eigentümlichen Formen und Eigenheiten. Er interessiert sich für die Formen der Vergesellschaftung als eines beständigen Prozesses, deshalb benutzt er den Begriff Gesellschaft nur in Anführungszeichen oder als Referenz auf andere Autoren. Der Gegenstand der Soziologie wird bei ihm nicht ausgehend von der Mikroebene der Individuen und auch nicht ausgehend von der Makroebene der Gesellschaft verortet, sondern ausgehend von der reflektierenden Betrachtung der Muster und Formen der alltäglichen sozialen Beziehungen und Verflechtungen.

Mit den hier nur skizzierten drei Herangehensweisen – ausgehend vom Individuum, von der Gesellschaft oder von Verflechtungen – sind für die Soziologie prägende Denkschulen und Betrachtungsweisen vorgestellt. Diese Unterscheidung einer mikro-, einer makro- und einer mesosoziologischen Bestimmung des Forschungs- und Erkenntnisgegenstandes der Soziologie wird auch die folgenden Kapitel strukturieren. Zusammen mit den bereits erwähnten drei großen Themenbereichen soziologischer Reflexion – dem sozialen Handeln, der sozialen Ordnung und dem sozialen Wandel – ergibt sich daraus die in Tabelle 1.1 (S. 11) erkennbare matrixförmige Struktur der meisten Kapitel dieses Buches. Entsprechend dieser Logik werden Schlüsselbegriffe der Soziologie, die jeweils in dem Kreuzungsfeld von Themenbereichen und Forschungsperspektiven liegen, definiert, erläutert und auf ihr Verhältnis zu anderen Begriffen bezogen.

1.5 Zusammenfassung, Übungsaufgaben und weiterführende Literatur

Dieses Kapitel 1 lässt sich folgendermaßen **zusammenfassen**:

1. Die Soziologie will die sozialen Alltagspraktiken, Ordnungsmuster und Wandlungsdynamiken des Umgangs der Menschen mit sich selbst, mit der Natur und mit anderen Menschen als soziale Verflechtungszusammenhänge verstehen und erklären. Sie entstand als neue Wissenschaftsdiziplin vor dem Hintergrund tief greifender gesellschaftlicher Umwälzungen im 19. Jahrhundert hin zu einer modernen, bürgerlichen, industriell-kapitalistischen Gesellschaft.

2. Die Soziologie geht davon aus, dass alle Menschen durch und durch soziale, auf Interaktionsbeziehungen mit anderen Menschen, mit der Natur und mit sich selbst ausgerichtete Wesen sind. Generell wird die Soziologie hier als Wissenschaft definiert, die soziale Verflechtungszusammenhänge als relativ dichte und stabile Sozialräume (1) sozialer Praxis (erziehen, arbeiten, grüßen, lieben etc.), (2) sozialer Symbolsysteme (Sprache, Rituale, Normen etc.) und (3) menschlicher Artefakte (Technik, Architektur, Geräte etc.) in ihren Typen, Akteursdynamiken, Strukturen, Prozessen und ihrem Wandel beobachten, verstehen und erklären will.[20]

20 Diese Definition beschränkt die soziologische Reflexion nicht auf menschliche Sozialzusammenhänge. Entsprechend schließt der Begriff „soziale Einheiten" hier Menschen, Tiere und generell Aktanten ein (siehe zu diesem Begriff Kapitel 5). Wie die

3. Innerhalb der Soziologie gibt es unterschiedliche Antworten auf die Frage, was ihr zentraler Forschungs- und Erkenntnisgegenstand ist. Grob lassen sich die drei Herangehensweisen unterscheiden, soziales Handeln, soziale Strukturen und sozialen Wandel ausgehend von der Mikroebene der Individuen, ausgehend von der Makroebene der Gesellschaft oder ausgehend von der Mesoebene der Verflechtungzusammenhänge zu untersuchen.
4. Anhand der drei Klassiker der Soziologie – Émile Durkheim, Max Weber und Georg Simmel – wurden diese unterschiedlichen soziologischen Herangehens- und Denkweisen aufgezeigt. Diese divergierenden Positionen untersuchen das Verhalten und Handeln der Menschen sowie die Strukturen, in denen sie leben, jeweils mit andersgearteten theoretischen Modellen, Begriffsapparaten und empirischen Methoden. Einige Soziologen gehen eher vom Individuum aus, um das soziale Zusammenleben und die gesellschaftlichen Strukturen zu erklären. Andere fangen mit der Gesellschaft als Ganzes an, um darin die Rollen und Positionen der Einzelnen zu betrachten. Eine dritte Gruppe von Soziologen schließlich fokussiert die Aufmerksamkeit auf die konkreten Verflechtungsbeziehungen zwischen Menschen, um von dort aus den Einzelnen und die Gesamtgesellschaft in den Blick zu nehmen.

Übungsfragen/-aufgaben

Was versteht Émile Durkheim unter einem „soziologischen Tatbestand"?

Was ist für Max Weber der Gegenstand der Soziologie?

Warum bezeichnet man Georg Simmels Soziologie auch als „formale Soziologie"?

Was versteht man in der Soziologie unter dem „Dreistadiengesetz" nach Auguste Comte?

Was sind wesentliche historische Kontextbedingungen der Entstehung der Soziologie?

---

bedeutsamer werdende Tiersoziologie zeigt, weisen auch alle Tierarten mehr oder weniger ausgeprägte soziale Verflechtungsbeziehungen aus. Dieses Buch konzentriert sich auf die Erkenntnisse der auf die Menschen gerichteten Soziologie, die man auch als Anthropo-Soziologie bezeichnen kann.

Vertiefende Literatur zu diesem Kapitel

Durkheim, E. (1981) [1888]: Einführung in die Sozialwissenschaft an der Universität Bordeaux 1887–1888. In: Heisterberg, Lore (Hg.), Émile Durkheim. Frühe Schriften zur Begründung der Sozialwissenschaft. Soziologische Texte 122. Darmstadt und Neuwied: Luchterhand, S. 25–52.

Heisterberg, L. (1981): Einleitung. Durkheims Weg zu einer echten Wissenschaft von der Gesellschaft. In: dies. (Hrsg.)(1981): Émile Durkheim. Frühe Schriften zur Begründung der Sozialwissenschaft. Soziologische Texte 122. Darmstadt und Neuwied: Luchterhand.

Joas, H. (2007): Die soziologische Perspektive. In: ders. (Hrsg.), Lehrbuch der Soziologie. Frankfurt am Main und New York: Campus, S. 11–38.

Kapitel 2
Anthropologische Grundlagen

Kasten 2.1

Soziologische Regel:
Der Mensch ist das Tier mit dem höchsten Anteil sozial-kulturell weitergegebener Lebensantriebe.

Die Soziologie macht keinen prinzipiellen, sondern einen – allerdings bedeutenden – graduellen Unterschied zwischen den Menschen und anderen Tieren. Sie betrachtet die menschliche Entwicklung als evolutionären Prozess aus genetisch transportierter Natur-Phylogenese, durch Lernen weitergegebener Kultur-Phylogenese und durch Sozialisation sowie Erfahrung bestimmter Ontogenese. Sie konzipiert Menschen einerseits als *natürliche Wesen* mit Trieben bzw. „Instinktstümpfen" (Dieter Claessens) sowie einmaligen kognitiven Ressourcen und andererseits als genuin *soziale Wesen* mit vererbter Kultur, Gefühlen, Leidenschaften, Interessen sowie der Fähigkeit zur Selbst- und Fremdreflexion. Weil die Lebensantriebe des Menschen stärker als die aller anderen Tiere sozial-kulturell geformt sind und der Mensch sich dessen in seiner alltäglichen Lebenspraxis nicht bewusst ist, kann man zugespitzt sagen: Der Mensch ist das Tier mit dem höchsten Anteil sozial-kulturell weitergegebener Lebensantriebe – er ist sich dessen in seiner alltäglichen Lebenswelt allerdings meistens nicht bewusst.
In diesem Kapitel werden (1) die Bedeutung ausgewählter Menschenbilder in der Soziologie erläutert und kritisch diskutiert, (2) einige anthropologische Grundannahmen für die Soziologie als Wissenschaft formuliert und (3) hierauf aufbauend ein evolutionär-soziologischer Blick vermittelt.

2.1 Praxisbeispiel und Grundidee

Beginnen wir mit einer kleinen Geschichte, die uns zum Nachdenken über die Unterschiede zwischen Menschen und anderen Tieren einlädt sowie in einem ersten Schritt die Komplexität der Kommunikation deutlich macht: Ein Indianer in voller Kriegsbemalung geht in eine Bar, auf seiner Schulter ein wunderschöner, großer, bunter Papagei. Er bestellt Feuerwasser. Der Barkeeper starrt den Indianer mit dem großen bunten Papagei lange an und gibt ihm das Feuerwasser. Dann fragt er: „Der ist ja wunderschön, woher haben Sie ihn denn?" Antwortet der Papagei: „Aus der Prärie, da gibt es Tausende von denen."

Ähnlich wie das Foto zum traditionallen Nasengruß (Hongi) der Maori auf Neuseeland, das im ersten Kapitel gezeigt wurde, löst auch diese Geschichte viele Fragen aus. An wen hatte der Barkeeper seine Frage gerichtet, an den Indianer oder an den Papagei? Ist der Papagei nur trainiert und weiß bei seiner Antwort eigentlich gar nicht, was er redet? Repetiert er also nur stellvertretend das Eingeübte, was eigentlich der Indianer antworten sollte bzw. wollte? Oder Ist der Papagei so intelligent, dass er eine Antwort geben kann, die ihm nicht vorher antrainiert wurde? Kann der Papagei also *denken* und dem Barkeeper eine so schlaue Antwort geben? Meint der Papagei in seiner Antwort mit „Tausende von denen" eigentlich sich selbst oder den Indianer? Kann der Indianer nicht sprechen, und braucht er deshalb den Papagei? Ähnlich wie bei dem Nasengruß-Foto versuchen wir Menschen, dem Gesehenen bzw. Gelesenen oder Gehörten einen Sinn zu geben, uns einen Reim darauf zu machen. Über die Papageien-Geschichte kann man stundenlang nachdenken und diskutieren – und wir kommen darauf im Kapitel 5 zurück, wenn es um die Komplexität von Kommunikation geht.

In diesem Kapitel geht es um die Frage, ob der Soziologie ein bestimmtes Bild vom Menschen (und von den anderen Tieren) zugrunde liegt und welche Menschenbilder in verschiedenen soziologischen Denkströmungen zum Ausdruck kommen. Wenn schon die Soziologie multiparadigmatisch ist: Lassen sich wenigstens einige anthropologische Grundannahmen formulieren, von denen aus die Soziologie als Wissenschaft starten kann? Mit anthropologischen Grundannahmen sind Aussagen gemeint, die den Menschen in seiner Besonderheit gegenüber unbelebten Dingen und anderen Tieren zu charakterisieren versuchen. Im Hinblick auf die obige Geschichte vom Indianer und vom Papagei ist es keineswegs mit der einfachen Antwort getan, natürlich repetiere der Papagei nur mechanisch, was ihm der Indianer antrainiert habe. Berühmt geworden ist der Papagei Alex, der etwa 200 Wörter selber äußern und insgesamt ungefähr 500 Wörter verstehen konnte.[21]

Wie zu zeigen sein wird, ist es sehr schwer, wissenschaftlich allseits anerkannte qualitative und substanzielle Wesensmerkmale des Menschen zu identifizieren, die ihn von allen anderen Tieren unterscheiden und über Raum und Zeit unveränderbar biologisch-genetisch eingebrannt sind. Gleichwohl finden sich solche Annahmen über eine angebliche *menschliche Natur* in allen Gesellschaften und Lebenszusammenhängen auf der Welt. So gibt es seit Jahrtausenden Aussagen wie „der Mensch ist von Natur aus gut"

21 Vgl. hierzu http://de.wikipedia.org/wiki/Alex_(Graupapagei) (Abruf 19.08.2015).

oder umgekehrt: „Der Mensch ist des Menschen Wolf". Weit verbreitet sind auch Annahmen wie „nur der Mensch ist intelligent, andere Tiere sind dumm" oder „nur der Mensch ist zu Liebe fähig" oder „nur der Mensch kann über Sprache kommunizieren". Wie wir in den folgenden Abschnitten sehen werden, sollte man solche Aussagen über die angebliche *menschliche Natur* mit großer Vorsicht genießen. Gleichwohl können in einer evolutionär-entwicklungsgeschichtlichen Betrachtungsweise diejenigen Besonderheiten aufgezeigt werden, die das menschliche Zusammenleben im Vergleich zu dem anderer Tiere auszeichnen.

2.2 Menschenbilder im alltäglichen und wissenschaftlichen Denken

Alle Menschen benutzen in ihrer alltäglichen Lebenswelt bestimmte Annahmen darüber, was die Menschen (einschließlich ihrer selbst) ausmacht und von anderen Tieren unterscheidet. Wir alle haben ganz pragmatisch bestimmte Vermutungen über *typisch menschliche* Charakterzüge und Verhaltensweisen. Bis zum Entstehen der modernen Sozialwissenschaften und speziell der Ethnologie, Anthropologie und Soziologie existierten auch im philosophischen, naturwissenschaftlichen und sonstigen wissenschaftlichen Denken bestimmte Annahmen über die alle Menschen charakterisierenden Eigenarten. So betonte der bekannte Ingenieur Frederick Winslow Taylor (1856–1915) in seinem Buch „Die Prinzipien wissenschaftlicher Betriebsführung" (Taylor 1911), dass die „natürliche Faulheit der Menschen" (Natural Laziness of Men) ein ernsthaftes Problem für das betriebliche Management sei. Die Situation ist vertrackt: Einerseits benutzen alle Menschen in ihrer **alltäglichen Lebenswelt** bestimmte Stereotype und generelle Vermutungen bezüglich der typischen Verhaltens- und Reaktionsweisen ihrer Mitmenschen und der diesen zugrunde liegenden, angenommenen *Natur des Menschen.* Andererseits wissen wir oft aus eigener Erfahrung, vor allem aber auch aus wissenschaftlichen Untersuchungen, dass die Natur des Menschen sehr formbar und veränderlich ist. Diese **Plastizität des Menschen** hängt vor allem damit zusammen, dass dem Menschen die Kultur gleichsam zu seiner zweiten Natur geworden ist.

Soziologinnen und Soziologen sind deshalb vorsichtig damit, dem Menschen ganz besondere Eigenschaften oder Verhaltensweisen zuzuschreiben, die es im sonstigen Tierreich gar nicht gibt. Denn allzu viele Eigenschaften und Phänomene, die zunächst – aus Unkenntnis und/oder Überheblichkeit – exklusiv den Menschen zugeschrieben wurden, sind inzwischen auch im sonstigen Tierreich nachgewiesen (z.B. Werkzeuggebrauch, Selbstwahrnehmung, erlernte Sprache). Zudem erwiesen sich nicht wenige der allen menschlichen Wesen zugeschriebenen Eigenschaften als solche bestimmter – und in der Regel der dominanten – Kulturgruppen (z.B. primäre Eigennutzorientierung, Rationalitätsstreben). In einer kritischen soziologisch-sozialpsychologischen Perspektive wurde gar das Projekt „Negative Anthropologie" (Sonnemann 1969) ausgerufen, die es sich zur Aufgabe machen sollte, alle dem Menschen zugeschriebenen, angeblich konstanten Eigenschaften und Fähigkeiten als Ergebnis sozialer und kultureller Beeinflussungen nachzuweisen.

Im Folgenden wird gezeigt, dass bestimmte anthropologische Grundannahmen für das soziologische Denken sehr bedeutsam waren, auch wenn sie sich später als falsch oder einseitig erwiesen. Deshalb reicht die einfache Kritik und Dekonstruktion solcher Menschenbilder nicht aus – sie sind alltagspragmatisch ein untrennbarer Bestandteil menschlicher Orientierung und Komplexitätsreduktion. Im Lichte aktueller wissenschaftlicher Erkenntnisse sollen im Folgenden einige bekannte Menschenbilder als anthropologische Grundannahmen skizziert und die soziologisch relevanten Besonderheiten menschlicher Entwicklung und Sozialzusammenhänge skizziert werden.

Ein erstes Menschenbild, welches in der alltäglichen Lebenswelt sehr vieler Menschen Verwendung findet und das auch für das soziologische Denken große Bedeutung hatte und weiterhin hat, lässt sich mit dem Ausspruch beschreiben: Homo homini lupus est (**Der Mensch ist des Menschen Wolf**).[22] Demnach kämpft zunächst jeder Mensch für sich und seine unmittelbare familiäre Primärgruppe allein. Die Menschen gehen nur die Verbindungen und Gruppenbeziehungen ein, die für sie überlebensnotwendig sind bzw. die sich im Laufe der Evolution als für den Fortbestand der Gattung existenziell herausgestellt haben. Der englische Philosoph Thomas Hobbes (1588–1679) hat in seinem großen Werk „Leviathan oder Stoff, Form und Gewalt eines kirchlichen und staatlichen Gemeinwesens" von 1651 ein solches Menschenbild als Ausgangspunkt genommen. Die Frage, warum sich überhaupt gesellschaftliche Gebilde bis hin zu modernen Staaten geformt haben, beantwortet er damit, dass im „gesellschaftlichen Urzustand" die Menschen in kleinen Gruppen zunächst „Jeder gegen Jeden" gekämpft hätten. Aufgrund der damit verbundenen negativen Erfahrungen (ständiger Spannungen, Ressourcenverschwendungen wegen kriegerischer Konflikte etc.) haben sie sich dann

22 Mit ‚erstem Menschenbild' ist hier die dann folgende Aufzählung gemeint und keineswegs, dass es historisch nicht schon früher Bilder vom Menschen gab, diese sind so alt wie die Menschheit selbst.

bewusst aufgrund besserer Einsicht zu einer neuen sozialen Ordnung zusammengeschlossen. Die sich vorher bekämpfenden Gruppen gaben – so Hobbes – einen Teil ihrer Souveränität an einen Dritten, den staatlichen Herrscher, ab. Diesem neuen Staatssouverän oblag es ab nun, für „Ruhe und Ordnung“ zu sorgen und mögliche Konflikte zwischen Einzelnen und Gruppen beizulegen und zu verhindern, dass diese zu einer Belastung für alle werden könnten.[23]

Diese von Thomas Hobbes entwickelte Vorstellung, dass Menschen zunächst als Einzelne bzw. in Kleingruppen gegeneinander stehen und sich erst nach leidvoller negativer Erfahrung zu größeren Sozialverbänden zusammenschließen, ist vor dem Hintergrund der zu Beginn des 17. Jahrhunderts starken politischen Spannungen in England zu sehen. Zwischen dem absolutistischen König, dem Landadel und dem städtischen Bürgertum kam es zu jahrzehntelangen und zum Teil blutigen Konflikten, die um religiöse Auseinandersetzungen zwischen der anglikanischen Staatskirche und dem Katholizismus ergänzt wurden. Vor diesem Hintergrund argumentierte Hobbes in liberaler Manier für einen Gesellschaftsvertrag, durch den alle Untertanen unwiderruflich einen Teil ihrer „natürlichen Rechte“ auf die allgemeine Staatsgewalt in der Form eines absoluten Herrschers übertragen sollten.

Eng mit diesem Konzept verbunden ist das noch heute in den westlich-kapitalistischen Gesellschaften einflussreiche und z. B. in den Wirtschaftswissenschaften immer noch dominante Menschenbild des Homo oeconomicus. Ihm zufolge ist der Mensch ein **individueller Nutzenoptimierer**, der sein ganzes Verhalten und Handeln daran ausrichtet, auf der Grundlage umfassender Informationen rationale und für ihn vorteilhafte Entscheidungen zu treffen. Dabei wird unterstellt, der Mensch habe stabile Präferenzen, die seine Entscheidungen leiten, und diese Präferenzen seien ihm in seinen Entscheidungsprozessen auch bewusst. Zwar unterlägen alle Menschen vielfältigen Restriktionen im Hinblick auf Informationen über die verschiedenen Handlungsmöglichkeiten und die zukünftigen Rahmenbedingungen des eigenen Verhaltens, gleichwohl erkläre das Modell des Homo oeconomicus als Ausgangspunkt ökonomischer und teilweise auch soziologischer Modellbildung am besten die Struktur und Dynamik menschlicher Verhaltensweisen.

Diese Denkweise ist so stark verbreitet, dass sie als funktionalistischer Ansatz auch in anderen Wissenschaften, z. B. in der Biologie, von erheblicher Bedeutung war und ist. So hat z. B. der Biologe Richard Dawkin (1976) die Theorie egoistischer Gene entwickelt, der zufolge der nutzenoptimierende

23 Vgl. Hobbes (2010), Chapt. XVIII und direkt unter http://www.gutenberg.org/files/3207/3207-h/3207-h.htm (Abruf 19.08.2015).

Egoismus von der Ebene des einzelnen Lebewesens auf die seiner einzelnen Gene verlegt wurde. Das Menschenbild ist im Modell individueller Nutzenoptimierung generell recht einfach: Alle Verhaltensweisen, die sich als dauerhaft und in großer Zahl vorkommend nachweisen lassen, sind als Ausdruck einer den jeweiligen Umweltbedingungen angepassten rationalen nutzenoptimierenden Entwicklungslogik zu betrachten. Insofern der Mensch anderen Tierarten und der Natur gegenüber erfolgreich seine Interessen und seinen Nutzen durchsetzen könne, spiegele dies seine evolutionäre Überlegenheit wider. Insofern bestimmte Menschen angesichts knapper Ressourcen im Vergleich zu anderen ihren individuellen Nutzen besser optimieren könnten, indiziere dies ihre überlegenen Fähigkeiten, Verhaltensweisen und Entscheidungen.

Vereinfacht lässt sich das Denkmodell so formulieren: Die Menschen – wie auch alle anderen Lebewesen – sind individuelle Nutzenoptimierer. Die jeweiligen Formen und Strukturen ihres Zusammenlebens spiegeln das Ergebnis dieser grundlegenden Bestimmung wider. Dass einem solchen Menschenbild des Homo oeconomicus ein tautologischer Zirkelschluss zugrunde liegt, wird im nächsten Kapitel genauer behandelt. Vorerst muss der Hinweis genügen, dass das Menschenbild des Homo oeconomicus mit dem Siegeszug des modernen liberalen Kapitalismus überall auf der Welt erheblichen Einfluss gewonnen hat. Ob es um hohe Managergehälter, den florierenden Wirtschaftslobbyismus in der Politik oder den individuellen Missbrauch von sozialen Sicherungsleistungen geht – die angebliche Natur des Menschen, den eigenen individuellen Nutzen zu maximieren, wird für alles als Erklärung herangezogen.

Ein eher genuin soziologisches Menschenbild hat Ralf Dahrendorf (1928–2009) in seinem bekannten Buch Homo sociologicus (1958) vorgelegt. Ihm zufolge sind es weniger die individuellen rationalen Nutzenerwägungen, die menschliches Verhalten leiten und erklären. Vielmehr **handeln alle Menschen entsprechend Rollen und Normen**, die ihnen von der Gesellschaft als Ganzes im Prozess ihrer Sozialisation vorgegeben werden. Der einzelne Mensch bildet seine Handlungsmaximen nicht voraussetzungslos aus noch sind sie ihm gleichsam natürlich angeboren, also biologisch determiniert. Vielmehr sind es die im Sozialisationsprozess erworbenen Regeln und Werteordnungen, die menschliches Handeln prägen. Hieraus erklärt sich auch, warum so viele Menschen nach ähnlichen Dingen streben. Stabile und gleiche Präferenzen sind nicht Ausdruck der *menschlichen Natur* als anthropologisch in den einzelnen Menschen gleichsam genetisch eingelassener Bestimmungen, sondern durch Sozialisation eingeübte kollektive Orientierungen.

Was als individuelle rationale Wahlentscheidung und Nutzenoptimierung erscheinen mag oder interpretiert werden kann, ist in Wirklichkeit als – häufig vorbewusste – Ausübung von erlernten Rollennormen zu lesen. Diese Rollen und Normen gehen den Menschen durch gemeinsame gesellschaftliche Prägung im Rahmen sozial-kultureller Lernprozesse geradezu in Fleisch und Blut über. Nicht zufällig versteht sich der Homo sociologicus als radikaler Gegenentwurf zum Menschenbild des Homo oeconomicus: Ralf Dahrendorf wollte hiermit ein genuin soziologisches, auf gesamtgesellschaftliche Funktionszusammenhänge von sozialen Rollen und Normen abstellendes Verständnis schaffen. Er geht dabei nicht vom einzelnen Menschen bzw. den allen Menschen unterstellten biologisch-anthropologischen *natürlichen* Eigenschaften aus, sondern von der Gesellschaft als Ganzes, in die der Einzelne durch ein komplexes Set an Normen und Rollen im Rahmen gesamtgesellschaftlicher Strukturen und Funktionszusammenhänge unausweichlich eingebunden ist.

Ein viertes, ebenfalls für die Soziologie interessantes Menschenbild schließlich ist der sogenannte Homo interiunctus, wie er von dem (aus Deutschland stammenden und vor dem NS-Regime nach Frankreich und Großbritannien geflohenen) Soziologen Norbert Elias (1897–1990) vorgestellt wurde. Nach Norbert Elias lassen sich Vorstellungen von den Menschen nicht auf der Grundlage von Menschenbildern, die vom Einzelwesen ausgehen, entwickeln. Dabei räumt er durchaus ein: „Es ist eine Erfahrung, die es Menschen so erscheinen läßt, als ob sie selbst, als ob ihr eigentliches ‚Selbst' irgendwie in einem eigenen ‚Inneren' wie durch eine unsichtbare Mauer von allem, was ‚draußen' ist, von der sogenannten ‚Außenwelt' abgetrennt sei. Diese Erfahrung ihrer selbst als einer Art von verschlossenem Gehäuse, als *homo clausus*, erscheint den Menschen, die sie haben, als unmittelbar einleuchtend" (Elias 1970, S. 128, kursiv im Original). Allerdings unterstreicht Elias die existenzielle Angewiesenheit des einzelnen Menschen auf die anderen, seine Prägung und Formung durch diese. Der Mensch sei immer ein Teil von Sozialverbänden, von **gesellschaftlichen** Figurationen **und Verflechtungszusammenhängen**.

Während das Menschenbild des Homo oeconomicus vom Individuum ausgehend argumentiert und das Menschenbild des Homo sociologicus von einer vorausgesetzten Gesamtgesellschaft aus den Menschen denkt, geht Norbert Elias von den jeweiligen spezifischen Sozialzusammenhängen aus, welche die Menschen gleichsam qua Natur bilden. Demnach existiert der Mensch weder als einsamer Robinson Crusoe, der seine Präferenzen und Fähigkeiten isoliert und aus sich selbst heraus entwickelt, noch als willenlos funktionierendes Rädchen eines gesamtgesellschaftlichen großen Systemzusammenhangs, in dem der Einzelne nur passiv Rollen und Normen exekutiert. Ähnlich wie im vorhergehenden Kapitel die Position von Georg Simmel im Vergleich zu Max Weber und Émile Durkheim ist diese Herangehensweise von Norbert Elias als ein Mittelweg zwischen dem mikrosoziologischen Menschenbild des Homo oeconomicus und dem makrosoziologischen Menschenbild des Homo sociologicus zu verstehen Während im ersten Fall die Bedingtheit des Einzelnen durch die Anderen und durch die sozialen, kulturellen, politischen und ökonomischen Verflechtungsbezüge ausgeblendet bleibt, werden im zweiten Modell tendenziell Gesellschaften und gesellschaftliche Strukturen und Funktionen jenseits menschlicher Akteure modelliert.[24]

Am Beispiel der Menschenbilder kann gezeigt werden, wie Norbert Elias mit seinem Konzept der Figurationen und Verflechtungszusammenhänge die übliche – und seiner Meinung nach unfruchtbare – Entgegensetzung von Individuum und Gesellschaft überwinden wollte. Diese Dichotomie bestimmte tatsächlich – und bestimmt in gewisser Weise bis heute – das sozialwissenschaftliche und soziologische Denken. So schrieb schon der Frühromantiker Georg Phillip Friedrich von Hardenberg (1772–1801), bekannter als Novalis: „Jeder Mensch ist eine kleine Gesellschaft“ (Hardenberg 1992, S. 8). Umgekehrt war für Sigmund Freud (1856–1939) nach Hermann Glaser die Gesellschaft nur ein „umfangreicher Mensch“.[25] Die analytische Trennung und Entgegensetzung von Individuum und Gesellschaft hat also eine lange Tradition. Sie entstand in der Entwicklung der Menschheit im Vorlauf der Entstehung der modernen Sozialwissenschaften und der Soziologie in einer historischen Phase, als die Menschen auf der Basis der Aufklärung und im Zuge der Entstehung moderner, nationalstaatlich eingefasster Gesellschaften ihr soziales Zusammenleben selbst zum Gegenstand wissenschaftlicher Reflexion machten. Diese Gegenüberstellung von Individuum und Gesellschaft ist rein analytischer Natur und durchaus nicht immer erkenntniserhellend. Denn entwicklungsgeschichtlich gab es niemals nur Individuen, sondern immer nur Verflechtungszusammenhänge von Menschen. Die Gesellschaft – wie immer man sie im Einzelnen definiert – stellt nur eine Spezialform von Verflechtungszusammenhang dar.

Beide Begriffe, Individuum und Gesellschaft, eignen sich schlecht, um daraus anthropologische Grundannahmen der Soziologie zu formulieren. Wie

24 Eine interessante soziologische Übung besteht darin, in Filmen oder Romanen die jeweils zugrunde liegenden bzw. transportierten Menschenbilder zu identifizieren. Man denke etwa an die US-amerikanischen Western der 1960er-Jahre (z. B. Bonanza), die TV-Serie über den Denver-Clan, die Lindenstraße oder die Genres typischer Hollywood-Actionfilme und klassischer Luis-Buñuel- oder Wim-Wenders-Filme.

25 Vgl. http://www.zeit.de/1980/32/das-unbehagen-in-der-kultur/seite-2.

solche anthropologischen Grundannahmen auf der Basis der modernen Evolutionsforschung und Kulturanthropologie entwickelt werden können, wird im folgenden Abschnitt dargelegt. Generell kann zunächst festgehalten werden, dass in allen – in alltagsweltlichen ebenso wie in wissenschaftlichen – Vorstellungen von Individuen, Verflechtungszusammenhängen und Gesellschaften immer auch spezifische Grundannahmen über die Menschen, also Menschenbilder zum Ausdruck kommen. Diese Menschenbilder bleiben meistens implizit, werden also nicht kritisch reflektiert und offen gelegt. Deshalb sollte bei der Befassung mit soziologischen Theorien und Forschungen immer wieder die (selbst)kritische Frage gestellt werden: Welches Menschenbild steckt dahinter, von welchen anthropologischen Grundannahmen wird ausgegangen?

2.3 Anthropologische Grundannahmen der Soziologie

Gibt es in der Soziologie allgemein anerkannte Grundannahmen über Besonderheiten, die den Menschen von allen anderen Lebewesen und speziell den anderen Tieren unterscheiden? Die Antwort auf diese Frage wurde über ein Jahrhundert lang von den meisten Soziologinnen und Soziologen als vergleichsweise einfach angesehen: Ja, der Mensch hat Fähigkeiten (z.B. Gefühle, Verstand, Bewusstsein seiner selbst), die alle anderen Tiere nicht besitzen. So betonte Karl Marx (1818–1883), dass nur der Mensch in seiner Auseinandersetzung mit der Natur das Ergebnis seiner Arbeit schon **vorher** kenne:

> „Wir unterstellen die Arbeit in einer Form, worin sie dem Menschen ausschließlich angehört. Eine Spinne verrichtet Operationen, die denen des Webers ähneln, und eine Biene beschämt durch den Bau ihrer Wachszellen manchen menschlichen Baumeister. Was aber von vornherein den schlechtesten Baumeister vor der besten Biene auszeichnet, ist, dass er die Zelle in seinem Kopf gebaut hat, bevor er sie in Wachs baut. Am Ende des Arbeitsprozesses kommt ein Resultat heraus, das beim Beginn desselben schon in der Vorstellung des Arbeiters, also schon ideell vorhanden war. Nicht dass er nur eine Formveränderung des Natürlichen bewirkt; er verwirklicht im Natürlichen zugleich seinen Zweck, den er weiß, der die Art und Weise seines Tuns als Gesetz bestimmt und dem er seinen Willen unterordnen muss“ (Marx, Kapital I, 5. Kapitel, 1.- 2. Seite Arbeitsprozeß und Verwertungsprozeß, MEW 23, S. 193).

Im Gegensatz zur Biene – so Marx – hat der Mensch bereits vor dem Handeln eine klare Vorstellung von dem, was er tun will und was das Ergebnis seines

Handelns ist. Der Mensch habe also ein Bewusstsein über Ziele und mögliche zukünftige Seinsweisen seiner selbst, während Tiere keine in die Zukunft gerichteten Pläne haben könnten. Émile Durkheim betonte einen prinzipiellen Unterschied zwischen Menschen und anderen Tieren im Hinblick auf den Stellenwert von Erziehung. Während die anderen Tiere ausschließlich instinkt- und triebgesteuert, entsprechend ihrer genetisch vermittelten *ersten Natur* ihre Lebensweise entwickelten, fände bei Menschen durch die Erziehung gleichsam eine Neuschöpfung des Menschen, die Schaffung einer *zweiten Natur* statt:

> „Die Gesellschaft muß mit jeder neuen Generation sozusagen wieder von vorne anfangen. Sie muß auf dem raschesten Weg dem eben geborenen egoistischen und asozialen Wesen ein anderes Wesen hinzufügen, das imstande ist, ein soziales und moralisches Leben zu führen. Das ist die Aufgabe der Erziehung und Sie können ihre ganze Tragweite ermessen. Sie begnügt sich nicht damit, den individuellen Organismus in der von der Natur vorgezeichneten Richtung zu entwickeln und verborgene Kräfte, die nur geweckt werden möchten, sichtbar zu machen. Sie erschafft im Menschen einen neuen Menschen, und dieser Mensch besteht aus allem, was gut in uns ist, aus allem, was dem Leben Wert und Würde gibt. Diese schöpferische Kraft ist im übrigen ein spezielles Privileg der menschlichen Erziehung. Die Erziehung, die die Tiere erhalten, ist ganz anders, wenn man überhaupt mit diesem Namen das fortschreitende Training bezeichnen kann, dem sie von ihren Eltern unterworfen sind. Sie kann wohl die Entwicklung gewisser Instinkte, die im Tier schlummern, vorantreiben; aber sie führt sie nicht in ein neues Leben ein. Sie erleichtert das Spiel der natürlichen Funktionen; aber sie schafft nichts Neues. Von dem Muttertier belehrt, kann das Junge schneller fliegen und sein Nest bauen; aber es lernt fast nichts von seinen Eltern, was es nicht durch seine persönliche Erfahrung entdecken könnte. Die Tiere leben eben entweder isoliert oder sie bilden ziemlich einfache Gesellschaften, die dank einem Triebmechanismus funktionieren, den jedes einzelne Tier von Geburt an in sich trägt. Die Erziehung kann also der Natur nichts Wesentliches hinzufügen, da die Natur allein genügt, für das Leben der Gruppe so gut wie für das Leben des Individuums. Beim Menschen dagegen sind die verschiedenartigen Fähigkeiten, die das soziale Leben voraussetzt, viel zu kompliziert, als daß sie sich gewissermaßen in unserem Gewebe verkörpern und sich unter der Form von organischen Veranlagungen materialisieren könnten. Daraus folgt, daß sie sich nicht von einer Generation zur anderen vererben können“ (Durkheim 1999, S. 46 f.).

Die hier nur am Beispiel von zwei wichtigen Autoren skizzierten Bemühungen, klare und eindeutige Trennungslinien zwischen dem Menschen und den anderen Tieren zu ziehen, finden sich in der einen oder anderen Form bei vielen soziologischen Theoretikern. Wie im Folgenden zu zeigen sein wird, sind die dabei formulierten Annahmen über grundlegende Unterschiede zwischen Mensch und Tier inzwischen durch die tiersoziologische und soziobiologische Forschung etwas relativiert worden. Im Tierreich gibt es eine Vielzahl von hochspezialisierten und in ihren geistigen Fähigkeiten dem Menschen in vielen Aspekten ähnliche Gattungen und Klassen. Elefanten, Raben und Menschenaffen können Pläne ihres Handelns über mehrere in der Zukunft zu vollziehende Schritte hinweg entwickeln. Im Gegensatz zu der zitierten Meinung von Karl Marx können Tiere also offensichtlich durchaus eine Idee von dem haben, was das Ergebnis mehrstufiger Handlungs- (oder Verhaltens-?)Schritte sein wird. Der weiter oben zitierte Graupapagei Alex besaß offensichtlich besondere Sprech- und Denkfähigkeiten. Bestimmte Affengruppen bilden je nach sozialer Kleingruppe eigene spezifische Sprachdialekte aus. Jagdtiere wie Leoparden organisieren ihre Beutezüge nach Regeln hochkomplexer Arbeitsteilung. Wodurch unterscheidet sich also dann der Mensch von anderen Tieren? Viele verschiedene Wissenschaften wie die Biologie, die Anthropologie, die Sprachwissenschaften oder sogar die Philosophie bemühen sich darum, diese Fragen zwischen dem Extrem eines Tierfundamentalismus („Menschen sind auch nur Tiere, sie unterscheiden sich nicht qualitativ, sondern nur graduell von anderen Tierarten") und eines Menschenfundamentalismus („Menschen sind ganz besondere Tiere, sie unterscheiden sich ganz wesentlich von anderen Tieren") zu beantworten.[26]

Wie kann diese Frage aus soziologischer Sicht beantwortet werden? Der Unterschied zwischen Menschen und anderen Tieren lässt sich nicht an einem einzelnen und eindeutigen biologischen bzw. *natürlichen* Merkmal festmachen. Er ergibt sich vielmehr aus der Summe, Breite und Tiefe von biologisch-natürlich fundierten, aber letztlich **psycho-sozialen Fähigkeiten**, die beim Menschen nachdrücklich und sehr weit über das Niveau der anderen Tiere hinausgehen. Für die Soziologie ist relevant, dass der Mensch sich durch den aufrechten Gang (den er nur mit wenigen anderen Tieren teilt) und die Dominanz des Auge-Hand-Feldes auszeichnet, wie der während der NS-Zeit verfolgte Philosoph und Soziologe Helmuth Plessner (1892–1985) mit seinem Konzept der „exzentrischen Positionalität" (Plessner 1975) betonte. Dies förderte in der gattungsgeschichtlichen Entwicklung die Möglichkeit einer feinmotorischen Spezialisierung der Hände, der für Sprachfähig-

26 Für die Primatenforschung vgl. Fischer 2012 und die Buchbesprechung von Johan Schloemann in der Süddeutschen Zeitung vom 16./17. Juni 2012, der die Begriffe Tierfundamentalismus und Menschenfundamentalismus entnommen sind; für die Neurowissenschaft vgl. Iacobini 2008; für die Philosophie vgl. Bayertz 2012; für die Psychologie und Anthropologie Tomasello 2002.

keit zentralen biologischen Veränderungen im Kehlkopf-/Rachenraum sowie eines intensiven und vielfältigen Werkzeuggebrauchs. Durch diese komplexen Mensch-Natur- und Mensch-Mensch-Beziehungen entwickelte der Homo sapiens kognitive Fähigkeiten und Kompetenzen, die bei keinem anderen Tier – gemessen etwa an der Anzahl von Gehirnzellen (10^{13}) und Synapsen (10^{17}) – auch nur annähernd vorhanden sind (Neuweiler 2008, S. 112). Parallel zu der über den aufrechten Gang und den Werkzeuggebrauch stimulierten kognitiven Entwicklung differenzierten sich auch die Interaktionsweisen zwischen den Menschen aus, vor allem die Nutzung komplexer Symbole für die Kommunikation. Hier ist vor allem die menschliche Sprache zu nennen, die sich in Vielfalt der Wörter und Komplexität der Syntax für alle bestehenden Menschengruppen qualitativ von den physiologischen Verbalisierungs- und kognitiven Kommunikationskompetenzen im sonstigen Tierreich unterscheidet.

Durch diesen Gebrauch komplexer Symbolsysteme wie der Sprache und hoch differenzierter Rituale wie dem Begräbnis (einem Handlungsvollzug mit spezifischen Handlungsabläufen, Artefakten und Symbolsystemen) oder der – in Kapitel 1 bereits behandelten – Begrüßungszeremonien verschob sich grundlegend das Verhältnis zwischen den biologisch-genetisch fixierten und den auf Lernen und Sozialisation begründeten Verhaltensweisen. Neben die biologische Vererbung trat bei den Menschen zunehmend die sozial-kulturelle Vererbung von Lebensfähigkeiten und Handlungskompetenzen. In der gattungsgeschichtlichen Phylogenese der Menschen – also im Verlauf der Menschwerdung des Affen über die verschiedenen Stufen des Homo sapiens – überlagerten die sozial-kulturell, durch Lernen vererbten Elemente der **Kultur-Phylogenese** immer stärker die genetisch vererbten Elemente der **Natur-Phylogenese**. Die Lebenspraxis der Menschen wurde immer stärker durch sozial Erlerntes anstatt nur durch genetisch weitergegebene Instinkte bestimmt. Wie der bekannte – und wegen seiner NS-Vergangenheit sehr umstrittene (Rammstedt 1986) – Soziologe und Anthropologe Arnold Gehlen (1904–1976) formulierte, ist der Mensch das im Vergleich zu anderen Tieren stark „instinktverunsicherte“ und instinktreduzierte Lebewesen, das sich durch einen hohen Anteil erlernter Verhaltens- und Handlungsweisen auszeichnet (Gehlen 1969). Im Gegensatz zu Pflanzen und anderen Tieren, dominiert beim Menschen auf der Grundlage seines hochentwickelten Gehirns und Bewusstseins in vielen Handlungsbereichen kein einfaches Reiz-Reaktionsschema, vielmehr besteht zwischen Handlungsbedingungen und -impulsen einerseits und tatsächlichen Handlungsvollzügen eine Leerstelle bzw. Lücke.

„Auszugehen ist dabei von jener Eigenart des menschlichen Handelns, welche die moderne Anthropologie als die Weltoffenheit des Menschen bezeichnet. Damit ist vor allem eine Öffnung der Sinnesorgane gegenüber breiten Reiz-und Eindrucksfeldern gemeint, die sich mit einer Reduktion der Instinkte auf bloße Residuen verbindet“ (Tenbruck 1989, S. 21).

Die Soziologie entwickelte sich als Wissenschaft in starker Abgrenzung zur Biologie und zu der später entstandenen Psychologie. Die spezifisch soziologische Perspektive auf soziales Verhalten und auf Handeln lässt sich am Beispiel des in Biologie und Psychologie lange Zeit vorherrschenden Behaviorismus gut zeigen. Für den Behaviorismus ergibt sich Erkenntnisfortschritt über das Verhalten von allen Lebewesen dadurch, dass bestimmte Verhaltensreaktionen beobachtet und ursächlich auf spezifische beobachtbare Reize zurückgeführt werden. Im Mittelpunkt steht also ein Reiz-Reaktionsschema, in dem das sich verhaltende Lebewesen selbst als Black Box betrachtet wird – was interessiert, sind lediglich die äußeren, messtechnisch nachvollziehbaren Stimuli und die jeweilige Verhaltensreaktionen hierauf. Die mentalen oder subjektiven Bewusstseinszustände der zu untersuchenden Menschen oder Tiere interessieren dabei nicht. Allein das beobachtbare Verhalten zählt. Diese Programmatik zeigt sich recht deutlich in den folgenden Basisannahmen des psychologischen Behaviorismus:

„1. Psychology is the science of behavior. Psychology is not the science of mind. 2. Behavior can be described and explained without making reference to mental events or to internal psychological processes. The sources of behavior are external (in the environment), not internal (in the mind). 3. In the course of the theory development in psychology, if, somehow, mental terms or concepts are deployed in describing or explaining behavior, then either (a) these terms or concepts should be eliminated and replaced by behavioral terms, (b) they can and should be translated or paraphrased into behavioral concepts.“[27]

Gegen eine solche behavioristische Psychologie entwickelte Abraham Maslow (1908–1970) seine sogenannte **humanistische Psychologie**. Ihr zur Folge ist sehr wohl wichtig, was sich im Bewusstsein handelnder Menschen abspielt, um ihre jeweiligen Verhaltens- und Reaktionsweisen unter gegebenen Bedingungen und in spezifischen Situationen zu analysieren und zu verstehen. Wir können es uns leicht so vorstellen: Beim Anblick eines reife Früchte tragenden Ap-

27 http://plato.stanford.edu/entries/behaviorism/;
vgl. http://psychclassics.yorku.ca/ Watson/views.htm (Abruf 19.08.2015); für eine handlungs- und kulturpsychologische Grundlegung vgl. Straub 1999.

felbaumes will man z. B. (1) entweder sofort zugreifen und sich an den Äpfeln satt essen oder (2) die Äpfel schnell ernten und verkaufen, um sich endlich das lang ersehnte Handy kaufen zu können oder (3) den Apfelbaum in all seiner Pracht in einem gemalten oder fotografierten Bild festhalten. Die jeweilige Reaktionsweise hängt offenbar auch mit solchen Faktoren wie Hunger, Geldnöte oder Lust an kreativem Ausdruck zusammen. Verhaltensweisen von Menschen werden – so Maslow – von dem jeweiligen Grad der Befriedigung menschlicher Grundbedürfnisse bestimmt. Um das Verhalten von Menschen verstehen und erklären zu können, muss man ihre innere Bedürfnisstruktur kennen. Maslow unterscheidet **fünf Stufen menschlicher Bedürfnisse**, die zueinander in einem hierarchischen Verhältnis stehen: Erstens die körperlichen Bedürfnisse nach Nahrung, Wärme, Schlaf und Sexualität; zweitens die Bedürfnisse nach Sicherheit vor Schmerz und Angst sowie nach Berechenbarkeit der eigenen Lebensbedingungen; drittens das Bedürfnis nach Zugehörigkeit und damit verbundenen nach Erfahrungen von Liebe, Geborgenheit und Sozialem; viertens das Bedürfnis nach Achtung, das sich im Streben nach Leistung und Stärke sowie Geltung und Anerkennung ausdrückt; schließlich fünftens das Bedürfnis nach Selbstverwirklichung, das in der Kreativität und dem Ausschöpfen gegebener Möglichkeiten zum Ausdruck kommt.

Maslow kritisierte, dass der Behaviorismus nur auf das Verhältnis von Reizen und dadurch ausgelösten Reaktionen bei Lebewesen ausgerichtet sei. Tatsächlich aber müsse – so Maslow – zwischen die auslösenden Reize und die erfolgenden Reaktionen die Hierarchie menschlicher Bedürfnisse geschoben werden, um ein grundlegendes Verständnis menschlicher Verhaltens- und Handlungsweisen zu gewinnen. Aus soziologischer Perspektive ist diese Maslowsche Bedürfnishierarchie ein Fortschritt gegenüber dem Behaviorismus. Allerdings bleibt dieser Ansatz weit hinter allem soziologischen Grundverständnis menschlicher Handlungsvollzüge zurück. Wie in den nächsten drei Kapiteln über soziales Handeln ausführlicher zu behandeln ist, spielt für die Soziologie eine erhebliche Rolle, wie Menschen als Akteure bestimmte **Handlungssituationen** eigentlich **wahrnehmen und deuten**, welche Erwartungen sie an andere Aktanten und auch an sich selbst dabei stellen, welche **Werteorientierungen**, welche **Handlungsnormen** und welche **Interessen** als Präferenzen dabei jeweils mobilisiert werden. Ohne all diese Aspekte zu berücksichtigen, bleiben auch solche Annahmen wie die Bedürfnishierarchie von Maslow wenig hilfreich. Denn nach Maslow würde derjenige, der beim Anblick des vollen Apfelbaumes sich zuerst einmal satt isst, damit sein erstes Grundbedürfnis (nach körperlicher Nahrung) zum Ausdruck bringen. Entsprechend wäre das Malen eines Apfelbaumbildes Ausdruck kreativer Selbstverwirklichung auf der Maslowschen Bedürfnisstufe fünf.

Ohne die zuvor genannten Teilaspekte sozialen Handelns zu berücksichtigen, sind menschliche Handlungsweisen aber nicht zu erklären und zu verstehen. So könnte das Essen vieler Äpfel auch der Maslowschen Bedürfnisstufe vier entsprechen und Ausdruck eines Wettessens und des Strebens nach Achtung, Stärke oder Anerkennung sein. Grundlegend zu bezweifeln ist auch, wie stark ausgeprägt diese unterschiedlichen Bedürfnisse in eine hierarchische Ordnung eingefügt sind: Strebt nicht jeder Mensch – auch unter den unmenschlichsten Bedingungen des Hungers – nach Achtung und Anerkennung? Gibt es nicht in der Geschichte vielfältige Beispiele dafür, dass Menschen große Entbehrungen auf sich nehmen und körperliche Bedürfnisse nicht befriedigen, weil sie bestimmte Handlungsantriebe der Selbstverwirklichung oder des Altruismus – also des Einsatzes für Andere – verspüren? Die Maslowsche Bedürfnishierarchie hat einigen Erklärungswert, aber sie passt nicht vollständig zu den eigenen alltäglichen Lebenserfahrungen. Graffiti-Sprayer leben ihr Kreativitätsbedürfnis aus, auch wenn sie vielleicht die anderen vier Bedürfnisstufen (noch) nicht durchlaufen haben; die Angst vor Schmerz (Stufe 2) wird viele Menschen nicht davon abhalten, im Falle einer Belästigung Anderer zu intervenieren (Stufe 3). Selbst wenn wir eine gewisse Priorisierung oder Hierarchisierung bei den menschlichen Bedürfnissen – die aber immer stark zwischen verschiedenen Kulturen und in der Zeit variiert – feststellen könn(t)en, so ergibt sich daraus noch kein hinreichendes Verstehen und Erklären von Handlungsvollzügen.

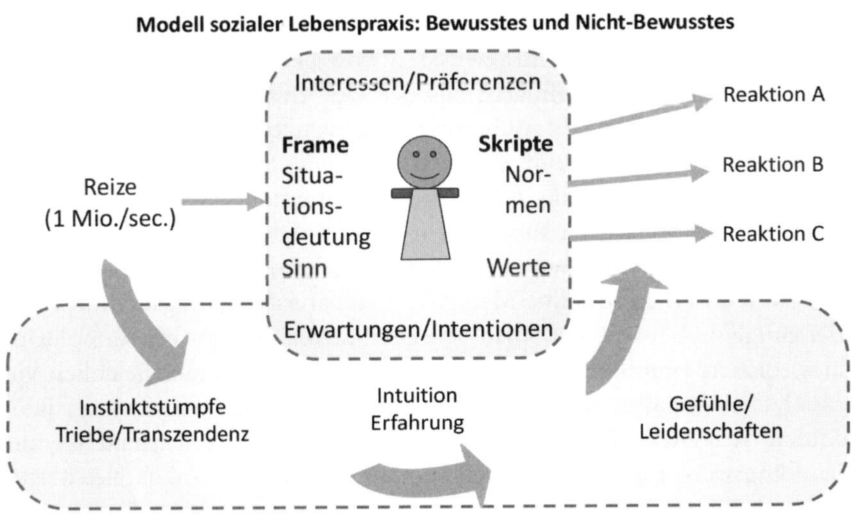

Abbildung 2.1: Modell sozialer Lebenspraxis: Bewusstes und Nicht-Bewusstes (Quelle: Eigene Darstellung)

In den Kapiteln 3 bis 5 wird ausführlicher dargelegt, wie die soziale Lebenspraxis von Bewusstem und Nicht-Bewusstem, von Situationsdeutungen und von Handlungsroutinen, von Gefühlen und Leidenschaften beeinflusst wird. Die Abbildung 2.1 und die folgenden kurzen Ausführungen sollen einen ersten Vorgeschmack geben. Auf den menschlichen Körper strömen pro Sekunde etwa eine Million Signale ein. Dazu gehören die den verschiedensten Sinnesorganen gemeldeten Zustände von Wärme, Bewegung, Geräusche, Licht, Gerüche sowie auch Informationen über Luftdruck, Schwerkraft, visuelle Wahrnehmungen und taktile Reize. Das menschliche Bewusstsein kann von diesen millionenfach einströmenden Reizen nur maximal eine Handvoll Impulse explizit und bewusst pro Sekunde wahrnehmen und verarbeiten. Der Rest der Sinnesreize wird vor- bzw. unterbewusst verarbeitet, größtenteils wieder vergessen oder wird in irgendwelchen Organen gespeichert. Die uns allen bekannten Ausdrücke wie „da ist mir etwas auf die Leber/auf den Magen geschlagen“ oder „das ging ihm an die Nieren“ oder „plötzlich hüpfte ihr das Herz vor Erregung“ verweisen als über viele Generationen in Lebensweisheiten und Sprüchen aufgeschichtete Erfahrungen auf diese komplexen Verbindungen zwischen bewusster und nicht-bewusster Lebenspraxis.

Wie aber entscheidet wer oder was, welche Sinnesreize aus dem millionenfachen Grundrauschen herausgefiltert und bewusst wahrgenommen und bearbeitet werden? Ohne den Prozess der Situationsdeutung und der für menschliches Bewusstsein notwenigen Sinnzuschreibungen lassen sich die jeweils beobachtbaren Reaktionsweisen und Handlungen von Menschen in Situationen nicht verstehen und erklären. Schon hier zeigt sich: Für die Soziologie liegt zwischen Reiz und Reaktion eine **hochkomplexe Welt menschlichen Erlebens sowie nicht-bewussten und bewusst-reflektierten Handelns**. Dabei werden vereinfacht aus der Flut eintreffender Reize auf der Grundlage von spezifischen Aufmerksamkeitsstrukturen schon existierender Intentionen, Interessen und Präferenzen sowie Erwartungen bestimmte Reizsignale für die Deutung von Handlungssituationen und für Verknüpfung von Sinnesreizen zu subjektivem Sinn mobilisiert. Vor dem Hintergrund von Erfahrungen und zugänglichen Handlungsroutinen als Normen und Werten werden aus einer Mehrzahl denkbarer Handlungsoptionen eine oder einige mobilisiert. Die Soziologie geht davon aus, dass die Komplexität eines solchen Handlungsvollzuges bei den Menschen unvergleichlich viel größer ist als bei allen anderen Tieren. Zwar sind gerade in den letzten Jahrzehnten viele neue Erkenntnisse über hochentwickelte Verhaltens- und Handlungsweisen bestimmter Tiergruppen gesammelt worden, gleichzeitig offenbarte sich aber auch immer mehr die von allen anderen Tieren unerreichte Komplexität des menschlichen Gehirns, das uns auch weiterhin zur „Krone der Evolution“ (Neuweiler 2008) macht.

Ein solches Modell sozialer Lebenspraxis muss dabei bewusstes mit nicht-bewusstem Welterleben verknüpfen. Seit ihrer Entstehung, vor allem aber seit der zweiten Hälfte des 20. Jahrhunderts hat die Soziologie sich vor allem darum bemüht, Vorstellungen und Modelle sozialen Handelns im Rahmen bewussten Welterlebens zu entwickeln. Erst seit dem Ausgang des 20. Jahrhunderts geraten die nicht-bewussten, aber gleichwohl soziologisch äußerst relevanten Dimensionen wie Gefühle und Leidenschaften, die „Intelligenz des Unbewussten und die Macht der Intuition“ (Gigerenzer 2007) langsam in den Blick soziologischer Theoriebildung und Forschung. In den nächsten drei Kapiteln steht die Behandlung sozialen Handelns im Mittelpunkt, und dabei wird es immer wieder um dessen Komplexität gehen. Soziologische Konzepte wie die der alltäglichen Lebenswelt und der sozialen Praxis, in denen die **Aspekte bewussten und nicht-bewussten Welterlebens** ganz explizit integriert sind, werden in Kapitel 8 ausführlicher vorgestellt.

Einige soziologische Theorien betonen stark die rationalen und bewussten Aspekte in menschlichen Handlungsvollzügen. Wie hier nur skizziert werden konnte, spielt aber das Nicht-Bewusste nach wie vor – oder vielleicht sogar: in wachsendem Maße? – eine erhebliche Rolle. Wer moderne Werbung kritisch analysiert, wird schnell feststellen, wie hier mit mehr oder weniger bewussten Bedürfnissen gespielt wird, wie aber vor allem Nicht-Bewusstes, menschliche „Instinktstümpfe“ (Claessens 1993), biologisch-genetisch fixierte Antriebskräfte und das „geheime Eigenleben unseres Gehirns“ (Eagleman 2012) mobilisiert und instrumentalisiert werden. Immer stärker sind in den letzten zwei Jahrzehnten auch die Aspekte von Gefühlen, Leidenschaften und Intuition in das Blickfeld der Soziologie geraten (Greco, Stenner 2008). Dabei werden diese Aspekte menschlicher Lebenspraxis nicht den bewussten Teilen der Lebenswirklichkeit entgegengestellt, sondern als Ausdruck und Bestandteile des nicht explizit rational verarbeiteten Signalrauschens und der im menschlichen Gedächtnis vergrabenden Erfahrungswelten behandelt. All dies ist Teil menschlicher Lebenspraxis, auch wenn es nicht vollständig in das reflektiert-bewusste Handeln einfließt. Fragt man noch einmal, was im Hinblick auf den Gegenstand der Soziologie – das soziale Handeln, die sozialen Ordnungen und den sozialen Wandel – den Menschen von anderen Tieren unterscheidet, so ist es weniger ein spezifischer Teilaspekt, sondern eher die Komplexität und Differenziertheit kognitiver und sozial-kultureller Ressourcen und Möglichkeiten menschlicher Lebenspraxis. Diese Sichtweise wird in einer evolutionär-soziologischen Sichtweise deutlich.

2.4 Evolutionäre Soziologie

Als evolutionssoziologisch kann eine Perspektive verstanden werden, in der die Frage: „Was unterscheidet die Menschen von anderen Tieren?" nicht religiös oder metaphysisch, sondern dynamisch und entwicklungshistorisch betrachtet wird. Die Frage ist dann nicht, wo die grundsätzlichen oder unüberbrückbaren Unterschiede zwischen Menschen und anderen Tieren bestehen, sondern wodurch sich der Entwicklungsweg der menschlichen Gattung von dem anderer Tierarten unterscheidet, und warum andere Tierarten – auch wenn sie wesentlich länger als Menschen existieren – nicht den gleichen oder einen ähnlichen Weg der Ausbildung kognitiver und sozialkultureller Lebensbestandteile genommen haben. Der Leiter des Max-Planck Institutes für Evolutionäre Anthropologie markiert die Besonderheiten der menschlichen Entwicklung dadurch, dass diese durch ihre Phylogenese eine „artspezifische kognitive Anpassung (besitzen, L.P.), die in vielerlei Hinsicht wirksam ist, weil sie den Prozeß der kognitiven Evolution grundlegend verändert" (Tomasello 2002, S. 233). Nach Tomasello und vielen anderen modernen Evolutionsforschern (Iacobini 2007; Neuweiler 2008) zeichnet sich der Mensch vor allem durch seine Fähigkeit aus, sich in andere Menschen und Aktanten hinein zu versetzen. Diese **Fähigkeit zur Empathie**, zur Reflektion der Erwartungserwartungen des Gegenüber (vgl. ausführlich Kapitel 5) geht weit über das hinaus, was im Tierreich die Kompetenz ist, Artgenossen oder auch andere Lebewesen präzise zu beobachten, eventuell mögliche Reaktionsweisen zu kalkulieren und aufgrund der eigenen Erfahrungen zu prognostizieren. Empathie beinhaltet die Fähigkeit, sich in die Gedankenwelt und Weltsicht, in das Erleben und Erleiden des Gegenübers so hinein zu versetzen, als seien es die eigenen Erfahrungen.

> „Diese Anpassung trat an einem bestimmten Punkt der Evolution des Menschen auf, möglicherweise sogar erst in jüngster Zeit und vermutlich wegen bestimmter genetischer Ereignisse und eines bestimmten Selektionsdrucks. Sie besteht in der Fähigkeit und Tendenz von Individuen, sich mit Artgenossen so zu identifizieren, dass sie diese Artgenossen als intentionale Akteure wie sich selbst mit eigenen Absichten und eigenem Aufmerksamkeitsfokus verstehen, und in der Fähigkeit, sie schließlich als geistige Akteure mit eigenen Wünschen und Überzeugungen zu begreifen" (Tomasello 2002, S. 233).

Diese Fähigkeit des Sich-in-das-Gegenüber-hineinversetzens, des Nachvollziehens und Vorstellens der Weltsicht und Gefühlslage des Anderen bedeutet – so Tomasello – nicht einfach eine additive Erweiterung vorhandener kognitiver Fähigkeiten des Menschen. Sie führt vielmehr geradezu zwangsläufig zu einer neuen Qualität, zur **exponentiellen Entwicklung sozialer Interaktionsmöglichkeiten**. Hierdurch wurde wiederum die Weiterentwicklung der kognitiven Kapazitäten menschlicher Gehirne stark stimuliert. Der Evolutionsbiologe Neuberger (2008) hat die physiologischen Voraussetzungen dieser Erweiterungen kognitiver Kompetenzen ausführlich dargelegt. Wie wir heute wissen, teilt der Mensch bis zu neun Zehnteln seines Genoms mit anderen Tieren, wie zum Beispiel Schweinen oder Fruchtfliegen.[28] Dennoch sind die phylogenetisch angelegten biologischen Entwicklungsmöglichkeiten des menschlichen Gehirns unvergleichlich besser als die aller anderen Lebewesen. Weil der Mensch sich in seine Mitmenschen hineinversetzen kann, kann er nicht nur Erwartungen an das Verhalten seines Gegenübers entwickeln, sondern auch Erwartungen dazu entwickeln, welche Erwartungen wohl sein Gegenüber ihm gegenüber entwickelt.

Diese **Erwartungserwartungen** – über die in Kapitel 5 noch ausführlicher zu lesen sein wird – repräsentieren geradezu eine völlig neue Loopingebene in den sozialen Beziehungen. Indem Menschen die Fähigkeit entwickelten, sich in ein Gegenüber hineinzuversetzen, werden völlig neue Tore des sozialen Lernens – aber auch der „doppelten Kontingenz“[29] sozialen Handelns aufgestoßen. Im Verhältnis zu dem genetisch, durch die erste Natur weitergegebenen Anteil menschlicher Entwicklung gewann der durch Lernen als zweite Natur des Menschen weitergegebene Anteil menschlicher Entwicklung geradezu exponentiell an Bedeutung. Nicht von ungefähr haben sich die Zeiträume, in denen Menschen auf das Leben vorbereitet werden (Adoleszenz und Postadoleszenz) immer weiter ausgeweitet. Noch vor zwei Jahrhunderten besuchte nur ein verschwindend geringer Anteil privilegierter Kinder und Jugendlicher in Europa eine separierte Lehranstalt, die später Schule genannt wurde. Menschen wuchsen bis dahin gleichsam *natürlich* von Kind auf in familiäre, soziale und wirtschaftliche Vergemeinschaftung und Vergesellschaftung hinein. Inzwischen ist der durch kulturelles Vererben weitergegebene Anteil an menschlicher Entwicklung so ausgedehnt, dass die Phase des Aufwachsens, Lernens und des sich Auf-das-Erwerbsleben-Vorbereitens bis

---

28 Als erste Orientierung vgl. http://www.eupedia.com/forum/threads/25335-Percentage-of-genetic-similarity-between-humans-and-animals; für Fruchtfliegen vgl. http://www.genome.gov/10005835; für detaillierte Informationen http://www.ncbi.nlm.nih.gov/homologene (Abruf 19.08.2015).

29 Mit doppelter Kontingenz ist gemeint, dass in einer Handlungssituation nicht nur die eigenen Handlungsbedingungen und -motive variieren, sondern auch die Annahmen über die Wahrnehmungen und Erwartungen des Gegenübers; siehe ausführlicher Abschnitt 5.2).

weit in die zwanziger Jahre des Lebensalters ausgedehnt ist. In der individuellen menschlichen Entwicklung als Ontogenese hat die soziale Vermittlung der über die Kultur-Phylogenese angesammelten Wissens- und Erfahrungsbestandteile einen ungleich höheren quantitativen und qualitativen Stellenwert als die über die Natur-Phylogenese angesammelten Handlungsantriebe.

> „Diese neue Weise des Verstehens anderer Personen veränderte die Eigenart aller Formen von sozialer Interaktion, einschließlich des sozialen Lernens, grundlegend. Über einen historischen Zeitraum hinweg, begann so eine einzigartige Form kultureller Evolution, in dem viele Generationen von Kindern von ihren Vorfahren verschiedene Dinge lernten und diese dann modifizierten, wobei sich diese Modifikationen, die typischerweise in einem materiellen oder symbolischen Artefakt verkörpert sind, akkumulierten." (Tomasello 2002, S. 233).

In Anlehnung an Tomasello können wir drei Zeitachsen unterscheiden, auf denen sich die spezifisch menschlichen Lebensformen und Antriebskräfte von Verhalten und Handeln herausgebildet haben, die hier als **Natur-Phylogenese**, als **Kultur-Phylogenese** und als **ontogenetische Entwicklung** bezeichnet werden. Mit der kambrischen Wende vor etwa 500 Millionen Jahren wurde durch spezifische Wasser-, Luft- und Temperaturbedingungen wie Lichteinstrahlungen die Kombination chemischer Substanzen zu einzelligen und später vielzelligen Lebewesen möglich. Seit dieser unvorstellbar langen Zeit haben sich die genetischen Grunddispositionen für den Homo sapiens sapiens natur-phylogentisch herausgebildet und stabilisiert. Für den Menschen bedeutet dies vor allem seine Ausstattung mit Antrieben und kognitiven Ressourcen sowie einer auch weiterhin wirksamen Transzendenzkraft.

Mit **Transzendenzkraft** sind kein übernatürliches Einwirken und keine metaphysische Mächtigkeit gemeint. Vielmehr geht es um die bei allen Dingen (von chemischen Substanzen bis hin zum Menschen) feststellbare Fähigkeit, einen einmal gegebenen Energiezustand und eine gegebene Material- und Kräftekonstellation zu überwinden, zu transzendieren. Ohne diese Fähigkeit hätten sich vor 500 Millionen Jahren nicht bestimmte chemische Substanzen zu Einzellern zusammengetan. Diese genuine Transzendenzkraft hängt ganz ursprünglich damit zusammen, dass weder die Erde noch die menschliche Gesellschaft energetisch in sich geschlossene Systeme sind. Die Potenzialität von Transzendenz ergibt sich also aus der Offenheit und Dynamik der Welt, in der wir leben. Das genuin Schöpferische und Transzendierende im sozialen Handeln hat Hans Joas (1996) systematisch für die Soziologie erschlossen.

Warum benötigt der Mensch nur etwa drei Prozent seiner Gene für die eigene ontogenetische Entwicklung und schleppt gleichzeitig den Rest genetischer Informationen mit sich herum, die er mit allen anderen Lebewesen gleich hat? In einer entwicklungsgeschichtlichen Perspektive antwortet Neuweiler (2008, S. 46, 49, 51): „Komplexität drückt sich daher auch in der Größe des nichtfunktionellen, scheinbar nutzlosen Genanteils aus, der beim Menschen 97 Prozent ausmacht (...) Entwicklungsgene sind Gene, die Transkriptionsfaktoren exprimieren, die ihrerseits andere Entwicklungsgene und proteinexprimierende Gene steuern." Die Größe des nicht-funktionellen Anteils genetisch fixierter Information (also die 97 Prozent unserer Gene) können auch als riesiges Reservoir für potenzielle Anpassungen verstanden werden. Haben wir eventuell auch in der Kultur-Phylogenese ein ähnliches Größenverhältnis zwischen faktisch weitergegeben und tatsächlich aktuell genutzten Erfahrungsbeständen? Dies ist unwahrscheinlich, denn der Mensch hat für seine natur-phylogenetische Entwicklung hin zum Homo sapiens etwa 500 Millionen Jahre gebraucht. Setzt man den Beginn der menschlichen Kultur-Phylogenese auf die Zeit vor etwa zweieinhalb Millionen Jahre mit dem Beginn der Steinzeit an, so ist die Geschichte des Homo sapiens sapiens mit etwa 200.000 Jahren extrem kurz. Im Vergleich zu den Genen als „erste Natur" hatte die Kultur als „zweite Natur" des Menschen als also nur sehr wenig Zeit, sich auszudifferenzieren.

Seit der Steinzeit und damit etwa seit zweieinhalb Millionen Jahren entwickelte sich der Mensch als komplexe Werkzeuge nutzende und immer geübter auch herstellende Spezies. Diese Fähigkeit zur Herstellung von Werkzeugen, die Nutzung von Feuer und anderen komplexeren Techniken und Artefaktesystemen führte zur Entwicklung und Ausdifferenzierung symbolischer Kommunikationsformen wie Sprache und Schrift. Hiermit entwickelte sich die kritische Masse an kognitiven Fähigkeiten, die seit etwa 200.000 Jahren zu der beschriebenen besonderen menschlichen Fähigkeit führte, die Artgenossen als intentionale Akteure wie sich selbst wahrzunehmen und den Bereich sozialen Lernens durch zwischenmenschliche Interaktionen stark auszuweiten. Es wurde eine **Beschleunigungsspirale** in Gang gesetzt, die seit der Steinzeit im Zeitraum von nur etwa 100.000 Generationen kognitive Kapazitäten des menschlichen Gehirns, Fähigkeiten der Umweltanpassung und der Werkzeugentwicklung sowie sozial (und nicht mehr genetisch fixierter!) und kulturell organisierter Weitergabe von Erfahrungen durch Sozialisationsprozesse miteinander verknüpfte.

Die Voraussetzungen verbesserter Lebens- und Überlebenschancen mussten nicht mehr vorrangig über den langwierigen Darwinschen Prozess von Mutation und Selektion weitergegeben werden. Sie konnten durch Anschauung und Lernen kommunikativ an die nächste Generation vermittelt werden. Diese seit etwa 200.000 Jahren immer intensiver erfolgende intergenerationelle Weitergabe von **Fähigkeiten und Kenntnissen** bezeichnen wir als **Kultur-Phylogenese** des Menschen, weil sie **nicht genetisch, sondern**

durch Lernen als soziale Vererbung erfolgt. Komplexe Symbolsysteme, Wertorientierungen, die Handhabung und Weiterentwicklung von Artefaktesystemen und Techniken sind Teil dieser nicht mehr genetisch, sondern sozial-kulturell fixierten menschlichen Lebenswelt. In der menschlichen Ontogenese, dem individuellen Lebenslauf und der Biografie, kumulieren nun die Weitergabe dieser kultur-phylogenetischen Wissensbestände sowie der je individuellen Erfahrungen, die Ablagerungen von Nicht-Bewusstem, aber Erlebtem und die mehr oder weniger explizierten Bestände an Kenntnissen, Fähigkeiten und Fertigkeiten. Wie stark auch immer wir in den kommenden Jahren und Jahrzehnten die durchaus weit entwickelten Fähigkeiten bestimmter Tierarten zu schätzen lernen werden, nach dem bisherigen wissenschaftlichen Kenntnisstand sind deren kognitive Kapazitäten stark begrenzt, sodass ähnlich komplexe Prozesse sozial-kulturellen evolutionären Lernens wie beim Menschen ausgeschlossen sind. Die folgenden Kapitel konzentrieren sich deshalb auf die Soziologie als Wissenschaft, die in erster Linie menschliche soziale Verflechtungszusammenhänge zum Gegenstand hat.

2.5 Zusammenfassung, Übungsaufgaben und weiterführende Literatur

Dieses Kapitel 2 lässt sich folgendermaßen **zusammenfassen**:

1. Die Soziologie hat kein fixes *natürliches* Bild vom Menschen, welches diesem sozial relevante Eigenschaften als biologisch determiniert zuschreibt.
2. Sie betrachtet die menschliche Entwicklung als evolutionären Prozess aus (1) Natur-Phylogenese (genetisch fixiert), (2) Kultur-Phylogenese (lernvererbt) und (3) Ontogenese.
3. Dabei werden Menschen als natürliche Wesen (mit Trieben/Instinktstümpfen, kognitiven Ressourcen und Transzendenz-Kraft) und als genuin soziale Wesen (mit vererbter Kultur, Gefühlen/Leidenschaften und Rationalität/Interessen) betrachtet, die in sozialen Beziehungen untereinander, zur (ersten) Natur und mit sich selbst stehen.
4. Menschen unterscheiden sich von anderen Tieren durch den aufrechten Gang, Werkzeuggebrauch, Dominanz des Auge-Hand-Feldes, einen relativ hohen Anteil erlernten, instinktverunsicherten Verhaltens und vor allem die kognitiven Fähigkeiten, sich in andere Handelnde hinzuversetzen.

5. Soziale Beziehungen verdichten sich in Sozialräumen als relativ dichten und dauerhaften Verflechtungszusammenhängen aus sozialer Praxis, Symbolsystemen und Artefakten.
6. Menschliches Handeln ist in soziologischer Perspektive phylogenetisch durch Instinktstümpfe und kreativ-transzendent vorgeprägt, durch ontogenetisches Lernen phylogenetisch kumulierter Kultur bestimmt und in seinem Ablauf symbolisch-interaktionistisch vermittelt.

Übungsfragen/-aufgaben

Skizzieren Sie zwei unterschiedliche Menschenbilder und diskutieren Sie deren Konsequenzen für soziologische Theoriebildung.

Wie betrachtet der (psychologische) Behaviorismus Verhalten?

Erläutern Sie und diskutieren Sie kritisch die Maslowsche Bedürfnishierarchie.

Erläutern Sie den Zusammenhang von Natur-Phylogenese und kultureller Vererbung für die spezifisch menschliche Entwicklung.

Vertiefende Literatur zu diesem Kapitel

Honneth, A./Joas, H. (1980): Soziales Handeln und menschliche Natur. Frankfurt am Main: Campus, S. 48–71.

Tenbruck, F. H. (1989): Zur Anthropologie des Handelns. In: ders., Die kulturellen Grundlagen der Gesellschaft. Opladen: Westdeutscher Verlag, S. 21–58 oder S. 47–67

Tomasello, M. (2002): Die kulturelle Entwicklung des menschlichen Denkens. Frankfurt am Main: Suhrkamp.

Kapitel 3
Soziales Handeln ausgehend vom Individuum

Kasten 3.1

Soziologische Regel:
Soziales Handeln vom Individuum aus zu untersuchen heißt nicht, den Einzelnen zum Urgrund menschlichen Seins zu machen. Soziales Handeln ist immer seinem subjektiven Sinn nach durch andere Handelnde geprägtes und auf solche bezogenes Sich-Verhalten.

In Werbung und Alltagserklärungen wird häufig von Individualisierung gesprochen. Nicht selten wird der Einzelne dabei aufgefasst bzw. dargestellt als ein sich selbst erfindendes Wesen, als eine Schöpfung aus dem Nichts heraus. Das Handeln des Einzelnen wird dann gesehen als Ausdruck einer voraussetzungslosen Selbsterschaffung von Individualität. Tatsächlich ist alles Handeln, auch wenn man es vom Individuum aus betrachtet, extrem stark durch soziale Bezüge geprägt.
Für den einzelnen Akteur finden indiviuelles Welterleben und eigenes Verhalten in subjektiv erlebten Sinnzusammenhängen statt. Soziales Handeln ist dem subjektiven Sinn nach auf Andere bezogen. Deshalb ist es eine wichtige Herangehensweise, das Soziale und das Handeln ausgehend vom Individuum zu untersuchen. Nur so lassen sich – in Kombination mit anderen Vorgehensweisen – subjektiv gemeinte Sinnzusammenhänge und das Innenerleben der Handelnden erschließen.
Max Weber ist unzweifelhaft der große Pionier einer handlungsorientierten interpretativen Soziologie. Aus diesem Ansatz heraus entwickelten sich aber auch spezifische rationalistische Handlungsmodelle. Dabei wird nicht selten die Rationalität des Handelns überbetont. Gerade hier zeigen sich die Grenzen einer nur nur vom Einzelnen ausgehenden Perspektive auf soziales Handeln.
In diesem Kapitel werden (1) zunächst das Grundkonzept von Handeln und sozialem Handeln sowie die vier Idealtypen sozialen Handelns nach Max Weber vorgestellt; sodann wird (2) das rationalistische Handlungsmodell als eine spezifische Weiterentwicklung und Ausformung der Grundidee behandelt, soziales Handeln vom Individuum aus zu betrachten,; schließlich werden (3) die Grenzen einer solchen Herangehensweise aufgezeigt und damit ein Vorgeschmack auf das nächste Kapitel 4 gegeben.

3.1 Praxisbeispiel und Grundidee

> „In Experimenten neuseeländischer Forscher haben sogenannte Geradschnabelkrähen (Corvus moneduloides) noch größere geistige Fähigkeiten bewiesen, als man ihnen ohnehin schon zuschrieb: Im Labor mussten die Tiere eine komplexe Aufgabe bewältigen, die nur in mehreren Schritten zu lösen war: In einer Kiste mit einem Loch befand sich ein Stück Fleisch, das die Krähen nur mit einem langen Stock erreichen konnten. Dieser Stock befand sich in einer vergitterten Schachtel und konnte nur mit einem kleineren Stock herausbugsiert werden. Der kleine Stock wiederum hing an einer Schnur, die an der Sitzstange der Krähen befestigt war.

Dabei hatten die Vögel bei vorangegangenen Versuchen unterschiedlich große Erfahrungen entweder mit nur einem oder allen Teilschritten der Aufgabe gemacht. Im aktuellen Experiment gelang es allen fortgeschrittenen Tieren auf Anhieb, das Problem zu lösen. Die weniger erfahrenen Tiere benötigten zum Teil drei oder vier Versuche, aber auch unter ihnen gab es Hochbegabte: Die Krähe ‚Sam' etwa untersuchte 110 Sekunden lang die Versuchsapparatur und erarbeitete sich dann das Futter, ohne einen einzigen Fehler zu begehen. Versuchsleiter Alex Taylor staunte: ‚Es war unglaublich überraschend herauszufinden, dass die Krähen das Problem lösen konnten, obwohl sie zwei neue Verhaltensweisen erfinden mussten. (…)' Die Ergebnisse lassen vermuten, dass die Vögel tatsächlich kausale Überlegungen vor dem Gebrauch von Werkzeug anstellen. Skeptiker hatten bei früheren, einfacheren Versuchen vermutet, dass die Tiere nur durch Neugier getrieben nach Stöckchen schnappen und erst dann bemerken, dass man mit ihnen zum Ziel gelangen kann" (aus: Süddeutsche Zeitung, 22.04.2010).

Je besser wir Menschen andere Tiere in ihrem Verhalten beobachten können – und hier helfen moderne Technologien wie Bewegungsmelder, GPS-Sensoren oder Videokameras in den letzten Jahrzehnten erheblich – desto offensichtlicher wird, dass wir über Jahrhunderte ein sehr primitives Bild von deren Fähigkeiten besaßen. Alle Tierarten besitzen und entwickeln Fähigkeiten, die denen der Menschen in bestimmten Aspekten überlegen sind – man denke nur an Flug- oder Laufeigenschaften von Schmetterlingen, Kranichen und Geparden oder an die Möglichkeiten von Fledermäusen und Delfinen, für die Menschen nicht wahrnehmbare Schallwellen zu identifizieren. Gleichwohl haben wir Menschen den Tieren im Hinblick auf ihr Verhalten nicht viel zugetraut. Lange Zeit wurde unterstellt, nur der Mensch könne sein zukünftiges Verhalten vorausplanen, die anderen Tiere aber würden einem sehr einfachen Reiz-Reaktionsschema folgen. Nimmt man neuere Forschungsergebnisse aus der Verhaltensbiologie, so stellt sich die Frage, welches Modell angemessen ist: Ist das Verhalten der im obigen Beispiel beschriebenen Geradschnabelkrähen Ausdruck eines etwas komplexeren Reiz-Reaktionsschemas oder ist es bewusstes Handeln?

Abbildung 3.1: Modelle von Verhalten und Handeln
(Quelle: Eigene Ausarbeitung)

Was macht im soziologischen Sinne Handeln aus? Ist alles Handeln als soziales Handeln zu verstehen? Über diese Fragen wird seit der Entstehung der Soziologie als Wissenschaft intensiv geforscht und auch diskutiert. Offensichtlich können bestimmte Tierarten mehrere Handlungsschritte in die Zukunft planen, um Ziele zu erreichen. Können Tiere also Handeln, oder stellt dies ein nur etwas komplexeres Verhalten dar? Lange Zeit grenzten die Human- und die Sozialwissenschaften menschliches Handeln vom tierischen Verhalten so ab, wie dies schon Karl Marx mit seinem bekannten Bienenbeispiel tat (siehe Abschnitt 2.3).

Schon diese kurzen Hinweise lassen erahnen, wie wichtig die Begriffe Handeln und soziales Handeln für die Soziologie sind. Sie stehen geradezu am Beginn der (Selbst-)Konstitution der Soziologie als Wissenschaft. Denn über die Begriffe Handeln und soziales Handeln grenzte die Soziologie ihren Erkenntnisgegenstand von dem der Biologie und reinen Verhaltenswissenschaft einerseits und dem der (auf biochemische Gehirnvorgänge und das innere Gefühlsleben orientierten) Psychologie andererseits ab. Das Beispiel der Krähen, die drei Werkzeuge hintereinander benutzen können, um ein bestimmtes Ziel zu erreichen, macht deutlich, dass die Frage „Was zeichnet menschliches Handeln aus?“ nicht sehr einfach zu beantworten ist.

Lange Zeit war auch die Soziologie als eine der wichtigsten Menschenwissenschaften davon ausgegangen, dass nur Menschen schon vor der Ausführung bestimmter Handlungen diese bereits in ihrem Bewusstsein antizipiert haben und so zielgerichtet, absichtsvoll und mit einem subjektiven **Sinn** verbunden handeln können. Das Verhalten der Tiere dagegen wurde als durch genetisch festgelegte Triebe und Instinkte mechanisch gesteuert angesehen. Die neueren Forschungen der Biologie und Verhaltensforschung sowie der Tiersoziologie machen deutlich, dass verschiedene Tierarten nicht nur komplexe Handlungsfolgen vorausplanen können, sondern dass sie auch gemeinsam als Gruppe handeln können.[30] Dies macht nun die Soziologie keineswegs weniger wichtig, im Gegenteil: Für ein tieferes Verständnis und Erklären des Verhaltens der (anderen) Tiere ist eine moderne Tiersoziologie unverzichtbar. Dieser Gedanke wird im weiteren Verlauf dieses Buches wieder aufgenommen. Doch zunächst sind die soziologischen Grundlagen in Bezug auf Handeln und soziales Handeln darzulegen. Diesem Thema widmen sich die Kapitel 3 bis 5, wobei jedes dieser Kapitel eine der drei im Einleitungskapitel vorgestellten Herangehensweisen – vom Individuum auszugehen, von der Gesellschaft auszugehen oder von sozialen Verflechtungszusammenhängen auszugehen – in den Mittelpunkt stellt. In diesem Kapitel geht es also um die Grundlegung sozialen Handelns ausgehend von der Betrachtung des einzelnen Menschen als Akteur.

3.2 Soziales Handeln bei Max Weber

Soziales Handeln steht für Max Weber im Zentrum seines Verständnisses der Soziologie schlechthin. Die wohl immer noch bekannteste und auch weitgehend anerkannte Definition von sozialem Handeln (und Soziologie) hat er in seinem weltweit bekannten Buch „Wirtschaft und Gesellschaft“ gleich im ersten Paragrafen des ersten Kapitels formuliert. Max Weber hatte Jura, Nationalökonomie, Philosophie und Geschichte studiert und promovierte 1889

30 So zeigen etwa Experimente mit Elefanten, dass diese gemeinsam jeweils an einem Ende eines langen Seiles ziehen, um bestimmte Dinge fortzubewegen; vgl. Moss/Colbeck 2000[1992] und http://www.pnas.o.rg/content/early/2011/03/02/1101765108.full.pdf+html. Die Jagdtechniken von Löwen und Hyänen sind extrem komplex und beruhen immer auf Gruppeninteraktionen; siehe http://de.wikipedia.org/wiki/Hyänen und http://de.wikipedia.org/wiki/Löwe. (Abruf 19.08.2015).

an der Friedrich-Wilhelms-Universität zu Berlin im Fach Jura. Dies erklärt sein Bestreben nach einer klaren und präzisen Begriffsverwendung und auch die Benutzung des Paragrafenzeichens in dem erst nach seinem Tode von seiner Frau Marianne Weber bis 1921 zusammengestellten und 1922 erstmalig und dann in vielen Auflagen und mehreren Sprachen erschienenen Werkes „Wirtschaft und Gesellschaft". Dort heißt es geradezu apodiktisch in der ersten Textzeile auf der ersten Seite (Weber 1972[1922], S. 1, Hervorhebungen im Original):

> „§ 1. Soziologie (im hier verstandenen Sinn dieses sehr vieldeutig gebrauchten Wortes) soll heißen: eine Wissenschaft, welche soziales Handeln deutend verstehen und dadurch in seinem Ablauf und seinen Wirkungen ursächlich erklären will. ‚Handeln' soll dabei ein menschliches Verhalten (einerlei ob äußeres oder innerliches Tun, Unterlassen oder Dulden) heißen, wenn und insofern als der oder die Handelnden mit ihm einen subjektiven Sinn verbinden. ‚Soziales' Handeln aber soll ein solches Handeln heißen, welches seinem von dem oder den Handelnden gemeinten Sinn nach auf das Verhalten anderer bezogen wird und daran in seinem Ablauf orientiert ist."

Der erste Satz definiert den Gegenstand der Soziologie über das soziale Handeln. Unter sozialem Handeln wird dabei ein spezieller Typus von Handeln verstanden. **Handeln** definiert Max Weber als das mit **subjektivem Sinn** verbundene Sich-Verhalten. Alles Handeln in diesem Sinne ist demzufolge ein bewusstes Sich-Verhalten, wobei sich der Akteur seiner selbst und seiner Akteursqualität gewiss ist. Handeln ist intentional und nicht nur unbewusst-reflexmäßig, es zielt immer auf das bewusste **Transzendieren** (oder Nicht-Transzendieren) einer gegeben Situation und schafft damit grundsätzlich etwas Neues.[31] **Soziales Handeln** als eine Spezialform von Handeln ist nach Max Weber alles, dem subjektiven Sinn nach **auf das Verhalten anderer** bezogenes Handeln. Dabei ist *sozial* nicht im normativen Sinne als gutes oder vorbildliches Handeln gemeint ist, sondern als *auf andere Akteure bezogenes Sich-Verhalten*. Auch das Nicht-Handeln kann soziales Handeln sein, wenn zum Beispiel in einer Straßenbahn eine ältere Frau von alkoholisierten jungen Männern drangsaliert wird und andere Fahrgäste schlicht weggucken

31 Dies gilt auch dann, wenn eine Situation durch bewusstes Nicht-Handeln verändert wird bzw. sich verändert. Der Einsiedler z. B., der aus Faulheit kein Holz für den Winter hackt und trocknet und sehenden Auges, also bewusst das Risiko des Erfrierens eingeht, handelt bei seinem Nichtstun ebenso wie der Besitzer und Fahrer eines PS-starken Sportwagens, dessen Umweltschädlichkeit den Akteuren bekannt ist, sie aber nicht vom Fahren bzw. Nichtstun im Hinblick auf mögliche schädliche Klimafolgewirkungen abhält.

und nicht intervenieren. Lange Zeit galten diese Weberschen Definitionen vom Handeln und sozialen Handeln auch als eine angemessene Unterscheidung des menschlichen Verhaltens von dem anderer Tiere: Menschen konnten ihrem Verhalten einen subjektiven Sinn geben, also Handeln, Tiere konnten sich nur unbewusst verhalten. Nach dem bisher Erörterten muss eingeräumt werden, dass auch bestimmte Tierarten nachweislich handeln und dass sie auch sozial handeln können.

Die von Max Weber vorgeschlagene Definition vom Handeln und sozialen Handeln ermöglicht es, die vielfältigsten Alltagssituationen einzuordnen. So ist etwa das tägliche Joggen oder die Fahrt zur Universität eindeutig als Handeln einzuordnen, weil hier ein mit subjektivem Sinn verbundenes Tun vorliegt. Wenn das morgendliche Joggen nur durch einsame Felder und Wälder führt, so ist es einfaches Handeln im Sinne von „mit subjektivem Sinn verbundenes Sich-Verhalten". Es wird dann zu sozialem Handeln, wenn der Joggende durch belebte Parks oder Straßen läuft, anderen Joggenden oder Verkehrsteilnehmenden ausweichen muss, wenn er andere Joggende grüßt oder wenn er ganz besonders schnell oder elegant läuft, um einer anderen Person zu imponieren. Auch das kräftige Atmen beim Joggen kann je nach Kontextbedingung unterschiedliche Bedeutungen, unterschiedlichen sozialen Sinn haben. Als unbewusste Folge der körperlichen Anstrengung ist es ein rein biologisches Verhalten im Sinne des Reiz-Reaktionsschemas. Will aber der Joggende z.B. durch betont kräftiges Ein- und Ausatmen einer anderen Person gegenüber deren Aufmerksamkeit auf sich ziehen und seine besondere Anstrengung zum Ausdruck bringen, so handelt es sich hierbei um soziales Handeln.

Wie schon diese wenigen Beispiele zeigen, ist es nicht immer einfach, den Unterschied zwischen Verhalten, Handeln und sozialem Handeln in konkreten empirischen Fallbeispielen herauszufinden. Für Handeln muss ein subjektiv gemeinter Sinn identifiziert werden, und für soziales Handeln muss der Bezug auf das Verhalten anderer Handelnder vorliegen. Was in einem konkreten Fall zutrifft, ist in der alltäglichen Lebenspraxis den Handelnden in der Regel selbst nicht bewusst. Noch schwieriger ist es für den soziologischen Beobachter, diese Fragen wissenschaftlich eindeutig zu beantworten. Häufig ist er darauf angewiesen, die Akteure selbst nicht nur zu beobachten, sondern auch zu befragen oder sie erzählen zu lassen oder die Kommunikationen zwischen ihnen zu analysieren. Wenn der beobachtende Soziologe z.B. die Blickbewegungen eines Joggenden genau registrieren könnte, wäre es relativ einfach festzustellen, ob dessen starke Atembewegungen unbewusst und der körperlichen Anstrengung geschuldet sind oder ob sie als Kommunikation, z.B. als Aufmerksamkeitserregung gegenüber einer anderen joggenden Person zu verstehen sind.

Bsp.

Wie kann der beobachtende Soziologe das herausfinden? Bei einer direkten Befragung würde der Joggende wahrscheinlich nicht gerne und nicht ohne komplizierte Befragungstechniken zugestehen, dass er schon seit Wochen verzweifelt durch sein Laufen die Aufmerksamkeit einer attraktiven Person auf sich zu lenken versucht. Man könnte ihm eine mobile Videokamera aufsetzen und mögliche Gespräche per Mikrofon aufnehmen. Aber entweder bräuchte man dazu die Zustimmung der zu beobachtenden Person (wodurch der Forschende die natürliche Beobachtungssituation zerstören würde) oder man müsste die Beobachtungshilfsmittel heimlich und ohne Wissen der beobachteten Personen anbringen (was wissenschaftsethisch unzulässig ist). Durch den offenen Eingriff in die zu beobachtende Sozialsituation werden unter Umständen entscheidende Kontextbedingungen der Handlungssituation verändert (der Joggende macht sich z.B. erst aufgrund der Frage nach dem subjektiv gemeinten Sinn bewusst, dass er verliebt ist).

Wie schwierig auch immer die konkrete empirische Umsetzung und Anwendung der Weberschen Definition von Handeln als mit subjektivem Sinn verbundenes Tun und von sozialem Handeln als auf andere Akteure bezogenes Handeln sein mag, es handelt sich nach wie vor um den wohl besten Einstieg in eines der Schlüsselthemen der Soziologie. Im weiteren Verlauf seiner Analyse unterscheidet Max Weber dann vier Idealtypen sozialen Handelns, nämlich zweckrationales, wertrationales, affektuelles und traditionales Handeln. Von **zweckrationalem Handeln** ist zu sprechen, wenn ein Handelnder reflektierte und angestrebte Zwecke verfolgt und dabei die Verhaltenserwartungen von Gegenständen und anderen Menschen bewusst einbezieht. Während dieses zweckrationale Handeln also ausdrücklich an den Erfolgsaussichten der Realisierung spezifischer eigener rationaler Zwecke ausgerichtet ist, orientiert sich **wertrationales Handeln** allein an einem bewussten und (z.B. gegenüber zweckrationalen Erwägungen immunen) unbedingten Glauben, der den Eigenwert einer bestimmten Handlungsweise jenseits von Nützlichkeit oder Erfolgsaussichten begründet. **Affektuelles Handeln** ist nicht von eindeutig gesetzten und reflektierten Zwecken oder Werten bestimmt, sondern von Affekten und vor allem von Emotionen. Beim **traditionalen Handeln** schließlich finden bestimmte Formen des Sich-Verhaltens allein gewohnheitsmäßig statt, weil es immer schon so gemacht wurde.

In aller Regel kann z.B. das Studium der Soziologie als hauptsächlich durch zweckrationales Handeln bestimmt angesehen werden: Man entscheidet sich für eine längere Ausbildungsphase an einer Universität, um anschließend durch die erworbenen Zertifikate und Kenntnisse bessere Arbeitsmöglichkeiten zu haben. Bei einem Studierenden des 15. Semesters könnte dagegen eher wertrationales Handeln vorliegen, wenn für die betreffende Person nicht der Zweck des Studienabschlusses als Erfolg maßgeblich ist, sondern zum Beispiel die politische Betätigung oder der Eigenwert eines – unabhängig vom damit verbundenen Erfolg angestrebten – generellen Wissenszuwachses. Wenn eine Person trotz erfolgreich bestandener Prüfungen und angesammelter Kreditpunkte ihr Soziologie-Studium immer weiter verlängert, weil die Atmosphäre im entsprechenden Institut so heimelig ist und weil sie sich dort so wohlfühlt, dann würde dieses Verhalten eher dem Idealtypus des affektuellen Handelns nahekommen. Bei einem Studierenden des 35. Semesters kann erwartet werden, dass es bei seinem Studieren inzwischen vorrangig um traditionales Handeln im Sinne eingefahrener und nicht mehr hinterfragter Handlungsroutinen geht, um die Macht der Gewohnheit und den alles bestimmenden, auch kritische Reflexionen verdrängenden Alltagstrott. Die vier Idealtypen sozialen Handelns definiert Max Weber (1992[1922], S. 12, Hervorhebungen im Original) folgendermaßen:

> „§ 2. Wie jedes Handeln kann auch das soziale Handeln bestimmt sein 1. zweckrational: durch Erwartungen des Verhaltens von Gegenständen der Außenwelt und von anderen Menschen und unter Benutzung dieser Erwartungen als ‚Bedingungen' oder als ‚Mittel' für rational, als Erfolg, erstrebte und abgewogene eigne Zwecke , 2. wertrational: durch bewußten Glauben an den – ethischen, ästhetischen, religiösen oder wie immer sonst zu deutenden unbedingten Eigenwert eines bestimmten Sichverhaltens rein als solchen und unabhängig vom Erfolg, 3. affektuell, insbesondere emotional: durch aktuelle Affekte und Gefühlslagen, 4. traditional: durch eingelebte Gewohnheit."

Mit seiner Definition von Handeln und sozialen Handeln bietet Max Weber nicht nur eine Definition von Schlüsselbegriffen der Soziologie, sondern auch sein Verständnis der Hauptaufgabe von Soziologie insgesamt: Soziales Handeln soll *deutend verstanden und dadurch in seinem Ablauf und seinen Wirkungen ursächlich erklärt werden.* Wie bereits erwähnt, sind die Handlungsmotive und der subjektiv gemeinte Sinn für den soziologischen Beobachter nicht direkt und unmittelbar zugänglich. Deshalb muss soziales Handeln *deutend* in seinen Sinnstrukturen verstanden werden. Hierbei geht es eben nicht nur um die Identifikation rationaler Zwecksetzungen, sondern auch der möglichen wertrationalen, affektuellen oder traditionalen Beweggründe für soziales Handeln. Nach der Auffassung von Max Weber kann soziales Handeln *erst dann* in seinem Ablauf und seinen Wirkungen ursächlich erklärt werden, wenn es zunächst und vorher deutend verstanden wird. Schon dieser erste Satz in Max Webers Hauptwerk kennzeichnet diesen Klassiker der Soziologie als den Begründer der sogenannten verstehenden Soziologie.

In neueren Arbeiten wurde dieses Forschungsprogramm Max Webers ausdifferenziert um die zwei Fragen „Was ist die Handlungssituation?“ und „Was ist das jeweils angemessene Handlungsprogramm?“. Subjektiver Sinn einer Handlung erschließt sich erst aus der Analyse der Situation, in der diese Handlung stattfindet. Ein solcher **Handlungsrahmen** (Frame of Action) kann etwa der eines Wochenmarktes sein, auf dem sich die Verkäufer und Käufer als zweckrational Handelnde im Sinne der Optimierung wechselseitiger Nutzenerwartungen begegnen. Hier würde die Käuferäußerung „Können Sie mir die Bananen nicht etwas billiger lassen, sie sehen nicht mehr ganz so frisch aus, und nebenan sind sie auch nicht teuer“ wahrscheinlicher als dem Handlungsrahmen angemessen eingestuft als die Frage des Käufers „Können Sie mir die Bananen nicht etwas billiger lassen, ich habe viel Hunger und außerdem viel Besuch zu Hause“.[32]

Der Handlungsrahmen einer Situation kann aber auch durch Mobilisierung von Emotionen im Rahmen eines Fußballspiels bestimmt sein, in dem sogar kriegerisch-martialische Ausrufe der Zuschauer als normal einsortiert werden – die meisten solcher Äußerungen wären im Handlungsrahmen einer Vorlesung nicht akzeptabel. Ein anderer Handlungsrahmen könnte die zwanglose und herrschaftsfreie Diskussion über bestimmte politische oder kulturelle Ereignisse einer Gruppe befreundeter Menschen sein. Ein typischer Handlungsrahmen ist schließlich auch die durch Liebe, Zuneigung und unspezifische Reziprozität dominierte Beziehung zwischen zwei Lebenspartnern sowie zwischen diesen und ihren Kindern.

Je nach Handlungsrahmen sind bestimmte **Verhaltensstandards und Handlungsprogramme als Skripte** typisch und zu erwarten. So ist der Ausruf „Schlag ihm die Beine weg“ im Rahmen eines Fußballspiels verständlich, kaum aber im Handlungsrahmen der Marktsituation, der Liebesbeziehung, einer Vorlesung oder einer politischen Debatte. Im Handlungsrahmen einer Liebesbeziehung wiederum wäre der Geltungsanspruch individueller Nutzenmaximierung und ausschließlich zweckrational-kalkulierender Motivlagen kaum tragfähig. Nimmt man diese Aspekte der Akteure, ihre Handlungsmotive und typische Handlungsprogramme sowie den typischen Handlungsrahmen, so erhält man ein erstes Modell zur Analyse individuellen sozialen Handelns, in dem deutendes Verstehen des subjektiven Sinns und die ursächliche Erklärung der Wirkungen von Handlungen aus den Motivlagen und Handlungsprogrammen der Akteure kombiniert werden.

---

32 In der Soziologie werden die hier angesprochenen Sachverhalte als *Frames* (Handlungsrahmen) und *Scripts* (auf Handlungsrahmen bezogene Handlungsprogramme) bezeichnet; vgl. Goffmann 2003; Kroneberg 2005.

Aufbauend auf Max Webers Handlungsverständnis haben sich innerhalb der Soziologie sehr unterschiedliche Richtungen entwickelt, die entweder stärker auf das *interpretierende Verstehen* subjektiver Sinnzusammenhänge oder auf das empirisch-analytische *ursächliche Erklären* ausgerichtet sind. Max Weber kann als der Begründer einer verstehenden Soziologie bezeichnet werden, für den das **Verstehen** und darauf fußend das **Erklären des sozialen Handelns der Menschen** das Zentrum der neuen Disziplin Soziologie war. Durch diese Fokussierung auf das soziale Handeln unterschied sie sich nach Weber eindeutig von Biologie, Medizin und Psychologie, aber auch von Jurisprudenz, Nationalökonomie und Staatswissenschaften. Im nächsten Kapitel 4 werden völlig andere Zugänge zur Soziologie vorgestellt, die von einem unterstellten gesellschaftlichen Ganzen aus in den Gegenstand und die Vorgehensweise der Soziologie einführen. Das Webersche Verständnis rechtfertigt es, ihn hier im Kapitel 3 „Soziales Handeln ausgehend vom Individuum" vorzustellen. Gleichwohl sei betont, dass Max Weber weder Vertreter eines strengen methodologischen Individualismus, noch direkter Vorläufer eines kritischen Rationalismus war. Während der methodologische Individualismus davon ausgeht, alle soziologisch relevanten Gegenstände durch die Untersuchung des Handelns der Individuen erklären und verstehen zu können, orientiert sich der kritische Rationalismus in seinem Weltverstehen an einem natur- bzw. einheitswissenschaftlichen Programm sukzessive besserer Wirklichkeitserklärungen, in dem hermeneutische, also sinnverstehende Zugangsweisen nicht relevant sind. Das im folgenden Abschnitt vorzustellende rationalistische Handlungsmodell baut zwar auf Max Webers Typologie sozialen Handelns auf, ist aber auf eine methodologisch individualistische Zugangsweise und ein kritisch rationalistisches Soziologieverständnis fixiert. In den weiteren Kapiteln werden Alternativen hierzu vorgestellt und behandelt.

3.3 Das eingeschränkte rationalistische Handlungsmodell

Max Webers Handlungstheorie wird als Grundlage der verstehenden Soziologie bezeichnet. Einige Soziologen, die sich auch auf Max Weber berufen, haben dessen Arbeiten vor allem in die Richtung eines rationalistischen Handlungsmodells weiterentwickelt, aber auch eingeschränkt. Dabei traten und treten die Verstehensaspekte vom sozialen Handeln, die bei Max Weber wie weiter oben gezeigt die Grundlage und Voraussetzung für angemessene Erklärungen sind, tendenziell zugunsten der Erklärungsaspekte vom Handeln in den Hintergrund. In diesem Abschnitt wird mit dem rationalistischen Handlungsmodell eine bestimmte (im Vergleich zu Max Weber radikalisierte und vereinseitigte) Art und Weise vorgestellt, Soziologie ausgehend vom Individuum zu betreiben. Ein gutes Beispiel für ein zeitgenössisches rationalistisches Handlungskonzept ist das sogenannte RREEMM-Modell nach Siegwart Lindenberg und seine Verknüpfung mit der aus ökonomischen und psychologischen Forschungen stammenden Wert-Erwartungs-Theorie (Esser 1993, S. 231ff. und 1999, S. 246ff.). Dabei steht RREEMM für **R**esourceful, **R**estricted, **E**valuating, **E**xpecting und **M**aximizing **M**an. Demnach sind Menschen als mit Ressourcen ausgestattete, unter Informations- und anderen Restriktionen Handelnde, die jeweils zu mobilisierenden Normen evaluierende, mit spezifischen Erwartungen ausgestattete und ihre **Präferenzen** zu maximieren trachtende Akteure zu verstehen (Lindenberg 1985).

Tabelle 3.2: Homo sociologicus, Homo oeconomicus und das RREEMM-Modell

	Homo sociologicus	Homo oeconomicus	RREEMM-Modell
Resourceful			×
Restricted		×	×
Evaluating	×		×
Expecting	×		×
Maximizing		×	×

Quelle: Esser 1993, S. 239

Ähnlich wie die zuvor erwähnten Gesichtspunkte der Wahl eines jeweils spezifischen Handlungsrahmens (*Frame Selection*) und eines diesem entsprechenden Handlungsprogramms (*Skript Selection*) fügt auch das RREEMM-Modell dem soziologischen Verständnis vom sozialen Handeln einige wichtige Aspekte hinzu. Mit seinem RREEMM-Modell versucht Sigwart Lindenberg, wichtige Aspekte des Menschenbildes des Homo sociologicus und des Homo oeconomicus (siehe Abschnitt 2.2) zu integrieren und um die Dimension der Ressourcenausstattung zu erweitern. Leitend ist dabei die Idee, aus der Fülle sozialer Handlungsvollzüge und Handlungstypen (siehe z.B. die vier Weberschen Handlungstypen im vorhergehenden Abschnitt) die besondere Situation vom **Handeln als rationaler Wahl** in den Mittelpunkt zu stellen. In neueren Arbeiten wird dieses Handlungsmodell mit Annahmen der Frame-Selection- und der Wert-Erwartungs-Theorie verbunden. Dabei wird davon ausgegangen, dass Akteure mehr oder weniger stabile, geordnete und der expliziten Reflexion zugängliche **Präferenzen** haben. Weiterhin wird unterstellt, dass gegebene Situationen bewusst wahrgenommen, gedeutet und bestimmten Situationsrahmungen zugeordnet werden. Neben den **Situations-**

rahmungen (Frames) verfügen Akteure auch über ein Arsenal von hierzu passenden **Handlungsprogrammen (Skripts)**, und sie entscheiden (unbewusst!), ob sie ihr Handeln im **Handlungsmodus** der rationalen Wahl oder automatischer Spontaneität auswählen (Kroneberg 2005, S. 347). Im reflexiv-kalkulierenden Handlungsmodus (rationaler Wahlentscheidungen) wählen demzufolge die Akteure eine spezifische Handlung auf der Basis der Auswahl eines passenden Handlungsrahmens und Handlungsskriptes aus, schätzen bewusst die vorhandenen Mittel, möglichen Kosten sowie Risiken ab und kalkulieren die Eintrittswahrscheinlichkeiten für die alternativen Handlungsoptionen.

Schon hier zeigt sich, wie voraussetzungsvoll dieses Handlungsmodell ist und wie stark es letztlich doch von rationalistischen und am Menschenbild des Homo oeconomicus ausgerichteten Vorstellungen von der gesellschaftlichen Wirklichkeit bestimmt ist. Als Beispiel kann die Situation angenommen werden, ein Akteur überlege sich, ein Fortbewegungsmittel zu erwerben und kalkuliere dabei drei verschiedene Optionen. Eine erste Option besteht darin, ein robustes, großes, zwar benzinfressendes, aber auch nützliches Fahrzeug anzuschaffen (z.B. ein Sport Utility Vehicle SUV oder gar den ursprünglich für die US-amerikanische Armee entwickelten und inzwischen nicht mehr neu erhältlichen Hummer). Zumindest drei Nutzen eines solchen Fahrzeuges ließen sich für unseren Akteur ausmachen: Erstens würde ihm hiermit Aufmerksamkeit und Anerkennung bestimmter Kreise sicher sein, zweitens könnte er auf ein für seine Bedürfnisse gutes Platzangebot und auf Transportmöglichkeiten von schweren Anhängern etc. verweisen, und schließlich wäre ein dritter Nutzen in der großen Sicherheit bei Auffahrunfällen zu sehen. Diesen drei Nutzenaspekten stehen jeweils auch Kostenaspekte gegenüber. Dem möglichen Nutzen einer erhöhten Aufmerksamkeit laufen die immensen Benzinkosten sowie mögliche Aggressionen von ökologisch orientierten Menschen entgegen. Der Nutzen des erweiterten Platzangebotes muss gegen die Schwierigkeit aufgewogen werden, überhaupt einen Parkplatz für ein solches Riesengefährt zu finden. Schließlich steht der eigenen Sicherheit bei Unfällen der Negativaspekt gegenuber, dass sich ein solches Fahrzeug in Unfallsituationen zu einer Tötungsmaschine für andere Verkehrsteilnehmer entwickeln kann (was aller Wahrscheinlichkeit nach zu Problemen angesichts der im Handlungsrahmen vorherrschenden Normen führen könnte).

Eine zweite Option der Anschaffung eines Fortbewegungsmittels könnte ein billiger, in China oder Indien hergestellter Pkw sein. In diesem Falle wäre aller Wahrscheinlichkeit nach der Nutzen im Sinne von Aufmerksamkeit und Anerkennung wesentlich kleiner, aber auch der Ressourcenverbrauch in mehrfacher Hinsicht reduziert. Eine dritte Option schließlich bestünde im Kauf eines neuen und guten Fahrrades. Für Entscheidung über diese drei

Kaufoptionen hat nach diesem Modell nun der zum Kauf Entschlossene für jede einzelne Handlungsalternative die Summen der einzelnen Produkte aus den jeweiligen Eintrittswahrscheinlichkeiten und Nutzen sowie Kosten unter Berücksichtigung der vorhandenen Ressourcen und Restriktionen etwa im Hinblick auf die vorhandenen Geldmittel zur Anschaffung eines solchen Fahrzeuges zu kalkulieren.[33]

Die Entscheidung fällt für die Option j, bei der die Summe N_{j1-j3} ihr Maximum erreicht unter der Bedingung, dass die notwendigen Mittel vorhanden sind (M_j=1). Das Beispiel macht deutlich, wie kompliziert sich die Modellierung dieser zunächst ja recht einfachen Entscheidungssituation gestaltet. Aus der eigenen Lebenserfahrung heraus haben sich wohl die wenigsten Menschen bewusst und explizit einer solchen rationalen Wahlentscheidung unterworfen. Denn die Eintrittswahrscheinlichkeiten für bestimmte Nutzen- und Kostenpositionen können nur geschätzt werden. Dabei ist die Gefahr sehr groß, dass eine bestimmte Kaufoption aus unter- und unbewussten, nicht in das Kalkül eingegangenen Motiven präferiert wird. Solche nicht rationalisierten und nicht reflektierten Faktoren beeinflussen dann z.B. die Kalkulation der Kosten- und Nutzenwerte sowie der entsprechenden Eintrittswahrscheinlichkeiten. Aus der empirischen Marktforschung ist z.B. die Regel „Sex sells“ bekannt, wonach Waren besser verkauft werden können, wenn sie über die Stimulierung sexueller Reize beworben werden. Ähnlich wird in der Pkw-Werbung meistens weniger ein Mittel der Fortbewegung von einem Ort zum anderen angepriesen als vielmehr ein Produkt als Schlüssel zur Freiheit und zum sozialen Ansehen.

Wenn die Mobilisierung unter- und unbewusster Handlungsantriebe durch Werbung keine Wirkung auf Kaufentscheidungen erzielen würde (bzw. wenn die Werbebranche nicht den Eindruck einer solchen Wirksamkeit erzeugen könnte), dann gäbe es schon lange keine entsprechende spezialisierte Branche mehr – es würde ausreichen, wenn Produzenten über die technischen und sonstigen Eigenschaften ihrer Produkte informierten.

---

33 Die entsprechenden Gleichungen könnten in ihrer einfachsten Form dann etwa folgendermaßen aussehen:
Option 1
= (N11*p11 – K11*p11) + (N12*p12 – K12*p12) + (N13*p13 – K13*p13) | M1=1,
Option 2
= (N21*p21 – K21*p21) + (N22*p22 – K22*p22) + (N23*p23 – K23*p23) | M2=1,
Option 3
= (N31*p31 – K31*p31) + (N32*p32 – K22*p22) + (N33*p33 – K33*p33) | M3=1,
wobei N: Nutzen, p: Eintrittswahrscheinlichkeit, K: Kosten, M: vorhandene Mittel für Option x.

Allein im Jahre 2012 wurden in Deutschland etwa 26 Milliarden Euro für Werbung ausgegeben.[34] Die Tatsache weiterhin wachsender Werbebudgets für viele Produkte zeigt, dass selbst Kaufentscheidungen als eigentlich ja raum-zeitlich spezifische Handlungssituationen, in denen ein rationalistisches Modell sozialen Handelns dominieren sollte, offensichtlich weiter gehende soziologische Erklärungen erfordern (Stehr 2007). Auch lässt sich vermuten, dass es nicht ausreicht, soziales Handeln allein ausgehend vom Individuum her verstehen und erklären zu wollen. Bevor im nächsten Kapitel soziales Handeln ausgehend von der Gesellschaft thematisiert wird, seien einige Grenzen und Kritiken des Modells individuellen sozialen Handelns genannt.

3.4 Grenzen des Modells „Individuelles Handeln"

Sowohl an dem allgemeinen Weberschen Modell sozialen Handelns als an dem individuell-rationalistischen Handlungsmodell wurde vielfältige Kritik geübt. Das rationalistische Handlungskonzept gibt zwar vor, den subjektiven Sinn der Handelnden spezifisch einzubeziehen. Dies geschieht allerdings ausschließlich zum Zwecke, zu erweiterten und ausdifferenzierten logischen Erklärungsmodellen zu gelangen. Für Max Weber dagegen und für viele andere Soziologen lag und liegt in dem **subjektiven Sinnverstehen** ein genuiner Eigenwert soziologischer Erkenntnis. Die Bildung von Idealtypen zur verstehenden Gliederung und Sortierung der gesellschaftlichen Wirklichkeit bietet für Weber und viele Vertreter einer hermeneutisch inspirierten Soziologie genuine Erkenntnisfortschritte auch dann, wenn keine formalisierten Erklärungsmodelle angeboten werden können. Aber auch an der Weberschen Strategie, soziales Handeln deutend verstehen und dadurch ursächlich erklären zu wollen, gab es viel Kritik. So schreibt zum Beispiel Alfred Schütz (1932, S. 15):

> „Weber macht zwischen Handeln als Ablauf und vollzogener Handlung, zwischen dem Sinn des Erzeugens und dem Sinn des Erzeugnisses, zwischen dem Sinn eigenen und fremden Handelns bzw. eigener und fremder Erlebnisse, zwischen Selbstverstehen und Fremdverstehen keinen Unterschied. Er fragt nicht nach der besonderen Konstitutionsweise des Sinnes für den Handelnden, nicht nach den Modifikationen, die dieser Sinn für den Partner in der Sozialwelt oder für den außenstehenden Beobachter erfährt, nicht nach dem eigenartigen Fundierungszusammenhang zwischen eigenpsychischen und fremdpsychischen, dessen

34 Vgl.http://www.ip-deutschland.de/fakten_und_trends/werbemarktdaten/brutto-werbeumsaetze.cfm (Abruf 19.08.2015).

> Aufklärung für die präzise Erfassung des Phänomens ‚fremdverstehen' unerlässlich ist."

Nach Alfred Schütz unterscheidet Max Weber also nicht systematisch und explizit genug zwischen subjektiv gemeintem Sinn der Handelnden in ihrer alltäglichen Lebenswelt und dem von dem soziologischen Beobachter rekonstruierten, unterstellten oder zugeschriebenen Sinnzusammenhang. Beide Ebenen sind aber tatsächlich über die lebensweltlich und sozialisatorisch gewonnenen Reservoirs an Sinnverstehen miteinander verbunden. Denn der beobachtende Forscher kann nur solche Sinnzusammenhänge wahrnehmen, die ihm auf der Grundlage seines eigenen Wissensvorrates als Interpretationsangebote zur Verfügung stehen.

> „Der Aufbau der Sozialwelt ist ein sinnhafter einmal für die in der Sozialwelt Lebenden, dann aber auch für die Sozialwissenschaften, welche die Ihnen vorgegebene Sozialwelt deuten." (ebd.).

Hier wird eine prinzipielle Schwierigkeit angesprochen: Der forschende Soziologe, der soziales Handeln verstehen und ursächlich erklären will, kann immer nur die Deutungs- und Interpretationsangebote nutzen, die ihm aus seiner eigenen lebensweltlichen Erfahrung und aus der entsprechenden wissenschaftlichen Literatur bekannt sind. Hier wird ein grundlegendes epistemologisches, also erkenntnistheoretisches Problem deutlich, das in Kapitel 13 noch zu vertiefen ist, und welches in dieser Form in den Naturwissenschaften nicht existiert: Der Physiker oder Biologe geht davon aus, dass die von ihm untersuchte Welt objektiven Gesetzmäßigkeiten folgt, die sich ihm erschließen können, ohne dass er eine Innenschau von subjektiven Wirklichkeitswahrnehmungen seiner Atome oder Zellen vornehmen muss. Der Soziologe hat zu berücksichtigen, dass solche subjektiven Wirklichkeitswahrnehmungen ein genuiner und struktureller Bestandteil der von ihm untersuchten Welt sind. Subjektives Sinnverstehen setzt Nachvollziehbarkeit der Innenschau der Handelnden, ihrer „inneren Handlungsführung" voraus. Dies betonte Friedrich Tenbruck (1989, S. 28) mit seiner Kritik daran, dass in gesellschaftlichen Diskursen rationalistische Handlungsmodelle oft überbetont würden:

> „Die erwähnte Vernachlässigung der Probleme der inneren Handlungsführung, ja schon des Tatbestandes selbst, ist kein Zufall; denn in der modernen Gesellschaft beherrschen typischerweise rationale Handlungsmodelle die Szene. Solche Modelle erwägen das Handeln als ein Vorausdenken, bei dem es um die richtige Wahl zwischen Alternativen geht, welche zu verschiedenen zukünftigen Situationen führen. Diese erwartbaren Ausgänge werden in die Entscheidung

nach dem Nutzenwert eingestellt, den sie dem Handelnden gemäß seinen Präferenzen bringen würden.

Selbstverständlich bietet diese Betrachtungsweise für gewisse Situationen einen erwünschten Leitfaden der Entscheidung und hebt grundsätzlich eine für menschliches Handeln typische Perspektive hervor, eben die abwägende Zukunftsorientierung eines weltoffenen Wesens mit offenem Zeithorizont. Andererseits bleiben in diesen Modellen ganze Dimensionen des Handelns unbeachtet, wird also dessen Problematik in einschneidender Weise verkürzt. Die Verengung des Handelns auf die Entscheidung, also auf das Vorausdenken in seiner prospektiven Intention, ist natürlich ein Produkt der Professionalisierung des Handelns in einer verwissenschaftlichten und organisierten Gesellschaft. Im Effekt suggeriert sie jedoch dem modernen Menschen, daß er sich vom Konzept des rationalen Handelns her hinlänglich verstehen könne und drängt damit die übrigen Handlungsdimensionen aus seinem Selbstverständnis ab."

Wie Alternativen zu dem rationalistisch verengten Modell sozialen Handelns und der allgemeinen Perspektive, soziales Handeln ausgehend vom Individuum zu untersuchen, aussehen können, wird in den nächsten zwei Kapiteln ausführlicher vorgestellt. Dabei wird im nächsten Kapitel 4 zunächst eine Herangehensweise vorgestellt, sich dem sozialen Handeln nicht von unten bzw. dem Einzelnen her, sondern umgekehrt von oben, gleichsam aus der Vogelperspektive von Gesellschaften her zu nähern.

3.5 Zusammenfassung, Übungsaufgaben und weiterführende Literatur

Dieses Kapitel 3 lässt sich folgendermaßen **zusammenfassen**:

1. Die Begriffe Handeln und soziales Handeln sind Schlüsselbegriffe der Soziologie schlechthin. Sie verweisen auf einen genuinen Erkenntnisgegenstand der Soziologie und auf deren grundlegende Analyseperspektive.

2. Mit Max Weber kann die Soziologie als diejenige Wissenschaft definiert werden, die soziales Handeln als dem subjektiven Sinn nach auf andere Handelnde bezogenes und in seinem Ablauf orientiertes Verhalten deutend verstehen und dadurch in seinem Ablauf ursächlich erklären will.

3. Dieses Verständnis von Soziologie und von sozialem Handeln geht von dem Einzelnen, vom individuellen Handeln aus, um von da aus, das Soziale verstehen und erklären zu können.

4. Max Weber unterscheidet die vier Idealtypen zweckrationalen, wertrationalen, affektuellen/emotionalen und traditionalen Handelns.
5. Das rationalistische Handlungsmodell stellt eine Spielart und Vereinseitigung der Strategie *soziales Handeln ausgehend vom Individuum* dar; es geht von stabilen Präferenzen, bewusster Situationsdeutung, reflektierter Abschätzung von Aufwand und Nutzen sowie Eintrittswahrscheinlichkeiten für einzelne, rational kalkulierte Handlungsoptionen aus.
6. Das rationalistische Handlungsmodell kann Teilaspekte menschlicher Lebenspraxis erklären, stößt aber an viele Grenzen des Verstehens und Erklärens. Dies gilt generell auch für alle anderen Versuche, soziales Handeln ausschließlich vom Individuum ausgehend zu betrachten.

Übungsfragen/-aufgaben

Erläutern Sie den Unterschied zwischen den Begriffen Verhalten und Handeln – welche Rolle spielt hierfür der Sinn-Begriff?

Was macht das Besondere des sozialen Handelns aus, und welche Schwierigkeiten ergeben sich daraus für seine Erforschung?

Welche Idealtypen sozialen Handelns unterscheidet Max Weber?

Erläutern und diskutieren Sie kritisch das rationalistische Handlungsmodell.

Welche Kritiken lassen sich an dem Vorgehen anbringen, soziales Handeln ausschließlich ausgehend vom Individuum zu analysieren?

Vertiefende Literatur zu diesem Kapitel

Abels, H. (2009): Einführung in die Soziologie. Die Individuen in ihrer Gesellschaft, Wiesbaden: Westdeutscher Verlag, S. 134–180.

Bahrdt, H. P. (2003) [1984]: Schlüsselbegriffe der Soziologie. Eine Einführung mit Lehrbeispielen. 9. Auflage. München: C.H.Beck, S. 30–47.

Schäfers, B. (2010): Soziales Handeln und seine Grundlagen: Normen, Werte, Sinn. In: Korte, H./Schäfers, B. (Hrsg.): Einführung in Hauptbegriffe der Soziologie. Wiesbaden: VS Verlag für Sozialwissenschaft, S. 23–44.

Weber, Max, (1976) [1922]: Wirtschaft und Gesellschaft. Grundriss der verstehenden Soziologie. Tübingen: Mohr, S. 1–20.

Kapitel 4
Soziales Handeln ausgehend von der Gesellschaft

Kasten 4.1

Soziologische Regel:
„Aber das menschliche Wesen ist kein dem einzelnen Individuum innewohnendes Abstraktum. In seiner Wirklichkeit ist es das Ensemble der gesellschaftlichen Verhältnisse.“ (Marx, 1845 [1969]: 6)

Gerade in der modernen, bürgerlich-kapitalistischen Gesellschaft und angesichts eines fortwährenden Trends der Individualisierung von Lebensverhältnissen und Weltorientierungen kann leicht der Eindruck entstehen, dass der einzelne Mensch sich je nach individuellen Präferenzen gleichsam selbst komponieren und unbegrenzt erfinden könne. Diese Idee wird durchaus auch systematisch etwa in der Werbung verbreitet und findet ihren Niederschlag im (zuvor in Kapitel 2 und 3 angesprochenen) Menschenbild des Homo oeconomicus sowie in Ausdrücken wie „individueller Lebensstil“ oder „individuelle Selbstverwirklichung“.
Tatsächlich ist der Mensch aufgrund des extrem hohen Anteils sozial-kultureller Prägung (die in Kapitel 2 ausführlicher besprochen wurde) vollständig durch seine gesellschaftlichen Beziehungen und Erfahrungen geformt. Ich-Identität, individuelle Präferenzen und individuelles soziales Handeln (die im vorigen Kapitel ausführlich behandelt wurden) sind immer schon *Ergebnis* des Lernens von Anderen, allen voran von den Eltern und in der alltäglichen Lebenswelt. Diese Einbindung in gesamtgesellschaftliche Strukturen findet während des Sozialisationsprozesses statt. Durch Erziehung und Lernen eignen sich die Menschen als Mitglieder eines größeres sozialen Sozialzusammenhangs Wertvorstellungen und Normen an. Durch Habitualisierung, Konditionierung, Vergleichen und Nachahmung integrieren sich die Einzelnen in ihrer Ontogenese in ein von ihnen vorgefundenes gesellschaftliches Ganzes. Sie lernen, dass mit verschiedenen sozialen Positionen unterschiedliche gesellschaftliche Verhaltenserwartungen als Rollen verbunden sind.
In diesem Kapitel wird zunächst (1) das soziale Handeln in Anknüpfung an Talcott Parsons als immer im Kontext sozialer Bezugssysteme stehend vorgestellt; sodann werden (2) Werte und Normen sowie (3) Rollen als soziologische Grundbegriffe vorgestellt und schließlich (4) die Sozialisation als der Prozess ihrer Aneignung behandelt.

4.1 Praxisbeispiel und Grundidee

„Im Jahre 1848 war ein Herr von Hinckeldey, der eine geborene Freiin von Grundherr geheiratet hatte, Polizeidirektor von Berlin. Er war ein strammer, aufrechter Mann, der im Sinne seines Königs für die demokratische Agitation dieser Zeit nicht viel übrig hatte und der die Agitatoren die ganze Strenge des Gesetzes spüren ließ. Aber als Vertreter des Gesetzes sah er es als seine Pflicht an, das Recht auch dort zur Geltung zu bringen, wo Aristokraten dagegen verstießen. Es gehörte zu den Gewohnheiten der aristokratischen Lebewelt, in Spielklubs ihr Vergnügen zu suchen, die zwar illegal, aber bisher von der Polizei, wenn sie von Männern sehr hohen Ranges frequentiert wurden, stillschweigend geduldet waren. Herr von Hinckeldey jedoch beschloß einzugreifen. Eines Abends nahm er höchstpersönlich an der Schließung eines adligen Spielklubs teil. Dabei kam er in Konflikt mit Herrn von Rochow-Plessow, der sich von ihm beleidigt fühlte und ihm eine Pistolenforderung schickte. Eine Broschüre, ‚von einem Augenzeugen' verfaßt, beschreibt, was dann geschah. Der Augenzeuge war der Arzt Dr. Ludwig Hassel, der Hinckeldey öfters behandelt hatte.
Hassel wurde am 9. März 1856 durch den damaligen Polizeioberst Patzke aufgefordert, sich am Morgen des 10. März in einer ‚ehrenvollen ärztlichen Angelegenheit' bei dem Geheimen Oberregierungsrat Freiherrn von Münchhausen in dessen Wohnung einzufinden und Verbandmittel mitzubringen. Von hier aus fuhr man in zwei Wagen nach Charlottenburg. Im ersten saßen Hinckeldey und Münchhausen, im zweiten saß Dr. Hassel allein. In der Nähe des Charlottenburger Chausseehauses hielten die Wagen; man traf dort auch den alten Polizeidirektor Dr. Maaß, mit dem Hinckeldey einige Worte sprach, ehe die Wagen weiterfahren konnten. Es ging nun in scharfem Trabe über das Forsthaus Königsdamm nach dem Walde, der sogenannten Charlottenburger Jungfernheide. Durch den Wald schritt man zu Fuß nach dem Ort des Rendezvous, wo Herr von Rochow mit seinem Sekundanten schon wartete. Es fehlte aber noch der Unparteiische, das Herrenhausmitglied Herr von Marwitz; er erschien erst eine Viertelstunde später – eine aufgezogene Brücke, unter der Kähne passierten, hatte ihn zurückgehalten.
Das Duell begann in üblicher Form. Marwitz versuchte es noch einmal mit einer Aussöhnung – vergeblich! Nach Hassels Bericht muß die geistige und körperliche Verfassung Hinckeldeys schrecklich gewesen sein; der Unglückliche litt an Ahnungen und mochte an seine arme Frau und seine sieben Kinder denken. ‚Am Beginn des Duells versagte Hinckeldeys Pistole, er ließ sich eine zweite reichen. Nun erfolgten die Schüsse.' Rochow blieb unverletzt stehen, Hinckeldey dagegen machte eine halb zirkelartige Bewegung und sank dann in die Arme Hassels und Münchhausens, die ihn sanft zur Erde gleiten ließen. Hassel sah sofort, daß die Verwundung tödlich war; arterielles Blut strömte dem Erschossenen aus dem Munde, die Kugel war in die Lunge gedrungen. Mit Hilfe der beiden Kutscher und des Dieners wurde Hinckeldey in den Wagen geschafft. Um nicht Rochow der Gefahr einer Verhaftung auszusetzen, beschloß man, nicht nach Berlin zurückzufahren, sondern Hinckeldey zum Polizeidirektor Maaß zu bringen.

Dann wollten Hassel und Münchhausen dem Könige Bericht erstatten, der derzeitig im Charlottenburger Schlosse wohnte […]. Der König empfing die Herren tiefbewegt, schritt weinend auf und ab und schien verzweifelt zu sein. Es blieb nun nur noch übrig, der Familie Hinckeldey die Trauerbotschaft mitzuteilen […]. Am Begräbnistage erschien auch der König mit den Prinzen in der Hinckeldeyschen Wohnung und tröstete die ohnmächtig zusammenbrechende Witwe“ (Elias 1994, S. 91 ff.).

Die hier etwas ausführlicher wiedergegebene Begebenheit schildert Norbert Elias in seinem Buchkapitel „Die satisfaktionsfähige Gesellschaft“ (Elias 1994, S. 61–158). Der (über)eifrige Berliner Polizeidirektor legt sich im Kampf gegen verbotene Glücksspiele mit einem Mitglied der preußischen Aristokratie, Herrn von Rochow-Plessow, an. Dieser fordert den Polizeidirektor zum Duell heraus. Obwohl zur damaligen Zeit das Duellieren gesetzlich nicht (mehr) erlaubt war und der Polizeidirektor mit dem Herrn von Rochow-Plessow im Zuge seiner polizeiamtlichen hoheitlichen Aktivitäten (hier: gegen verbotene Glücksspiele) aneinandergeraten war, fügt sich der Polizeidirektor Hinckeldey dem *informellen Ehrenkodex* der „satisfaktionsfähigen Gesellschaft“ – und lässt dabei sein Leben. Die **Wirkungsmächtigkeit gesellschaftlicher Normen** – und zwar auch solcher Normen, die zwar sozial definiert und anerkannt, gleichwohl nicht formal-juristisch festgelegt sind – kann wohl kaum eindrücklicher belegt werden. Obwohl der Polizeidirektor Hinckeldey sich *eigentlich* nicht duellieren will, obwohl er sich rational verantwortlich für seine Frau und sieben Kinder fühlt, fügt er sich der sozialen Norm des Ehrenkodex und erscheint zum Duell: „die zum guten Teil ungeschriebenen gesellschaftlichen Satzungen bilden einen mindestens ebenso aufschlußreichen und jedenfalls unentbehrlichen Aspekt des Kanons, der die beobachteten Verhaltens- und Empfindungsmuster der derart vergesellschafteten Menschen prägte, wie die offiziellen Gesetze, die zu den formellen Manifestationen des staatlichen Gewaltmonopols gehören. […] Der Ehrenkanon des Adels hat Priorität vor den Staatsgesetzen. Selbst der König muss sich ihm fügen“ (ebd., S. 93, 94 f.).

Dieses Beispiel zeigt anschaulich, dass Verhaltensweisen, Handlungsvollzüge und typische Handlungsrahmungen und Handlungsprogramme nicht in erster Linie Ausdruck und Produkt individueller Wahlentscheidungen sind, sondern Ergebnis gesellschaftlicher Prägungen und über lange Zeiträume stabilisierter **Ordnungsmuster**. Die zentrale Ausgangsüberlegung ist deshalb in diesem Kapitel: Um menschliches Verhalten und soziales Handeln verstehen und erklären zu können, sollte nicht vom Einzelnen, sondern vom Ganzen, von der Gesellschaft ausgegangen werden. Die **vom gesellschaftlichen Ganzen ausgehenden Zwänge und Vorstrukturierungen des Handelns der Einzelnen** – die ja selbst wiederum durch das Zusammenleben der Menschen erst geformt wurden (hierauf wird im nächsten Kapitel 5 näher eingegangen) – sind von einer solchen Macht, dass sie **wie etwas Objektives** erscheinen. Die gesellschaftlichen Normen bestimmen das Verhalten und Handeln der Einzelnen so stark, dass diese daraus in der Regel kaum ausbrechen können. Es lohnt sich hier, an einen Grundgedanken Emil Durkheims zu erinnern, der bereits im Kapitel 1 vorgestellt wurde:

> „Wenn ich die Pflichten als Bruder, Gatte oder Bürger erfülle, oder wenn ich übernommene Verbindlichkeiten einlöse, so gehorche ich damit Pflichten, die außerhalb meiner Person und der Sphäre meines Willens im Recht und in der Sitte begründet sind. Selbst wenn sie mit meinen persönlichen Gefühlen im Einklang stehen und ich ihre Wirklichkeit im Innersten empfinde, so ist diese doch etwas Objektives. Denn nicht ich habe diese Pflichten geschaffen, ich habe sie vielmehr im Wege der Erziehung übernommen" (Durkheim 1999, S. 105).

Diese Perspektive *von der Gesellschaft als Ganzes her das soziale Handeln denken* wird nun in den folgenden Abschnitten vertieft. Diese Blickrichtung drückt sich auch in der am Beginn dieses Kapitels zitierten 6. Feuerbachthese von Karl Marx (MEW Bd. 3, S. 534) aus. Marx unterstrich in seiner Auseinandersetzung mit dem Philosophen und Anthropologen Ludwig Feuerbach die Notwendigkeit, das menschliche *Wesen*, Bewusstsein und Handeln nicht auf der Ebene der Individuen anthropologisch zu begründen, sondern aus den politisch-ökonomischen Formen des *Zusammenlebens* der Menschen heraus zu entwickeln. Als ein Vorläufer der Soziologie als Wissenschaft begründete Marx seine Position ausgehend von der Kritik der politischen Ökonomie und einem strikten philosophischen Materialismus. Seine Theorie geht nicht vom Individuum, sondern von der Gesellschaft als Ganzer aus. Neben Emil Durkheim als einem der Begründer der Soziologie hat vor allem auch Talcott Parsons (1902–1979) als der wohl wichtigste Soziologe zu Beginn der zweiten Hälfte des 20. Jahrhunderts das soziale Handeln von der Gesellschaft aus thematisiert.

4.2 Soziales Handeln in sozialen Systemen

Parsons wendet sich strikt dagegen, soziale Phänomene und speziell auch soziales Handeln aus einer Betrachtung der einzelnen Akteure heraus zu untersuchen. Im vorhergehenden Kapitel 3 wurde eine solche – an Max Weber anknüpfende, dessen Soziologieverständnis aber stark vereinseitigende – Betrachtungsweise des methodologischen Individualismus und speziell eines Menschenbildes des Homo oeconomicus bereits behandelt und kritisiert. In dieser Perspektive steht am Anfang der einzelne Mensch mit seinen egoistischen Verhaltenstendenzen, seinen angeblich natürlichen Neigungen, Trieben und Leidenschaften. Im Laufe der Menschheitsentwicklung habe sich dann eine Zügelung und Kultivierung dieser individuellen Verhaltensdispositionen und Verhaltensweisen durch die Gemeinschaft und die Gesellschaft ergeben. Diese hätten, z.B. in Form der sozialen Institutionen Kirche und Staat, allgemeine Verhaltensgrundsätze und Moralvorstellungen entwickelt, die dann zu einer Zügelung und Kultivierung der individuellen Leidenschaften und zur Befestigung einer gesellschaftlichen Ordnung führten. Auch bei Thomas Hobbes standen – ganz im Sinne einer liberalen Denktradition – am Anfang die Individuen, die sich dann per Gesellschaftsvertrag und Autoritätsdelegation an den Staat in einem größeren Ganzen zusammengeschlossen hätten. Eine solche Sichtweise mag zunächst überzeugend klingen, sie hat aber entscheidende Schwächen, die bereits Talcott Parsons (1939, S. 180) kritisierte:

> „Gerade Hobbes' klassische Version des ‚Ordnungsproblems' ging begrifflich von der Schwierigkeit aus, die ‚egoistischen' Verhaltenstendenzen der Menschen, oder die ‚Leidenschaften', wie er sie nannte, zu zügeln. Man hat sogar oft dazu geneigt, wie das bei Kant der Fall ist, moralische Normen als etwas zu begreifen, das den Aktor zur Konformität mit einem Muster gegen seine ‚natürlichen Neigungen' zwingt.
> Die vorliegende Analyse führt zu einer anderen Auffassung. Sie geht davon aus, dass die ‚menschliche Natur' große Plastizität aufweist und keine spezifischen ‚Motive' oder Verhaltenstendenzen besonders auszeichnet. Im langen Prozess sozialer ‚Konditionierung' von Geburt an wird sie allmählich zur konkreten Persönlichkeitsstruktur des Erwachsenen geformt, die entsprechend den konditionierenden Einflüssen, denen sie ausgesetzt war, ganz unterschiedlich ausfallen kann. Welche Richtung die Entwicklung auch immer einschlägt, so besteht doch die grundlegende Tendenz darin, relativ integrierte Persönlichkeiten auszubilden, die sowohl intern als System wie auch mit den Erfordernissen und Mustern des umfassenderen sozialen Systems integriert sind" (Parsons 1939, S. 180).

Parsons wendet sich also gegen die Sichtweise, am Anfang der Entwicklung und auch der wissenschaftlichen Reflexion stehe der Einzelne. Er geht umgekehrt von dem Ganzen aus. Nicht der Einzelne mit seinen angeblich stabilen und einer *natürlichen*, biologisch-genetischen Programmierung folgenden Motiven und Leidenschaften steht am Anfang. Es wird keine feststehende Bedürfnishierarchie wie bei dem in Kapitel 2 vorgestellten Psychologen Abraham Maslow unterstellt. Vielmehr wird bei Talcott Parsons das **Individuum als „psychisches System"** verstanden als ein **Produkt der Sozialisierung** und der dadurch erfolgenden sozialen Konditionierung durch das umfassendere soziale System, in dem es aufwächst und lebt. **Konditionierung** ist für Parsons dabei keineswegs ein einfaches behavioristisches Reiz-Reaktionstraining, vielmehr wird sie verstanden als die **umfassende Formung und Ausbildung des einzelnen Menschen durch die gesamtgesellschaftlichen Systemzusammenhänge**. Eine integrierte Persönlichkeit ist für Parsons im doppelten Sinne Teil eines Ganzen: Als relativ dauerhafte und kontinuierliche Ich-Identität zeugt sie von einem hohen Grad an Integration als psychisches System, als Teil eines größeren Sozialzusammenhangs weist sie eine Integration in ihre Gesamtumwelt des sozialen Systems auf.

> „In der reziproken Interaktion mit dem sozialen System wird das Individuum relativ stabile teleologische Orientierungsrichtungen entwickeln, die mit den passenden kognitiven Systemen und Affekten integriert sind. Es wird weitgehend seine kognitive Orientierung und seine normativen Muster mit den anderen Akteuren im selben sozialen System gemein haben. Die anderen werden zugleich ‚Erwartungen' daraufhin ausbilden, was für ein Individuum in einer Situation jeweils die richtige oder ‚vernünftige' Handlungsweise ist" (Parsons 1939, S. 180).

Für Parsons erfolgt also die Bildung sozialer Systeme nicht – wie bei Hobbes – aufgrund eines Gesellschaftsvertrages zwischen gleichsam schon *vor* der Gesellschaft existierenden Individuen. Vielmehr ist umgekehrt **das soziale System als Ganzes das stabile, dauerhafte und übergreifende Bezugssystem**, innerhalb dessen sich die Einzelnen entwickeln. Wie in einem späteren Kapitel ausführlicher zu zeigen sein wird (siehe Kapitel 7), unterscheidet Parsons innerhalb des Sozialsystems die Ordnung sozialer Interaktionen und Rollen und innerhalb des Kultursystems die Normen und Werte, die die Mitglieder eines sozialen Systems teilen.

4.3 Soziale Werte und Normen

Ein Grundgedanke der Betrachtung sozialen Handelns von der Gesellschaftsperspektive besteht darin, alles menschliche Verhalten aus der Sicht der in der jeweiligen Gesellschaft bzw. dem sozialen System gültigen Normen und Wertvorstellungen zu verstehen und zu erklären. Das Verhalten der Einzelnen ist keineswegs Ausdruck ihrer aus sich selbst heraus geborenen und geschaffenen Individualität, sondern spiegelt die vielfältigen gesellschaftlichen Normen und Erwartungen wider. Im Extremfall ist das Verhalten einer Person als Ausdruck eines passiven Ausführens von Rollenerwartungen und vorherrschenden Werten und Normen zu interpretieren. Aus einer gesamtgesellschaftlichen Perspektive auf soziales Handeln gehen Normen und Wertvorstellungen der

Entwicklung des Einzelnen und seines individuellen sozialen Handelns *voraus*. Sie sind schon da und existieren fort, auch wenn Einzelne in das soziale System (z.B. durch Geburt) neu eintreten oder es (z.B. durch Tod) verlassen.

Werte werden allgemein als etwas Kostbares, Gewünschtes oder Wünschenswertes definiert. Soziologisch betrachtet sind soziale Werte implizite oder explizite Konzeptionen und Vorstellungen von etwas *in dem jeweiligen Sozialzusammenhang* Wünschenswertem. Soziale Werte beeinflussen und strukturieren also die Bestimmung und Präferenz von Zielen, Formen und Mitteln des sozialen Handelns. Ein Beispiel ist die Losung der Französischen Revolution „Freiheit, Gleichheit, Brüderlichkeit". Alle drei Begriffe repräsentieren gesellschaftliche Werte, die auf das Handeln Einfluss nehmen und die mit bestimmten Vorstellungen von *Formen und Mitteln ihrer Durchsetzung* verbunden sind. So bezieht sich der Wert der Gleichheit zunächst und vor allem auf die Gleichheit vor dem Gesetz, auf die Bewegungs- und Meinungsfreiheit, sie meint nicht etwa die Gleichheit von Gesinnung oder Kleidung. In einem erweiterten Sinne wird heute Gleichheit als ein gesellschaftlicher Grundwert auch mit Chancengleichheit assoziiert, wobei allerdings sehr unterschiedliche Meinungen über die Formen und Mittel ihrer Durchsetzung bestehen, wie dies etwa in den Programmen verschiedener politischer Parteien zum Ausdruck kommt. Soziologisch interessant ist die Frage, wie es eigentlich zur Herausbildung gesellschaftlicher Werte kommt und wie diese inter-generationell weitergegeben werden (Joas 1997).

Während soziale Werte allgemeine Vorstellungen und Konzepte von gesellschaftlich Wünschenswertem beinhalten, geht es bei **sozialen Normen** um Verhaltensregeln, die auf das praktische soziale Handeln ausgerichtet sind. Ganz allgemein wird unter **Norm** etwas Standardisiertes, Vereinbartes und Gleichförmiges verstanden. Wir alle kennen z.B. die Bezeichnung DIN A4, womit die Größe eines Blattes Papier definiert ist, sodass eine gleiche Vervielfältigung und stets genaue Passung gewährleistet werden kann. Das Deutsche Institut für Normung legt das genaue Maß verbindlich fest. Auch die Abmessungen und technischen Eigenschaften von Batterien folgen Normen, sind sogar weltweit vereinbart und standardisiert.

Im soziologischen Sinne können soziale Normen definiert werden als erlernte und sanktionsgefestigte Handlungsregeln, die sich in Handlungs*erwartungen* und Handlungs*regelmäßigkeiten* niederschlagen. Dabei ist wichtig, dass aus soziologischer Sicht nicht alle Verhaltensregelmäßigkeiten auf Normen beruhen. So sind etwa das regelmäßige Atmen, das Schwitzen beim Joggen oder die regelmäßige Nahrungsaufnahme als biologische Grundkonstanten anzusehen. Das zu beobachtende Erschrecken oder Weglaufen von Menschen vor großen Hunden oder die umgekehrt bei stadterfahrenen Menschen beobachtbare Nicht-Irritation beim Betreten von Rolltreppen oder Fahrstühlen sind eher als vorbewusst und hochautomatisiert ablaufende Verhaltensschemata anzusehen, die auf biologischer **Habituation**[35] und **Sensitivierung**[36] beruhen. Auch die Verhaltensregelmäßigkeiten, die sich aus der klassischen Konditionierung – etwa des Pawlowschen Hundes oder des modernen Menschen durch sexbasierte Werbung – ergeben, beruhen nicht vorrangig auf sozialen Normen im engeren Sinne.

Aber die Frage, *wie* Nahrungsaufnahme erfolgt, ist gesellschaftlich geformt und durch soziale Normen bestimmt – wie dies etwa in den klassischen Studien von Norbert Elias zum Wandel der Tischsitten in „Über den Prozeß der Zivilisation“ vorgeführt wird (Elias 1976[1939], S. 110ff.). Ebenso sind die mehrfach angesprochenen Regeln der Begrüßung von sozialen Normen bestimmt. Die Übergänge zwischen einfachen, vorbewusst-biologischen **Habituationen, Sensitivierungen und Konditionierungen** einerseits und mehr oder weniger bewusst, reflektierend und explizit erlernten **sozialen Normen** im engen Sinne andererseits sind fließend und werden je nach soziologischer Denkschule unterschiedlich definiert (Berger/Luckmann 1980, S. 55f.; Bahrdt 2003, S. 48ff.; Rehberg 2007, S. 73ff. in Joas). Würde man den Begriff der sozialen Normen sehr weit bis hin zu allen Formen der biologischen Habituation und Sensitivierung ausdehnen, so wäre der Großteil allen tierischen – und sogar pflanzlichen – Verhaltens durch Normen bestimmt. Würde man umgekehrt als soziale Normen nur die bewusst, reflektiert und explizit, gleichsam durch „Lernen durch Einsicht“ (Roth 2010, S. 5) einstudierten Verhaltensregeln (etwa im formalisierten modernen Erziehungssystem) bezeichnen, dann würde ein großer Teil der sozial-kulturell (z.B. in der familiären Primärsozialisation) erworbenen Handlungsprogrammierungen nicht mehr als durch soziale Normen strukturiert angesehen.

Entscheidend für das soziologische Verständnis sozialer Normen ist, dass es sich um (bewusst und unbewusst) **sozial erlernte Verhaltensregeln** handelt, dass diese Normen also durch Interaktion mit anderen Mitgliedern des jeweiligen sozialen Systems, der entsprechenden Gesellschaft, und nicht alleine durch physiologisch-biologische Erfahrungen mit der unbelebten Natur erworben wurden. Im Mittelpunkt steht also der Aspekt der **gesellschaftlichen Programmierung innerer Handlungsantriebe**. Ein Beispiel für sol-

35 „Nachlassen einer bestimmten Verhaltensweise oder physiologischen Reaktion auf einen starken oder auffälligen Reiz, und zwar aufgrund des Fehlens relevanter negativer oder positiver Konsequenzen“ (Roth 2010, S.2).

36 „Steigerung einer anfänglich schwachen Verhaltensweise oder physiologischen Reaktion auf einen schwachen oder unauffälligen Reiz, und zwar aufgrund seiner negativen oder positiven Konsequenzen“ (Roth 2010, S. 2).

che sozialen Normen sind die schon vor über 2.000 Jahren in der Bibel aufgestellten zehn Gebote:

> Ich bin der Herr, dein Gott. Du sollst keine anderen Götter haben neben mir.
> Du sollst den Namen des Herrn, deines Gottes, nicht mißbrauchen.
> Du sollst den Feiertag heiligen.
> Du sollst deinen Vater und deine Mutter ehren.
> Du sollst nicht töten.
> Du sollst nicht ehebrechen.
> Du sollst nicht stehlen.
> Du sollst nicht falsch Zeugnis reden wider deinen Nächsten.
> Du sollst nicht begehren deines Nächsten Haus.
> Du sollst nicht begehren deines Nächsten Weib, Knecht, Magd, Vieh noch alles, was dein Nächster hat.[37]

Soziale Normen werden in der Soziologie als gesellschaftlich generiert und gesellschaftlich weitergegebene Verhaltensregeln verstanden. Solche sozialen Normen bestimmen das gesamte Leben der Menschen. Sie sind häufig – auch wenn gesellschaftlich geschaffen und weitergegeben – den einzelnen Handeln schon so sehr in Fleisch und Blut übergegangen, dass sie deren Präsenz und Prägekraft genau so wenig wahrnehmen, wie der Fisch das Wasser, in dem er lebt. Soziale Normen äußern sich in Begrüßungsregeln, in Kleiderordnungen, in den Formen des Umgangs zwischen Jüngeren und Älteren, männlichen und weiblichen Akteuren, in den Formen der Über- und Unterordnung in großen Organisationen oder in den typischen sozialen Handlungsregeln für Ausnahmesituationen (etwa beim (Kölner) Karneval, Münchner Oktoberfest oder bei (anderen) Katastrophen).

Soziale Normen finden sich auch heute wie vor Jahrhunderten z. B. in den spezifischen Benimmregeln und Tischsitten.[38] Soziale Normen gelten grundsätzlich für Gesellschaften bzw. soziale Systeme insgesamt, sie lassen sich aber auch nach spezifischen **Subtypen von Normen** differenzieren. Eine erste Unterscheidung betrifft die *Gültigkeit von Normen nach den sozialen Zugehörigkeiten* etwa zu einem bestimmten Geschlecht, einer sozialen Gruppe oder Klasse oder einer spezifischen ethnischen Gruppe. Motorrad- bzw. Rockerclubs oder bestimmte Jugendkulturen entwickeln z. B. ganz ausdrücklich

---

37 Vgl. https://www.ekd.de/glauben/zehn_gebote.html, und auch http://de.wikipedia.org/wiki/Zehn_Gebote, http://www.kathpedia.com/index.php?title=Zehn_Gebote sowie die eigenwillige Interpretation durch die Musikgruppe DIE TOTEN HOSEN: http://www.youtube.com/watch?v=Fynw8y-gmQw (Abruf 19.08.2015).

38 Zu Etikette und Zeremoniell in der höfischen Gesellschaft vgl. Elias 1969, S. 120 ff.; zu den Benimmregeln für die feine Gesellschaft siehe heute http://www.knigge.de/themen/bei-tisch/die-tischmanieren-2044.htm. und http://gutenberg.spiegel.de/buch/3524/1 (Abruf 19.08.2015).

und (vorgeblich) gegen die herrschenden gesellschaftlichen sozialen Normen ihre eigenen Verhaltensregeln (die aber auch nur bestimmte allgemeine gesellschaftlich geprägte Werte wie Freiheit, ein bestimmtes Konzept von Ehre oder das Recht des Stärkeren spezifizieren).

Ein zweiter Aspekt betrifft den *Formalisierungs- und Verrechtlichungsgrad* von sozialen Normen. Soziale Normen können ausschließlich informell wirken und weitergegeben werden, wie die bereits behandelten Beispiele von Begrüßungsregeln und des Duellierens zeigen. Sie können aber auch hochgradig formalisiert sein wie in Gesetzen, Vereinssatzungen oder Schul- und Universitätsordnungen. Eine weitere Dimension bezieht sich auf die *Anwendungsregeln sozialer Normen nach spezifischen Situationen.* So gibt es Normen für alltägliche durchschnittliche Handlungssituationen (z.B.: „Wenn zwei Leute in der Straßenbahn heftig miteinander diskutieren, misch dich nicht gleich ein, bloß weil du auch eine Meinung zu dem Thema hast") und auch für Ausnahme- oder Katastrophensituationen (etwa: „Wenn jemand in der Straßenbahn seinen Partner bzw. seine Partnerin heftig verprügelt, weil diese(r) eine andere Meinung vertritt, dann zeige Zivilcourage und versuche zu schlichten oder Hilfe zu holen" oder: „Wenn du an einem schweren Verkehrsunfall vorbeikommst, dann blockiere nicht die Arbeit der Rettungskräfte, auch wenn dich interessiert, was da passiert ist").

Normen werden viertens auch unterschieden nach ihrem *Verbindlichkeitsgrad.* Grundsätzlich spricht man von KANN-, SOLL- und MUSS-Normen. So lautet etwa eine allgemeine soziale Norm, dass man im Bundestag in ordentlicher Kleidung erscheinen *soll*, man *kann* sich aber auch in Turnschuhen als Minister vereidigen lassen. Man *kann* sich – dies gilt zumindest gesellschaftlich für viele westliche Länder und etwa für Veranstaltungen und Ereignisse wie den Karneval, große Fußballspiele, den Polterabend oder Geburtstag – schon mal betrinken, aber man *sollte* es nicht regelmäßig tun. Eine SOLL-Norm ist auch, einem Hilfebedürftigen gegebenenfalls über die Straße zu helfen oder den Sitzplatz in der Straßenbahn freizumachen. Beispiele für MUSS-Normen sind schließlich, bei einem Unfall Hilfe zu leisten in Form der Verständigung von Polizei und Notfallarzt, sich in der Öffentlichkeit bekleidet und nicht nackt zu bewegen und bei der Abfassung von wissenschaftlichen Arbeiten korrekt zu zitieren.

Eine fünfte Differenzierung sozialer Normen bezieht sich auf den tatsächlichen *Durchsetzungsgrad und die effektive Wirksamkeit* einer Norm, wobei grob zwischen Normen als Quasi-Zwang, Pseudo-Normen und Ex-Normen unterschieden wird. Am Bespiel der Kopfbedeckungen und des Hutziehens bei Begegnungen lässt sich gut zeigen, wie aus einem noch zu Beginn des 20. Jahrhunderts für bürgerliche Kreise in städtischen Milieus bestehenden Quasi-Zwang zunächst eine Pseudo- und bis heute eine Ex-Norm wurde.

Wie das weiter oben erläuterte Beispiel des Duellierens zeigt, konnte es noch vor hundert Jahren unter bestimmten Bedingungen durchaus lebensgefährlich werden, nicht die angemessenen (Quasi-Zwangs-)Normen der Höflichkeit und der Ehrerbietung zu beachten. Heute dagegen tragen nicht nur Studierende im Hörsaal ihre Baseballkappe, sondern auch der ältere Herr, der eine solche trägt, wird diese wahrscheinlich nicht ziehen, wenn er auf der Straße eine ihm bekannte Person trifft.

Ein sechster Unterscheidungsaspekt sozialer Normen schließlich bezieht sich auf die Art und die Form der *Sanktionierung bei Normenabweichung.* Die einfachste Sanktion besteht in einer Nichtbeachtung des Normbrechenden, etwa im Ignorieren und der Erduldung zu laut gespielter Musik in der Straßenbahn selbst oder gerade dann, wenn die entsprechenden Personen dadurch die Aufmerksamkeit auf sich ziehen und durch Normüberschreitung provozieren wollen. Die extremste Form der Sanktion wäre die physische Erzwingung ihrer Befolgung, z.B. das Einweisen von wiederholt nackt durch die Straße laufenden Menschen in entsprechende psychiatrische Anstalten oder – sollte keine psychische Störung vorliegen, die ja gesellschaftlich von einer sozial motivierten Normabweichung unterschieden wird – Justizvollzugsanstalten.

Der letzte Aspekt verweist auf ein Problem, das bereits in der weiter oben gegebenen Definition von sozialen Normen angesprochen wurde: Normen ohne (positive oder negative) **Sanktionen** sind schlechthin nicht denkbar. Soziale Normen bestehen überall da, wo Mitglieder großer sozialer Systeme aus innerem und gesellschaftlich programmiertem Antrieb, gleichsam *freiwillig* der jeweiligen Situation entsprechend handeln sollen. Soziale Normen sind also ein ganz entscheidender Mechanismus der dezentralen Handlungskoordination zwischen den Menschen in den strukturell offenen, nicht vollständig planbaren, also kontingenten Handlungssituationen. Unabhängig davon, ob es sich um MUSS-, SOLL- oder KANN-Normen handelt, prinzipiell wird immer und überall gegen soziale Normen verstoßen. Gäbe es kein von Normen abweichendes Verhalten, so bräuchte es keine Normen zu geben. Gäbe es keine Sanktionen, so wurden soziale Normen tendenziell verschwinden, sich gleichsam auspendeln. Deshalb **gehören soziale Normen, Normenabweichungen und Sanktionen untrennbar zusammen**. Man kann auch von einem Regelkreis existierender Normen, davon abweichenden Verhaltens, entsprechender Sanktionen und auf diese Weise erreichter Normenreproduktion und -befestigung sprechen.

Auch wenn Normen relativ zeitstabile Handlungsvorschriften sind, so unterliegen sie doch immer auch dem sozialen Wandel. Normen verändern ihre Bedeutung, wenn etwa die entsprechende Kontrolle und die Sanktion langsam nachlassen. Dann können diese Normen tendenziell erodieren und vielleicht sogar verschwinden – wie das Beispiel der Begrüßung auf der Straße durch das Hutziehen zeigt – oder später wiederbelebt werden – wie die Re-Normierung und Re-Formalisierung der Absolventenfeiern an den deutschen Universitäten in den letzten zwei Jahrzehnten zeigt. Schon an den wenigen Beispielen wird deutlich, wie unterschiedlich und im Laufe der Zeit sich wandelnd Gesellschaften ihr Zusammenleben gestalten können. Die Reproduktion, aber auch Weiterentwicklung oder Abschwächung sozialer Normen ist ein beständiger, ein struktureller Bestandteil aller Sozialzusammenhänge. An bestimmten Stellen der sozialen Entwicklung ereignen sich aber auch besonders tief greifende oder abrupte soziale Wandlungsprozesse – wie etwa Revolutionen oder die Wiedervereinigung Deutschlands. Darüber wird in den Kapiteln 9 bis 11 noch ausführlicher berichtet. Diese sind immer mit dem vergleichsweise plötzlichen Verschwinden oder radikalen Umbau sozialer Normen verbunden. In einigen Handlungsbereichen werden Normen des gesellschaftlichen Zusammenlebens einfach über viele Generationen reproduziert (man denke etwa an das Arrangieren von Heiraten durch die Eltern der zu Liierenden). In anderen Feldern des Zusammenlebens werden soziale Normen sogar innerhalb einer Generation stark ausdifferenziert und verändert (etwa bei den Normen der Kommunikation angesichts neuer Medien). Während über Jahrhunderte gelegentliche persönliche Besuche und Briefeschreiben, die einzigen Formen der Kommunikation zwischen entfernt voneinander Lebenden waren, nutzen wir heute Simsen, Skypen, Twittern und E-Mailen in der alltäglichen privaten und Arbeitskommunikation.

4.4 Rollen und Rollentheorien

Die Beeinflussung sozialen Handelns durch soziale Systeme wird neben den Normen und Werten vor allem durch die **sozialen Rollen** verwirklicht. Unter sozialer Rolle kann ein **Bündel von Verhaltenserwartungen an die Inhaber bestimmter sozialer Positionen** verstanden werden (Bahrdt 2003, S. 67ff.). Eine soziale Position ist etwa die des Polizisten, der Verkäuferin, des Hochschullehrers oder des Vertriebsbeauftragten. Von den konkreten Personen, die eine entsprechende soziale Position innehaben, werden bestimmte Verhaltensweisen erwartet, die sich sowohl auf den Rollenträger selbst als auch seine entsprechenden Interaktionspartner beziehen. Im Einführungswerk „Grundbegriffe der Soziologie" (Schäfers 2010, S. 243) wird die Bedeutung und Funktion der Rollen für soziale Systeme folgendermaßen zusammengefasst:

> „Rollen sorgen für regelmäßiges, vorhersagbares Verhalten als Voraussetzung für kontinuierlich planbare Interaktionen und erfüllen somit eine allgemeine

Orientierungsfunktion. Die Verhaltenserwartungen werden zwar an Individuen herangetragen, beziehen sich aber auf die *sozialen Positionen*, die die Individuen einnehmen, sind also auf *Individuen* als Positionsträger gerichtet. Soziale Positionen (amerik. Autoren sprechen häufig von Status) bezeichnen dabei dauerhafte, von einzelnen Personen ablösbare Schnittpunkte sozialer Beziehungen im gesellschaftlichen Beziehungsgeflecht (z.B. Vater, Lehrer)" (Hervorhebung im Original).

Bringt man nun das Konzept von Normen und Rollen zusammen, so ist zu betonen, dass es einerseits allgemeine Normen gibt, die nicht an spezifische Rollen gebunden sind. Ein Beispiel hierfür wäre etwa die Norm der Hilfeleistung für Bedürftige oder die Unterstützung bei einem Unfall (dem kann sich normalerweise kein Mensch mit Hinweis auf seine soziale Position entziehen). Andere soziale Normen hingegen gelten spezifisch für bestimmte Positionsinhaber von Rollen. Entscheidend für das Verständnis, wie es überhaupt zu sozialem Zusammenhalt, zu sozialer Integration kommt, ist nun, dass **alle Menschen in ihrem praktischen Lebensvollzug eine Vielzahl an sozialen Positionen und Rollen ausfüllen**. So ist der Vertriebsleiter auch Familienvater und vielleicht Mitglied des Betriebsrates oder eines Kegelvereins. Der Briefträger übt eine leitende Position im Fußballverein aus und ist gewerkschaftlicher Vertrauensmann. Die Verkäuferin im Supermarkt organisiert in ihrer Freizeit Tupperpartys und trainiert die B-Jugend des Schwimmvereins. Die Ärztin ist auch Mutter und Vorsitzende im Elternverein.

Entscheidend ist, dass **Normen und Rollen** sowie die dazugehörigen sozialen Positionen aus der Perspektive der Gesamtgesellschaft nicht von den Einzelnen, die sie ausfüllen bzw. befolgen, geschaffen wurden, sondern **gesellschaftlich produziert und definiert** sind. Sie werden an die einzelne handelnde Person gleichsam herangetragen, ihr als eine Art Overall übergestülpt. In der alltäglichen Lebenspraxis ziehen wir Menschen also immer wieder bestimmte Rollen-Overalls (z.B. den des bzw. der Vorgesetzten) aus und neue (z.B. den des Vaters oder der Mutter) an. Dabei kommt es grundsätzlich und strukturell (also nicht vom Willen und den Fähigkeiten der einzelnen Akteure abhängig) immer wieder zu *Konflikten zwischen und innerhalb verschiedener Rollen.*

Konflikte, die ein Rollenträger zwischen verschiedenen Rollen, die er *spielen* soll, erlebt, werden **Inter-Rollenkonflikte** genannt. So ist eine Person z.B. acht Stunden am Tage als Polizist ein gestrenger Ordnungshüter, der möglichst gefühlsneutral und in Absehung der konkreten Personen, mit denen er es als seinen Klienten zu tun hat, auf die Einhaltung gesetzlicher und sonstiger formalisierter Normen zu achten hat. Morgens und abends dagegen ist die gleiche Person ein verständnisvoller und liebevoller Vater, der seinem Sohn hilft, ohne Anzeige aus einem kleinen Ladendiebstahl herauszukommen. Nebenbei ist der Polizist auch noch leidenschaftliches Mitglied im Fanclub von Borussia Dortmund, wo er nicht selten seine Rolle als Polizist ganz weit verdrängen muss, weil es viele seiner Clubmitglieder mit dem Alkoholverbot beim Autofahren oder mit dem Beachten von Verkehrszeichen angesichts der Gemütswallungen eines mal wieder alles entscheidenden Fußballspiels nicht so richtig ernst meinen. Die Kassiererin im Supermarkt muss während ihrer Arbeitszeit die Rolle der affektkontrollierten und immer freundlichen Dienstleisterin spielen, auch wenn die Verhaltensweisen einiger Kunden oder auch die ständige Personalunterbesetzung in der Filiale ihr dies schwermachen. Die gleiche Person schlüpft aber vor und nach der (bezahlten) Arbeit in die Rolle der liebevollen, aber manchmal auch genervten (und unbezahlten) Mutter, von der keineswegs die absolute Neutralität und Affektkontrolle, sondern Verständnis und Einfühlungsvermögen erwartet werden. Und diese gleiche Person trifft sich vielleicht einmal die Woche zum Stammtisch mit einigen Arbeitskolleginnen, um die Gründung eines Betriebsrates in ihrer Filiale vorzubereiten, wobei sie hier in der Rolle der durchsetzungs- und entscheidungsfreudigen, leidenschaftlichen Parteigängerin für gerechte Bezahlung und Anerkennung in der Arbeit steckt.

Von **Intra-Rollenkonflikten** wird in der Soziologie gesprochen, wenn innerhalb einer Rolle selbst widerstreitende und konfligierende Rollenerwartungen von unterschiedlichen Menschen bzw. sozialen Gruppen erfahren werden. Meistens haben die Menschen nämlich in einer bestimmten sozialen Rolle nicht nur einen fein säuberlich gefertigten und passenden Overall an, sondern stecken in mehreren Rollen-Overalls gleichzeitig bzw. haben einen zusammengeflickten und nicht so gut angepassten Overall an. Entscheidend dabei ist, dass über die Passung eines Rollen-Overalls nicht in erster Linie der Inhaber bzw. die Inhaberin dieser spezifischen sozialen Position entscheidet, sondern diejenigen, die mit dieser sozialen Position spezifische Erwartungen verbinden. Rollen als Bündel von Verhaltenserwartungen werden insofern nicht nur von dem Positionsinhaber, sondern auch von denjenigen definiert, die Erwartungen an die entsprechende soziale Position formulieren. Der Werksmeister in einem Produktionsbetrieb muss z.B. den Erwartungen der ihm unterstellten Beschäftigten gerecht werden (sie gerecht und nicht diskriminierend zu behandeln, sie zu informieren und ihre Arbeit anzuerkennen, Verständnis für konkrete Lebenslagen und -krisen aufzubringen, nicht alle Informationen gleich nach oben zu geben und ihnen gegenüber loyal zu sein etc.). Er muss aber auch die Erwartungen seiner Vorgesetzten erfüllen (effizient und effektiv die ihm übertragenen Aufgaben auszuführen, alle relevanten Informationen weiterzugeben und loyal zu sein, sich nicht über fehlende Ressourcen zu beschweren, sondern selbst Lösungen zu finden etc.). Auch den

Erwartungen seiner Arbeitskollegen auf der gleichen Hierarchieebene der Werksmeister muss er genügen (gegenüber Problemen, die von oben oder von unten kommen, mit den anderen Werksmeistern solidarisch und loyal zu sein, sich gegenseitig mit Material oder Arbeitskräften auszuhelfen etc.). Schließlich muss er auch die Erwartungen der Kunden und Lieferanten zufriedenstellen, mit denen er im Rahmen seiner Arbeitsposition zu tun hat (Liefertermine unabhängig von den internen Organisationsproblemen nach außen einzuhalten, mit Lieferanten ein Vertrauensverhältnis zu pflegen, wo bei Liefer- oder Qualitätsproblemen schon mal eine Hand die andere wäscht etc.).

Eine systematische **Integration der Konzepte sozialen Handelns und sozialer Rollen**, die von der Gesamtgesellschaft ausgehend entwickelt wurde, bietet das von Talcott Parsons entwickelte Konzept der Pattern variables (übersetzt bezeichnet das etwa „gesellschaftliche Grundmuster sozialen Handelns"). Nach Parsons muss jeder Mensch den Handlungssituationen, in denen er sich befindet, jeweils einen spezifischen Rahmen und Sinn geben, er muss die Handlungssituation „rahmen" (ihnen einen „Frame" geben), um zu entscheiden, gemäß welcher individuellen Motive und gesellschaftlicher Normen- und Rollensituationen er handeln soll (siehe die bereits in Abschnitt 3.3 angesprochenen Begriffe *Frame Selection* und *Skript Selection*). Dabei muss er sich – oft unbewusst – fragen (vgl. Jensen 1980, S. 58): Wie ist die Situation beschaffen? Was sind meine Gefühle, Bedürfnisse und Interessen? Wie soll ich bewerten und handeln? Die erste Frage bezieht sich auf die Definition der Handlungssituation, die zweite Frage auf die Handlungsmotive, und die dritte Frage zielt auf die Muster sozialen Handelns, die der Situation und den Motiven angemessen sein können.

Die idealtypischen **Grundmuster sozialen Handelns (Pattern variables)**, wie sie in Tabelle 4.1 zusammengefasst sind, werden von Parsons aus der Perspektive der Funktionserfordernisse von Gesellschaften als integrierte soziale Systeme heraus begründet (vgl. Parsons 1994[1939], S. 59 ff. und 1972[1971], S. 20). Der einzelne Handelnde findet demnach spezifische Rollenmuster und Rollensituationen vor und muss diese mit seinen eigenen – ebenfalls gesellschaftlich geformten – Bedürfnissen abgleichen. Je nach Rollensituation und Handlungsmotiven ergeben sich nach Parsons die in der Tabelle 4.1 dargestellten idealtypischen Orientierungsmuster: Der Erwerb der mit bestimmten Rollenerwartungen verbundenen sozialen Positionen kann entweder (z. B. Adels- oder Kastenposition qua Geburt) *zugeschrieben, askriptiv erfolgen* oder durch eigene Leistungen (z. B. Bildung) *erreicht* werden. Die mit bestimmten sozialen Positionen verbundenen Rollenerwartungen können entweder auf partikularistischen (z. B. Elternrolle) oder universalistischen (z. B. Polizistenrolle) Normen beruhen. Die in einem bestimmten

Handlungsrahmen relevanten Handlungsmotive können auf kollektivorientierten (z.B. bei Priestern oder Politikern) oder selbstorientierten (z.B. bei Marktteilnehmenden) Bedürfnissen beruhen, wobei die Bedürfnisbefriedigung affektneutral (z.B. beim Lehrer) oder affektiv (z.B. bei Freund oder Freundin) erfolgen kann und das entsprechende Rollenmuster eher diffus (z.B. bei Eltern) oder sehr spezifisch (z.B. bei Verkäuferin) vorgegeben ist.

Tabelle 4.1: Orientierungsdimensionen und -muster sozialen Handelns nach Parsons

Orientierungsdimensionen		Idealtypische Orientierungsmuster	
Rollen-situation	Statuserwerb	per Zuschreibung/askriptiv	per Leistung/erreicht
	Normengültigkeit	partikularistisch	universalistisch
Handlungs-motive	Bedürfnisse	kollektivorientiert	selbstorientiert
	Bedürfnis-befriedigung	affektneutral	affektiv
	Rollenmuster	diffus	spezifisch

(Quelle: Eigene Darstellung nach Parsons 1967[1951], S. 58–67, vgl. auch Abels 2009b, S. 147 ff., Joas/Knöbl 2004, S. 107 ff.)

Talcott Parsons als einer der einflussreichsten Soziologen wird uns noch mehrfach beschäftigten (siehe Kapitel 7 und 10). Er wurde hier etwas ausführlicher vorgestellt, weil er zum ersten Mal die inhaltliche Verknüpfung von Normen und Rollen im Handeln der Einzelnen aus der Perspektive von Gesellschaften als soziale Systeme grundlegend entwickelt hat. Für Parsons gehen die gesamtgesellschaftlichen Strukturen dem sozialen Handeln des Einzelnen *voraus*. Letzteres ist nur durch Bezug auf die **Funktionserfordernisse und Wirkungsmechanismen des sozialen Systems als Ganzes** zu verstehen und zu erklären. Das soziale Handeln erhellt sich dem soziologischen Betrachter nicht ausgehend vom Individuum; nicht die Einzelnen verbinden sich zu Gesellschaften – wie dies bei der im vorigen Kapitel 3 vorgestellten Perspektive des **methodologischen Individualismus** angelegt ist – sondern das soziale Handeln ist nur vom sozialen System als Ganzes her zu begreifen. Normen und Rollen sind Teil der jeweiligen Kultur eines sozialen Systems und werden im Prozess der Sozialisation durch Lernen weitergegeben.

4.5 Sozialisation als durch Lernen vererbte Kultur

Bei Talcott Parsons und vielen Soziologen, die das soziale Handeln von der Gesellschaft als Ganzes her betrachten, wird Kultur vorrangig als die gesellschaftlich gültigen Werte, Normen und Rollen verstanden. Anstatt die Grundkonstanten und Triebkräfte sozialen Handelns in den Bedürfnishierarchien (Maslow) oder allgemein den (wo auch immer herkommenden) individuellen Präferenzen der Akteure zu suchen, wie dies in den vom Individuum ausgehenden Handlungsmodellen im vorhergehenden Kapitel beschrieben wurde, werden hier die Grundlagen sozialen Handelns in der Kultur gesehen, die in und durch Gesellschaften bzw. soziale Systeme in Sozialisationsprozessen vermittelt und weitergegeben werden. **Soziales Handeln** ist dann nicht in erster Linie Ausdruck individueller Wahlentscheidungen und Präferenzstrukturen, sondern das **situationsgerechte Mobilisieren gesellschaftlich vorgegebener Muster von Werten, Normen und Rollen**. Kultur wird in und durch Prozesse der Sozialisation weitergegeben. Sie wird durch gesellschaftlich geformtes soziales Handeln reproduziert, ausdifferenziert und transformiert. Die Weitergabe dieses Bestandes an Kultur erfolgt nicht biologisch über die Gene, sondern durch den Sozialisationsprozess. Im engeren Sinne kann man unter Sozialisation die Weitergabe bestehender Werte- und Normensysteme sowie Rollen durch Lernen und Verinnerlichung verstehen. Sozialisation ist dann die:

> „Bezeichnung für den Prozeß, durch den ein Individuum in eine soziale Gruppe eingegliedert wird, indem es die in dieser Gruppe geltenden sozialen Normen, insbesondere die an das Individuum als Inhaber bestimmter Positionen gerichteten Rollenerwartungen, die zur Erfüllung dieser Normen und Erwartungen erforderlichen Fähigkeiten und Fertigkeiten sowie die zur Kultur der Gruppe gehörenden Werte, Überzeugungen usw. erlernt und in sich aufnimmt" (Reinhold 2010, S. 625).

Die relevanten gesellschaftlichen Institutionen der Sozialisation sind in modernen Gesellschaften die Familie, die **Peergroup** in der Adoleszensphase, die Schule und allgemein das Bildungssystem sowie die Massenmedien (vgl. Giddens 2001, S. 26f.). Aber auch Formen der Mitarbeit und des Engagements in Verbänden, Vereinen und anderen Organisationen haben sozialisationsrelevante Wirkungen. Aus der Gesellschaftsperspektive kann Sozialisation dann als gelungen betrachtet werden, wenn Verhaltensstandards, Werte, Normen und Rollen bei den Einzelnen so sehr verinnerlicht sind, dass sie als gleichsam *natürliche Selbstverständlichkeiten* (wie das Wasser für den Fisch) aufgefasst und erlebt werden. Berger/Luckmann (1980, S. 141 ff.)

unterscheiden zwischen einer **primären Sozialisation** als die „grundlegende und allseitige Einführung des Individuums in die objektive Welt einer Gesellschaft" (ebd., S. 141) und einer **sekundären Sozialisation** als das Einüben des an Rollen geknüpften Spezialwissens.

Man kann den **Kulturbegriff** auch weiter fassen und darunter nicht nur Werte, Normen und Rollen verstehen, sondern – wie in Kapitel 2 ausgeführt – die **über Lernprozesse und damit sozial vererbte kollektive Handlungsprogrammierung durch soziale Praxis, Symbolsysteme und Artefakte-Gebrauch** verstehen. Diese erweiterte Definition von Kultur hat zur Folge, dass Sozialisation nicht auf die Verinnerlichung von Werten, Normen und Rollen beschränkt ist, sondern auch deren Erlernen und Reproduktion in der alltäglichen sozialen Lebenspraxis (z.B. Ess- und Wohnkultur) und den Umgang mit Artefakten (z.B. Pfeil und Bogen in Jägergesellschaften, Musikinstrumente oder der Computer in gegenwärtigen Gesellschaften) mit einschließt.

Nach Anthony Giddens (*1938), einem der bedeutendsten britischen Soziologen des 20. Jahrhunderts, besteht Kultur aus den Glaubensvorstellungen, Werten und Normen einer sozialen Gruppe, aber auch den von dieser hergestellten Artefakten wie Kleidung oder Architektur: „A society's culture comprises both intangible aspects – the beliefs, ideas and values which form the content of culture – and tangible aspects – the objects, symbols or technology which represent that content" (Giddens 2001, S. 22). Als gleichsam kulturelle Universalien, die in allen menschlichen Gruppen, die bekannt sind, vorkommen, benennt Giddens den Gebrauch einer komplexen Sprache, das Zusammenleben in durchaus variierenden Formen von Familie, die soziale Institution der Ehe bzw. Lebenspartnerschaften auf Dauer und das sogenannte Inzestverbot. Es lassen sich auch weitere Aspekte der menschlichen Kultur anführen, die als quasi universell in der einen oder anderen Form anzutreffen sind. Hierzu gehören die Äußerungsform in Kunst (von den Höhlenzeichnungen über Musik und Gesang), die rhythmische und koordinierte körperliche Bewegung beim Tanz, der Tausch von Gaben und bestimmte andere Formen, bestimmte Gruppen von Interaktionspartnern zu erfreuen (durch Komplimente oder Witze machen) und auch bestimmte Regeln der körperlichen und häuslichen Hygiene.

Kultur spiegelt also immer die Grundlagen der Lebenspraxis komplexer sozialer Systeme als Verflechtungsbeziehungen wider. In einem erweiterten Sinne kann **Sozialisation** dann als der **lebenslange Internalisierungsprozess gesellschaftlich relevanter kultureller Orientierungs-, Wahrnehmungs- und Handlungsmuster** verstanden werden. In einer von den funktionellen Erfordernissen sozialer Systeme ausgehenden Perspektive hat Talcott Parsons Sozialisation folgendermaßen definiert:

„Das wichtigste funktionale Problem hinsichtlich des Verhältnisses des sozialen Systems zum Persönlichkeitssystem involviert lebenslanges Lernen, Entwickeln und Aufrechterhalten einer adäquaten Motivation zur Partizipation an sozial bewerteten und kontrollierten Formen des Handelns. Umgekehrt muss eine Gesellschaft auch ihre Mitglieder durch solche Formen des Handelns adäquat befriedigen oder belohnen, wenn sie langfristig auf deren Leistungen angewiesen ist, um als System zu funktionieren. Diese Beziehung konstituiert ‚Sozialisation' – den gesamten Komplex von Prozessen, durch welche Personen zu Mitgliedern der gesellschaftlichen Gemeinschaft werden und diesen Status beibehalten." (Parsons [1966] 1975, S. 24).

Wie dieses Kapitel gezeigt hat, kann soziales Handeln auch ausgehend von der Gesellschaft als Ganzes erschlossen werden. Soziales Handeln erscheint dann als an gesellschaftlichen Werten, Normen und Rollenerwartungen ausgerichtetes Verhalten, das die einzelnen Akteure nicht erfinden müssen, sondern im Prozess der Sozialisation gleichsam mit der Muttermilch aufsaugen. Hierbei geht es aber gerade nicht um eine biologisch-genetische, sondern um eine kulturelle Vererbung. An dieser von der Gesellschaft ausgehenden Perspektive kann allerdings auch kritisiert werden, dass der Prozess der Sozialisation wesentlich als eine *Impfung* der Heranwachsenden durch die jeweils bestehende Gesellschaft begriffen wird. Gegen die Muttermilch kann und wird sich das Baby kaum wehren können, dazu fehlen ihm (noch) die alternativen Ernährungsmöglichkeiten. Wenn die einzelnen Akteure Werte, Normen und Rollen durch Sozialisation nur mehr oder weniger passiv aufsaugen: Wie sollte dann sozialer Wandel, die Veränderung von Kultur möglich sein?

Bei dem Ansatz, soziales Handeln von der Gesellschaft her zu begreifen, kann leicht unterschätzt werden, dass Sozialisationsprozesse immer auch Interpretations- und Aushandlungsprozesse zwischen der Gesellschaft und dem Einzelnen sowie zwischen Generationen darstellen. Wäre Sozialisation einfach nur oder vorrangig die passive Übernahme der Werte, Normen und Rollenvorstellungen, die bereits bestehen, so wäre gesellschaftlicher Wandel kaum denkbar. Mit diesen Aspekten und Einwänden beschäftigt sich das nächste Kapitel 5.

4.6 Zusammenfassung, Übungsaufgaben und weiterführende Literatur

Dieses Kapitel 4 lässt sich folgendermaßen **zusammenfassen**:

1. Soziales Handeln kann ausgehend von seinen gesellschaftlichen, auf das soziale System als Ganzes bezogenen Voraussetzungen, Dynamiken und Funktionen her sinnvoll thematisiert werden.
2. Für das Verständnis sozialen Handelns sind dann die Normen (als sozial erlernte sanktionsgefestigte Handlungsregeln und Handlungserwartungen) und Werte (als implizite oder explizite Konzeptionen und Vorstellungen von Wünschenswertem) von großer Relevanz, die dem Einzelnen gesellschaftlich vorgegeben sind und sein soziales Handeln strukturieren.
3. Soziales Handeln findet immer im Kontext komplexer Rollengefüge statt, wobei Rollen als gesellschaftlich geprägte Bündel von Verhaltenserwartungen an Inhaber sozialer Positionen verstanden werden können.
4. Werte, Normen und Rollen sind grundlegende Bestandtteile von Kultur als sozial vererbter kollektiver Wahrnehmungs- und Handlungsprogrammierung in der sozialen Praxis, in Symbolsystemen und in Artefaktestrukturen.
5. Sozialisation ist der über Lernen als soziale Vererbung organisierte Internalisierungsprozess gesellschaftlich relevanter kultureller Orientierungs-, Wahrnehmungs-, Handlungsmuster (Werte, Normen, Rollen, Wissen etc.).

Übungsfragen

Definieren Sie die Begriffe Normen und Werte, und diskutieren Sie deren Bedeutung für soziales Handeln und den Zusammenhalt einer Gesellschaft.

Erläutern Sie den soziologischen Rollenbegriff. Wie hängen soziale Rolle und soziale Position zusammen?

Erläutern Sie Inter- und Intra-Rollenkonflikte jeweils an einem Beispiel.

Was versteht man in der Soziologie unter Sozialisation? Erläutern Sie diesen Prozess, und geben Sie Beispiele für gesellschaftliche Sozialisationsinstitutionen.

Vertiefende Literatur zu diesem Kapitel

Abels, H. (2009): Einführung in die Soziologie. Die Individuen in ihrer Gesellschaft, Wiesbaden: Westdeutscher Verlag, S. 57–100 und 101–133.

Bahrdt, H. P. (2003) [1984]: Schlüsselbegriffe der Soziologie. Eine Einführung mit Lehrbeispielen. 9. Auflage. München: C.H.Beck, S. 66–85.

Geulen, D. (2007): Sozialisation. In: Joas, Hans (Hrsg.): Lehrbuch der Soziologie. Frankfurt am Main und New York: Campus, S. 137–158.

Parsons, T. (1967): Einige Grundzüge der allgemeinen Theorie des Handelns. In: Hartmann, H. : Moderne amerikanische Soziologie. Neuere Beiträge zur soziologischen Theorie. Stuttgart: Ferdinand Enke, S. 153–172.

Kapitel 5
Soziales Handeln: Ausgehend von der Verflechtungsperspektive

Kasten 5.1

Soziologische Regel:
„Wenn Menschen eine Situation als real definieren, so ist sie (die Situationsdefinition, L.P.) real in ihren sozialen Folgewirkungen.“ (Thomas/Thomas 1928: 572)

Soziales Handeln kann, wie in den Kapiteln 3 und 4 gezeigt, entweder ausgehend vom Individuum oder von der Gesellschaft aus betrachtet werden. Eine vermittelnde dritte Position wird in diesem Kapitel 5 vorgestellt: Soziales Handeln wird aus der Perspektive sozialer Verflechtungszusammenhänge untersucht. Ausgangspunkt ist dabei, dass der subjektiv gemeinte Sinn in Handlungsprozessen weder einfach im Vorhinein für die involvierten Akteure fix und fertig vorliegt (wie tendenziell in der in Kapitel 3 vorgestellten Herangehensweise), noch aus den gesellschaftlichen Systemvorgaben der Werte, Normen und Rollenbezüge direkt abgeleitet werden kann (wie das in gewisser Weise die in Kapitel 4 präsentierten Ansätze machen).
Sozialer Sinn wird vielmehr im Handeln selbst durch Interaktion und Kommunikation erzeugt. „Soziales Handeln *macht* Sinn“ kann so in seiner doppelten Bedeutung verstanden und erklärt werden: (1) Sich-Verhalten ist nur dann soziales Handeln, wenn es für den oder die Handelnden mit sozialem Sinn versehen und auf das Verhalten Anderer bezogen ist, und (2) der spezifische Sinnbezug wird im Handeln selbst erst hergestellt und gefestigt.
Um diesen Gedankengang zu verdeutlichen, wird (1) zunächst das soziale Handeln als eine Interaktion mit anderen Handelnden thematisiert. Anschließend wird (2) soziales Handeln aus der Perspektive des Symbolischen Interaktionismus, wie ihn Georg Herbert Mead entwickelt hat, vorgestellt. Weiterhin wird (3) das Konzept des „kommunikativen Handelns“ erläutert, das im Zentrum der Soziologie von Jürgen Habermas steht. Schließlich wird (4) soziales Handeln in den Zusammenhang der alltäglichen Lebenswelt und ihrer sozialen Praxis eingeordnet.

5.1 Praxisbeispiel und Grundidee

Stellen wir uns die folgende Handlungssituation vor: Menschen stehen am Ufer eines von vielen Schiffen befahrenen großen Flusses. Auf einem vorübergleitenden Boot bewegt ein Mann kräftig seine Arme und zeigt auf die Mitte des Bootes. Von den am Ufer stehenden Menschen winken die meisten freundlich zurück, einer verlässt hastig das Ufer in Richtung Krankenhaus, und ein anderer springt ins Wasser und schwimmt auf das Boot zu. Was ist geschehen? Die am Ufer Stehenden haben die heftigen Armbewegungen des auf dem Boot Fahrenden sehr unterschiedlich wahrgenommen und interpretiert. Für viele war es eine freundliche Grußformel. Die schnell weglaufende Person hat es als Alarmsignal verstanden, mit dem der Bootfahrende um ärztliche Hilfe rief. Es konnte davon ausgegangen werden, dass sich an Bord eine schwer kranke Person befand, der schnell geholfen werden musste. Die Person, die ins Wasser sprang und auf das Boot zu schwamm, empfand vielleicht das wilde Armgefuchtel des Mannes auf dem Boot als Provokation, so als wolle dieser sagen: Wer es mit mir aufnehmen will, der soll doch direkt rüberkommen auf das Boot. Entsprechend sah sich der am Ufer Stehende, der gerade erst auf einer Kirmes in ähnlicher Weise beleidigt worden war, veranlasst, mal eben rüber zu schwimmen und dem Großmaul zu zeigen, wo der Hammer hängt.

Stellen wir uns eine andere Situation vor, die so oder so ähnlich jeder von uns wohl irgendwann einmal erlebt hat. Man ist verliebt bzw. findet einen anderen Menschen besonders interessant, anziehend und aufregend. Man hat es geschafft, die Aufmerksamkeit der entsprechenden Person auf sich zu lenken und in kürzeren Unterhaltungen die eigenen Gefühle und Interessen durchblicken lassen. Man hat erreicht, dass ein erstes Treffen verabredet wurde. Nun stellt sich die Frage: Was anziehen? Wie auftreten? Wie sich selbst darstellen? Worauf die Unterhaltung lenken? Welche Aktivitäten vorschlagen? Man will natürlich möglichst interessant, einmalig und individuell erscheinen. Aber was könnte dem Gegenüber am ehesten gefallen? Sollte man eher cool und lässig oder eher konzentriert und aufmerksam erscheinen? Sollte man die eigenen sportlichen Interessen und Fähigkeiten betonen, eher die Belesenheit und intellektuelle Tiefe oder besser die Kenntnisse und Vorlieben bei Kinofilmen in den Vordergrund schieben? Wie immer man sich anzieht, was immer man in einer solchen Situation tut und welche Rolle man zu spielen sich entscheidet, den Ausgang des Treffens kennt man vorher nicht. Dazu müsste man wissen, wie das Gegenüber denkt, welche Erwartungen und Vorlieben es hat und wie es reagieren wird. Aber genau das ist ja bei einem ersten *Date* erst herauszufinden.

Das vorangegangene Kapitel hat gezeigt, dass soziales Handeln sinnvoll auch ausgehend von seinen gesellschaftlichen oder systemischen Voraussetzungen, Dynamiken und Funktionen her thematisiert werden kann. Bereits im Kapitel 3 war das mit einem subjektiven Sinn verbundene und auf andere Akteure bezogene soziale Handeln als ein Schlüsselbegriff der Soziologie definiert worden. Was aber heißt „subjektiv gemeinter Sinn"? Die beiden Beispielsituationen zeigen, wie vertrackt das manchmal sein kann. Da helfen dann auch keine allgemeinen Verweise auf gesamtgesellschaftliche Werte, Normen und Rollen, wie sie im vorangegangenen Kapitel 4 vorgestellt wurden. Wie also kommt „subjektiv gemeinter Sinn" zustande, und wie kann er im Handeln anderen Beteiligten mehr oder weniger zweifelsfrei mitgeteilt werden?

5.2 Soziales Handeln und Interaktion

Die Eingangsbeispiele des winkenden Mannes auf dem Boot und die Rendezvoussituation zeigen, wie voraussetzungsreich das soziale Handeln der Menschen als Interaktion ist. Unter Interaktion wird allgemein eine Wechselwirkung von Kräften, Faktoren oder Variablen verstanden. Als **soziale Interaktion** kann man in soziologischer Perspektive eine Situation sozialen Handelns zwischen mindestens zwei Akteuren definieren, die aufeinander bezogen sind und sich wechselseitig beeinflussend verhalten. Soziale Interaktion ist also ein bestimmter, in der sozialen Praxis sehr häufig vorkommender Typ sozialen Handelns. Generell gilt, dass das meiste soziale Handeln als und in Interaktionsprozesse(n) mit anderen Handelnden geschieht. Dies trifft auf das morgendliche Frühstück (wenn nicht allein eingenommen) ebenso zu wie auf die Fahrt zur Arbeit oder Ausbildung, auf die gemeinsame Mittagspause ebenso wie auf die Gestaltung von Freizeit und Urlaub. Die Beispiele verdeutlichen, wie kompliziert die Interpretation des von Akteuren gemeinten subjektiven Sinns sein kann.

Hier hat das Konzept der Interaktion einen besonderen Stellenwert in der Soziologie. Jede auch noch so einfache Interaktion zwischen zwei Handelnden impliziert zumindest drei Aspekte. Erstens müssen sich die Interagierenden wechselseitig über die **Situationswahrnehmung bzw. -rahmung des Anderen** Gedanken machen: Wie ist die Situation für mich, wie mag sie der Andere wahrnehmen? Die bereits im Kapitel 3 vorgestellte Handlungsrahmung (Action Framing) muss in der Interaktion also in doppelter Weise vorgenommen werden: Akteur A muss sich fragen, wie er selbst die Situation wahrnimmt und wie wahrscheinlich das Gegenüber, Aktor B die Situation deutet. Das Gleiche gilt für Akteur B. Zweitens muss jeder der beiden Handelnden auch Annahmen darüber treffen, welche **Erwartungen** nach seiner Einschätzung der jeweils Andere in der Handlungssituation hat und welche **Erwartungserwartungen**, also welche Annahmen dieser Andere über die Erwartungen seines Gegenüber hat (siehe Abbildung 5.1).

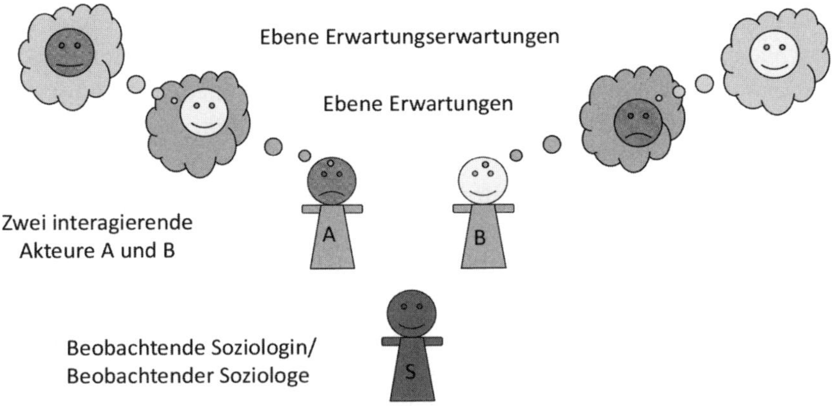

Abbildung 5.1: Erwartungen und Erwartungserwartungen
(Quelle: Eigene Darstellung)

In der Abbildung 5.1 fragt sich Akteur A: Kann ich davon ausgehen, dass mein Gegenüber meine Erwartungen (Ebenen Erwartungen) *und* meine Annahmen über seine eigenen Erwartungen (Ebene Erwartungserwartungen) einigermaßen kennt oder gar völlig richtig unterstellt? Die gleichen Fragen muss sich auch Akteur B stellen. Definiert man die Mundstellung als positive oder negative Grunderwartung des jeweiligen Akteurs in der Interaktion, dann ist in der Abbildung ersichtlich, dass einer der beiden Akteure eine falsche Annahme bezüglich der Erwartungserwartungen des Anderen hat.[39] Wie bereits in Kapitel 2 erläutert wurde, ist es wegen der notwendigen kognitiven Kapazitäten nach dem gegenwärtigen Kenntnisstand ein Alleinstellungsmerkmal des Menschen gegenüber den anderen Tieren, sich in Interaktionen in die Situation und Rolle des anderen versetzen zu können, Erwartungen an das Verhalten seines Gegenübers zu entwickeln und auch Erwar-

39 Akteur A nimmt auf der Ebene der Erwartungserwartungen an, dass Akteur B seine (Akteur As) eigene Grunderwartung positiv einschätzt, obwohl sie aus Sicht von Akteur A und auch auf der Ebene der Erwartungen des Akteurs B negativ ist.

tungen dazu zu entwickeln, welche Erwartungen wohl sein Gegenüber ihm gegenüber entwickelt.

Schon dieses kleine Beispiel zeigt, wie komplex die Abstimmungsvorgänge in den Situations- und Erwartungsdeutungen zwischen den zwei Akteuren sind. Um Vieles komplexer und auch strukturell anders gelagert, stellt sich das Problem für den beobachtenden Soziologen bzw. die Soziologin S dar. Er bzw. sie können ja nur beobachten – sobald sie in die Handlungssituation intervenieren würden (z.B. durch Nachfragen, eigene Interpretationsvorschläge, Rückkopplung wahrgenommener Erwartungen und Erwartungserwartungen von A und B), wäre die zu untersuchende Situation eine andere, durch die Forscherintervention veränderte (siehe hierzu ausführlicher Abschnitt 13.2). Der Abgleich von Situationsrahmungen, Erwartungen und Erwartungserwartungen wird in der Soziologie häufig auch unter dem Begriff der **doppelten Kontingenz** behandelt: In einer gegebenen Handlungssituation sind nicht nur die das eigene und das fremde Handeln eventuell beeinflussenden unmittelbaren Handlungsbedingungen und Handlungsmotive relevant, sondern auch die angenommenen Erwartungen des Anderen über die Erwartungen des jeweiligen Interaktionspartners.

Ein dritter Aspekt der einfachen Interaktionssituation schließlich ist die Kommunikation über die Handlungssituation, durch die bestimmte Informationen und Eindrücke zwischen den beiden Interagierenden ausgetauscht werden. Diese Kommunikation findet in aller Regel größtenteils nonverbal statt, durch Körpersprache, durch eigenes vorrationales Verhalten, durch die Fokussierungen auf Aufmerksamkeitszonen usw. Dabei können vier Typen von Medien der Kommunikation unterschieden werden. Zunächst kann Kommunikation erfolgen durch **Zeichen** als Auslöser einfacher Sinnesreize, die der Interpretation bedürfen; das heftige Armebewegen des Mannes auf dem Boot kann als Beispiel dienen – es war nur Auslöser von Sinnesreizen, die aber sehr unterschiedlich interpretiert wurden. Ein zweites Medium sind **Gesten**, durch Verhalten zum Ausdruck gebrachte Botschaften, die jeweils situationsabhängig eingebracht werden; heftiges Armebewegen am Straßenrand, wenn die Fußballmannschaft vorbeizieht, die gerade Weltmeister geworden ist, würde wohl von allen Beteiligten als eindeutige Botschaft der Freude, Begrüßung und des Jubelns interpretiert werden.

Ein dritter Typus von Kommunikationsmedien sind **Symbole**, die als Zeichen für Sinnzusammenhänge und als Stellvertreter für Interpretationsweisen und Handlungsabsichten stehen; hierfür sind sehr kräftige und von oben nach unten durchgeführte kreisförmige Armbewegungen ein Beispiel, die – wie das Bootsbeispiel zeigte – als allgemeiner Aufmerksamkeitsaufruf oder auch als Notruf oder als Navigationszeichen interpretiert werden könnten. Schließlich werden als vierter Typus von Kommunikationsmedien **signifi-**

kante Symbole bezeichnet, die sich von *einfachen* Symbolen dadurch unterscheiden, dass sie bei unterschiedlichen Gruppen Handelnder die gleichen Bedeutungsvorstellungen auslösen; die kräftigen und sehr präzisen Armbewegungen des Flugbodenpersonals, das mit standardisierten Flaggen die Flugzeuge in ihre Parkpositionen steuert, ist ein Beispiel für sehr spezifische und eindeutig kommunizierte Sinnzusammenhänge und Handlungsanweisungen, die überall auf der Welt die gleichen Bedeutungsvorstellungen auslösen. Es zeigt sich also: Soziales Handeln als Interaktion ist ziemlich kompliziert – wie lernen die Handelnden das eigentlich?

5.3 Symbolischer Interaktionismus bei Georg Herbert Mead

Wenn Interaktion als eine Spezialform sozialen Handelns so voraussetzungsreich und kompliziert ist, stellt sich die Frage, wie Menschen symbolische Interaktion eigentlich erlernen und beherrschen können. Hiermit hat sich als erster systematisch George Herbert Mead (1863–1931) auseinandergesetzt. In der Ontogenese menschlicher Akteure unterscheidet er zwei Stufen des Erlernens von Interaktion und hier vor allem des Einübens von Rollenerwartungen und Erwartungserwartungen. Dieses Lernen erfolgt – wie sollte es anders sein – spielerisch, wobei Mead die beiden Stufen als *Play* und *Game* bezeichnet. Das Kind beginnt schon recht früh mit dem **Play als Nachahmungsspiel des konkreten Anderen**. Dieser konkreten Anderen sind jeweils die spezifischen Bezugspersonen, die das Kind aus der eigenen alltäglichen Lebenswelt kennt, vor allem die Eltern und Geschwister. An diesen orientiert sich das Kind, beobachtet die konkreten Anderen als Individuen und lernt so, spezifische Rollen zu unterscheiden. Es fragt sich „Wie sehe ich den Anderen?" und übt direkt beobachtete oder aus erzählten Geschichten bekannte Rollen unermüdlich ein. Wir alle kennen die Situationen, wo wir selbst als Kinder im *Play*, z.B. in Puppen-, Cowboy-, Lego- oder Indianerspielen, in bestimmte Personenrollen geschlüpft und für die Dauer des Spiels ganz darin aufgegangen sind.

Im Prozess der Sozialisation erlernt der Heranwachsende dann **komplexere reflexive Rollenspiele des allgemeinen Anderen als Game**. Hierbei stehen die nachfolgenden Fragen im Mittelpunkt: Wie sehen mich die Anderen? Was erwarten die Anderen von mir? Welche Erwartungen haben die Anderen an mich? Für Mead war eine Grundidee, dass der menschliche Verstand (*Mind*) in erster Linie nicht ein Produkt biologisch-psychischer Reifung von individuellen Anlagen ist, sondern Ergebnis von sozialem Austausch mit anderen Akteuren, also ein genuin soziales Phänomen, das aus sozialen Verflechtungszusammenhängen und den entsprechenden Interaktionen hervorgegangen ist. Der Mensch erlernt erst in und durch soziale(r) Interaktion die Bedeutung von und den Umgang mit Symbolen und speziell mit signifikanten Symbolen der Verständigung. Dieser Umgang mit Symbolen der Interaktion bezieht sich nicht nur auf verbalisierte Sprache. Im Fußballspiel z.B. lernt man, auf Körpersprache angemessen zu reagieren, die zugedachte Rolle in der Gruppe (z.B. Stürmer oder Verteidiger) richtig zu spielen, zu wissen, welche Rollen andere haben und zu beobachten, wie die anderen ihre Rollen spielen und welche Erwartungen sie an das Spielen der eigenen Rolle stellen.

Im Gegensatz zum *Play* darf der Spieler im *Game* nicht ganz in einer Rolle aufgehen, er muss vielmehr alle Spielerrollen und -erwartungen mitdenken (Abels 2009b, S. 196ff.). Während der *konkrete (oder signifikante) Andere* immer an konkreten wichtigen Bezugspersonen festgemacht werden kann (z.B. Eltern, andere direkte Verwandte), bezieht sich der *allgemeine (oder generalisierte) Andere* nicht mehr auf spezifische Personen, sondern auf die Summe aller Rollen und Rollenerwartungen in einem jeweiligen Handlungszusammenhang (wie einem Fußballspiel oder einer Vorlesungssituation in der Universität). Entscheidend ist nun, dass Interaktion nur dann gelingen kann, wenn die daran Beteiligten gleiche oder zumindest sehr ähnliche Vorstellungen von den verwendeten Symbolen, Regeln und Rollen haben. Das entsprechende und äußerst komplexe Abgleichen von Situationswahrnehmungen, Normen- und Rollenerwartungen, Erwartungserwartungen und signifikanten Symbolsystemen geschieht dabei unter Erwachsenen in der alltäglichen Lebenswelt normalerweise extrem schnell, vorbewusst und unproblematisch. Verwirrung tritt dann auf, wenn der Routineabgleich nicht sofort erfolgreich ist. Dies tritt z.B. auf, wenn die signifikanten Symbole nicht allen Interaktionspartnern in gleicher Weise bekannt sind bzw. damit unterschiedliche Bedeutungsgehalte transportiert werden. Man denke etwa an eine Person, die in Glasgow auf dem Flughafen landet und nicht weiß, dass in Schottland (auch) Männer Röcke tragen oder an einen strenggläubigen Amish oder Muslim, der am 11.11. in Köln am Hauptbahnhof ankommt und nicht weiß, was Karneval ist.

Herbert Blumer (1900-1987), der wichtigste Schüler von George Herbert Mead, entwickelte die Theorie der symbolischen Interaktion weiter und formulierte drei inzwischen berühmt gewordene Grundsätze der Denkschule des symbolischen Interaktionismus:

> „Der symbolische Interaktionismus beruht letztlich auf drei einfachen Prämissen. Die erste Prämisse besagt, dass Menschen ‚Dingen' gegenüber auf der Grundlage der Bedeutungen handeln, die diese Dinge für sie besitzen. Unter

‚Dingen' wird hier alles gefasst, was der Mensch in seiner Welt wahrzunehmen vermag – physische Gegenstände, wie Bäume oder Stühle; andere Menschen, wie eine Mutter oder einen Verkäufer; Kategorien von Menschen, wie Freunde oder Feinde; Institutionen, wie eine Schule oder eine Regierung; Leitideale wie individuelle Unabhängigkeit oder Ehrlichkeit; Handlungen anderer Personen, wie ihre Befehle oder Wünsche; und solche Situationen, wie sie dem Individuum in seinem täglichen Leben begegnen. Die zweite Prämisse besagt, dass die Bedeutung solcher Dinge aus der sozialen Interaktion, die man mit seinen Mitmenschen eingeht, abgeleitet ist oder aus ihr entsteht. Die dritte Prämisse besagt, dass diese Bedeutungen in einem interpretativen Prozess, den die Person in ihrer Auseinandersetzung mit den ihr begegnenden Dingen benutzt, gehandhabt und abgeändert werden." (Blumer 1973, S. 81)

Die herausragende Bedeutung von Situationsinterpretationen wurde auch von der sogenannten Chicagoer Schule der Soziologie herausgestellt. William Thomas, einer ihrer Begründer, formulierte zusammen mit seiner Frau Dorothy Swaine Thomas den Satz: „Wenn Menschen eine Situation als real definieren, so ist sie (die Situationsdefinition, L.P.) real in ihren sozialen Folgewirkungen." (Thomas/Thomas 1928, S. 572). Ob das Armefuchteln des auf dem Boot Vorbeifahrenden als Hilferuf oder freundliches Grüßen *gemeint* ist, bleibt für die Reaktionsweise der am Ufer Stehenden letztlich belanglos. Entscheidend sind *ihre Situationsdeutungen*, die sie zu völlig unterschiedlichen Handlungsweisen führen können. Diesen bereits in der Chicagoer Schule der Soziologie formulierten Grundeinsatz entwickelt Herbert Blumer insofern weiter, als er zeigen kann, dass **die Produktion von Bedeutungen in den sozialen Interaktionsprozessen selbst erfolgt**. Soziale Rollen werden dementsprechend nicht einfach passiv von Handelnden übernommen, vielmehr werden sie im Prozess der Rollenübernahme auch aktiv verändert und von dem Handelnden angepasst. In einer Radikalisierung dieses Gedankens hat Erving Goffman (1922–1982) ein viel beachtetes Buch unter dem Titel „Wir alle spielen Theater" (Goffman 1959) geschrieben. Goffman hebt hierbei vor allem auf den Aspekt der **Produktion gesellschaftlicher Wirklichkeit durch die Selbstinszenierung und die Inszenierung sozialer Situationen und Prozesse** ab. Den allgemeinen Gedanken, dass gesellschaftliche Wirklichkeit durch das soziale Handeln der Menschen (erst) konstruiert und immer wieder reproduziert und abgeändert wird, haben Berger/Luckmann (1980) in ihrem äußerst lesenswerten Buch „Die gesellschaftliche Konstruktion von Wirklichkeit" entwickelt.

5.4 Kommunikatives Handeln bei Jürgen Habermas

In Deutschland hat sich der bekannte Soziologe Jürgen Habermas (*1929) mit den Grundlagen sozialen Handelns beschäftigt und ein Konzept des „kommunikativen Handelns" entwickelt. Zunächst unterscheidet Habermas (1981) vier Handlungsbegriffe: einen teleologischen Handlungsbegriff (etwa bei Aristoteles), einen normativen Handlungsbegriff (etwa bei Parsons), einen dramaturgischen Handlungsbegriff (etwa bei Goffman) und einen kommunikativen Handlungsbegriff (etwa bei Mead). Nach Habermas reicht ein Modell sozialen Handelns, das nur von den Individuen ausgeht und diese gleichsam zu vorsozialen bzw. aus sich selbst heraus Sinn produzierenden Wesen macht, ebenso wenig aus, wie ein Modell sozialen Handelns, das nur von der Gesellschaft ausgeht und die Handelnden z.B. zu mehr oder weniger passiven Rollenausführenden macht. Auch das erwähnte Inszenierungsbestreben im Sinne des Theaterspielens, das im Symbolischen Interaktionismus zu einer vorherrschenden Logik sozialen Handels gemacht wurde, ist nach Habermas nicht angemessen. Für ihn steht nicht soziales Handeln als In-Szene-setzen bzw. Bedeutung produzieren für Andere und gegenüber Anderen im Vordergrund, sondern soziales Handeln als (Möglichkeit der) Verständigung in kooperativen, interaktiven und gleichberechtigten Deutungsprozessen, bei dem ein grundsätzlich gemeinsames Interesse an (herrschaftsfreier) Kommunikation unterstellt werden kann. Nach Habermas setzt **kommunikatives Handeln** – selbst zwischen verfeindeten Parteien – darauf, dass das Gegenüber die eigene Botschaft versteht. Habermas unterscheidet insgesamt vier verschiedene Typen von Welten, die im kommunikativen Akt aufeinander treffen.

Da ist zunächst die **Lebenswelt**, in der alle ihr Angehörenden mit einem Wissens- und Kulturvorrat von unproblematischen „Hintergrundüberzeugungen" (Habermas 1981b, S. 191) ausgestattet sind und mit diesem operieren können. Dies entspricht in etwa den Gemeinsamkeiten, die im vorhergehenden Abschnitt als *bis auf weitere* unproblematische, *weil geteilte* Situationswahrnehmungen, (Rollen-)Erwartungen und signifikanten Symbolsystemen bezeichnet wurden.[40] Die Lebenswelt ist für jede Form von Verständigung als solche konstitutiv, nur auf dieser Grundlage ist Kommunikation möglich. Als zweites gibt es nach Habermas die **objektive Welt** „als der

40 Bereits im Abschnitt 1.1 wurde darauf hingewiesen, dass sich das soziale Alltagsleben immer „auf einem mal dünner, mal dicker ausgeformten Eis von – bis auf Weiteres – gegebenen und nicht hinterfragten sozialen ‚Gewissheiten'" (S. 15) bewegt. Das Konzept der alltäglichen Lebenswelt wird in Kapitel 8 ausführlicher vorgestellt.

Gesamtheit der Entitäten, über die wahre Aussagen möglich sind" (ebd., S. 183). Zur objektiven Welt gehört in Kommunikationssituationen alles, was dem Kriterium eines unzweifelhaften Wahrheitsanspruchs unterliegt bzw. unterzogen werden kann. Als der **sozialen Welt** zugehörig bezeichnet Habermas die sozialen Beziehungen und Deutungsansprüche, deren Geltungsanspruch normativ und durch Legitimität begründet werden kann. Schließlich wird als **subjektive Welt** die „Gesamtheit der privilegierten zugänglichen Erlebnisse, die der Sprecher vor einem Publikum wahrhaftig äußern kann" (ebd., S. 184) bezeichnet. Habermas erläutert die Dynamik kommunikativer Verständigung, die sich zwischen diesen vier Typen von Welten aufspannt, an einem Beispiel:

> Das Beispiel eines Befehls, den der Adressat für undurchführbar hält, bringt in Erinnerung, daß sich Interaktionsteilnehmer stets in einer Situation äußern, die sie, soweit sie verständigungsorientiert handeln, *gemeinsam* definieren müssen. Der ältere Bauarbeiter, der einen jüngeren und hinzugekommenen Kollegen zum Bierholen schickt und verlangt, er möge sich auf die Socken machen und in ein paar Minuten zurück sein, geht davon aus, daß den Beteiligten, hier dem Adressaten und den in Hörweite befindlichen Kollegen, die Situation klar ist: das bevorstehende Frühstück ist das *Thema*, die Versorgung mit Getränken ist ein auf dieses Thema bezogenes *Ziel*; einer der älteren Kollegen faßt den *Plan*, den ‚Neuen' zu schicken, der sich aufgrund seines Status dieser Aufforderung schlecht entziehen kann. Die informelle Gruppenhierarchie der Arbeiter auf der Baustelle ist der *normative Rahmen*, in dem einer den anderen zu etwas auffordern darf. Die Handlungssituation ist *zeitlich* durch die Arbeitspause, *räumlich* durch die Entfernung des nächsten Ausschanks von der Baustelle definiert. Wenn nun die Situation so ist, daß der nächste Ausschank in ein paar Minuten zu Fuß gar nicht erreicht werden kann, daß also der *Plan* des älteren Arbeitskollegen, jedenfalls unter der genannten Bedingung, nur mit *Hilfe* eines Autos (oder eines anderen Fahrzeuges) *durchgeführt* werden kann, wird der Angesprochene vielleicht antworten: ‚Ich habe aber keinen Wagen.'" (Habermas 1981 b, S. 185; Hervorhebungen im Original)

In der Beispielgeschichte einer kommunikativen Handlungssituation vermischen sich die Geltungsansprüche der objektiven Welt (Wie weit entfernt, befindet sich tatsächlich ein Ausschank? Wie lange Zeit würde – angesichts der zeitlich begrenzten Pause – der Neue dafür benötigen? Stehen eventuell Transportmittel zur Verfügung? etc.), der sozialen Welt (Ist das eigentlich richtig/legitim, dass der ältere Bauarbeiter einfach den jüngeren losschicken will? Hat Letzterer keinen Anspruch auf Pause? Ist es aus Sicht aller Involvierten gerecht/normativ gerechtfertigt, dass Zuteilungen von Aufgaben in dieser Art erfolgen? etc.) und der subjektiven Welten (Hat der ältere Bauarbeiter selbst jahrelang als Neuer alle subalternen Dienste übernehmen müssen? Wurde der Neue in der Schule gemobbt und ist deshalb entweder besonders resistent oder ausgesprochen servil, die Aufforderung des Älteren zu befolgen? Haben die anwesenden Kollegen vielleicht ähnliche Situationen bereits früher erlebt und reagieren deshalb sehr spezifisch? etc.). Wenn alle diese Fragen nicht gestellt und verhandelt werden müssten, dann ließe sich die Handlungskette – von der Handlungsaufforderung durch den Älteren bis zum Bierbringen durch den Jüngeren – als Teil der unhinterfragten und *bis auf Weiteres* unproblematischen, geteilten Lebenswelt der beteiligten Akteure interpretieren.

Kommunikatives Handeln führt auf diese Weise zur Überprüfung, gegebenenfalls Abänderung und dann erneuten Befestigung alltäglicher lebensweltlicher Handlungsketten. Soziales Handeln muss – so könnte man Habermas' Beitrag zur hier infrage stehenden Handlungsproblematik deuten – analysiert werden als in die diskursiven Bezüge sozialer Verflechtungszusammenhänge Eingebundenes. Dabei sollten – wie neuere soziologische Arbeiten zeigen (Schmid/Schweikard 2009) – die Handlungsabsichten der Akteure keineswegs nur als individuelle, sondern auch explizit als **kollektive Intentionen** modelliert werden. Denn das Handeln der Einzelnen ist sehr häufig Teil von Handlungsmotivationen und -absichten, die als *gemeinsame und geteilte* Intentionen von vielen Einzelnen wahrgenommen und zur Richtschnur gemacht werden. So heißt es in den offiziellen Verlautbarungen, aber auch in den individuellen Auskünften von Mitgliedern politischer Parteien, Nicht-Regierungsorganisationen oder Unternehmen in der Regel nicht „Ich beabsichtige, XY zu tun“, sondern „Wir beabsichtigen, XY zu tun“. Der Begriff der kollektiven Intentionen unterstreicht die Verflechtungsdimension sozialer Handlungs- *und* Ordnungsbezüge.

5.5 Ausblick: Lebenswelt und soziale Praxis

Zugangsweisen zum sozialen Handeln wurden in Kapitel 3 ausgehend vom Individuum und in Kapitel 4 ausgehend vom gesellschaftlichen Ganzen skizziert. In diesem Kapitel wurde soziales Handeln als immer in soziale Verflechtungen eingebunden vorgestellt. Es wurden die Schlüsselbegriffe der Interaktion, des symbolischen Interaktionismus und des kommunikativen Handelns erläutert. Welcher Ertrag lässt sich aus diesen drei Kapiteln, die sich mit der soziologischen Perspektive auf soziales Handeln beschäftigt haben, ziehen? Gibt es einen One-best-Way der Analyse sozialen Handelns? Generell gilt: Alle drei Zugangsweisen haben ihre Stärken und Schwächen. Gute Soziologinnen und Soziologen sollten in der Lage sein, zwischen den verschiedenen Perspektiven und Herangehensweisen zu wechseln und das zu einer je spezifischen Fragestellung passende Vorgehen zu wählen.

Als Kritik am individualistischen bzw. **vom Individuum ausgehenden Handlungsmodell** lässt sich formulieren, dass die Frage, wie die Einzelnen eigentlich zu ihren Handlungsantrieben und typischen Handlungsweisen kommen, wie Handlungspräferenzen, Werte und Normen sowie Rollenorientierungen in die einzelnen Handelnden hineingelangen, nur am Rande behandelt werden. Im rationalistischen Handlungskonzept wird der unendliche Fluss – bewussten und vorbewussten, impliziten und expliziten – menschlichen Welterlebens und Handelns tendenziell in isolierte Entscheidungssituationen und einzelne Handlungsakte zerlegt, oft geradezu zerhackt. Im Mittelpunkt steht dabei in der Regel das rationale und reflektierte Entscheidungshandeln. Ein hier häufig anzutreffender methodologischer Individualismus führt tendenziell dazu, Gesellschaften und größere Verflechtungszusammenhänge nur als Aggregationen individueller Akteure zu konzipieren.

Wird dagegen **soziales Handeln ausgehend von der Gesellschaft** bzw. den gesellschaftlichen Gesamtfunktionszusammenhängen betrachtet, so erscheint individuelles Handeln vor allem als ein Ergebnis gesellschaftlicher Sozialisation und als ein mehr oder weniger passiver Vollzug von Werten, Normen und Rollen, die fast als außerhalb der Individuen existierend vorgestellt werden. Der Ausgangspunkt ist in dieser Perspektive die Annahme von stabilen und funktional integrierten Gesamtsystemen, die nicht selten in Analogie zum menschlichen Körper oder anderen Organismen als komplexe Funktionssysteme konzipiert werden. Die einzelnen Menschen handeln nach den Normen des Kultursystems und des sozialen Systems. Diese können sie nur sehr begrenzt verändern oder gar ablehnen, abweichendes Verhalten wird mit Sanktionen bis hin zum (zeitweiligen) Ausschluss aus der Gesellschaft (Gefängnisse, Ausweisungen) bestraft. Individuelles Handeln wird hierbei vor allem als Ausführen sozial vererbter Rollenerwartungen verstanden. Werte, Normen und Rollen werden durch Sozialisation gleichsam eingeimpft, gegen sie kann sich der Einzelne fast nicht wehren.

Auch das in diesem Kapitel vorgestellte Vorgehen, **soziales Handeln von Verflechtungszusammenhängen her** zu betrachten, hat seine Beschränkungen. Zunächst ist positiv hervorzuheben, dass bei diesem Ansatz die meisten, der den beiden anderen Herangehensweisen eigenen Schwächen überwunden werden können. Von Verflechtungszusammenhängen auszugehen vermeidet sowohl die Gefahr, die Handelnden aus ihren tatsächlichen Sozialbezügen herauszuschälen, als auch die Tendenz, bestimmte soziale Einheiten wie z. B. (in der Regel nationalstaatlich gedachte) Gesellschaften ex ante als stabile Funktionssysteme zu setzen. Soziales Handeln von Verflechtungen her zu thematisieren ist eine vermittelnde soziologische Strategie, die Struktur und Handlung sowie Dauerhaftigkeit und Prozesshaftigkeit des Sozialen integrieren kann.

Allerdings bestehen auch bei diesem Ansatz Gefahren. So lässt sich als Kritik an dem symbolisch-interaktionistischen Handlungsmodell formulieren, dass die Menschen nicht permanent ihre Wirklichkeitsinterpretationen vollständig neu aushandeln, sondern durchaus in routinierten alltäglichen Handlungsvollzügen das allermeiste der sie umgebenden Umwelt als fraglos gegeben annehmen. Menschen spielen auch nicht kontinuierlich Theater, um sich selbst zu inszenieren; sie handeln vielmehr nach genuinen (durch Sozialisation vermittelten) Bedürfnislagen, gemäß der ontogenetischen und phylogenetischen Aufschichtungen ihrer individuellen und kollektiven Erfahrungen und aufgrund der ihnen zur Verfügung stehenden Wissensvorräte. Im symbolischen Interaktionismus und der Theorie kommunikativen Handelns besteht zudem tendenziell die Gefahr, die Bedeutung der Mensch-Natur-Artefakte-Beziehungen zu unterschätzen. Die materielle Produktion der Lebensgrundlagen, Fragen zur Technik, aber auch der Körperlichkeit werden im Vergleich zu sozialen Inszenierungen und Kommunikationen nur wenig thematisiert. Kommunikation und Interaktion machen aber nur eine Teilmenge der sozialen Praxis menschlicher Lebensvollzüge insgesamt aus.

Innerhalb der Tradition des Verflechtungsdenkens haben sich diesbezüglich in den letzten zwei Jahrzehnten wesentliche Weiterentwicklungen ergeben, die heute etwa mit dem soziologischen Schlüsselbegriff der **sozialen Praxis** verbunden werden (ausführlich hierzu siehe Kapitel 8). Das soziale Handeln der Menschen spielt sich grundlegend in einem Dreieck von Mensch-Natur-, Körper-Selbst- und Mensch-Mensch-Beziehungen ab. Die den Menschen auszeichnenden besonderen kognitiven Kompetenzen sind Ergebnis dieses dreifachen Prozesses: (1) Werkzeuggebrauch und die tätige Auseinandersetzung mit der Natur, (2) Fähigkeit zur Empathie und zur Reflexion über Erwartungserwartungen und das Selbst sowie (3) symbolische Interaktion und kommunikatives Handeln dürften *gemeinsam* entstanden sein. Dass soziales Handeln in der Alltagswelt viel mehr als Entscheidungshandeln ist, hatte Friedrich Tenbruck (1919–1994) unterstrichen:

> „Sicher fassen wir auch im alltäglichen Handeln fortgesetzt Entschlüsse, die sich formal als Entscheidungen klassifizieren lassen. Aber das sind typische Entscheidungen besonderer Art, denen man mit rationalen Handlungsmodellen nicht beikommen kann. Teils fehlt es uns an der Zeit, in solchen Fällen unsere Entschlüsse rational zu kalkulieren; meist aber fehlt den Situationen sogar die Strukturiertheit, welche eine solche Kalkulation überhaupt erst erlauben würde. Und schließlich ist unser Handeln in wesentlichen Teilen gar nicht einmal ent-

scheidungsgerichtet. Die unmittelbar anstehende Tätigkeit wird in den Grenzen von Gewohnheit und Affekt, von Wunsch oder Neigung geleistet, oder sie ist nicht instrumental, sondern expressiv, emotional, spielerisch, konsumativ, d. h. von einem Typus, der durch Zielberechnung geradezu gestört würde. Diese ganze Runde von Tun und Leiden, von Hantieren, Fühlen, Wollen und Genießen, von Agieren und Reagieren, von Entschließen und Ausführen geht in die herausgehobenen Situationen der Entscheidungsmodelle nicht ein" (Tenbruck 1989, S. 29).

Die Theorie sozialer Praxis, die auf den amerikanischen Pragmatismus und auf die Arbeiten von Pierre Bourdieu aufbaut, geht entsprechend einem solchen Verständnis nicht von isolierten Entscheidungen im sozialen Handeln aus, sondern fasst die menschliche Lebenswirklichkeit als einen beständigen Fluss von Tun und Sprechen auf. Menschliche Lebenspraktiken sind sozial (auf andere), auf Natur und Artefakte und auf das Verhältnis des Selbst zum eigenen Körper bezogen. Diese Überlegungen werden in Kapitel 8 ausführlicher dargestellt. Sie verweisen aber auch auf den Umstand, dass die menschliche Lebenswirklichkeit aus soziologischer Perspektive nicht allein auf der Ebene des sozialen Handelns untersucht werden kann. Neben dem sozialen Handeln sind **soziale Ordnungsbezüge** ein ganz wesentlicher Gegenstandsbereich der Soziologie. Damit beschäftigen sich die folgenden drei Kapitel.

5.6 Zusammenfassung, Übungsaufgaben und weiterführende Literatur

Dieses Kapitel 5 lässt sich folgendermaßen **zusammenfassen**:

1. Sinnzusammenhänge werden im sozialen Handeln über soziale Interaktionen hergestellt, also in Situationen sozialen Handelns zwischen mindestens zwei Akteuren, die aufeinander bezogen sind und sich wechselseitig beeinflussend verhalten.
2. Entsprechend der Annahmen des Symbolischen Interaktionismus handeln Menschen auf der Grundlage der Bedeutungen, die Dinge für sie haben, wobei Bedeutungen in Interaktion interpretativ gewonnen werden.
3. In Interaktionsprozessen können nach dem Grad ihrer Spezifizität vier Typen von Medien der Kommunikation unterschieden werden: Zeichen, Gesten, Symbole und signifikante Symbole.
4. Im sozialen Handeln als kommuniktativem Handeln werden (nach Jürgen Habermas) durch Bezugnahmen auf die objektive Welt, auf die so-

ziale Welt und auf die subjektiven Welten der involvierten Handelnden die geteilten Lebenswelten (re-)produziert.

5. Im Konzept der sozialen Praktiken wird soziales Handeln nicht als Aufeinanderfolge separierbarer Entscheidungs- oder auch bewusster Kommunikationsakte verstanden, sondern als ein beständiger Fluss von Tun und Sprechen, der sozial (auf Andere), auf Natur und Artefakte und auf das Verhältnis des Selbst zum eigenen Körper bezogen ist.

Übungsfragen

Was bedeutet das Konzept der Erwartungserwartungen in der Theorie sozialen Handelns? Erläutern Sie die Komplexität einer Handlungssituation an einem Beispiel.

Erläutern Sie (drei) Grundannahmen des Symbolischen Interaktionismus an einem praktischen Beispiel.

Inwiefern verbindet Jürgen Habermas in dem Konzept kommunikativen Handelns die subjektiven Welten mit der sozialen und der objektiven Welt sowie der Lebenswelt.

Erläutern und diskutieren Sie das Rollenkonzept des Symbolischen Interaktionismus.

Inwiefern erweitert das Konzept der sozialen Praxis das traditionelle Konzept sozialen Handelns?

Vertiefende Literatur zu diesem Kapitel

Abels, H. (2009): Einführung in die Soziologie. Die Individuen in ihrer Gesellschaft, Wiesbaden: Westdeutscher Verlag, S. 184–241.

Bohnsack, R. (1992): Interaktion und Kommunikation. In: Korte, H./Schäfers, B. (Hrsg.): Einführung in die Hauptbegriffe der Soziologie. Opladen: Leske+Budrich, S. 35–57.

Schütz, A./Luckmann, T. (1988): Strukturen der Lebenswelt. Frankfurt am Main: Suhrkamp, S. 25–41.

Kapitel 6
Soziale Ordnung ausgehend vom Individuum

Kasten 6.1

Soziologische Regel:
Alles, was die Identität, den Habitus und die Kultur des Einzelnen ausmacht, hat seine soziale Ordnung.

Auch wenn das Leben dem Einzelnen zuweilen chaotisch und unberechenbar vorkommen mag, so folgt es aus Sicht der Soziologie doch immer spezifischen sozialen Ordnungsbezügen. Es hat Regelmäßigkeiten, weist Routinen auf, ermöglicht Orientierungen wie oben und unten oder sozial nahestehend und sozial entfernt. Ausgehend vom Individuum zeigen sich diese sozialen Ordnungsbezüge in der Erfahrung von Kontinuität eines Selbst als Identität, aber auch spezifischer, dauerhafter und nach Kriterien der sozialen Ungleichheit strukturierten Wahrnehmungs- und Handlungsschemata in sozialen Verflechtungsbezügen. Soziale Ordnungsgefüge finden sich in der Form sozialer Gruppen und Gemeinschaften ontogenetisch und phylogenetisch schon seit dem Beginn des Menscheins.
In diesem Kapitel werden die grundlegenden soziologischen Schlüsselbegriffe der (1) personalen und kollektiven Identitäten, (2) des Habitus als einem sich individuell äußernden, aber sozial produzierten Strukturmuster des Denkens, Benehmens und Verhaltens, (3) der Kultur als des Dreiecks aus sozialer Praxis, Symbolsystemen und Artefakten sowie (4) der sozialen Gruppe und Gemeinschaft als übergreifendem *Urtyp* sozialer Verflechtungszusammenhänge vorgestellt.

6.1 Praxisbeispiel und Grundidee

„Drei Jahre fiel ein italienisches Trio bei Fahrzeugfinanzierer und Autohäusern auf, die an Vollfinanzierungen fabrikneuer Hochklasse-Automobile interessiert waren. Es gelang ihnen wiederholt, bei provisionsorientierten Abwicklern die Zustimmung zu erzielen und mit den Fahrzeugen zu verschweinden. Offensichtlich hatten Habitus, Kleidung oder Visitenkarten ausgereicht, um mögliche Bedenken zu zerstreuen. Setzte sich nach horrenden Außenständen jener schwerfällige Rückholungs- und Anzeigenerstattungsapparat der geschädigten Unternehmen

> in Bewegung, so lief er ins Leere und führte zuletzt zur Einschaltung von K 25. Aufgrund von Passkopien fielen im Rahmen der Ermittlung immer wieder die gleichen Personen mit unterschiedlichen – teilweise überaus humorvollen – Namen auf. Schnell wurde klar, dass es sich um eine Gruppierung handelte, die offenbar über uneingeschränkten Zugriff auf italienische Papieren verfügte. Durch Sichtung von Altvorgängen, Veröffentlichungen und Auswertung von Fahrzeugsicherstellungssituationen im Ausland gelang es, die drei wortgewandten Täter in Designeranzügen zweifelsfrei zu identifizieren und vom Frankfurter Fahndungskommissariat festnehmen zu lassen" (PKS 2000, S. 74; orthografische Fehler im Original).

Das Beispiel zeigt, wie man mit *falschen* Identitäten und mit dem *richtigen* Habitus schnell in Handlungszusammenhängen Verwirrung stiften kann. Drei junge Männer italienischer Staatsangehörigkeit konnten sich einerseits offensichtlich umfassend mit gut gefälschten Papieren eindecken und so teure Luxusneuwagen erstehen, die sie dann nicht bezahlten. Neben den falschen Papieren war offensichtlich auch ihr Auftreten, ihre Kleidung und ihr Umgang mit den – an opulenten Verkaufsprovisionen interessierten – Finanzierungs- und Verkaufsagenten, also ihr Habitus entscheidend dafür, dass das Trio über drei Jahre lang nicht auffiel. Die drei Männer hatten sich falsche Identitäten zugelegt – aber was sind aus soziologischer Sicht eigentlich „Identitäten"? Und wo hatten sie ihren „Habitus" her? Die falschen Papiere konnten sie offensichtlich irgendwo in Italien – wahrscheinlich per Schmiergeld – besorgen. Aber hatten sie ihren Habitus auch irgendwo gekauft? Was versteht man in der Soziologie unter Habitus? Diese Fragen werden im weiteren Verlauf des Kapitels zu klären sein.

In den drei vorhergehenden Kapiteln wurden zentrale soziologische Begriffe in der Perspektive sozialen Handelns vorgestellt. Letzteres war als einer der zentralen Gegenstände soziologischen Denkens bereits bei Max Weber definiert worden. In den nun folgenden drei Kapiteln stehen soziale Ordnungsmuster aus der Perspektive von Individuen, Gesellschaft und Verflechtungszusammenhängen im Mittelpunkt. Denn auch soziales Handeln steht – wie immer man es im Einzelnen fassen mag – im Kontext sozialer Ordnungsbezüge. Unter sozialen Ordnungsmustern werden normalerweise solche Dinge wie Gesellschaften, ihre sozialen Strukturen, soziale Institutionen, Organisationen, soziale Gruppen und Netzwerke verstanden. Allerdings spielen Ordnungsmuster auch ausgehend vom Individuum, aus der Perspektive des Einzelnen eine bedeutende Rolle. Dieser Blick auf soziale Ordnungen – ausgehend vom Individuum – steht im Mittelpunkt dieses Kapitels. Dabei werden zunächst die Schlüsselbegriffe **Identität** und **Habitus** und dann die **Konzepte der Kultur** sowie der **sozialen Gruppe** erläutert.

6.2 Identität schafft Ordnung

Ein erstes und für alle Menschen wichtiges Ordnungsmuster ist das der Identität. Identität gibt eine Antwort auf die immer wieder gestellte Frage: Wer bin ich? Wer sind wir? Was zeichnet mich aus, was macht uns als Gruppe aus und hebt uns von anderen ab? Auch in der heutigen schnelllebigen Zeit hat das Konzept der Identität etwas Dauerhaftes, Gleichbleibendes. Dies wurde schon von Erik Erikson (1902–1994), dem Begründer der modernen sozialpsychologischen Identitätsforschung hervorgehoben. Identität ist für Erikson die Erfahrung einer Kontinuität von Selbst-Sein und Selbst-Erleben, die sich auf Einzelne und auf Gruppen beziehen kann. In der Aussage etwa: „Ich bin ein cooler Typ" äußert sich diese Idee einer Gleichheit von etwas mit sich selbst. Hier wird eine Aussage über ein Ich in seinem Verhältnis zu etwas getroffen, das selbst wiederrum dieses Ich ist bzw. zu einem Selbst als Identitätserleben gehört. Grundsätzlich lassen sich personale bzw. Ich-Identität und kollektive Identität unterscheiden. Die Ich-Identität bezieht sich auf die mehr oder weniger bewusste und gefühlte Wahrnehmung des Selbst und des Anderen. Bei der kollektiven Identität geht es um die Unterscheidung zwischen Wir und die Anderen. Identität impliziert immer die Erfahrung von Kontinuität in der personalen und der generationellen Zeit, eine erlebte Einheitlichkeit und Fortdauer im geografischen und sozialen Raum sowie klare bzw. zumindest als dauerhaft wahrgenommene Methoden der Selbst- und Wir-Integration. In der Identität kommen die Ordnung und die soziale Strukturiertheit der Welt zum Ausdruck, wie sie von den Einzelnen und von sozialen Gruppen erfahren wird. Insofern ist Identität das Ergebnis elementarer Unterscheidungen, die stabilen Prinzipien und Kriterien folgen. Erikson drückte dies folgendermaßen aus:

> „Ego identity, then, in its subjective aspect, is the awareness of the fact that there is a selfsameness and continuity to the ego's synthesizing methods and that these methods are effective in safeguarding the sameness and continuity of one's meaning for others." (Erikson 1980, S. 22; vgl. als Überblick auch Abels 2014).

Das Problem der Identität als eines Ordnungsmusters auf der Ebene der Individuen hat auch George Herbert Mead, den wir bereits im letzten Kapitel im Zusammenhang des Symbolischen Interaktionismus kennengelernt hatten, ausführlich bearbeitet. Neben dem Erlernen von sozialem Handeln und Interaktion durch Play und Game beschäftigte er sich mit den unterschiedlichen Ebenen des personalen Selbsterlebens. Dabei spielt für ihn die Unterscheidung zwischen I, Me und Self eine große Rolle. Auf die Unterscheidung zwischen einem *I* (als dem selbst erlebten Ich) und einem *Me* (als der von einer Person erfahrenen Sicht Anderer auf sie) hatte bereits William James (1890, S. 400 f.) hingewiesen. Das *Self* kann nach Mead als die – mehr oder weniger gelungene – Vermittlung zwischen dem Eigenerlebtem und dem die Sicht Anderer berücksichtigenden Me angesehen werden.

Diese drei Ebenen von I, Me and Self wecken starke Assoziationen an die von Sigmund Freud (1856–1939) vorgenommen Unterscheidung von Ich, Über-Ich und Es.[41] Bei Freud ist das Es derjenige Antriebsbereich menschlichen Verhaltens und Handelns, der den Trieben noch recht nahe ist. Ähnlich wie die „Instinktstümpfe" bei Arnold Gehlen (siehe Abschnitt 2.3) reagiert das Es bzw. Me nur wenig verzögert auf äußere oder innere Impulse. In der Alltagssprache kann der Ausdruck „aus dem Bauch heraus handeln" sich auf diese Ebene von Handlungsmovens beziehen. Im Symbolischen Interaktionismus wird das I aber positiver konnotiert als z. B. bei Freud; es wird in seiner konstruktiven Funktion des Antriebsüberschusses gesehen, es bringt immer wieder „Neues und Schöpferisches in die Situation" (Strauss 1964, S. 30). Das Me hat eine ähnliche Bedeutung wie Freuds Über-Ich: Es signalisiert, was aus Sicht der Anderen die Norm angemessenen Verhaltens wäre, es fungiert als eine Art Kontrollinstanz der – vom Es bzw. I kommenden – Triebimpulse. Es repräsentiert „meine Vorstellung von dem Bild, das der andere von mir hat, bzw. auf primitiver Stufe meine Verinnerlichung seiner Erwartungen an mich" (Joas 1991, S. 139).

Das Self schließlich ist bei Mead und im Symbolischen Interaktionismus die zur Integration gebrachte **Identität des Selbst**, ein reflexives Bewusstsein, welches aus dem ständigen Dialog und der Vermittlung zwischen dem I und dem Me hervorgeht. Die Menschen kommunizieren mit Anderen und mit sich selbst, sie können durch Sprache Gegenstand ihrer eigenen (gedanklichen) Handlungen sein, mit sich selbst interagieren (Blumer 1981, S. 92). Dies äußert sich z. B. in Aussagen wie „Ich habe mich über mich selbst geärgert" oder „Da habe ich mir selbst einen Tritt gegeben und bin morgens früh aufgestanden und doch noch zur Vorlesung gegangen". Mead drückt die Bedeutung dieser inneren Dialoge zwischen I and Me für die Entstehung einer Ich-Identität folgendermaßen aus:

> „Im Prozess der Kommunikation ist das Individuum ein anderer, bevor er es selbst ist. Indem es sich selbst in der Rolle eines anderen anspricht, entsteht seine Ich-Identität in der Erfahrung. Die Entwicklung von menschlichen Gruppen-

41 Die Analogien zwischen den Kategorien bei Mead und Freud sollten nicht überstrapaziert werden (vgl. z. B. Blumer 1981, S. 93). Für diesen einführenden Text können sie aber eine erste Orientierungshilfe bieten.

aktivitäten in der Gesellschaft – und die Entwicklung des organisierten Spiels aus den einfachen Spielen in der Erfahrung des Kindes – teilte dem Individuum eine Vielzahl verschiedener Rollen zu – sofern diese Teil der sozialen Handlung waren –, und gerade aus der Organisation dieser Rollen zu einer Gesamthandlung ergab sich die ihnen gemeinsame Eigenschaft: Sie zeigten dem Individuum an, was es zu tun hatte. Das Individuum kann jetzt als generalisierter Anderer in der Einstellung der Gruppe oder Gemeinschaft zu sich selbst Stellung nehmen" (Mead 1983, S. 217).

Der *generalisierte Andere* ist die erfahrbare organisierte Gemeinschaft oder die soziale Gruppe, die dem Individuum die Erfahrung der Einheit seines Self gibt. Der soziologische Schlüsselbegriff der Identität hebt somit auf ein soziales Ordnungsmuster ausgehend von der Betrachtung des bzw. der Einzelnen ab: Ich- oder Personale Identitäten sind immer Ergebnis sozialer Prozesse, weil sie ohne die Unterscheidungen von Ich und Du und Ich und Es nicht zustande kommen können. Wir- oder kollektive Identitäten beruhen ebenfalls immer auf Unterscheidungen zwischen Wir und die Anderen. **Personale und kollektive Identitäten** in diesem soziologischen Sinn implizieren (1) feste Methoden und Mechanismen der Integration des Selbst und des Wir, sie schaffen (2) die Erfahrung von Kontinuität in der individuellen und generationellen Zeit und von Homogenität im geografischen (eigener Körper, Region, Staatsgebiet) und sozialen (ethnischen, religiösen etc.) Raum, sie geben (3) als soziales Ordnungsgefüge Sicherheit und Dauerhaftigkeit im Welterleben der Einzelnen und sozialer Gruppen, und sie sorgen (4) für eine nachhaltige Integration des Einzelnen und der Gruppen in größere soziale Ordnungen wie z.B. Gesellschaften oder soziale Systeme.

Dies führt unmittelbar zu unterschiedlichen Typen und Aspekten von Identitätskonzepten.[42] So bezieht sich etwa die **Zugehörigkeitsidentität** auf die Gemeinsamkeiten und das Einssein mit Anderen in einer (kleiner oder großen) sozialen Gruppe (z.B. „Ich bin ein Bayer" oder „Ich bin ein Deutscher"). Die **Bewusstseinsidentität** ist die Selbstvergegenwärtigung eines denkenden Wesens als sich seines Selbst bewusst seiend; dies hatte bereits René Descartes (1596–1650) mit seinem bekannten Ausspruch „Cogito ergo sum" (Ich denke, also bin ich) unterstrichen, denn dies kann als ein genuiner individueller Existenzbeweis für jedes sich seines Selbst bewusst Seienden angesehen werden. Als **Selbigkeitsidentität** wird die Identität mit sich selbst bzw. das sich selbst treu sein und bleiben gemeint („Ich war, bin und bleibe jemand, der von einer besseren Welt träumt"); diese Selbigkeitsidentität hebt

42 Vgl. zum Folgenden etwa Kim 1994, S. 23ff.; siehe auch Keupp et al. 1999 und Hettlage/Vogt 2000.

also auf die Kontinuität in der ontogenetisch-individuellen Zeit ab. Bei der sogenannten **Einmaligkeitsidentität** steht die Nicht-Identität mit Anderen im Vordergrund; eine Person kann sich als einmalig in ihrem Aussehen oder ihren musikalischen Fähigkeiten im Vergleich zu anderen verstehen; eine soziale Gruppe kann sich als einmalig im Sinne ihrer ethnischen Herkunft oder religiösen Überzeugungen im Verhältnis zu allen anderen sozialen Gruppen wahrnehmen.

Das Bewusstsein von, die Typik und die relative Bedeutung von Identitäten hat sich im Laufe der gesellschaftlichen Entwicklung stark verändert. Vereinfacht besteht in traditionellen Gesellschaften die Identität der Einzelnen und der Gruppen vor allem aus der Identifikation mit den Werten, Bräuchen, Normen der bereits vorhandenen sozialen Kollektive wie der Familie, dem Verwandtschaftsverband, der Berufsgruppe, einem gesellschaftlichem Stand, einer sozialen Klasse oder einer zunftmäßigen Gemeinschaft. Während hier Identität vor allem in der Übernahme bereits vorgefertigter Muster als dauerhafte Selbstvergewisserungsfolie zu verstehen ist, ist Identität in der modernen Gesellschaft eher als das individualisierte Selbst, als die Eigenkonstruktion einer Einmaligkeit aus den vorhandenen unterschiedlichen Identitätsangeboten zu verstehen. Während vor etwa 100 Jahren Aussagen wie „Sie benimmt sich genauso wie ihre Mutter“ oder „Er ist in seinem ganzen Denken und Verhalten seinem Großvater ähnlich“ als akzeptabel oder gar positiver Ausweis von Identität gewertet werden konnten, besteht die allgemeine gesellschaftliche Erwartung im 21. Jahrhundert eher darin, dass unverwechselbare Einmaligkeiten als biografische Konstruktionen entwickelt werden, die als Eigenschafts- und Überzeugungskombinationen ihresgleichen suchen.

In der jüngeren soziologischen Identitätsforschung verweisen Begriffe wie **multiple Identität, transitorische Identität** oder **hybride Identität** auf neuere Tendenzen von Identitätskonstruktionen. Dabei wird hervorgehoben, dass **Identitäten multidimensional** sind, also aus sehr vielen unterschiedlichen Facetten zusammengesetzt sind (etwa der beruflichen Aktivitäten, der Kulturpräferenzen, der Geschlechterorientierung, des Lebensstils usw.). Ein zunehmend bedeutsamer Aspekt ist auch die zeitlich-biografische (sich verstärkende) Dynamik, die auf Veränderungen der Identitätsproduktion im Laufe eines individuellen Lebens und im Vergleich zwischen verschiedenen Generationen abzielt (werden Identitäten zunehmend gewechselt wie Modebekleidung?). Identitäten sind auch – entgegen früherer Vereinfachungen – widersprüchlich in ihren spezifischen Zusammensetzungen. Dies zeigt sich etwa an den Ausdifferenzierungen politischer Identitäten, für die ein Rechts-Link-Schema immer weniger ausreicht. Zudem können sich Spannungen zwischen widersprüchlichen Teil-Identitäten aus unterschiedlichen Erwartungen an vielfältige Positionen und Rollen einer Person oder sozialer Gruppen ergeben. Wie die Frauenbewegung, die Schwulen- und Lesbenbewegungen oder die Anerkennungsansprüche sozio-kulturell-ethnischer Gruppen zeigen, haben bestimmte Formen der kollektiven Identität einen betont diskursiven und Aushandlungscharakter: Sie müssen als anerkannte Unterscheidungen und kollektive Zuschreibungen zunächst etabliert werden und gesellschaftliche Bedeutsamkeit erlangen. Identität ist deshalb nicht nur und häufig nicht in erster Linie als etwas Substanzielles, das „man hat", sondern als etwas Relationales, prozedural Hergestelltes zu verstehen (Pries 2012, 2013).

Dies zeigt sich schließlich auch an dem Interessenbezug von Identitäten, der etwa darin zum Ausdruck kommt, dass sich kollektive Selbstzuschreibungen häufig an den Gelegenheitsstrukturen, die ihnen das gesellschaftliche Umfeld anbietet, orientieren: In einem Land, in dem nationale oder ethnische Minderheiten mit besonderen Förderprogrammen bedacht werden, ist die Wahrscheinlichkeit groß, dass sich bestimmte Migrantengruppen als nationale oder ethnische Minderheiten definieren und Anspruch auf Anerkennung und Ressourcen anmelden. So hat z.B. die Alevitische Gemeinde Deutschland e.V. im Jahre 2002 ihre Satzung geändert und definiert sich jetzt nicht mehr als sozial-kulturelle Vereinigung, sondern als Religionsgemeinschaft, weil sie nur so die Möglichkeit sah, im staatlichen Auftrag und mit entsprechenden Ressourcen religiöse Unterweisung an öffentlichen Schulen erteilen zu können (Sökefeld 2008, S. 30). Personale wie kollektive Identitäten entstehen und verändern sich also in einem komplexen Interaktionsprozess im Rahmen sozialer Ordnungsgefüge, die Legitimitätsressourcen, informelle und formelle Restriktionen, aber auch Opportunitätsstrukturen beinhalten. Während der Begriff der Identität stark auf die sozialen Ordnungen der personalen und kollektiven Selbstvergewisserungen abstellt, ist der Schlüsselbegriff des Habitus inhaltlich weiter gefasst und betont stärker die sozialen Ungleichheitsaspekte der durch ihn strukturierten sozialen Ordnungsmuster ausgehend von den Individuen.

6.3 Habitus als Strukturmuster

Nicht nur Identität bildet bei all ihrer zeitlichen Entwicklungsdynamik und sozialen Konstruiertheit ein relativ dauerhaftes Ordnungsmuster des Sozialen auf der Ebene von Individuen und sozialen Gruppen. Auch der Habitus kann als ein solches dauerhaftes Ordnungsmuster betrachtet werden. Generell versteht man unter „Habitus" eine bestimmte Haltung, ein Sich-Benehmen und Gerieren, ein Gehabe. Dieses kann sich sowohl auf äußere

Erscheinungsformen als auch auf innere Orientierungen und Handlungsmuster beziehen. Es geht beim Habitus also um **dauerhafte und eingefleischte individuelle Denk-, Wahrnehmungs- und Handlungsmuster, die** – und dies ist für eine soziologische Perspektive bedeutsam – **als Ergebnis von Sozialisation und Lernen spezifische soziale Klassen- oder Schicht-Positionen in komplexeren gesellschaftlichen Ungleichheitsstrukturen widerspiegeln.** Habitus ist also nichts angeborenes, bezeichnet nicht einen bestimmten Dialekt oder Sprachfehler, sondern bezieht sich auf individuelle, aber durch und in sozialen Ungleichheitsverhältnissen geprägte, vor allem in der Kindheit geformte Arten des Verhaltens, Handelns und des Geschmacks. Norbert Elias versteht unter Habitus die Gewohnheiten im Denken, Fühlen und Handeln, die Mitgliedern einer Gruppe gemeinsam sind.[43]

Wie vor allem später Pierre Bourdieu herausgearbeitet hat, hilft der Habitus als Handlungs-, Wahrnehmungs- und Denkschema dem Einzelnen und sozialen Gruppen, in jeweils spezifischen Situationen mit festgelegten oder voreingestellten Schemata zu (re-)agieren. Der „distinguierte Habitus" des wohlerzogenen großbürgerlichen Erben ermöglicht es ihm, seine von ihm selbst wahrgenommene soziale Klassen- bzw. Gruppenzugehörigkeit auch anderen sozialen Gruppen gegenüber durch feines Benehmen, gehobenen Sprachcode, entsprechende Kleidung und andere Verhaltensweisen zum Ausdruck zu bringen. Sein Habitus erlaubt ihm auch, in Konflikt- oder Krisensituationen in spezifisch distinguierter, vielleicht spezifisch snobistischer Weise zu reagieren. Der Habitus eines erfolgreichen Emporkömmlings, der sich über harte Arbeit eine anerkannte Position in einer Wirtschaftsorganisation und ein entsprechendes Auto erarbeitet hat, wird sich von diesem snobistischen Habitus deutlich unterscheiden.

Grundsätzlich gilt, dass der Habitus sowohl die individuelle Wahrnehmung, als auch individuelle Einstellungen, Moral und Wertvorstellungen strukturiert als auch die Vorlieben bei Geschmack, Kleidung, Essen und Musik sowie den Umgang mit Dingen der sozialen Welt und die Lebensführung insgesamt stark beeinflusst. Habitus, um es noch einmal zu betonen, ist nicht angeboren, sondern Ergebnis der frühen Prägung von Menschen und Gruppen sowie der (individuellen und kollektiven) sozialen Laufbahnen im

43 Wobei Elias den Habitus-Begriff sehr weit fasst und sich eher auf nationalgesellschaftliche Ausformungen kollektiver Denk-, Wahrnehmungs- und Handlungsmuster bezieht, vgl. Elias 1994, S. 7 ff. oder 23. Vgl. auch die sehr interessante Abhandlung von William James (1914, S. 51) über den Habitus: „Habit is thus the enormous fly-wheel of society, its most precious conservative agent. It alone is what keeps us all within the bounds of ordinance, and saves the children of fortune from the envious uprisings of the poor."

Lebensvollzug. Er ist deshalb durch die späteren Erfahrungen und Anstrengungen im Erwachsenenalter nur in Grenzen zu verändern. Hieraus wird die seltsame Begeisterungsfähigkeit vieler Menschen in Deutschland für Adelige im ersten Jahrzehnt des 21. Jahrhunderts verständlich. Man denke nur an den kometenhaften Aufstieg von Freiherr Karl-Theodor von und zu Gutenberg sowie die vielen Talkshows und Printmedienberichte, die sich mit der Frage beschäftigten: Was ist das Besondere adeliger Herkunft? Dabei spielten die durch früheste Sozialisation gewonnenen Habitusformen (eine oft an Arroganz grenzende tiefe Selbstsicherheit in Auftreten und Selbstbild, elaborierte Umgangsformen, das Bestreben nach Distinktion etc.) eine wichtige Rolle. Der ebenso kometenhafte Fall des Herrn von Gutenberg steht aber auch für die rasche Entzauberung dieser Form von Habitusverehrung.

In jüngerer Zeit hat vor allem Pierre Bourdieu (1930–2002) den Habitus als einen Schlüsselbegriff seines soziologischen Denkens stark gemacht. In einem Nachwort zu einem von Erwin Panofsky geschriebenen Buch über gotische Architektur und Scholastik hat er in Bezug auf den Begriff der generativen Grammatik den **Habitus** mit der inneren Form und dem Modus Operandi bestimmter Baustile und der damit verbundenen Gedankenwelten verglichen:

> „In der Terminologie der generativen Grammatik Noam Chomskys ließe sich der *Habitus* als ein System verinnerlichter Muster definieren, die es erlauben, alle typischen Gedanken, Wahrnehmungen und Handlungen einer Kultur zu erzeugen – und nur diese. Was Erwin Panofsky der je konkreten und besonderen Textur entnehmen möchte, als die er die gotische Kathedrale und die *Summa Theologiae* auffasst, ist letzten Endes vielleicht jene ‚innere Form', wie sie Wilhelm von Humboldt genannt hat, das heißt der *modus operandi* der es ermöglicht, sowohl die Gedanken des Theologen wie die Bauformen des Architekten hervorzubringen." (Bourdieu 1974[1970], S. 143).

Wie hier deutlich wird, ist der Habitus für Bourdieu ein soziales Ordnungsmuster, das erlaubt, die „typischen Gedanken, Wahrnehmungen und Handlungen einer Kultur zu erzeugen" (ebd.). Der Habitus als Schema wird dabei – im Vergleich zu Werten, Normen oder Rollen – viel weniger über gesellschaftlich organisiertes (z.B. schulisches) Lernen oder institutionalisierte Regeln (wie Recht oder öffentliche Diskurse) vermittelt, als vielmehr über die nach sozialen Klassen und Schichten differenzierten alltäglichen Lebenswelten eingeübt und vererbt. Habitus lässt sich insofern auch nur in engen Grenzen durch soziale Mobilität verändern. Auch bei starkem sozialen Aufstieg oder Abstieg bleibt der Habitus von Individuen weitgehend erhalten: In der Regel ist der verarmte Großbürger an seinen spezifischen Denk-, Wahrnehmungs- und Handlungsmuster ebenso zu erkennen wie der neureiche Aufsteiger. Der Habitus spiegelt also auf der Ebene der Individuen ein zwar nicht direkt sichtbares, dafür aber durchaus sehr stabiles und wirksames soziales Ordnungsgefüge wider.

6.4 Kultur als ‚Bedeutungsgewebe' sozialer Praxis, Symbolsysteme und Artefakte

In einem weiteren Sinn kann neben Identität und Habitus auch die Kultur als ein Ordnungsmuster verstanden werden, das von den Individuen und den eine Kultur tragenden sozialen Gruppen geteilt wird. Kultur ist niemals nur auf einzelne Menschen bezogen, sondern immer ein kollektives Phänomen großer sozialer Gruppen. Insofern könnte sie auch in dem nachfolgenden Kapitel über soziale Ordnungsmuster aus der Perspektive von Gesellschaften behandelt werden. Da Kultur allerdings auch auf der Ebene von einzelnen Sozialgruppen als Subkultur oder als Organisationskultur in Unternehmen behandelt werden kann, wird sie hier als soziales Ordnungsmuster vorgestellt, das ausgehend vom Individuum sinnvoll zu untersuchen ist. In einer soziologischen Perspektive wird Kultur selbstverständlich nicht normativ als gutes Benehmen, als kultivierte Erscheinung, gute Erziehung oder als Hochkultur verstanden. In einem sehr weit gefassten Sinne kann mit dem Begriff Kultur alles bezeichnet werden, was nicht Natur ist. Eine solche Kulturbegründung ist für die Soziologie aber genauso wenig hilfreich, wie die enge normative Fassung von Kultur als bürgerliche Hochkultur und feine Künste.

Als soziologischer Schlüsselbegriff umfasst **Kultur** allgemein ein ‚Bedeutungsgewebe'[44] aus **sozial vererbter kollektiver sozialer Praxis, Symbolsystemen und Artefakten, welches das Handeln und die Orientierungen in sozialen Gruppen strukturiert**. Unter sozialer Praxis können alle nicht rein biologisch-physiologisch, sondern in und durch Sozialzusammenhänge vollzogenen menschlichen Lebensäußerungen des Tuns, Sich-Verhaltens und Handelns (Zähne putzen, frühstücken, sich begrüßen, wohnen, heiraten etc.)

44 Clifford Geertz (1994 [1973]: 9) prägte die Definition von Kultur als Bedeutungsgewebe: "Der Kulturbegriff, den ich vertrete [...] ist wesentlich ein semiotischer. Ich meine mit Max Weber, daß der Mensch ein Wesen ist, das in selbstgesponnene Bedeutungsgewebe verstrickt ist, wobei ich Kultur als dieses Gewebe ansehe. Ihre Untersuchung ist daher keine experimentelle Wissenschaft, die nach Gesetzen sucht, sondern eine interpretierende, die nach Bedeutungen sucht. Mir geht es um Erläuterungen, um das Deuten gesellschaftlicher Ausdrucksformen, die zunächst rätselhaft erscheinen."

verstanden werden. Soziale Praxis ist unmittelbar verknüpft mit dem Gebrauch komplexer Symbolsysteme wie Sprache, Wissen, Werte, Normen etc. Die chemischen Reaktionen verschiedener Stoffe miteinander sind keine soziale Praxis; man kann von der Theorie und Praxis der Wetterveränderungen sprechen – aber nur der Teil der Welt lässt sich sinnvoll als soziale Praxis bezeichnen, in dem der Gebrauch von Symbolsystemen konstitutiv ist. Schließlich gehören auch Artefakte als von Akteuren geschaffene, veränderte, zugerichtete Dinge der Welt zur Kultur; dies betrifft sowohl einfache Werkzeuge und Techniken, mithilfe derer die Lebewesen ihren Austausch mit der unbelebten und belebten Natur gestalten als auch Autos oder Handys als Gebrauchsgegenstände und Statussymbole. Soziale Praxis, Symbolsysteme und Artefaktegebrauch werden sozial vererbt, also nicht genetisch, sondern durch Lernen und Sozialisation inter- und intragenerationell weitergegeben.

In dem hier vorgeschlagenen sehr weiten Sinne ist Kultur einer der umfassendsten soziologischen Schlüsselbegriffe überhaupt. Er bezieht sich auf die sozial – und nicht biologisch-genetisch – vererbte Handlungsprogrammierung und -strukturierung des gesamten sozialen Zusammenlebens. In diesem Sinne ist die Entstehung von Kultur entwicklungsgeschichtlich an das Aufkommen von Handeln als mit subjektivem Sinn verbundenem Verhalten gebunden. Denn erst dadurch entwickelt sich soziale Praxis, entstehen Symbolsysteme und werden Artefakte geschaffen. Kultur gibt es also, seitdem es Handeln gibt, sie entwickelt sich massiver mit der „Menschwerdung des Affen". Eine explizitere Verwendung des Begriffes Kultur findet sich erst in der Neuzeit. Die Aufklärung und die Französische Revolution bedeuten eine Kulturrevolution, die die bürgerliche moderne Gesellschaft entstehen ließ. In diesem Sinne ist die (im soziologischen Sinne) bürgerliche Kultur die Vorrausetzung und nicht das Ergebnis der bürgerlichen Gesellschaft.[45]

In einer eher anwendungsorientieren Perspektive hat Gerd Hofstede (1997) eine Unterscheidung von Nationalkulturen und Organisationskulturen eingeführt und umfangreiches empirisches Material zu den Verknüpfungsmustern von Landes- und Organisationskulturen in großen Unternehmen gesammelt. Hofstede versteht unter Kultur allgemein die kollektive Bewusstseinsprogrammierung, die die Mitglieder einer Gruppe oder Kategorie

45 In einer systemtheoretischen Perspektive würde umgekehrt argumentiert werden: Die bürgerliche Gesellschaft lässt die bürgerliche Kultur entstehen. Auf die großen Unterschiede zwischen einem empirisch-kulturanthropologischen Kulturbegriff, wie ihn etwa Helmuth Plessner und Arnold Gehlen entwickelten, und einem strukturell-funktionalem Kulturbegriff, wie er etwa bei Talcott Parsons als „sozialer Mechanismus zur Erzeugung von Werten" entwickelt wurde, kann hier nicht näher eingegangen werden (vgl. z.B. Tenbruck 1996, S. 114f.).

von denen einer anderen Gruppe oder Kategorie unterscheidet. Für Hofstede (1997, S. 10) können sich Kulturen auf mindestens sechs verschiedenen Ebenen ausdifferenzieren:

- auf der nationalen Ebene als Landeskulturen,
- auf der regionalen, ethnischen, religiösen oder sprachlichen Ebene,
- auf der Geschlechterebene als Geschlechterkulturen,
- auf der altersbezogenen Ebene als Generationskulturen,
- auf der Ebene sozialer Klassen, von Erziehungsniveaus oder Berufsgruppen
- auf der Ebene von Organisationen als Organisationskulturen.

In den empirischen Untersuchungen stand bei Hofstede (2006, S. 338) die Frage im Vordergrund, wie stark sich Kulturen nach (National-)Gesellschaften und nach Organisationen unterscheiden. Dabei identifizierte er in umfangreichen internationalen Studien fünf Faktoren, nach denen sich die Kulturen von Ländern im Hinblick auf das Funktionieren von Unternehmensorganisationen unterscheiden: (1) Der Machtdistanz-Index gibt das Ausmaß an, in dem Machtunterschiede zwischen Mitgliedern in einer Organisation als normal und akzeptabel angesehen werden. (2) Der Individualismus-Kollektivismus-Index spiegelt die Prioritäten wider, die Mitglieder einer Gesellschaft entweder auf das Individuum oder auf die Gruppe legen. (3) Der Maskulinitäts-Feminitäts-Index misst nicht das Verhältnis der biologischen Geschlechter zueinander, sondern das Ausmaß femininer Orientierungen (etwa soziales Mitgefühl, Toleranz, soziale Ausrichtung und Sympathie für Schwächere) und maskuliner Orientierungen (z.B. Wertschätzung kämpferischer Eigenschaften, individuellen Eigennutzes und Erfolges). (4) Der Unsicherheitsvermeidungsindex bezeichnet den Grad, in dem Mitglieder einer Kultur sich durch ungewisse oder unbekannte Situationen bedroht oder eher positiv herausgefordert fühlen. (5) Der Index der Kurz- oder Langfrist-Orientierung schließlich misst, ob Menschen eher in den Kategorien von Quartalsberichten und kurzfristigen Zeitsequenzen oder eher in ganzen Lebensläufen und Generationenabfolgen denken.

Man kann solchen Studien wie denen von Hofstede sehr kritisch gegenüberstehen. Denn hier werden Kulturkontexte als relativ homogene Einheiten auf der Ebene von Nationalgesellschaften durch standardisierte Messungen konstruiert. Solche Untersuchungen sind im Hinblick auf subjektive Sinngehalte und auf die soziale Praxis in Verflechtungszusammenhängen nur sehr begrenzt aussagekräftig. Gleichwohl ist es ein interessanter Versuch, soziale Ordnungsgefüge auf der Ebene kultureller Spezifika und Regelmäßigkeiten ausgehend von Befragungen einzelner Menschen zu erfassen. Solchen und ähnlichen Selbst- und Fremdzuschreibungen kultureller Zugehörigkeiten können sich die Menschen im Alltagsleben gar nicht entziehen, auch oder gerade wenn die Kategorisierungen äußerst holzschnittartig und vorurteilsbeladen sind. Eine solche Selbst- und Fremdzuordnung zu einer mehrdimensionalen Kulturgruppe stellt z.B. auch das Konzept der *WASP*-Gruppe (White Anglo-Saxon Protestant) dar, in das ethnische, religiöse und regionale Herkunftsaspekte einfließen. Auch die Gruppe der akademisch gebildeten, wohlhabenden, ständig um die Welt kreisenden und sich häufiger an Flughäfen als in Stadtteilkneipen aufhaltenden Kosmopoliten als Jetsetter mit dem globalen (und meistens selbstgenügsamen) Bewusstsein, einer globalen Avantgarde anzugehören, sind in diesem Sinne als spezifische Kulturgruppe zu betrachten.[46]

6.5 Soziale Gruppe

Ein letztes hier zu behandelndes soziales Ordnungsmuster, das sich eher aus der Perspektive der einzelnen Mitglieder als Individuen begründen lässt, ist das der sozialen Gruppe und Gemeinschaft. Auch für dieses trifft zu, dass es ebenso in dem folgenden Kapitel 7 unter einer von der Gesellschaft ausgehenden Perspektive auf soziale Ordnungen behandelt werden könnte. Denn man kann den Begriff der sozialen Gruppe sehr weit fassen und auf alle sozialen Beziehungsgeflechte schlechthin anwenden. Hier sollen die Schlüsselbegriffe soziale Gruppe und Gemeinschaft aber spezifischer eingeführt werden. Der Begriff der **Gemeinschaft** wird in sehr vielen soziologischen Schriften dem der Gesellschaft direkt gegenübergestellt. Das Begriffspaar Gemeinschaft und Gesellschaft hat die moderne Gesellschaftstheorie stark bestimmt (Tönnies 2010[1887]). Oft wurde die menschliche Entwicklung als zunächst von gemeinschaftlichen und später dann von gesellschaftlichen Bezügen interpretiert. Gemeinschaft als soziales Ordnungsmuster wird dabei überwiegend vom Einzelnen her betrachtet. Schon bei Max Weber wird **Vergemeinschaftung** als diejenige soziale Beziehung charakterisiert, in der die Einstellung des sozialen Handelns „auf subjektiv gefühlter (affektueller oder traditionaler) Zusammengehörigkeit der Beteiligten beruht" (Weber 1972 [1922], S. 21; Hervorhebungen im Original).

Allgemein wird im Anschluss an Tönnies die gesellschaftliche Entwicklung so dargestellt, dass über viele Jahrhunderte die Hauptordnungsform des Sozialen die Gemeinschaft war, während Gesellschaft die moderne und

---

46 Vgl. Beck 2004 und die Analysen von Calhoun 2002 und 2009.

durch einen „Kürwillen“, also durch bewusste Wahlakte hervorgegangene Ordnungsform des Sozialen sei. In diesem Sinne wurde und wird Gemeinschaft als eine traditionelle sozialgeschichtliche Entwicklungsstufe der Sozialität behandelt.

> „Gemeinschaft ist im Unterschied zu Gesellschaft und Masse der Inbegriff derjenigen sozialen Lebensformen, in denen die innere, seelische Verbundenheit der Gruppenmitglieder das Wesen bildet“ (Bernsdorf 1969, S. 336).

Gemeinschaft bezieht sich also auf kleinräumliche Gesellungsformen; Tönnies hatte drei Formen von Gemeinschaften unterschieden: Verwandtschaft, Nachbarschaft und Freundschaft. Hier wird der Bedeutungsgehalt von Gemeinschaft deshalb zusammen mit dem der sozialen Gruppe erörtert. Unter **sozialer Gruppe** wird hier allgemein ein soziales Verflechtungsgefüge verstanden, das durch direkte Interaktion der Mitglieder, durch eine entsprechende Überschaubarkeit der und für die einzelnen Mitglieder, durch situationsübergreifende Dauerhaftigkeit sowie ein Mindestmaß an Wir-Gefühl und mehr oder weniger spezifische Mitgliedsregeln gekennzeichnet ist.[47] Es geht um ein spezifisches und fundamentales Ordnungsmuster des Sozialen überhaupt, das aus der Perspektive des Einzelnen – wie auch des betrachtenden Soziologen – von enormer Bedeutung ist. Soziale Gruppen sind überschaubar im Sinne der Möglichkeiten direkter Interaktion und kopräsenter sozialer Beziehungen. Sie sind von Dauer, weil sie nur als situationsübergreifende Interaktionsgeflechte Gruppenzusammenhänge ausbilden. Eine Menschenansammlung bei einem Autounfall macht noch keine soziale Gruppe aus, auch wenn alle daran beteiligten Gruppenmitglieder unmittelbar direkt interagieren; es handelt sich aber nicht um ein situationsübergreifendes Interaktionsgeflecht. Soziale Gruppen zeichnen sich durch Mitgliedschaftsregeln bzw. spezifische Formen der Grenzziehung nach Außen aus, sodass Unterscheidungen zwischen denen, die dazugehören, und denen, die nicht zur sozialen Gruppe gehören, ermöglicht werden. Soziale Gruppen liegen schließlich nur dann vor, wenn es ein Mindestmaß an Wir- bzw. Zugehörigkeitsgefühl der Gruppenmitglieder gibt.

Die große Bedeutung sozialer Gruppen wurde bereits ausführlich von Charles H. Cooley (1864–1929) in seinem Buch „Social Organisation“ beschrieben. Dabei werden **Primärgruppen** und Sekundärgruppen unterschieden. Für Erstere ist kennzeichnend, dass der ganze Mensch involviert ist, dass

---

47 Vgl. andere Definitionen z.B. bei Abels 2007b, S. 244, der „gemeinsame Ziele“ ebenfalls zum Definitionskriterium sozialer Gruppen macht.

eine enge persönliche Bindung aller Gruppenmitglieder vorliegt und eine starke Funktionsbindung der Einzelnen zur sozialen Gruppe vorhanden ist. **Sekundärgruppen** dagegen zeichnen sich dadurch aus, dass nur ganz bestimmte Interessen der einzelnen Gruppenmitglieder einfließen und ihre Bindung ausmachen und dass eher sehr spezifische Rollen und Funktionen die Bindung zur Organisation sichern. Primärgruppen gehören nach Cooley zu den kulturellen Universalien aller bisher bekannten Menschengruppen:

> „The most important spheres of this intimate association and cooperation – though by no means the only ones – are the family, the play-group of children, and the neighborhood or community group of elders. These are practically universal, belonging to all times and all stages of development; and are accordingly a chief basis of what is universal in human nature and human ideals." (Cooley 1909, S. 26)

Ein wichtiger Typus sozialer Gruppen ist – das zeigt schon das Cooley-Zitat – die Spielgruppe unter Kindern, heute generalisierend als **Peergroup** bezeichnet. Sie kann als soziale Gruppe von Individuen des gleichen sozialen und Altersstatus bezeichnet werden. Sie übernimmt wichtige Funktionen im Sozialisationsprozess, weil sie erste Schritte aus der Primärgruppe der Familie in weitere gesellschaftliche Verflechtungsnetzwerke ermöglicht. Die Peergroup ist also sowohl ein Agent der Sozialisation, ein Raum des Einübens und Erlebens neuer Rollen und ein Sozialraum, in dem Identität ausdifferenziert und entwickelt werden kann. Die Erforschung sozialer Gruppen hatte in den 1950er- und 1960er-Jahren einen prominenten Stellenwert in der Soziologie.[48]

Soziale Gruppen können nach sehr vielen Aspekten unterschieden und erforscht werden. Ein erstes Kriterium ist die Gruppengröße; Kleingruppen haben mindestens zwei und maximal etwa 25 Mitglieder, wobei die soziologisch zu bestimmende Gruppengröße je nach wissenschaftlicher Fragestellung und theoretischen Erkenntnisinteressen variieren kann; die Bedeutung der Gruppengröße für deren Dynamik hat schon Simmel (1992, S. 63 ff.) anschaulich nachgewiesen. Ein zweiter Aspekt ist die Struktur von Rollen, Aufgaben und Positionen innerhalb der Gruppe; so hat eine Jugendgang nur einen informellen (aber deswegen nicht schwächeren) Anführer, während der Kegelverein vielleicht eine sehr ausdifferenzierte Struktur vieler Aufgaben und Rollen (Vorsitzender, Kassierer, Schriftführer etc.) aufweisen kann. Ein dritter Gesichtspunkt sind die Mitgliedschaftsregeln: Wer bestimmt wie über

48 Vgl. z. B. Whyte [1943] 1996; in Deutschland hat z. B. Bohnsack 1989 den Zusammenhang von Jugendgangs, Milieu und Sozialisation empirisch erforscht. Die Shell-Jugendstudien geben regelmäßig interessante Aufschlüsse.

Aufnahme und Ausschluss? Wie stark sind das Wir-Gefühl und seine Betonung? Welche Initiationsriten sind etabliert (z. B. in der schlagenden Studentenverbindung, im Rotary-Club oder bei der Feuerwehr). Viertens ist von Bedeutung, welche Sanktionen in der Gruppe wirksame sind (z. B. können beim Karnevalsverein oder Skatclub einige Euro fürs Zuspätkommen kassiert werden, eine Rockergruppe wird in der Regel etwas martialischere Sanktionsformen anwenden). Fünftens interessiert, in welchem Bezug die Gruppe zu ihrer Umwelt steht (so können eine Selbstisolierung wie bei Hells Angels oder Punk-Gruppen ebenso angetroffen werden wie eine möglichst enge Vernetzung nach außen wie beim Rotary-Club). Ein sechstes Kriterium bezieht sich auf den Bezug der einzelnen Gruppenmitglieder zur Gesamtgruppe (dient die Gruppe z.B. der Kompensation von Ich-Schwäche wie in vielen rechtsextremistischen Jugendgangs, ist der Einzelne eher über seine moralische Haltung mit der Gruppe verbunden wie bei Solidaritätsgruppen oder ermöglicht die Gruppe ihren Mitgliedern Rollenalternativen zu anderen Gruppenerfahrungen wie bei dem angelernten Logistikarbeiter, der in der Fußballgruppe die Rolle des Trainers spielt). Interessant ist siebtens, wie soziale Gruppen mit – unausweichlichen – Konflikten umgehen (hier ist etwa ein Vergleich von Familiengruppen und Fußballfangruppen lohnenswert). Aber auch die Konflikte zwischen der Gruppe und ihrer Umwelt und die entsprechenden Gruppenbindungsmechanismen können (achtens) untersucht werden (in der Familiengruppe dürften Emotionen, Loyalität und Vertrauen, in einer Greenpeace-Aktivistengruppe spezifische normengebundene Solidarität und in der Straßengang die Angst vor Sanktionen durch Gruppenmitglieder oder Externe ausschlaggebend sein). Schließlich können Gruppen auch in Quer- oder Längsschnittvergleichen betrachtet werden (wie verändern sich Peergroups mit dem Älterwerden ihrer Mitglieder? Welchen Einfluss haben interne und welchen externe Faktoren für sozialen Wandel in der Gruppe? etc.).

Zusammenfassend erweisen sich die soziologischen Konzepte der Identität, des Habitus, der Kultur, von Gemeinschaft und sozialer Gruppe als grundlegend für die Anpassung, das Verständnis und die Analyse von sozialen Ordnungsmustern, die auf der Mikroebene einzelner und ihrer Gesellungsformen ansetzen. Bezieht man die hier erwähnten Konzepte auf das im Kapitel 2.1 angesprochene Modell der individuellen Handlungssituation, in der Handlungsbedingungen und Motive mit den Orientierungsmustern abzugleichen sind, so zeigt sich nun recht deutlich, wie vielfältig und komplex verschiedene Aspekte des sozialen und allgemeineren Verflechtungszusammenhänge in die spezifischen Vorrausetzungen, Formen und Abläufe an Handlungssituationen und sozialen Handlungsprozessen eingreifen bzw. einfließen. Soziales Handeln wird niemals in der konkreten Situation völlig neu kreiert oder auch nur wahrgenommen. Die soziale Praxis ist vielmehr als dauerhafter Strom umfangreicher gesellschaftlicher Einflussfaktoren zu begreifen. Hierbei spielen, wie in dem nächsten Kapitel zu zeigen ist, auch die (Makro-)gesellschaftlichen sozialen Systeme eine große Rolle.

6.6 Zusammenfassung, Übungsaufgaben und weiterführende Literatur

Dieses Kapitel 6 lässt sich folgendermaßen **zusammenfassen**:

1. Identität als Erfahrung von Kontinuität in individueller und generationeller Zeit, als Homogenität im geografischen und sozialen Raum und als feste Methoden der Selbst- und Wir-Konstruktion ist ein wesentliches soziales Ordnungsgefüge.
2. Der Habitus als dauerhaftes und *eingefleischtes* individuelles Denk-, Wahrnehmungs- und Handlungsmuster spiegelt die Sozialisation in spezifischen sozialen Ungleichheitsstrukturen wider.
3. Kultur ist das Dreieck aus sozial vererbter sozialer Praxis, Symbolsystemen und Artefakten, die Handeln und Orientierungen in sozialen Gruppen programmiert und strukturiert.
4. Unter sozialer Gruppe wird ein soziales Verflechtungsgefüge verstanden, das durch direkte Interaktion der Mitglieder, durch eine entsprechende Überschaubarkeit der und für die einzelnen Mitglieder, durch situationsübergreifende Dauerhaftigkeit sowie ein Mindestmaß an Wir-Gefühl und mehr oder weniger spezifische Mitgliedsregeln gekennzeichnet ist.

Übungsfragen

Warum kann man Kultur im soziologischen Sinne auch als *soziales Erbe* bezeichnen? Nennen Sie wichtige Elemente dieses sozialen Erbes.

Inwiefern ist Identität etwas Individuelles und gleichzeitig Soziales? Inwiefern begründet Identität soziale Ordnung?

Erläutern Sie den Begriff des Habitus an Beispielen Ihrer Wahl.

Was unterscheidet nach Max Weber die Vergemeinschaftung von der Vergesellschaftung?

Nennen Sie die Bestimmungsmerkmale einer sozialen Gruppe und erläutern Sie diese an Beispielen.

Vertiefende Literatur zu diesem Kapitel

Liebsch, K. (2010): Identität und Habitus. In: Korte, H./ Schäfers, B. (Hrsg.): Einführung in Hauptbegriffe der Soziologie. 8. Auflage. Wiesbaden: VS Verlag für Sozialwissenschaften, S. 69–86.

Rehberg, K. S. (2007): Kultur. In: Joas, H. (Hrsg.), Lehrbuch der Soziologie. Frankfurt am Main und New York: Campus, S. 73–106.

Schimank, U. (2002): Akteurskonstellationen, soziale Dynamiken und Struktureffekte. In: ders. : Handeln und Strukturen. Einführung in die akteurstheoretische Soziologie. Weinheim und München: Juventa Verlag, S. 173–205.

Tenbruck, F. (1996): Perspektiven der Kultursoziologie. Opladen: Westdeutscher Verlag, S. 99–124.

Kapitel 7
Soziale Ordnung: Die Gesellschaftsperspektive

Kasten 7.1

Soziologische Regel:
„Das was aus Bestandteilen so zusammengesetzt ist, dass es ein einheitliches Ganzes bildet, nicht nach Art eines Haufens, sondern wie eine Silbe, das ist offenbar mehr als bloß die Summe seiner Bestandteile. Eine Silbe ist nicht die Summe ihrer Laute: ba ist nicht dasselbe wie b plus a“ (Aristoteles)

In diesem Kapitel wird zunächst (1) der Schlüsselbegriff der Gesellschaft vorgestellt und diskutiert. Sodann werden zwei sehr einflussreiche soziologische Denkschulen, die soziale Ordnungsgefüge von der Idee eines gesellschaftlichen bzw. systemischen Ganzen aus entwickeln, vorgestellt, (2) der Strukturfunktionalismus bei Talcott Parsons und (3) die Systemtheorie bei Niklas Luhmann. Abschließend wird (4) der Schlüsselbegriff der sozialen Institution behandelt.

7.1 Praxisbeispiel und Grundidee

„Man glaubte, dass nur in der Eintracht der Bürger eine Hoffnung übrig sei; diese müsse um jeden Preis vom Staat wiedergewonnen werden. Somit beschloss man also, dass der Unterhändler Menenius Agrippa zur Plebs geschickt werde, ein redegewandter Mann, der noch dazu beim Volk beliebt war, weil er aus ihm stammte. Man sagt, dass dieser, nachdem er ins Lager geschickt worden war, nichts anderes als folgende Worte auf jene alte und drastische Weise erzählt habe: In einer Zeit, in der im Menschen nicht wie heute alle Glieder einträchtig gewesen seien, sondern die einzelnen Glieder jeweils ihren eigenen Plan und ihre eigene Stimme hatten, hätten sich die übrigen Teile entrüstet, dass alles durch ihre Sorge, Mühe und Dienst für den Magen zusammengesucht werde, der Magen aber in der Mitte ruhe und nur die ihm gegebene Lust genieße. Darauf hätten sie sich verschworen, dass die Hand die Speise nicht zum Mund führen, und weder der Mund das Gegebene annehmen, noch die Zähne es zerkauen sollten. Durch diesen Zorn sei es, während sie den Magen doch durch Hunger bändigen wollten, zur äußersten Entkräftung der einzelnen Glieder selbst und des ganzen Körpers zusammen gekommen. Daher sei es deutlich geworden, dass auch der Dienst des Magens nicht träge sei und nicht mehr ernährt werde, als er ernähre, indem er das durch die verdaute Speise angereicherte Blut in alle Teile des Körpers zurückgebe, durch das wir leben und stark sind, gleich verteilt in die Adern. Indem er davon ausgehend eine Parallele zog, wie ähnlich der innere Aufstand des Körpers dem Zorn der Plebs auf die Patres sei, habe er die Geister der Menschen umgestimmt."[49]

Diese Fabel hat es in sich. So oder so ähnlich wurde sie von dem römischen Patrizier Menenius Agrippa vorgetragen, als die Plebejer Roms, also das einfache Volk, nicht mehr bereit waren, die Oberklasse der Patrizier durch Abgaben zu finanzieren. Agrippa will also sagen: Wir, die Patrizier, erhalten zwar von euch Nahrung in der Form von Steuern und Abgaben, die wir kassieren, gleich so, wie der Magen Nahrung durch die Tätigkeit der anderen Organe erhält. Darüber könnt ihr Plebejer erbost sein, aber wenn es uns nicht gäbe, dann ginge es euch bald ganz so wie den anderen Gliedern, die den Magen verhungern lassen: Ihr würdet ebenfalls elendig zugrunde gehen. Nach den historischen Überlieferungen blieb diese Fabel nicht ohne Wirkung auf die Plebejer. Die Geschichte ist vielfach in Theater und Literatur verarbeitet worden.[50]

Drei Dinge erscheinen in unserem Zusammenhang bemerkenswert. Erstens wird eine sehr direkte Analogie zwischen einem biologischen Organismus, hier einem menschlichen Körper, und bestimmten sozialen Verflechtungsverhältnissen hergestellt. Damit auch die Plebejer (die aus Sicht der Patrizier ja den gesellschaftlichen Überblick mangels Bildung und Informationen gar nicht haben können) die schwierigen sozialen Verhältnisse in Rom um 500 Jahre vor Christus verstehen können, werden diese sozialen Verhältnisse auf die Komplexität eines Organismus zusammengeschrumpft. Zweitens wird in dieser Argumentationsfigur eine innere Geschlossenheit von sozialen Verflechtungszusammenhängen als Organismus bzw. sozialem System suggeriert: Die römische Stadtgesellschaft erscheint wie ein in sich geschlossener Organismus, der in verschiedene, funktional klar gegliederte Teilsysteme als Einzelorgane gegliedert ist. Eindeutige Schließung nach außen und funktional bestimmbare Differenzierung nach innen sind also die zwei Seiten dieser organizistisch-biologistischen Analogie. Drittens steckt,

49 http://www.latein-lk.de/Texte/Livius/livius_secessio.htm; vgl. http://de.wikipedia.org/wiki/Secessio_plebis.

50 Vgl. z.B. http://de.wikipedia.org/wiki/Die_Plebejer_proben_den_Aufstand; Grass 1966; sowie http://www.zeno.org/Literatur/M/La+Fontaine,+Jean+de/Versfabeln/Fabeln/Die+Glieder+und+der+Magen.

wer diesem Gedankengang folgt, schon in der Falle: Die jeweils so beschriebenen Gesellschaftsverhältnisse sind alternativlos, weil jede Änderung einen Kollaps des Ganzen nach sich ziehen würde, woran ja auch den subalternsten Gliedern des Gesamtkörpers nicht gelegen sein kann.

Im vorhergehenden Kapitel wurden soziale Ordnungsmuster aus der Perspektive einzelner Akteure und kleiner Verflechtungszusammenhängen heraus thematisiert. In diesem Kapitel wird von Gesellschaften bzw. sozialen Systemen als ein Ganzes ausgegangen. Die Grundidee dabei ist einfach: Menschliche Verflechtungszusammenhänge erschließen sich nicht allein oder in erster Linie durch die Betrachtung ihrer Einzelteile, sondern nur durch die Sicht auf das organische bzw. systemische Ganze. Zur Beantwortung der Frage „Wie eigentlich ist Gesellschaft möglich?" reicht ein individualistisches Menschenbild etwa des Homo oeconomicus oder der Vertragstheorie nicht aus. Bevor soziale Verflechtungszusammenhänge sich formten, gab es nicht bereits Individuen, die sich dann per Vertrag und Autoritätsdelegation zu einem größeren Ganzen zusammenschlossen. Ohne von der Struktur und den Funktionszusammenhängen sozialer Ganzheiten als Gemeinschaften, Stämmen, Völkern, Ethnien oder Gesellschaften auszugehen, bleiben die Ansammlungen von Menschen nur Haufen im Sinne des obigen Aristoteles-Zitats. Aber die Fabel des Menenius Agrippa zeigt auch, dass bei aller berechtigten Suche nach dem gesellschaftlichen Ganzen und seinen inneren Funktionszusammenhängen mit allzu systemischen und organizistischen Analogien viel Schindluder getrieben werden kann.

7.2 Gesellschaft als soziales System

Ein Grundargument der Betrachtung sozialer Ordnungen aus der Perspektive von Gesellschaft ist, dass diese als soziale Systeme komplexen, in sich gegliederten und funktional differenzierten Organismen ähnlich sind: Das Ganze ist mehr als die Summe seiner Teile. Deshalb müssen soziales Handeln und auch soziale Ordnungsmuster aus der Perspektive eines ganzheitlich wirksamen Zusammenhangs heraus analysiert werden. Unterstellt wird hierbei also eine ganzheitliche soziale Entität, die Einheit eines sozialen Systems oder einer abgrenzbaren Gesamtgesellschaft. Eine solche gesamtgesellschaftliche Herangehensweise an soziale Ordnungsmuster ist traditionell stark an die Vorstellung von ganzheitlichen Organismen wie z.B. biologischen Lebewesen angelehnt. Solche biologistisch-organizistischen Anleihen für das Verstehen und Erklären des Sozialen gab es bereits in der Antike, wie das oben angeführte Beispiel aus dem antiken Rom zeigt (in Kapitel 12 wird mit Aristoteles noch ein griechischer Denker mit einer ebenfalls eher zweifelhaften Organismusanalogie vorgestellt). Auch das Titelblatt des von Thomas Hobbes verfassten Leviathan ziert ein königlicher Souverän als Staatsidee, die aus unzähligen Einzelkörpern und Teilen zusammengesetzt ist.

Herbert Spencer (1820–1903), ein englischer Philosoph und Soziologe, vergleicht ebenfalls die Gesellschaft mit einem Organismus und spricht in seinen soziologischen Abhandlungen von „Organsystemen" und „sozialen Metamorphosen" (für eine kritische Würdigung vgl. Beetz 2010). Ausgangspunkt aller hier zu behandelnden Vorstellungen und Konzepte sozialer Ordnungssysteme ist also die Idee eines integrierten einheitlichen Ganzen, das von seiner Umwelt in eindeutiger Weise zu unterscheiden ist, und welches in der modernen Sprache der Soziologie als Gesellschaft oder soziales System bezeichnet wird. Der Kulturanthropologe Alfred R. Radcliffe-Brown (1881–1955) hat diese Grundidee auf den Punkt gebracht:

> „Um von dem organischen Leben zum sozialen Leben zu gelangen, können wir, wenn wir eine Gemeinschaft eines afrikanischen oder australischen Stammes untersuchen, die Existenz einer sozialen Struktur erkennen. Individuelle Menschen, die Basiseinheiten hiervon sind durch ein gegebenes Netzwerk sozialer Beziehungen in ein integriertes Ganzes verbunden. Die Kontinuität der sozialen Struktur ähnlich der einer organischen Struktur wird nicht zerstört durch Veränderungen einzelner Einheiten. Individuen mögen die Gesellschaft verlassen, durch Tod oder andere Weisen, andere mögen neu hinzutreten."[51]

Die zwei Grundgedanken, die allen systemischen und holistischen Ansätzen zugrunde liegen, besagen, dass erstens das Ganze mehr als die Summe seiner Teile ist und dass zweitens das Ganze auch ohne spezifische Einzelne oder trotz des Austauschens oder Weggehens Einzelner (Zellen bzw. Individuen, nicht Organe oder soziale Gruppen!) weiter besteht. Diese Annahmen erscheinen verlockend, stellen sich aber – wie in den weiteren Kapiteln ausführlicher zu erörtern ist – als durchaus problematisch dar. Denn wie können wir als völlig fremde Wesen – um das Beispiel von Radcliffe-Brown wiederaufzunehmen – die soziale Struktur eines Volksstammes erkennen? Wie lassen sich überhaupt die Grenzen des angenommenen integrierten Ganzen bestimmen? Gehören die Angehörigen einer bestimmten Gruppe, die aus welchen Gründen auch immer diese Gruppe verlassen haben noch zu dem Ganzen dazu? Gehören Radcliffe-Brown und andere Kulturanthropologen, die solche Stämme besuchen, dann auch zu dem Ganzen? Verändern sie nicht

---

51 Radcliffe-Brown 1952, S. 180; deutsch zit. nach Abels 2009a, S. 204; englisches Original unter https://archive.org/stream/structurefunctio00radc#page/n7/mode/2up.

das Ganze durch ihre Forschungen (siehe dazu die kritischen epistemologischen Anfragen in Kapitel 3.4)?

Die Probleme der Grenzziehungen der angenommenen sozialen Entitäten, der Messung von Systemstrukturen und -funktionen sowie der Untersuchbarkeit sozialer Systeme (von innen oder von außen?) können hier angedeutet werden. Trotz aller dieser Schwierigkeiten ist der Ansatz, von der Existenz gesellschaftlicher Ganzheiten auszugehen, in der Soziologie von großer Bedeutung, vor allem in der strukturfunktionalistischen Theorie Talcott Parsons und später in der Systemtheorie Niklas Luhmanns (1927–1998). Letzterer formulierte in seinem großen Werk „Soziale Systeme: Grundriss einer allgemeinen Theorie" den Begriff **Gesellschaft** apodiktisch folgendermaßen:

> „Es muss in der Soziologie einen Begriff geben für die Einheit der Gesamtheit des Sozialen – ob man dies nun je nach Theoriepräferenz als Gesamtheit der sozialen Beziehungen, Prozesse, Handlungen oder Kommunikationen bezeichnet. Wir setzen hierfür den Begriff der Gesellschaft ein. Gesellschaft ist danach das umfassende Sozialsystem, dass alles Soziale in sich einschließt und in Folge dessen keine soziale Umwelt kennt." (1984, S. 555).

In ähnlicher Weise wird Gesellschaft in vielen Wörterbüchern der Soziologie ausgehend von der Idee einer sozialen, aber häufig auch räumlichen Ganzheit definiert:

> „Als soziologischer Grundbegriff bezeichnet Gesellschaft die umfassende Ganzheit eines dauerhaft geordneten, strukturierten Zusammenlebens von Menschen innerhalb eines bestimmten räumlichen Bereichs." (Soziologie-Lexikon 2000, S. 215).

Nur wenn die Idee eines Ganzen, eines in sich geschlossenen Systems ähnlich einem Organismus stark gemacht und aufrecht gehalten wird, ist die Frage nach den Strukturen dieses systemischen Ganzen und der Funktion einzelner Teile innerhalb und für das Ganze sinnvoll zu bearbeiten. Diese Idee einer sozialen Ganzheit ist nun aber keine abstrakte Erfindung der Soziologie, sie wird in der Weltwahrnehmung sehr vieler Menschen und Kollektive praktisch gelebt: Menschen fühlen sich Nationalgesellschaften zugehörig, nationalstaatlich verfasste Souveräne üben – mehr oder weniger erfolgreich – das Monopol legitimer physischer Gewaltsamkeit (so eine Definition Max Webers für moderne Staaten) aus, soziale Sicherungssysteme basieren auf einer gültigen Definition der Gesamtheit von Einzahlungsverpflichteten und Anspruchsberechtigten, politische Rechte wie das Wahlrecht sind an eindeutige Zuordnungen zu bestimmten Staatsgebieten gebunden, die Wahrnehmung und öffentliche Verhandlung sozialer Gerechtigkeit und Ungleichheit beziehen sich auf spezifische Referenzeinheiten, in der Regel Nationalgesellschaften, manchmal auch die „Weltgesellschaft".

Dass Nationalgesellschaften seit Begründung der Soziologie gleichsam zum natürlichen Bezugsrahmen soziologischer Analyse gemacht wurden, lässt sich aus heutiger Sicht kritisieren.[52] Gleichwohl zeigen alle empirischen Forschungen, dass ein sehr großer Teil der soziologisch relevanten Merkmale und Einheiten besonders nach nationalstaatlich verfassten Gesellschaften variieren. Dies gilt etwa für die bereits behandelten Schlüsselbegriffe wie soziale Werte, Normen und Rollen, aber auch für Kulturen. Schon bei der Begründung der Soziologie als eigenständiger Wissenschaft interessierte sich Émile Durkheim (2008[1897]) für die nach Staaten stark schwankenden Selbstmordraten und kam zu dem Schluss, dass zur Erklärung dieser Variationen die jeweiligen nationalen gesellschaftlichen Institutionen (siehe weiter unten Abschnitt 7.5) herangezogen werden müssten. Schon für Europa als ein geschichtlich-politisch, religiös und durch Wanderungsbewegungen eng verflochtenes Sozialgebilde variieren soziologische Tatbestände wie religiöse Orientierungen und Praktiken, durchschnittliche Kinderzahl pro Familie, Werteorientierungen und Einstellungen, Arbeitsmarktdynamiken, Selbstständigenquote und Berufsstruktur, Bildungssysteme und Vereinswesen signifikant nach Nationalgesellschaften, die in diesem Sinne als soziale Systeme aufgefasst werden können.[53] Insgesamt zeigt sich, dass soziale Ordnungsmuster ausgehend von (National-)Gesellschaften sinnvoll als sozialen Ganzheiten analysiert werden können. Die Potenziale eines solchen Vorgehens lassen sich am Beispiel des Parsonsschen Strukturfunktionalismus überprüfen.

7.3 Strukturfunktionalismus bei Talcott Parsons

Ohne jeden Zweifel fördern die Betrachtungsweisen auf gesellschaftliche Ganzheiten und deren soziale Ordnungsmuster grundlegend neue Erkenntnisse – trotz aller auftauchenden Probleme. Nur durch die Annahme einer Ganzheit von Elementen lässt sich sinnvoll die Frage nach den spezifischen Funktionen der Einzelteile für das Ganze angemessen thematisieren. Die

52 Vgl. zur Kritik am „methodologischen Nationalismus" Wimmer/Glick Schiller 2002, die systemtheoretische Kritik, die im Vorschlag der Rede von einer Weltgesellschaft mündet, ist eher kategorial-begrifflicher als empirischer Natur.

53 Vgl. Bach 2008; Heidenreich 2013: Lengfeld/Gerhards 2013; Mau/Verwiebe 2009; Therborn 2000; http://www.euroidentities.o.rg/; http://ec.europa.eu/public_opinion/index_en.htm oder http://www.worker-participation.eu/.

Analyse der „Struktur-Besonderheiten“ kann nur vorgenommen werden, wenn ein Konzept und Begriff von **Struktur** als dem Aufbau, der Ordnung und inneren Gliederung von Elementen innerhalb eines Ganzen vorhanden ist. Als **Sozialstruktur** kann allgemein der innere Aufbau oder das Gefüge relativ dauerhafter Beziehungsgeflechte (zum Beispiel sozialer Positionen, Erwartungen und Normen) verstanden werden – aber selbst in dieser vorsichtigen Formulierung von Beziehungsgeflechten müssen Regeln angegeben werden, nach denen entschieden werden kann, welche Elemente zu diesen Geflechten gehören und welche nicht.

Talcott Parsons hat mit seinem **Strukturfunktionalismus** wie kein anderer die Grundlagen für eine systemische Perspektive auf Gesellschaft gelegt. Ähnlich wie Spencer dürfte auch bei ihm sein anfängliches Biologie-Studium zu einer organizistisch-systemischen Betrachtungsweise beigetragen haben. Ausgangspunkt ist für Parsons die Idee von **generellen Handlungssystemen**, die sich als **Konstellationen von aufeinander bezogenen Handlungen dauerhaft selbst reproduzieren können**. Für diese dauerhafte Selbstreproduktionsfähigkeit genereller Handlungssysteme benötigen sie vier Arten von **Subsystemen**, gleichsam vier Organe innerhalb des Gesamtorganismus „generelles Handlungssystem“. Diese vier Handlungssubsysteme werden analytisch nach ihrer jeweils vorherrschenden Funktion für das Gesamtsystem unterschieden. Die ersten beiden Subsysteme beziehen sich auf den einzelnen Menschen als soziales Wesen, seine physiologische und seine psychische Seite. Parsons (1976[1971]) nennt den **(Verhaltens-)Organismus** als das „Subsystem der Anpassung, als Ort der primären menschlichen Fähigkeiten, die den anderen Systemen zugrunde liegen“ (ebd., S. 13), hierzu zählen die individuelle physische Konstitution, aber auch die Triebe und körperlichen Bedürfnisse, die das konkrete Handeln mitbestimmen. Das zweite Subsystem ist die **Persönlichkeit** der Akteure mit ihrer spezifischen psychisch-motivationalen Struktur, die die „Optimierung von Gratifikation und Befriedigung“ (ebd.) anstrebt. Beide Subsysteme, der Organismus und das Persönlichkeitssystem bilden jeweils eine unzertrennliche Einheit auf der Akteursebene: Bei einer Person als Akteur lässt sich der Körper nicht von der Persönlichkeit, dem identitären Selbst trennen. Als weiteres Subsystem benennt Parsons das **kulturelle System**, es ist „gemäß den Eigenschaften von Komplexen symbolischer Bedeutung organisiert“ (ebd., S. 12); es stellt die Werte und Normen bereit, die für den gesellschaftlichen Zusammenhalt erforderlich sind und sorgt für deren Erhalt und Weiterentwicklung. Alle drei angesprochenen Subsysteme sind für Parsons Bestandteile der Umwelt des vierten, des **sozialen Subsystems**, unter dem er jeweils eine bestimmte Ordnung sozialer Interaktionen versteht: „Das vorrangige Integrationsproblem eines Handlungssystems ist die Koordination seiner Teileinheiten, in erster Linie also menschlicher Individuen, obwohl zu bestimmten Zwecken auch Gesamtheiten als Akteure behandelt werden können. Daher schreiben wir dem sozialen System hauptsächlich Integrationsfunktionen zu“ (ebd., S. 12). Parsons geht also davon aus, das alle Formen von Handlungssystemen generell aus Handelnden als physiologisch-psychologischen Einheiten (funktionale Subsysteme Organismus und Persönlichkeitssystem) und Funktionsmechanismen ihrer Koordination und Integration (durch das funktionale Subsystem soziales System) sowie der Erhaltung und Weiterentwicklung von Handlungsnormen (durch das funktionale Subsystem kulturelles System) bestehen.

Parsons interessiert sich nun insbesondere für die Struktur und Funktionsbedingungen **moderner Gesellschaften als soziale Systeme**. Er betrachtet also das eine Subsystem seines generellen Handlungssystems – das soziale System – genauer und wendet auf dessen Analyse die gleichen Annahmen grundlegender Funktionserfordernisse an. Danach muss jedes Handlungs- und soziale System die Hauptfunktionen der Anpassung, der Zielverwirklichung, der Normenerhaltung und der Integration erfüllen. Bezogen auf das soziale System als Gesellschaft hat Parsons nun die Frage zu klären versucht, wie ein solches soziales System seine Struktur und Stabilität sichert und gleichzeitig offen für und in seiner jeweiligen Umwelt sein kann. Die Antwort hierauf ist das AGIL-Schema. Nach Parsons befinden sich soziale System immer eingebettet in die Umwelten anderer Sozialsysteme und materieller Ressourcenstrukturen. Das soziale System einer (nationalen) Gesellschaft wäre etwa ohne eine Offenheit gegenüber anderen Sozialsystemen im Hinblick auf Wirtschaftsaustausch, kulturellen Austausch und persönliche Mobilitätsmöglichkeiten kaum überlebensfähig. Systemerhalt bei gleichzeitiger Offenheit gegenüber der Umwelt ist nach Parsons durch das Zusammenspiel der vier grundlegenden Funktionsmechanismen möglich, die bereits das generelle Handlungssystem ausmachen und in der Gesellschaft mit jeweils spezifischen Medien in unterschiedlichen gesellschaftlichen Subsystemen realisiert werden (siehe Tabelle 7.1).

Die Anpassung (Adaptation) an die Umwelt geschieht vor allem mithilfe des Mediums Geld über das technologisch-ökonomische Subsystem bzw. die Wirtschaft. Knappheitsverhältnisse etwa bei Rohstoffen oder Konsumwaren werden über Preisrelationen dem sozialen System angezeigt und über die Wirtschaft entsprechend ausbalanciert. Eine langfristige Zielerreichung (Goal Attainment) ist für die Gesellschaft unverzichtbar und durch das politische System über den dominanten Mechanismus von Macht zu bewerkstelligen. Den dauerhaften Zusammenhalt aller Teilelemente einer Gesellschaft sichert die Kultur vor allem über die sozialen Institutionen von Schule und Ausbildung, die gemeinsame moralische, ästhetische und religiöse Werte sowie Deutungsmuster und Normenorientierungen vermitteln (Integration).

Das vierte Subsystem schließlich als „der Kern" (Parsons 1976 [1971]: 22) von Gesellschaften ist die gesellschaftliche Gemeinschaft als „komplexes Netz sich gegenseitig durchdringender Gesamtheiten und kollektiver Loyalitäten" (ebd.: 23). Es ist verantwortlich für die Weitergabe und den dauerhaften Erhalt von latenten Strukturmustern der Gesellschaft und besteht aus stabilen Verhaltensstandards und Loyalitätsmustern, die z.B. auch dann Bestand haben, wenn Mitglieder einer Gesellschaft in Austausch mit Mitgliedern anderer Gesellschaften treten (Latenz). Diese latenten gesellschaftlichen Strukturmuster werden vor allem in ihren grundlegenden Formen über die soziale Institution Familie und den Mechanismus der Autorität weitergegeben.

Für Parsons sind mit diesen vier Subsystemen die grundlegenden Mechanismen benannt, über die eine Gesellschaft ihre Struktur und Ordnung aufrechterhalten kann und gleichzeitig für Veränderungen der gesellschaftlichen Umwelt (Wandel der natürlichen Gegebenheiten, Wandel in anderen Gesellschaften) anpassungsfähig bleibt. Parsons selbst schränkt ein: „Die komplexen Beziehungen zwischen den einzelnen Handlungssubsystemen sowie zwischen den einzelnen Gesellschaftssubsystemen lassen aber eine wirklich saubere Einteilung nicht zu" (ebd.: 21). Bezogen auf die oben behandelten vier differenzierten Subsysteme von Gesellschaften (Wirtschaft, Politik, Schule/Ausbildung, Familie) stehen nicht individuelle Akteure, sondern Rollen und Kollektivitäten von Menschen im Mittelpunkt (Parsons 1994 [1939]: 203).

Tabelle 7.1: Die vier Subsysteme von Gesellschaft/soziales System und ihre Funktionen

Subsysteme	Struktur-komponenten	Aspekte des Entwicklungsprozesses	Hauptfunktionen
Gesellschaftliche Gemeinschaft (social community)	Normen (norms)	Einbeziehung (inclusion)	Integration (integration)
Normenerhaltung (pattern maintenance) oder „Treuhandprinzip" (fiduciary)	Werte (values)	Wertverallgemeinerung (value-generalization)	Normenerhaltung (pattern maintenance)
Politisches Gemeinwesen (polity)	Gesamtheiten (collectivities)	Differenzierung (differentiation)	Zielverwirklichung (goal attainment)
Wirtschaft (economy)	Rollen (roles)	Standardhebung durch Anpassung (adaptive upgrading)	Anpassung (adaption)

Quelle: Parsons 1976 [1971], S. 20.

Die Betonung der besonderen Bedeutung von Ordnung und Stabilität sozialer Systeme lässt sich historisch vor dem Hintergrund der Turbulenzen der ersten Hälfte des 20. Jahrhunderts (sozialistische Revolution in Russland, NS-Regime in Deutschland) recht gut nachvollziehen. Zwar war Parsons' Werk „The Structure of Social Action" bereits 1937 erschienen, seinen Haupterfolg als soziologischer Autor feierte er allerdings erst in der Zeit nach dem Zweiten Weltkrieg. Für Parsons stand also die Frage „Wie ist Stabilität sozialer Systeme möglich?" im Mittelpunkt des Erkenntnisinteresses, hieraus leitete sich die Suche nach den Funktionen ab, die bestimmte Teilelemente oder Subsysteme für den Erhalt einer Gesamtstruktur haben. Parsons setzt also eine Struktur voraus und fragt nach der Funktion der Elemente für diese Struktur, etwa nach der Funktion der Rollen- und Arbeitsteilung in der Wirtschaft als Formen der „Standardhebung durch Anpassung". Einen anderen Weg systemtheoretischen Denkens schlug Niklas Luhmann ein.

7.4 Systemtheorie bei Niklas Luhmann

In der Systemtheorie Niklas Luhmanns wird die Fragestellung von Parsons in gewisser Hinsicht umgekehrt. Nicht die Frage „Wie ist die Stabilität sozialer Systeme möglich?" treibt ihn an, sondern das Problem: „Wie eigentlich kommt es zur Bildung sozialer Systeme?" Dies ist für Luhmann die Hauptherausforderung der Soziologie. Seine Antwort: Die Bildung von bestimmten Strukturen und Systemen kann als Ausdruck der Lösung von gegeben Problemen, vor allem dem der Herausforderung von Komplexitätsreduktion angesehen werden. Während Parsons fragte „Welche Funktionen haben die Elemente für die Struktur und den Erhalt eines Gesamtsystems?", stellte Luhmann die Frage in den Mittelpunkt: „Welche Funktionen erfüllen eigentlich Strukturen und Systeme?" Obwohl beide Autoren als Klassiker der Theorie sozialer Systeme angesehen werden, liegt bei Parsons eher ein normatives, bei Luhmann eher ein funktionales Verständnis von gesamtgesellschaftlichen Einheiten als Totalitäten zugrunde. Luhmann nimmt wesentliche Erkenntnisse der Handlungstheorie auf und geht von der bereits (in Kapitel 5.2) behandelten doppelten Kontingenz aus. Handeln ist für Akteure in Sozialzusammenhängen wegen der damit verbundenen ungeheuerlichen Komplexität nur durch die Reduktion von Informationen und durch **Sinnproduktion durch Komplexitätsreduktion** möglich.

Luhmann geht davon aus, dass sich Regelmäßigkeiten und Strukturen als Generalisierungen von Erwartungen und als Ausdifferenzierungen von Erwartungsstrukturen entwickeln, und zwar als Antworten auf die Probleme der Komplexität der Welt. Vereinfacht lässt sich formulieren: Strukturen und

Systeme sind dazu da, Komplexität zu reduzieren und durch Sinnverarbeitung Handeln überhaupt erst zu ermöglichen. Das wichtigste Kommunikationsmedium hierfür ist nach Luhmann die Sprache. Andere symbolisch generalisierte (d.h. für alle Akteure innerhalb eines Sozialsystems verstehbare) Kommunikationsmedien sind: Geld, Macht, Einfluss, Werte, Wahrheit sowie Liebe. Diese unterschiedlichen generalisierten Kommunikationsmedien begründen jeweils spezifische Subsysteme, die nach unterschiedlichen Handlungslogiken und Rationalitäten funktionieren. **Soziale Systeme bilden sich** nach Luhmann also **um aussichtsreiche Kommunikation** und die erfolgreiche Mitteilung, das Verstehen und Weitergeben von Sinn. Völlig unwahrscheinlich wäre demzufolge, dass sich soziale Systeme ohne eine gemeinsame Sprache herausbilden könnten. Da allerdings rudimentäre Formen der Kommunikation (auch über andere Medien) seit dem 20. Jahrhundert eine weltweite **kommunikative Erreichbarkeit** ermöglichen, ist nach Luhmann moderne Gesellschaft nur noch als Weltgesellschaft zu denken (vgl. Luhmann 1997, S. 78 und 145ff. und Kapitel 13).

Während systemtheoretische Fragestellungen und Forschungen zweifelsohne Erkenntnisse im Hinblick auf die Stabilitätsbedingungen komplexer Verflechtungsbeziehungen und die funktionale Bedeutung bestimmter Teilelemente komplexer Sozialgebilde liefern können, sind sie andererseits immer wieder auch Gegenstand soziologischer Kritik gewesen. Die eigentliche Grundidee besticht gleichwohl weiterhin: Der Gesamtablauf und das Funktionieren großer (sozialer) Systeme lässt sich nicht allein aus der Analyse seiner Teileinheiten (wie z.B. des individuellen Handelns im methodologischen Individualismus) hinlänglich verstehen und erklären – das Ganze ist eben mehr als die Summe seiner Einzelteile. Diese Argumentation ist der ähnlich, die der Metapher von der unsichtbaren Hand in der klassischen ökonomischen Theorie nach Adam Smith zugrunde liegt: Hinter dem Rücken der nur um ihren eigenen Vorteil kämpfenden Individuen wird durch den Marktmechanismus das Wohl aller gefördert. In Goethes Tragödie Faust ist es die Person des Mephistos, die von sich selbst sagt, sie sei „ein Teil von jener Kraft, die stets das Böse will und stets das Gute schafft". Ein Grundargument strukturalistischer und systemtheoretischer Modelle ist, dass sich grundlegende Wirkungsmechanismen bei komplexen Sachverhalten erst aus einer Gesamtbetrachtung der jeweiligen Ganzheit, ihrer Strukturen sowie Funktions- und Systemzusammenhänge erschließen.

Allerdings wird ein solches Argumentationsmodell in der Soziologie bezogen auf die Theorie sozialer Systeme durchaus auch kritisch, z.B. als holistisch-teleologisch bewertet. Denn letztlich wird davon ausgegangen, dass ein Ganzes (holos) existiere und bestimmte Ziele oder letzte Zwecke (Telos) für das Ganze und/oder seine Teileinheiten identifiziert werden könnten. Wie bereits mehrfach gezeigt wurde (siehe Kapitel 2 und 3) ist die Abgrenzung des Sozialen und damit sozialer Systeme kein leichtes Unterfangen. Auch bei der Annahme allgemeiner Systemzwecke wie z. B. Systemerhalt, Selbstreproduktion oder Komplexitätsreproduktion lässt sich kritisch anfragen, woher diese abgeleitet und wie sie empirisch überprüft werden. Schließlich ist gerade angesichts der seit den 1980er-Jahren intensiver wahrgenommenen Globalisierung und Transnationalisierung sozialer Verflechtungsbeziehungen immer schwieriger, zu bestimmen, was die angemessene Bezugseinheit gesellschaftlicher Analyse ist: Über welche Mechanismen lässt sich die Ganzheit des zu analysierenden sozialen Systems sinnvoll definieren? Nationalgesellschaften zum Ausgangspunkt der Analyse sozialer Systeme zu nehmen ist sinnvoll, aber nicht ausreichend. Umgekehrt einfach den gesamten Globus als Bezugseinheit einer deklarierten Weltgesellschaft zu setzen (wie bei Immanuel Wallerstein oder Niklas Luhmann) erscheint ebenfalls problematisch (Pries 2008, S. 101 ff. und 200 ff.; Schirm 2001). Im folgenden Abschnitt wird ein soziologischer Schlüsselbegriff vorgestellt, der einerseits *ganzheitlich* ausgerichtet ist, aber andererseits weniger ambitionierte Erklärungsansprüche transportiert als die Begriffe Gesellschaft und soziales System.

7.5 Soziale Institutionen

So notwendig die Herangehensweise ist, von nationalstaatlich verfassten Gesellschaften als mehr oder weniger geschlossenen sozialen Systemen auszugehen, *innerhalb derer* soziologisch relevante Phänomene zu untersuchen sind, so muss doch die Überbetonung eines einheitlichen und funktionalen Ganzen auf der Ebene von National- *oder* Weltgesellschaft als problematisch angesehen werden. Im Zeitalter von Globalisierung sind die innerhalb von Nationalstaaten lebenden Bevölkerungen nicht nur immer bunter zusammengesetzt, Nationalstaaten sind auch in den meisten soziologisch relevanten Aspekten sehr offene Gebilde. Und wenn für Niklas Luhmann Gesellschaft als die Einheit der Gesamtheit des Sozialen und der kommunikativen Erreichbarkeit aufgefasst wird (die nur noch als weltgesellschaftliche Einheit gedacht werden kann), so stellt sich nach den in den Kapiteln 1 und 2 erörterten Erkenntnissen der modernen Tiersoziologie die Frage, ob auch alle Sozialbeziehungen innerhalb des Tierreichs und zwischen Menschen und Tieren zur Gesellschaft hinzugehören. Dies würde die Gesellschaft zum Beispiel unmittelbar in ihrer Anzahl und Differenzierung (als Nationalgesellschaft oder Weltgesellschaft) vervielfachen und völlig neue Komplexitätsgrade erzeugen. Auch über die in dem Lexikon-Zitat (S. 135) auftauchende Bestimmung von Gesellschaft über das dauerhafte Zusammenleben *innerhalb eines bestimmten räumlichen Bereiches* lässt sich trefflich streiten: Können in Zeiten der grenzüberschreitenden Warenströme, Mobilität und Telekommunikation nicht auch die an anderen Orten als in einem jeweiligen nationalstaatlichem Territorium Wohnenden zu einem transnationalen Sozialraum oder als Diaspora zu der entsprechenden Nationalgesellschaft gehören?[54]

Ein soziologisches Konzept, das die Vorteile der behandelten ganzheitlichen oder gesamtgesellschaftlichen Betrachtungsweise bietet, ohne in den Zwang eines angenommenen umfassenden Funktionsmechanismus zu verfallen, ist das Konzept der sozialen Institutionen. Der Begriff der Institution ist so alt wie die Soziologie selbst. In Anlehnung an die Biologie und in der Annahme, auch für menschliche Lebenszusammenhänge gelte das grundlegende Evolutionsgesetz, wonach sich „an indefinite, incoherent homogeneity to a definite, coherent heterogeneity" entwickle (Spencer 1862, S. 396), betrachtete Herbert Spencer „Gesellschaften" als „natürliche Systeme" oder „Organismen", in denen die Institutionen gleichsam die „Organe" sind. In seinem späteren Werk *The Principles of Sociology* (Spencer 1966 [1874]) behandelt Spencer ausführlich zeremonielle, politische, kirchliche, professionelle und industrielle Institutionen. Aufbauend auf sein Konzept der „soziologischen Tatbestände" als vom Willen und Bewusstsein Einzelner unabhängig bestehender und geradezu einen sozialen Zwang ausübender kollektiver Handlungs- und Denkweisen betont Émile Durkheim:

> „Damit aber ein soziologischer Tatbestand vorliege, müssen mindestens einige Individuen ihre Tätigkeit vereint haben, und aus dieser Verbindung muß ein neues Produkt hervorgegangen sein. Und da diese Synthese außerhalb eines jeden von uns (weil zwischen einer Mehrheit von Psychen) stattfindet, so führt sie notwendig zu dem Ergebnis, außerhalb unseres Bewusstseins gewisse Arten des Handelns und gewisse Urteile auszulösen und zu fixieren, die von jedem Einzelwillen für sich genommen unabhängig sind. Es gibt, worauf schon verwiesen wurde*, ein Wort, das in geringer Erweiterung seiner gewöhnlichen Bedeutung diese ganz besondere Art des Seins ziemlich gut zum Ausdruck bringt, nämlich das Wort Institution. Tatsächlich kann man, ohne den Sinn dieses Ausdrucks zu entstellen, alle Glaubensvorstellungen und durch die Gesellschaft festgesetzten Verhaltensweisen Institution nennen; die Soziologie kann also definiert werden als die Wissenschaft von den Institutionen, deren Entstehung und Wirkungsart" (Durkheim 1999, S. 99f; in der mit * gekennzeichneten Fußnote verweist Durk-

54 Zu der soziologischen Diskussion um die „Transnationalisierung der sozialen Welt" siehe das gleichnamige Buch Pries 2008 sowie Pries 2010: Transnationalisierung: Theorie und Empirie grenzüberschreitender Vergesellschaftung.

heim auf den Artikel „Sociologie“ von Paul Fauconnet und Marcel Mauss in der „Grande Encyclopédie“).

Bereits im Kapitel 1.4 war Émile Durkheims Verständnis von Soziologie vorgestellt worden, das ausgehend vom Begriff der soziologischen Tatbestände den der Institution in den Mittelpunkt seiner Lehre stellte. Soziologie ist für ihn die Wissenschaft von den Institutionen. Unter **Institution** können allgemein **Normen-, Handlungs- und Beziehungsprogramme verstanden werden, die für große soziale Gruppen bestimmte Lebensbereiche strukturieren sowie soziale Identität und Stabilität stiften**. Émile Durkheim sprach von Institutionen als einem „sozialen Zwang“, dem sich niemand entziehen könne und der als solcher meistens gar nicht von den Handelnden als Zwang wahrgenommen werde, weil er Teil der „bis auf Weiteres“ gegebenen Selbstverständlichkeiten des alltäglichen Lebens sei. Bis heute wachsen (fast) alle Menschen auf der Welt mit ihren leiblichen Eltern in einer Familie auf. Diese kann zwar von einer Zwei-Generation-Kleinfamilie bis zu einer viele Generationen und Verwandtschaftsgrade umfassenden Großfamilie oder Clanstruktur variieren. Aber Elternschaft als das Aufwachsen von Kindern mit den leiblichen Erzeugern ist eine weit verbreitete soziale Institution. Aber eben nicht eine biologisch oder *natürlich* vorgegebene alternativlose Art der Zeugung und Aufzucht von Nachkommenschaft. Dies zeigt sich sofort, wenn man bei anderen Tieren als dem Menschen die Fortpflanzungsmechanismen studiert. Es zeigt sich aber auch an der unter dem NS-Regime praktizierten Form der Züchtung arischer Kinder außerhalb des Schemas *normaler* Elternschaft im sogenannten Lebensborn.

Für fast alle Menschen der Welt ist es *normal*, dass Lernen in dafür speziell geschaffenen Einrichtungen, Schulen und Universitäten, erfolgt. Die **allgemeine Institution** von aus anderen gesellschaftlichen Lebensvollzügen ausdifferenzierten **Erziehungssystemen** ist aber gar nicht so alt. Die allgemeine Schulpflicht wurde z. B. in Preußen zwar formal 1718 dekretiert, aber wegen des Fehlens von Lehrern allerorten nicht umgesetzt; erst nach Napoleons Europafeldzug wurde durch die Städteordnung von 1808 im Rahmen der Preußischen (Stein-Hardenbergschen) Reformen die generelle Schulpflicht formell eingeführt, die tatsächliche Umsetzung gerade auf dem Land dauerte dann aber noch viele Jahrzehnte. Die ersten Universitäten entstanden seit dem 9. Jahrhundert im arabischen Raum; in Europa erfolgte die Ausdifferenzierung von Universitäten – jenseits der kirchlich-religiösen Lehranstalten – erst ab dem 11. Jahrhundert. Die **spezifischen Institutionen** von Bildung und Ausbildung wie die **Universitäten und die Schulen** entwickelten sich also nach bestimmten Regionen durchaus unterschiedlich. Gleichwohl kann heute von einer weltweiten Institutionalisierung von speziellen

Erziehungseinrichtungen gesprochen werden (Meyer 2005): Es gibt weltweit geltende allgemeine UN-Bestimmungen zum Recht auf Bildung, es gibt in allen Staaten der Welt diesbezüglich spezifische gesetzliche Festlegungen (als Symbolsysteme), überall existieren für Erziehungszwecke eingerichtete Gebäude (als Artefakte), überall lassen sich Funktions- und Rollengruppen wie Schüler, Lehrerschaft, Elternschaft und Aufsichtsbehörden ausmachen (als soziale Praxis und Symbolsysteme) und (fast) überall gehen zumindest Kinder einige Jahre in Schulen (als soziale Praxis).

Nicht nur der Lebensbereich der Erziehung und Ausbildung ist hochgradig institutionalisiert. Dies gilt auch für den gesamten Bereich von Wirtschaft und Erwerb. Fast alle Menschen gehen ab einem bestimmten Alter (das nach Land und seinen institutionellen Voraussetzungen stark variiert) einer geregelten Arbeit in einem sogenannten Beruf nach. Berufe als Bündelungen von mehr oder weniger genormten Qualifikationen, bestimmten Ausbildungs- und Mobilitätsmustern, Bewusstseinsstrukturen, Erwerbschancen, Zulassungskriterien und Zertifikaten sind ebenfalls eine hochkomplexe und relevante soziale Institution (Beck et al. 1980; Fürstenberg 2000). Dass die Mechanismen der Rekrutierung, Qualifizierung, Entlohnung und Mobilität von Erwerbstätigen keineswegs einfach simplen Marktprinzipien von Angebot und Nachfrage folgen, sondern Beschäftigung, Erwerb und Wirtschaft durch soziale Institutionen strukturiert sind, hat die sozialwissenschaftliche Arbeitsmarktforschung hinlänglich theoretisch und empirisch belegt (Lutz/Sengenberger 1978; Pries 1998).

Der Begriff der Institution wurde von Anfang gegen klassisch-ökonomische und biologistisch-naturalistische Sichtweisen auf das Soziale entwickelt. Gegen holistisch-teleologische Modelle argumentierten schon die Nationalökonomen der sogenannten Historischen Schule um Gustav Schmoller, dass ökonomische Prozesse in soziale und historische Kontexte eingebettet sind, ohne die sie nicht erklär- und verstehbar sind (Granovetter 1985; Weisser 1956). Auf die Frage, wie Institutionen entstehen, antworten Berger/Luckmann, dass menschliche Erfahrungen vergegenständlicht und in Symbolsystemen, vor allem der Sprache als dem „Koordinationssystem des Lebens in der Gesellschaft" verfestigt werden. „Institutionalisierung findet statt, sobald habitualisierte Handlungen durch Typen von Handelnden reziprok typisiert werden. Jede Typisierung, die auf diese Weise vorgenommen wird, ist eine Institution." (Berger/Luckmann 1980, S. 58). Anthony Giddens bezeichnet Institutionen als soziale Praktiken, die in den gesellschaftlichen „Totalitäten die größte Ausdehnung in Raum und Zeit besitzen" (1988, S. 69) und versteht sie als Kräftefelder gesellschaftlicher Strukturierung:

> „Wenn davon die Rede ist, daß Struktur eine ‚virtuelle Ordnung' transformatorischer Relationen darstellt, dann heißt das, daß soziale Systeme, als reproduzierte soziale Praktiken, weniger ‚Strukturen' haben, als daß sie vielmehr ‚Strukturmomente' aufweisen, und daß Struktur, als raumzeitliches Phänomen, nur insofern existiert, als sie sich in solchen Praktiken realisiert und als Erinnerungsspuren, die das Verhalten bewußt handelnder Subjekte orientieren [...] Eine der Hauptaussagen der Theorie der Strukturierung ist, daß die Regeln und Ressourcen, die in die Produktion und Reproduktion sozialen Handelns einbezogen sind, gleichzeitig die Mittel der Systemreproduktion darstellen" (ebd., S. 69 u. 70).

Zusammengefasst kann man soziale Institutionen als Normen-, Handlungs- und Beziehungsprogramme verstehen, die für große soziale Gruppen bestimmte Lebensbereiche strukturieren und soziale Identität und Stabilität stiften. Soziale Institutionen entstehen durch Prozesse der Institutionalisierung, also der Verfestigung von Routinen sozialer Praxis in und durch Symbolsysteme und Artefakte. Soziale Institutionen unterscheiden sich von Organisationen dadurch, dass sie habitualisierte, aber nicht geplante und generationenüberdauernde soziale Ordnungsmuster sind, während Organisationen bewusst gestaltete und vergleichsweise leicht zu verändernde arbeitsteilige Kooperationsstrukturen von Menschen sind. Organisationen und andere Formen sozialer Ordnungsmuster aus der Verflechtungsperspektive stehen im Mittelpunkt des nächsten Kapitels.

7.6 Zusammenfassung, Übungsaufgaben und weiterführende Literatur

Dieses Kapitel 7 lässt sich folgendermaßen **zusammenfassen**:

1. Gesellschaft wird in der Soziologie als umfassend(st)e und dauerhafte Ganzheit des strukturierten, institutionalisierten Zusammenlebens von Menschen (innerhalb eines bestimmten Territoriums?) verstanden.

2. Eine generelle Theorie sozialer Systeme wurde von Talcott Parsons entwickelt. Er unterscheidet Organismus, Persönlichkeitssystem, soziales System und kulturelles System als die vier Subsysteme eines generellen Handlungssystems.

3. Gesellschaften als soziale Systeme sichern ihre Stabilität durch die in jeweils spezifischen Subsystemen mit eigenen Kommunikationsmedien dominanten Funktionen der Anpassung (durch das Subsystem Wirt-

schaft/Geld), Zielerreichung (durch das Subsystem Politik/Macht), Erhaltung latenter Strukturmuster (durch das Subsystem Familie/Autorität) und Integration (durch das Subsystem Schule/Kultur).

4. In Luhmanns Systemtheorie bilden sich soziale Systeme um aussichtsreiche Kommunikation (als Dreischritt von Information/Mitteilung/Verstehen) mithilfe von Medien wie Sprache, Geld oder Macht; Sinn ergibt sich aus/als Reduktion von Komplexität, Strukturen als Generalisierung und Ausdifferenzierung von Erwartungen.
5. Unter sozialen Institutionen versteht man Normen-, Handlungs- und Beziehungsprogramme, die für große soziale Gruppen bestimmte Lebensbereiche strukturieren sowie soziale Identität und Stabilität stiften.

Übungsfragen

Erläutern und diskutieren Sie das vorherrschende soziologische Verständnis des Begriffs „Gesellschaft".

Welche Bestandteile muss nach T. Parsons ein generelles Handlungssystem haben?

Erläutern Sie das AGIL-Schema von T. Parsons als Antwort auf die Frage, wie die Stabilität von sozialen Systemen möglich sein kann?

Was ist die Funktion der Strukturbildung in sozialen Systemen nach N. Luhmann?

Wie hängen Kommunikationen und soziale Systeme nach N. Luhmann zusammen?

Was versteht man in der Soziologie unter einer sozialen Institution?

Vertiefende Literatur zu diesem Kapitel

Abels, H. (2009): Einführung in die Soziologie. Der Blick auf die Gesellschaft. Wiesbaden: Westdeutscher Verlag., S. 202–233.

Bahrdt, H. P. (2003) [1984]: Schlüsselbegriffe der Soziologie. Eine Einführung mit Lehrbeispielen. 9. Auflage. München: C.H.Beck., S. 107–128.

Durkheim, E. (1988) [1930]: Über soziale Arbeitsteilung. 2. Auflage. Frankfurt am Main: Suhrkamp, S. 229–255.

Luhmann, N. (1986): Interaktion, Organisation, Gesellschaft. In: ders. : Soziologische Aufklärung 2. Aufsätze zu einer Theorie der Gesellschaft. Opladen: Westdeutscher Verlag, S. 9–20.

Kapitel 8
Soziale Ordnung aus der Verflechtungsperspektive

Kasten 8.1

Soziologische Regel:
Die Menschen erleben ihre alltägliche Lebenswelt mit ihren sozialen Kreisen und Praktiken, symbolischen und Artefaktegeweben als geordnet, mehr oder weniger berechenbar und als vom Einzelnen nur begrenzt veränderbares Ensemble unterschiedlichster Verflechtungszusammenhänge; gleichzeitig gestalten die Menschen innerhalb dieser Sozialwelt ihre Beziehungen und sich selbst in veränderbarem Ausmaß mit.

Wie in Kapitel 6 gezeigt, werden soziale Ordnungen auf der Ebene der Individiuen als Identität, Habitus und Kultur in den unerschiedlichsten Formen sozialer Gruppen erlebt und praktiziert. Soziale Ordnungen – so zeigte das Kapitel 7 – lassen sich auch auf der analytischen Ebene gesellschaftlicher Ganzheiten als soziale Systeme und Institutionen untersuchen. Eine zwischen Individuum und Gesellschaft angesiedelte Perspektive wird in diesem Kapitel vorgestellt. Sie geht von der alltäglichen Lebenswelt sozial Handelnder aus und analysiert die zugrunde liegenden Ordnungsmuster als Verflechtungsgestalten. In dieser Betrachtungsweise sind die Einzelnen immer Teil größerer Figurationen und Verflechtungszusammenhänge, wobei deren Gestalten (soziale Kreise, Netzwerke, Organisationen) aber weniger voraussetzungsreich sind als die strukturfunktional oder systemtheoretisch begründeten Ganzheiten sozialer Systeme. Der Physiker und Wissenschaftsjournalist Mark Buchanan (2002: 48) formulierte es in einem Buch über die Komplexitätstheoirie so: „Vielleicht ist das Netzwerk unserer sozialen Welt weder geordnet noch zufällig, sondern muss irgendwo dazwischen eingeordnet werden?“

In diesem Kapitel werden (1) die Begriffe soziale Kreise und Figurationen als Ordnungsgefüge zwischen Individuum und Gesellschaft vorgestellt, (2) die Konzepte alltägliche Lebenswelt und soziale Praxis als zwischen individualistischen und holistisch-funktionalistischen Vorstellungen angesiedelte Perspektiven entwickelt, (3) die Bedeutung sozialer Netzwerke in der Soziologie und als soziale Verflechtung skizziert und (4) Organisationen als grundlegende soziale Ordnungsgefüge in der modernen Welt erläutert.

8.1 Praxisbeispiel und Grundidee

Fast jeder hat schon einmal von der Chaostheorie und den Small Worlds gehört. Manchmal erscheint uns die Welt – und auch unser eigenes Leben – ziemlich chaotisch, ohne klare Regeln und Strukturen, weder zu durchschauen noch zu kontrollieren. Dann gibt es Momente, in denen man klare Ursache-Wirkungsketten zu erkennen glaubt und Dinge einen eindeutigen Sinn ergeben. Wahrscheinlich bewegt sich die Welt und unser Welterleben irgendwo zwischen solchen Extremen. Soziale Ordnungsgefüge zwischen Individuum und Gesellschaft, zwischen reiner Beliebigkeit und funktional-systemischer, hermetischer Schließung lassen sich an dem folgenden Beispiel aufzeigen.

> „In den 60er Jahren hatte der amerikanische Psychologe Stanley Milgram versucht, sich ein Bild von dem Netz der Beziehungen zu machen, das Individuen zu einer Gesellschaft verbindet. Er schickte zu diesem Zweck Briefe an zufällig ausgewählte Menschen in Nebraska und Kansas und bat jeden der Empfänger, sein Schreiben in Richtung eines Börsenmaklers weiterzuschicken, der in Boston lebte. Milgram gab dessen Anschrift nicht an, sondern bat die Empfänger nur, die Briefe an jemanden zu adressieren, den sie persönlich kannten und von dem sie annahmen, dass er gesellschaftlich gesehen jenem Börsenmakler ‚näher' stand. Die meisten der Briefe erreichten schließlich Milgrams Freund in Boston! Das Überraschendste war allerdings, wie schnell das ging: Es waren nicht etwa hundert Zwischenschritte, sondern meist gerade mal sechs. Das Ergebnis erschien unglaublich, schließlich gibt es Hunderte von Millionen Menschen in den USA, und sowohl Nebraska als auch Kansas sind – im gesellschaftlichen Universum – weit von Boston entfernt. Milgrams Experiment wurde berühmt und ging in Amerika mit dem Ausspruch ‚six degrees of separation' – sechs Zwischenschritte, sechs Schritt Abstand, sechs Handshakes, sechs Mausklicks, sechs Stufen der Trennung – in die Umgangssprache ein." (Buchanan 2002, S. 15f.).

Das hier skizzierte Experiment befeuerte geradezu die sozialwissenschaftliche Netzwerktheorie: Auch wenn wir alle es selbst nicht wahrnehmen und wissen, so haben unsere sozialen Beziehungen doch ganz offensichtlich gewaltige Potenziale. Für individuelle Erwerbskarrieren z.B. wurde die *Stärke schwacher Bindungen* (die uns weiter unten in Abschnitt 8.4 noch näher beschäftigen werden) empirisch nachgewiesen. Die Soziologie beschäftigt sich intensiv mit solchen sozialen Ordnungsmustern, die zwischen Individuum und Gesellschaft liegen.

In den beiden vorhergehenden Kapiteln wurden soziale Ordnungsmuster aus der Perspektive der Individuen und von Gesamtgesellschaften vorgestellt. In diesem Kapitel geht es um soziale Ordnungen, die auf einer mittleren Ebene als Verflechtungszusammenhänge konzeptioniert sind. Gemeinsam ist diesen soziologischen Ansätzen, dass sie einerseits nicht von einem mehr oder weniger klar umgrenzten, in sich geschlossenen und systemisch funktional integrierten Ganzen ausgehen und andererseits soziale Ordnungen nicht nur aus der Perspektive der Einzelnen und ihrer Identitäten oder Interaktionen erstellen. Vielmehr stehen hier die Muster der relativen dauerhaften Verknüpfungen und Verflechtungen zwischen individuellen Akteuren und zwischen kollektiven Akteuren im Mittelpunkt der Untersuchung.

8.2 Soziale Kreise und Figurationen

Bereits Georg Simmel (1858–1918) entwickelte ein Konzept **sozialer Kreise**, mit denen er **Verflechtungen von Menschen** bezeichnete, die bestimmte **Gemeinsamkeiten sozialrelevanter Art** aufweisen, wie z.B. gleiche Berufszugehörigkeit, das gleiche Geschlecht oder die Zugehörigkeit zu einem bestimmten Familien- oder Sippenverband. Die geniale und einfache Grundidee Simmels ist, dass intensivere Verflechtungen und soziale Ordnungen dadurch zustande kommen, dass jeder Mensch jeweils sehr unterschiedlichen, spezifischen sozialen Kreisen angehört. Indem alle Menschen einer größeren, aber begrenzten Anzahl unterschiedlicher sozialer Kreise sich selbst zugehörig fühlen und von anderen zugeordnet werden (wobei beide Zuordnungen nicht zu den gleichen Ergebnissen führen müssen), kommt nach Simmel Vergesellschaftung zustande. Es lässt sich schlussfolgern, dass ein **Verflechtungszusammenhang** dann stabil ist, wenn jedes einzelne seiner Elemente einer größeren Anzahl sozialer Kreise zugehörig ist, im Sinne der Selbst- und der Fremdzuschreibung. Simmel formuliert dies (bezogen auf die moderne Gesellschaft freier Bürger) so:

> „Der Einzelne sieht sich zunächst in einer Umgebung, die, gegen seine Individualität relativ gleichgültig, ihn an ihr Schicksal fesselt und ihm ein enges Zusammensein mit denjenigen auferlegt, neben die der Zufall der Geburt ihn gestellt hat; und zwar bedeutet dieses zunächst sowohl die Anfangszustände phylogenetischer wie ontogenetischer Entwicklung. Der Fortgang derselben aber zielt nun auf assoziative Verhältnisse homogener Bestandteile aus heterogenen Kreisen.“ (Simmel 1999[1908], S. 456).

Nach Simmel werden also alle Menschen zunächst ontogenetisch in Verhältnisse hineingeboren, durch die ihnen ein erster (kleiner) sozialer Kreis – nämlich die Eltern und die Familie – zufällig und ohne, dass sie diesen auswählen konnten, zugeordnet wird. Gleichzeitig sind sie hierdurch zufällig in den (großen) sozialen Kreis einer phylogenetisch gewachsenen Kultur mit spezifischen Artefakten (Kultur-Landschaften, Technologien etc.) und Symbolsystemen (Sprache, Werte, Normen etc.) sowie vorherrschenden sozialen Praktiken gestellt. All diese Anfangsbedingungen sind gegenüber der Selbstwahrnehmung der Einzelnen als Individuen gleichgültig, sie existieren unabhängig von der Individualität und beginnenden personalen Identität der Einzelnen. Im Laufe ihrer weiteren ontogenetischen Entwicklung finden sich Menschen zunehmend **aus jeweils heterogenen und zufälligen ersten Herkunftskreisen in zunehmend homogenen, durch Selbst- und Fremdzuweisung bestimmten, assoziativen Verhältnissen situiert**. So treffen sich etwa Menschen aus unterschiedlichen Herkunftskreisen in Fußballvereinen, gehören dem homogenen assoziativen Verhältnis der Schüler oder Studierenden einer bestimmten Schule oder Universität an oder arbeiten in der gleichen Fabrik.[55]

Indem alle Menschen vor dem Hintergrund ihrer unterschiedlichen Herkunftskreise später jeweils sehr unterschiedlichen homogenen assoziativen, also freiwillig gewählten Kreisen angehören, sind sie auf vielfältigste Art mit Anderen in Verflechtungen oder **Figurationen sozialer Kreise** zusammengeschlossen. Dies bedeutet nicht, dass nicht eine weiterhin starke Begrenzung und Strukturierung dieser assoziativen Verhältnisse durch die ontogenetisch und phylogenetisch vorgegebenen Verlaufsgeschichten gegeben wäre. Wer in ärmliche Verhältnisse geboren wird, dem eröffnet sich ein anderer Horizont zukünftiger Möglichkeiten und assoziativer Verhältnisse als demjenigen, der in eine sehr reiche Familie geboren wird. Ähnliches gilt für die jeweiligen Kulturzusammenhänge: Wer in einem Notaufnahmelager in Kenia geboren wird, dem eröffnen sich strukturell andere Entwicklungschancen, als demjenigen, der in einem – wenn auch in den örtlichen Gegebenheiten als prekär beschriebenen – Stadtviertel in Duisburg-Marxloh zur Welt gekommen ist. Und Letzteren wiederum hat der Zufall der Geburt in schlechtere Ausgangsbedingungen geworfen als den Erben eines großen Unternehmens oder Vermögens. Simmel äußert weiterhin:

> „Die Gruppen, zu denen der einzelne gehört, bilden gleichsam ein Koordinatensystem derart, dass jede neu hinzukommende ihn genauer und unzweideutiger bestimmt. Die Zugehörigkeit zu je einer derselben lässt der Individualität noch

55 Ein ähnliches – allerdings eher von der Gesamtgesellschaft aus entwickeltes – Argumentationsmuster findet sich bei Émile Durkheim, wo er den Übergang von der mechanischen zur organischen Solidarität beschreibt, vgl. hierzu weiter unten im Kapitel 10.

> einen weiten Spielraum; aber je mehr es werden, desto unwahrscheinlicher ist es, dass noch andere Personen die gleiche Gruppenkombination aufweisen werden, dass diese vielen Kreise sich noch einmal in einem Punkte schneiden" (ebd., S. 466).

Die Grundidee Simmels ist einfach und überzeugend: **Individualisierung** und individuelle Verflechtungen finden statt **als spezifische Kombinationen von Verflechtungszusammenhängen**. Die Individuen sind nicht sich selbst erschaffende oder voraussetzungslose Wesen, sondern sie sind Individuen und **einmalig durch die Art ihrer jeweiligen Vergesellschaftungsbezüge**. Die Figurationen der sozialen Kreise bilden also Koordinatensysteme als soziale Ordnungsmuster, denen Individuen zugerechnet werden bzw. sich zugehörig fühlen. Hier wird die **Synthese zwischen einer individuen- und einer gesellschaftsbezogenen soziologischen Perspektive** recht deutlich. Menschen existieren nur in sozialen Verflechtungszusammenhängen, in sozialen Figurationen.

Der Begriff der **Figuration als ein „Interdependenzgeflecht"** wurde von Norbert Elias (1897–1990) benutzt und mit spezifisch soziologischem Inhalt gefüllt. Für Elias ist der Mensch „seiner Natur nach" auf andere Menschen angewiesen und ausgerichtet. Dies ist schon durch die Zeugung und Sozialisation aller einzelnen Menschen durch andere Menschen gegeben. Jeder Mensch ist in seinem So-Sein immer auch Produkt vieler anderer Menschen. Physiologisch-biologisch ist er das Produkt seiner Eltern, sozial und kulturell das größerer Menschengruppen, mit denen er in direkten und indirekten Interaktionsbeziehungen steht. Der Mensch ist „von Natur aus" ein soziales Gruppenwesen. Elias zieht den Terminus der Figuration oder des Interdependenzgeflechtes dem Begriff der Gruppe vor, weil hierdurch auf die anthropologische Grundkonstante der sozialen Ausgerichtetheit und Angewiesenheit auch über die Grenzen der sozialen Primärgruppe und der unmittelbaren sozialen Bezugsgruppen hinaus hingewiesen werden soll. Gegenüber dem Begriff des Netzwerkes werden nach Elias durch den Figurationsbegriff die Gerichtetheit und Strukturiertheit der sozialen Beziehungen und Prozesse betont. Er schreibt hierzu:

> „Mit dem Begriff der Figuration lenkt man die Aufmerksamkeit auf die Interdependenzen der Menschen. Die Frage ist, was Menschen eigentlich in Figurationen zusammenbindet. Fragen dieser Art aber kann man nicht beantworten, wenn man zunächst einmal alle einzelnen Menschen für sich betrachtet, als ob jeder von uns ein ‚homo clausus' wäre. Damit bleibt man auf der Ebene der Einzelmenschenwissenschaften, der Psychologie und der Psychiatrie etwa denen ja auch im Zusammenhang mit bestimmten theoretischen Vorstellungen des

Behaviourismus der Begriff der ‚behavioural science' entstammt. Man reduziert mit anderen Worten auf diese Weise alle spezifisch soziologischen auf sozialpsychologische Probleme. Man unterstellt stillschweigend, dass Gesellschaften, dass Figurationen, die interdependente Menschen miteinander bilden, im Grunde nichts anderes sind als Häufungen individueller Atome" (Elias 1986, S. 144).

Eine interagierende Fußballmannschaft bildet z.B. eine soziale Figuration, weil die Beziehungen zwischen allen Spielern klar gerichtet und differenziert sind (Torwart, Verteidiger, Stürmer etc.) und alle nur als Mannschaft, als Interdependenzgeflecht spielen können. Ähnliches gilt – allerdings in wesentlich ausgeprägter und längerfristiger Perspektive für die soziale Figuration einer Familie oder eines Kleinbetriebes. Neben Georg Simmel und Norbert Elias haben viele weitere Soziologen Konzepte von sozialen Verflechtungen entwickelt, die zwischen der Mikroebene der Individuen und der Makroebene gesellschaftlicher Gesamtsysteme angesiedelt sind. Dies gilt auch für das von Alfred Schütz entwickelte und später von Thomas Luckmann weitergetriebene Konzept der alltäglichen Lebenswelten und sozialen Welt sowie für das Konzept der sozialen Praxis.

8.3 Soziale Lebenswelten und soziale Praxis

Die Begriffe alltägliche Lebenswelt und soziale Welt spielen in der Soziologie eine sehr große Rolle. Sie wurden vor allem von dem (aus Österreich stammenden und vor dem NS-Regime nach New York geflohenen) Soziologen Alfred Schütz geprägt. Stark beeinflusst von hermeneutischen und phänomenologischen Denktraditionen gilt Alfred Schütz als Begründer der phänomenologischen Soziologie.[56] Für Schütz sollte jede soziologische Reflexion von der alltäglichen Lebenswelt ausgehen. Als **alltägliche Lebenswelten** können auf der mikrosoziologischen Ebene alle die Bereiche des menschlichen Lebens bezeichnet werden, die als fraglos gegeben erscheinen. Die Soziologie sollte also nach Schütz nicht von abstrakten theoretischen Modellen über das Soziale an und für sich ausgehen, weder von allgemeinen abstrakten Modellen *des Individuums* (wie z.B. dem Menschenbild des Homo oeconomicus) noch von allgemeinen theoretischen Modellen *der Gesellschaft* oder *des*

56 Vgl. vor allem Schütz 1971; Schütz 1974[1932]; Schütz/Luckmann 1979; sowie zur weiteren Entwicklung einer hermeneutischen Wissenssoziologie http://de.wikipedia.org/wiki/Hermeneutische_Wissenssoziologie.

sozialen Systems. Ausgangspunkt der Soziologie sollte vielmehr das den Menschen fraglos Gegebene, ihre alltägliche Lebenswelt sein:

> „Unter alltäglicher Lebenswelt soll jener Wirklichkeitsbereich verstanden werden, den der wache und normale Erwachsene in der Einstellung des gesunden Menschenverstandes als schlicht gegeben vorfindet. Mit schlicht gegeben bezeichnen wir alles, was wir als fraglos erleben, jeden Sachverhalt, der uns bis auf weiteres unproblematisch ist." (Schütz/Luckmann 1979, S. 25).

Die meisten Menschen stehen normalerweise morgens auf, nehmen irgendwann irgendwelche Nahrungsmittel zu sich, tun den Tag über etwas und schlafen in der Regel nachts. Dabei erscheint ihnen **in ihrer Alltagswelt als gleichsam natürlich gegeben und gar nicht zu hinterfragen**, dass sie in einem Bett schlafen (oder auf nackter Erde oder in einer Hängematte), dass sie in einem Zimmer für sich allein sind (oder mit vielen anderen Menschen oder unter freiem Himmel schlafen), dass sie morgens ein Müsli essen (oder ein Reisgericht, Baguettes oder Maistortillas mit Sauce), dass sie acht Stunden in einer Fabrik oder in einem Büro arbeiten müssen (oder 14 Stunden auf dem Land, im Steinbruch oder gar auf den Bahamas) und dass sie dafür als Transportmittel das Auto oder den ÖPNV (öffentlicher Personennahverkehr) nehmen (oder nur die eigenen Füße haben, das Elektrofahrrad nehmen oder den eigenen Flieger benutzen). Irritationen in dieser *bis auf weiteres* fraglos gegebenen Alltagswelt treten immer dann auf, wenn die alltäglichen Routinen des Handelns und Sich-Verhaltens nicht mehr funktionieren. Schütz begründet sein phänomenologisches Vorgehen systematisch und erkenntnistheoretisch in Absetzung des Gegenstandes der Soziologie von dem der Naturwissenschaften:

> „Die Tatsachen, Daten und Ereignisse, mit denen der Naturwissenschaftler umgehen muß, sind lediglich Tatsachen, Daten und Ereignisse innerhalb seines Beobachtungsfeldes; jedoch ‚bedeutet' diese Feld den darin befindlichen Molekülen, Atomen und Elektronen gar nichts.

Dem Sozialwissenschaftler liegen aber Tatsachen, Ereignisse und Daten einer völlig verschiedenen Struktur vor. Sein Beobachtungsfeld, die Sozialwelt, ist nicht ihrem Wesen nach ungegliedert. Sie hat eine besondere Sinn- und Relevanzstruktur für die in ihr lebenden, denkenden und handelnden Menschen. In verschiedenen Konstruktionen der alltäglichen Wirklichkeit haben sie diese Welt im Voraus gegliedert und interpretiert, und es sind gedankliche Gegenstände dieser Art, die ihr Verhalten bestimmen, ihre Handlungsziele definieren und die Mittel zur Realisierung solcher Ziele vorschreiben –

kurz: sie verhelfen den Menschen in ihrer natürlichen und soziokulturellen Umwelt ihr Auskommen zu finden und mit ihr ins Reine zu kommen. Die gedanklichen Gegenstände, die von den Sozialwissenschaftlern gebildet werden, beziehen und gründen sich auf gedankliche Gegenstände, die im Verständnis des im Alltag unter seinen Mitmenschen lebenden Menschen gebildet werden. Die Konstruktionen, die der Sozialwissenschaftler benützt, sind daher sozusagen Konstruktionen zweiten Grades: Es sind Konstruktionen jener Konstruktionen, die im Sozialfeld von den Handelnden gebildet werden" (Schütz 1971, S. 6f.).

Der Begriff der **Lebenswelt** spielt auch im Werk von Jürgen Habermas eine wichtige Rolle, der diese von einer – von ihm so genannten – Systemwelt abgrenzt. Nach Habermas unterscheiden sich beide Welten durch den sie bestimmenden Handlungstypus. Die **Systemwelt** wird von erfolgsorientiertem Handeln bestimmt, wobei er zwischen nicht-sozialem Handeln (z.B. Bedienen eines technischen Apparates) als instrumentellem Handeln und sozialem (auf andere Akteure bezogenem) Handeln als strategischem Handeln unterscheidet. In der Systemwelt als auf erfolgsorientiertes Handeln ausgerichteten Teil der menschlichen Umwelt sind die wichtigsten Medien Geld und Macht, die die eigenständigen Sphären von Wirtschaft und Staat konstituieren. Dagegen – so Habermas – wird die **Lebenswelt** vom (herrschaftsfreien) kommunikativen Handeln durch Sprache und Interaktion in der Privatsphäre und in der Öffentlichkeit bestimmt. Gerade die Annahme, der herrschaftsfreien Kommunikation in der Lebenswelt als verständigungsorientiertem, nicht erfolgsorientiertem Handeln wurde vielfach kritisiert. Soziale Ungleichheitspositionen nach Klassen und Schichten, Hierarchien und Machtasymmetrien reproduzierende Rollen und Wertvorstellungen durchtränken – so die Habermas-Kritiker – mit all ihren implizierten vertikalen und horizontalen Differenzierungen die gesamte Sozialwelt des Menschen. Öffentlichkeit kann keineswegs als Bereich herrschaftsfreier Diskurse angesehen werden.

Ein letzter und in jüngerer Zeit zunehmend prominenter Schlüsselbegriff ist in diesem Zusammenhang noch zu erwähnen: die **soziale Praxis**, ein bereits in Kapitel 5 kurz vorgestellter Begriff. Auch das mit diesem Terminus verbundene Denken versteht sich als eine Mittel- bzw. Mittlerposition zwischen vom Individuum oder von der Gesellschaft ausgehenden Betrachtungsweisen des Sozialen. An dem vorherrschenden Verständnis sozialen Handelns wird kritisiert, dass dieses – vor allem in den Modellen rationalen Entscheidungshandelns – die menschliche Lebenswirklichkeit in kleine Entscheidungs- bzw. Handlungshäppchen zergliedere, die aber – phänomenologisch betrachtet – eher ein **kontinuierlicher Fluss von Tun und Sprechen, Erleben und Gestalten, Erfahren und Ausdrücken** ist. Soziale Praxis ist also dynamisch und kontingent (weil weder von außen noch von innen gesteuert oder kontrolliert), sie ist schöpferisch-kreativ und auf die drei Ebenen anderer Handelnden, der äußeren Natur- und Artefaktewelt und das eigene Selbst und den Körper bezogen. Als **soziale Praktiken** (zwischen Akteuren) werden dabei – durchaus in Analogie zum Konzept der Institutionalisierung – **die in Raum und Zeit verdichteten und stabilen Praxisformen** bezeichnet (Hillebrandt 2009, S. 83ff.). Der *vermittelnde* Anspruch des Konzeptes sozialer Praxis wird dabei folgendermaßen begründet:

> „Die struktur-funktionalistische Soziologie ist nach Bourdieu (1993b, S. 86) aufgrund ihrer deduktiven Vorgehensweise gezwungen, die soziale Welt als ‚ein Universum objektiver, von den Handelnden unabhängiger Regelmäßigkeiten, die von Standpunkt eines unparteiischen, die beobachtete Welt überfliegenden Beobachtens jenseits des Handelns konstruiert sind', zu begreifen. Die Gesellschaft erscheint dabei quasi als Subjekt in Großformat, dessen Objekte die Akteure sind, die in funktionalistischer Sichtweise durch ihr ‚Rollenhandeln' den Funktionserfordernissen der Gesellschaft gerecht werden oder in rationalistischen Modellen durch bewusste Regelerfüllung einem expliziten Normenzwang folgen. Im Gegensatz dazu vertritt die Praxistheorie die These, dass soziale Strukturen und Funktionalitäten, die als objektivierte Schemata gefasst werden, die kulturell repräsentiert sind, nur dann relevant sind, wenn sie mit der Lebenswirklichkeit der sozialen Akteure etwas zu tun haben (…) Die soziologische Praxistheorie identifiziert und untersucht folglich die ‚symbolischen Ordnungen und Sinnstrukturen der Kultur … auf der Ebene sozialer Praktiken' (Reckwitz 2006, S. 35). (…)
> „Das Konzept des praktischen Sinns und der mit ihm verbundenen Praktiken befindet sich so in einer doppelten Frontstellung gegenüber einem mechanistischen Materialismus einerseits und einem konstruktivistischen Idealismus andererseits. Praktiken sind als Produkte und Erscheinungsformen des praktischen Sinns weder ausschließlich die mechanische Folge äußerer Ursachen, noch sind sie ausschließlich das Ergebnis einer Kalkulation von Gewinnchancen und Handlungsfolgen. Das Konzept der Praktiken als Letztelemente der Sozialität wendet sich zudem gegen eine ‚Semantisierung des Sozialen'. Denn durch die Konstruktion der Relation zwischen inkorporierter und objektivierter Sozialität werden die Körper der sozialen Akteure und die Sachen, die praktisch gehandhabt werden müssen, als Bedingungen der Entstehung von Praxis gefasst und können so systematisch in die Erklärung der Entstehung sozialer Praktiken und Praxisformen einbezogen werden" (Hillebrandt 2009, S. 86).

Im Rahmen dieser Einführung können einige Grundelemente eines erweiterten Konzeptes der sozialen Praxis hier nur angedeutet werden. Wesentliche Begriffe sind noch die der „objektivierten Sozialität" (die als kulturelle Schemata und symbolische Formen z. B. in Institutionen und Artefaktestrukturen niederschlägt) und der „inkorporierten Sozialität“(die sich als kulturelle Schemata und symbolische Formen in den individuellen und kollektiven Akteuren niederschlägt). Während der Schlüsselbegriff der sozialen Praxis auf die beständige Produktion und Reproduktion von symbolischen Formen, kulturellen Schemata und objektiviertem Sinn im Kontinuum von Tun, Sprechen, Erleben, Gestalten etc. abstellt, fokussiert ein weiterer wichtiger Begriff, der des sozialen Netzwerkes, auf die Muster von Beziehungen zwischen Akteuren.

8.4 Soziale Netzwerke

Die soziologische Netzwerkforschung bzw. die Nutzung der Netzwerktheorie für soziologische Fragestellungen hat seit den 1990er-Jahren erheblich an Bedeutung gewonnen. Hierin spiegelt sich auch eine gewisse Unzufriedenheit mit vorherrschenden Konzepten wider, die entweder einseitig bei *dem* Individuum oder *der* Gesellschaft ansetzen. In dem Maße, in dem soziale Verflechtungsbeziehungen über die „Container nationaler Gesellschaften“ (Pries 1999) hinweg ausfransen, in dem soziale Beziehungen ausdifferenzierter und flüssiger, dynamischer werden, bietet die Netzwerkperspektive einen interessanten Forschungsansatz. Die Grundidee der Netzwerktheorie ist dabei recht einfach: Allgemein besteht ein **Netzwerk aus einer begrenzten Anzahl von Knoten und den sie verbindenden Beziehungen** (Letztere werden in der Sprache der Netzwerkforschung Kanten genannt). Welche Knoten dabei zum Netzwerk gehören und welche Beziehungen betrachtet werden sollen, liegt in der Definitionsmacht des Forschenden. Grundsätzlich können als Knoten in sozialer Netzwerkanalyse einzelne Personen (und entsprechend die Beziehungen zwischen Personen und Personen) oder auch komplexe soziale Gebilde wie Gruppen oder Organisationen (mit den entsprechenden Beziehungen zwischen Menschen und Organisationen) betrachtet werden. Auch im Hinblick auf die interessierenden Linien zwischen den Knoten, den sozialen Beziehungen, hängt es von der soziologischen Fragestellung ab, welche Verbindungslinien zwischen den Knoten von Belang sind (als Überblick Wassermann/Faust 1995).

Grundsätzlich wird zwischen ego-zentrierten und vollständigen, gruppen- bzw. organisationsbezogenen Netzwerken unterschieden. Bei **ego-zentrierten Netzwerken** ergibt sich die Zugehörigkeit zu einem solchen aus der subjektiven Angabe bestimmter abgefragter Knoten auf der Grundlage sogenannter Namensgeneratoren. So könnte z.B. bei Studierenden das soziale (personale und organisationale) Netzwerk zur Vorbereitung auf eine Klausurprüfung konstruiert werden durch die Frage: Welche Personen oder

Einrichtungen waren für die Vorbereitung auf ihre letzte Klausur relevant und wurden einbezogen? Durch die Befragung etwa von 100 Studierenden der Soziologie ließen sich entsprechend hundert soziale ego-zentrierte Netzwerke konstruieren auf der Grundlage der jeweiligen Benennungen der interviewten Studierenden. Die von diesen benannten Personen und Einrichtungen können dann ebenfalls im Hinblick auf bestimmte Fragestellungen untersucht werden.

Während bei ego-zentrierten Netzwerken die Grundgesamtheit aller Knoten (bzw. Personen oder Einrichtungen etc.), also der Umfang der zu untersuchenden Verflechtungsbeziehungen durch die auf einen Namensgenerator hin von den Interviewten geäußerten Angaben beruht, ist bei **organisationsbezogenen Netzwerkanalysen** die Anzahl der Knoten *ex ante* durch die Anzahl der Mitglieder der zu untersuchenden Organisation vorbestimmt. So könnten etwa die Netzwerkbeziehungen innerhalb der Dozentenschaft eines soziologischen Instituts oder innerhalb eines gegebenen Unternehmens untersucht werden. Hierbei steht die Anzahl der Knoten, also die Menge der in die Analyse einzubeziehenden Menschen, im Vorhinein fest, und die Beziehungen zwischen *allen* dazugehörenden Knotenpunkten werden rekonstruiert.

Nach einem ersten Schritt der Konstruktion von Knoten und Beziehungen innerhalb eines Netzwerkes kann in einem zweiten Schritt eine Anzahl interessierender Aspekte analysiert werden. Hierzu gehört z. B. die Positionseigenschaften einzelner Knoten im Beziehungsnetz zu bestimmen und die Zahl, Richtung, Qualität und Entfernung der Beziehungen zwischen Knoten (etwa über degree-, closeness- und betweenness-Zentralitätsmasse, vgl. Krempel 2005, S. 77). Dabei ist die Betrachtung sozialer Verflechtungsbeziehungen als Netzwerke keineswegs nur eine Methode oder formale Analysestrategie – auch wenn die Möglichkeiten der Formalisierung von theoretischen Annahmen und empirischem Vorgehen äußerst vielfältig und vielversprechend sind. Bekannt wurden die Forschungen von Mark Granovetter (1973) zur **„Stärke schwacher Bindungen"**. Normalerweise wurde davon ausgegangen, dass für Menschen die starken Bindungen, also etwa die direkten Verwandtschaftsbeziehungen, die sich durch häufige Interaktionen und hohe Wertschätzung auszeichnen, wesentlich bedeutsamer sind als die schwachen Bindungen etwa zu ehemaligen Schul- oder Studienkollegen, Bekannten, die man einmal im Urlaub oder auf einem Seminar getroffen hat. Tatsächlich zeigte sich aber in empirischen Studien, dass z. B. im Erwerbsleben und für berufliche Mobilität die schwachen Bindungen oft viel wichtiger sind. Denn diese führen etwa einen Jobsuchenden aus seinem engen Zirkel der direkten Kontakte heraus und erlauben viel gezieltere Beziehungen etwa in anderen Städten, Branchen etc. (vgl. auch Burt 2005).

Bruno Latour hat eine **allgemeine Netzwerktheorie** zu entwickeln versucht. Hierbei wird die sozial relevante Wirklichkeit als komplexe Struktur von Netzwerkbeziehungen zwischen Aktanten verstanden, wobei diese sowohl menschliche Akteure, als auch andere Lebewesen und Artefakte beinhalten können (Latour 2005). Die Netzwerkforschung steht in engem Zusammenhang zu neueren Diskussionen zu einer „relationalen Soziologie" (Emirbayer 1997; Pries 2012). Viele der Versprechungen der soziologischen Netzwerkanalyse als konzeptioneller oder gar theoretischer Neuansatz haben sich nicht erfüllt. Ohne theoretische Annahmen über die *Natur* der soziologisch relevanten Beziehungsgeflechte und ohne erkenntnisleitende theoretisch begründete Fragestellungen bleibt die Netzwerkanalyse ein formales Untersuchungsinstrument. Gleichwohl ist sie hilfreich, um soziale Beziehungsgeflechte nicht *ex ante* als bereits gegeben zu unterstellen (wie dies oft bei der unhinterfragten Setzung einer Gemeinde oder Nationalgesellschaft als Analyse- oder Bezugseinheit geschieht), sondern die real existierenden spezifischen Interaktionsbeziehungen zwischen Menschen und auch zwischen Menschen und Dingen oder Organisationen zu untersuchen. Netzwerkforschung kann auch die Analyse von Organisationen erheblich befruchten.

8.5 Organisationen als arbeitsteilige Kooperationsgefüge

Organisationen haben in der Soziologie eine herausragende theoretische und empirische Bedeutung. Theoretisch sind sie von erheblichem Interesse, weil sie einen vergleichsweise jungen, aber für die Gegenwartsgesellschaften äußerst bedeutsamen Vergesellschaftungsmechanismus repräsentieren. Ein bekannter US-amerikanischer Soziologe, Charles Perrow, nannte die moderne Welt eine „Gesellschaft der Organisationen" (Perrow 1991). Empirisch ist das Studium von Organisationen interessant, weil es gut entwickelte Methoden und Instrumente für deren Analyse gibt. Dies hängt auch mit der Bedeutung von Organisationen – als Unternehmen, Schulen, Krankenhäuser, politische Parteien, Verwaltungseinrichtungen, Nichtregierungsorganisationen etc. – für das alltägliche Leben und für Gesellschaften insgesamt zusammen. Organisationen wird häufig eine Scharnierfunktion zwischen der Sozialintegration (von Einzelnen in soziale Gruppen und größere Verflechtungszusammenhänge) und der Systemintegration (von größeren sozialen Gruppen oder Verflechtungszusammenhängen in komplexere soziale Systeme oder Gesellschaften) zugeschrieben.[57]

57 Zum Verhältnis von Sozialintegration und Systemintegration allgemein vgl. Lock-

Die soziologische Bedeutung von Organisationen lässt sich am besten in einer entwicklungsgeschichtlichen Perspektive verdeutlichen. Doch zunächst sei eine Definition gegeben: In soziologischer Perspektive kann eine Organisation als **relativ dauerhaftes arbeitsteiliges Kooperationsgefüge mit gestaltenbaren Zielen und Zwecken, gestalteten Strukturen und Prozessen und mehr oder weniger explizierten Mitgliedschaftsregeln** verstanden werden. Diese Form sozialer Ordnung ist relativ jung. Über die Jahrtausende lebten die Menschen in Hausgemeinschaften, Familienverbänden und in durch verwandtschaftliche Beziehungen oder berufsständische Gemeinsamkeiten definierten Verflechtungsbeziehungen. Die räumliche Mobilität der meisten Menschen war ebenso eingeschränkt wie ihre soziale Mobilität. Heiraten wurden in großem Maße durch die Elterngeneration vorbestimmt und reproduzierten so weitgehend die bestehenden sozialen Kreise. Das Verlassen der eigenen Wohngemeinde war in der Regel an eine entsprechende Erlaubnis durch den Lehnsherrn oder Fürsten und seine Beauftragten gebunden. Die berufliche Zukunft wurde ebenfalls in erster Linie durch die Elterngeneration und nur in sehr beschränktem Maße durch die eigenen Fähigkeiten und Präferenzen bestimmt. Die räumliche Reichweite und Differenzierung von Sozialbeziehungen beschränkte sich auf fußläufig erreichbare Entfernungen. Menschen konnten nicht frei wandern, sie konnten sich auch nicht frei in Organisationen oder Verbänden zusammenschließen.

Für die Zeit vor der Entstehung der modernen bürgerlich-kapitalistischen Gesellschaften beschreibt Max Weber die große Bedeutung der antiken und feudalen Wirtschaftsgemeinschaften, des Oikos. Hierunter versteht Weber den autoritär geführten Großhaushalt eines Fürsten oder Grundherren zum Zwecke der Vermögensnutzung. Der Oikos umfasst die Feudalen ebenso wie die zugehörigen Bauern, Leibeigenen, Handwerker etc. Er gibt die wesentliche Strukturierungslogik für *alle* Sozialbeziehungen vor. Im Kontext des Oikos sind Familie, Arbeit und Wohnen jeweils räumlich und sozial gemeinschaftlich organisiert. In anderen Teilen der Welt gab es ähnliche Systeme oder auch Clanstrukturen, in denen das gesamte Leben organisiert war. Aber es gab keine Organisationen im modernen, oben definierten Sinne. Wesentliche Veränderungen ergaben sich erst seit dem Mittelalter und dann vor allem mit der Aufklärung durch das Entstehen der modernen Organisationen, zunächst in der Form von Betrieben.

---

wood 1973; zu der spannungsreichen Vermittlerrolle von Organisationen am Beispiel von Migrantenorganisationen vgl. Pries/Sezgin 2010.

„Die Ordnungen für das gesamte ökonomische Leben der großen Hausgemeinschaft werden periodisch durch Kontrakte geregelt. Und während ursprünglich dabei die Regelung des ‚Taschengeldes' mit der Regelung der Geschäftsorganisation in eins geht, änderte sich das allmählich. Der kontinuierlich gewordene kapitalistische Erwerb wurde ein gesonderter ‚Beruf', ausgeübt eines ‚Betriebes', der sich im Wege einer Sondervergesellschaftung aus dem hausgemeinschaftlichen Handeln zunehmend in der Art aussonderte, dass die alte Identität von Haushalt, Werkstatt und Kontor, wie sie der ungebrochenen Hausgemeinschaft und auch dem (…) ‚Oikos' des Altertums selbstverständlich war, zerfiel" (Weber 1976, S. 229).

Während Wohnen, Erziehung und Ausbildung, Arbeiten und Feiern innerhalb enger Haus- und Dorfgemeinschaften erfolgten, bildeten sich **moderne Organisationen** in Europa erst mit der Abschaffung der Leibeigenschaft und der Entstehung bürgerlich-kapitalistischer Wirtschaft und Gesellschaft. Dies vollzog sich in Stufen vom häuslichen Verlagssystem und den Manufakturen im 17. und 18. Jahrhundert bis hin zum modernen Fabriksystem seit dem 19. Jahrhundert. Im Verlagssystem erfolgen die Arbeitsverrichtungen durch die Arbeiter dezentral im häuslich-handwerklichen Umfeld und für den Verleger, der die Vorlagen und meistens auch die Rohmaterialien für die zu verrichtenden Arbeiten liefert (siehe Abbildung 8.1, die auch zeigt: Spinnen unten im Haus ist Frauensache, Weben oben im Haus ist Männersache). In Manufakturen sind verschiedene Handwerke räumlich zum Zwecke arbeitsteiliger und sequenziell organisierter Produktion zusammengefasst, aus ihnen entwickelten sich vorrangig die modernen Fabrikorganisationen (Eggebrecht et al. 1980).

Zwar kann man systematisches Organisieren von Staatsaktivitäten bis Jahrtausende vor Christus in Ägypten und China zurückverfolgen, dieses Organisieren beruhte aber nicht auf dem Bestehen unabhängiger Organisationen im modernen Sinne.

„Das gemeinsame Muster des Erfahrungsgegenstandes der Organisation ist ein relativ neuartiger Typus sozialer Gebilde, der in unserer Zeit sein zweihundertjähriges Jubiläum feiern kann. Es handelt sich dabei um eine Vergesellschaftungsform, die sich mit der bürgerlichen Gesellschaft gegen Ende des 18. Jahrhunderts zunehmend durchsetzt und unbeschadet der Vielzahl weiterer, in der Literatur genannter Eigenschaften durch drei evolutionär entscheidende Merkmale bestimmt werden kann" (Türk 1989, S. 474).

Abbildung 8.1: Charakteristisches Weberhaus in Golcar/West Yorkshire (Quelle: Sauer 1984, S. 57)

Klaus Türk benennt dann die bereits vorher aufgeführten Bestimmungsmerkmale, nämlich erstens die freie Ein- und Austrittsmöglichkeit der Mitglieder bzw. **festgelegte Mitgliedschaftsregeln**. Dies ist insofern neu, als in allen vorhergehenden sozialen Gruppen und Verbänden der Eintritt oder Austritt nicht prinzipiell von den Betreffenden selbst entschieden werden konnte und/oder einmal erfolgt, nicht rückgängig gemacht werden konnte (wie etwa der Eintritt in ein Kloster). Auch der Wechsel zwischen verschiedenen Berufen und den sie organisierenden Zünften war äußerst selten und mit erheblichen Kosten verbunden. Zünfte waren überdies keine freiwilligen Organisationen, sondern Zwangsorganisationen für die Ausübung bestimmter Berufstätigkeiten: Wer Bäcker sein wollte, musste der entsprechenden Zunft oder Innung angehören.

Das zweite Bestimmungsmerkmal moderner Organisationen ist die prinzipiell freie **Gestaltbarkeit ihrer internen Strukturen und Prozesse**, vor allem der vertikalen und horizontalen Differenzierung etwa nach Autoritäts- und Anweisungsebenen und nach funktionalen Abteilungen und Bereichen. Während z. B. Hierarchieebenen in modernen Organisationen auf- oder abgebaut werden können je nach Opportunität der Organisationsmitglieder oder -inhaber, so waren in früheren vororganisationalen Verbänden die Strukturen durch „heilige Ordnung" (wie etwa in der katholischen Kirche bis heute) oder durch institutionalisierte Regeln und Ordnungen, die über Generationen gewachsen und nur sehr schwer veränderbar waren, legitimiert.

Das dritte Bestimmungsmerkmal schließlich ist die prinzipiell **veränderbare Ziel- und Zwecksetzung von Organisationen**. Die Ziele und Zwecke z.B. von Familien als sozialen Institutionen wandeln sich nur sehr schwer und langsam – wie der Wandel der Familien- und Geschlechterarrangements zeigt; diese Veränderungen erfolgen nicht per staatlichem Dekret oder Beschluss einer Behörde, sie erfolgen als gesamtgesellschaftlicher Prozess sozialen Wandels (siehe Kapitel 9–11). Moderne Organisationen dagegen können ihre allgemeinen und spezifischen Ziele durch Beschlüsse und Politiken der Shareholder und Stakeholder vergleichsweise schnell ändern. Man denke nur an Fusionen großer Unternehmen, den (möglichen) Börsengang von Familienunternehmen, Verjüngungskuren bei Zielen und Mitgliederstruktur von Gewerkschaften oder die Veränderungen parteipolitischer Programmatiken vor und nach Wahlen.

Organisationen in diesem soziologischen Sinn als soziale Ordnungsmuster sind also jüngeren Datums. Ihre gesellschaftliche Bedeutung setzt verschiedene Freiheiten voraus, wie die Freiheit von Leibeigenschaft und die Freiheit des Gewerbes. Dieser neue Typus sozialer Ordnung ermöglichte völlig neuartige Zugehörigkeiten und Verflechtungszusammenhänge für sehr viele Menschen. Erst nach der Bauernbefreiung, mit der Gewerbefreiheit und der Koalitionsfreiheit während des 19. Jahrhunderts konnten allein in dem Gebiet der heutigen Bundesrepublik Deutschland viele Millionen Menschen zum ersten Mal in diesen neuen Verflechtungstyp Organisation eintreten. Moderne Organisationen sind als soziales Ordnungsgefüge im Vergleich zu allen vorher bestehenden Verflechtungsformen (einschließlich etwa der Logen, Geheimbünde, der Hanse und anderer Typen von Zusammenschlüssen) extrem flexibel. Sie können sich – trotz aller unbestreitbaren Beharrungskräfte, auf die in der Organisationsforschung immer wieder hingewiesen wird – veränderten Anforderungen und Erwartungen von Mitgliedern, Kunden- und Klientengruppen in ihren Zielen, Strukturen und Mitgliederregeln vergleichsweise leicht anpassen.

Im 21. Jahrhundert sind alle Menschen dieser Welt in vielfältigster Weise in Organisationen als Mitglieder, Kunden, Betroffene, Anspruchsberechtigte oder Nutznießer eingebunden. Die sozialen Kreise moderner Menschen sind vor allem organisationale Kreise bzw. durch Organisationen strukturierte Verflechtungszusammenhänge. In diesem Sinne sind Organisationen der Prototyp von sozialem Ordnungsgefüge auf der Mesoebene zwischen den Individuen und der Gesellschaft. Organisationen sind ein relativ junges Ergebnis der menschlichen Entwicklungsgeschichte und in ihrer Ausgestaltung und Entwicklung sehr anpassungsfähig. Sie unterliegen einerseits einem permanenten Wandel durch die Veränderungen in ihrer Umwelt, andererseits sind sie oft selbst Motoren sozialen Wandels. Mit den Aspekten kurz-, mittel- und langfristiger sozialer Wandlungsprozesse auf der Ebene von Individuum, Gesellschaft und Verflechtungszusammenhängen beschäftigen sich die folgenden drei Kapitel.

8.6 Zusammenfassung, Übungsaufgaben und weiterführende Literatur

Dieses Kapitel 8 lässt sich folgendermaßen **zusammenfassen**:

1. Die Begriffe „soziale Kreise“ (Simmel) und „Figuration“ (Elias) verweisen auf Verflechtungszusammenhänge zwischen einer individualistischen und einer holistisch-funktionalistischen Perspektive: Vergesellschaftung findet als Verflechtung aus heterogenen Herkunftskreisen durch homogene assoziative Verhältnisse (Simmel), in „Interdependenzgeflechten“ (Elias) statt.

2. Zur alltäglichen Lebenswelt gehören alle Bereiche des menschlichen Lebens, die „der wache und normale Erwachsene in der Einstellung des gesunden Menschenverstandes als schlicht gegeben vorfindet (...), der uns bis auf weiteres unproblematisch ist“ (Schütz/Luckmann).

3. In den Konzepten sozialer Lebenswelt und sozialer Praxis wird menschliche Lebenswirklichkeit als Fluss von Tun und Sprechen, als sozial-, natur- und selbstbezogene Praktiken verstanden, die genuin dynamisch, kontingent und schöpferisch-kreativ sind.

4. Soziale Netzwerke sind Geflechte von Aktanten/Knoten und Beziehungen; v.a. Zahl, Richtung und Entfernung der Beziehungen, Positionseigenschaften der Akteure, Dichte und Verteilungsstruktur des Gesamtgebildes sind soziologisch von Interesse.

5. Schwache Bindungen können starke soziale Effekte haben (Granovetter).
6. Organisationen als arbeitsteilige Kooperationsgebilde mit Mitgliedschaftsregeln, gestaltbaren Zwecken und gestalteten Strukturen und Prozessen bilden einen zentralen modernen Vergesellschaftungsmodus.

Übungsfragen

Inwiefern findet nach Simmel Vergesellschaftung durch die Verflechtung sozialer Kreise statt? Erläutern Sie den Grundgedanken an einem Beispiel.

Warum sind soziale Figurationen nach Elias mehr als die Anhäufung vieler Individuen? Erläutern Sie den Grundgedanken an einem Beispiel.

Was versteht Schütz unter dem Begriff der alltäglichen Lebenswelt, und warum sollte Soziologie mit deren Untersuchung beginnen?

Erläutern Sie den Begriff und die soziologische Bedeutung sozialer Netzwerke an einem Beispiel.

Was sind die Bestimmungsmerkmale moderner Organisationen und welche historischen Voraussetzungen mussten für ihr Enstehen gegeben sein?

Vertiefende Literatur zu diesem Kapitel

Abels, H. (2009): Einführung in die Soziologie. Der Blick auf die Gesellschaft. Wiesbaden: Westdeutscher Verlag, S. 173–201.

Gukenbiehl, H. L. (2010): Institution und Organisation. In: Korte, H./Schäfers, B. (Hrsg.): Einführung in Hauptbegriffe der Soziologie. 8. Auflage. Wiesbaden: VS Verlag für Sozialwissenschaften, S. 145–161.

Schimank, U. (2007): Gruppen und Organisationen. In: Joas, Hans (Hrsg.): Lehrbuch der Soziologie. Frankfurt am Main und New York: Campus, S. 217–240.

Schütz, A./Luckmann, T. (1988): Strukturen der Lebenswelt. Frankfurt am Main: Suhrkamp, S. 29–43.

Weber, M. (1976) [1922]: Wirtschaft und Gesellschaft. Grundriss der verstehenden Soziologie. Tübingen: Mohr, S. 26–30.

Kapitel 9
Sozialer Wandel ausgehend vom Individuum

Kasten 9.1

Soziologische Regel:
Die große Bedeutung von Lebensläufen und Generationen für den sozialen Wandel wird sofort deutlich, wenn wir uns vorstellen, was passieren würde, wenn die Menschen als eine Generation ewig leben würden. (frei nach Karl Mannheim)

Alles menschliche Welterleben verdankt sich dem Kreislauf von Geburt, Leben und Sterben. Erst dadurch ist die Entwicklung der Spezies Mensch zu erklären. Beständiger Wandel ist also nichts speziell Soziologisches. Mit sozialem Wandel bezeichnet man in der Soziologie allgemein die Strukturveränderung grundlegender sozialer Institutionen, Kulturmuster und Handlungsweisen von Gesellschaften oder anderen großen Verflechtungszusammenhängen.
Sozialer Wandel ausgehend vom Individuum bezieht sich auf die Abfolge spezifischer, sozial strukturierter Phasen im individuellen Lebenslauf, auf den Wandel grundlegender Einstellungen und Orientierungen zwischen Generationen und auf den Gestaltwandel des Lebenslaufes als sozialer Institution insgesamt.
In diesem Kapitel werden (1) die soziologischen Schlüsselbegriffe der Biografie, des Lebensverlaufs und der Generation erläutert, (2) ein Erklärungsvorschlag zum epochalen sozialen Wandel von der mittelalterlichen zur modernen bürgerlich-kapitalistischen Gesellschaft vorgestellt und (3) die These eines Wandels grundlegender Wertorientierungen in verschiedenen Nationalgesellschaften hin zu post-materialistischen Werten skizziert und diskutiert.

9.1 Praxisbeispiel und Grundidee

In der Star-Wars-Filmtrilogie verleiht der Sith-Imperator Vitiate dem Sith-Lord Scourge die Unsterblichkeit, indem er ihm die Sterblichkeit entreißt. Vitiate, der selbst unsterblich ist, weiß, wie sich die Unsterblichkeit anfühlt:

> Vitiate: „Fühlt Eure Sterblichkeit, während sie Euch entrissen wird. Das Ritual kann nicht ungeschehen gemacht werden."
> Scourge: „Wie lange wird diese Pein andauern?"
> Vitiate: „Mit der Zeit werdet Ihr lernen, Euer Leid zu akzeptieren und zu ertragen. Euer Verstand und Euer Körper werden Wege finden, mit dem Schmerz umzugehen. Nach vielen Monaten werdet ihr Euch weit genug daran gewöhnt haben, um ihn Eure Rolle als Zorn des Imperators einfließen zu lassen. Letzten Endes werdet Ihr einfach ertauben und unfähig werden, überhaupt irgendetwas zu empfinden."
> Scourge: „Warum?"
> Vitiate: „Alles hat seinen Preis. Dies ist der Preis der Unsterblichkeit."
> (http://www.jedipedia.net/wiki/Scourge)

In vielen dichterischen und filmischen Erzählungen werden die Konsequenzen einer gedanklich möglichen Unsterblichkeit verarbeitet. „Letzten Endes werdet Ihr einfach ertauben und unfähig werden, überhaupt irgendetwas zu empfinden" sagt der böse Imperator Vitiate. Alle Evolution beruht prinzipiell auf dem Kommen und Gehen von Lebewesen. Eine Phylogenese bis hin zur Menschwerdung des Affen wäre ohne Ontogenese nicht denkbar. Alle Unterscheidung hörte auf, nichts mehr wäre zu empfinden. Karl Mannheim (2010[1928], S. 142) führt ein Gedankenexperiment an, in dem es nur *eine* Generation (eigentlich müsste man sagen: *keine* Generationen) gäbe und diese ewig leben würde: „Einer solchen utopisch konstruierten menschlichen Gesellschaft gegenüber ist die unsrige charakterisiert: a) durch das stete Neueinsetzen neuer Kulturträger; b) durch den Abgang der früheren Kulturträger; c) durch die Tatsache, dass die Träger eines jeweiligen Generationenzusammenhanges nur an einem zeitlich begrenzten Abschnitt des Geschichtsprozesses partizipieren; d) durch die Notwendigkeit des steten Tradierens (Übertragens) der akkumulierten Kulturgüter; e) durch die Kontinuierlichkeit des Generationenwechsels."

In diesem und den folgenden beiden Kapiteln geht es um sozialen Wandel in seinen verschiedenen Dimensionen.[58] Schon am Schluss des vorhergehenden Kapitels wurde die Perspektive der **sozialen Praxis** vorgestellt. Dabei werden nicht einzelne Handlungen oder Entscheidungen in den Mittelpunkt der Analyse gestellt, sondern der *Fluss* des Tuns und Erlebens. Allerdings wurden in den bisherigen Kapiteln soziales Handeln und soziale Ordnungen vor allem in einer *zeitpunktbezogenen* oder Querschnittsperspektive betrachtet: Wie ist soziales Handeln aus einer Individuen-, Gesellschafts- und ver-

---

58 Vgl. als Überblicks- und Einführungswerke z.B. Bühl 1999; Müller/Schmid 1995; Schäfers 2004; Zapf 1969.

flechtungsbezogenen Perspektive jeweils zu untersuchen? Welche sozialen Ordnungsmuster sind aus der Perspektive von Individuen, Gesellschaft und Verflechtungen heraus zu analysieren? Dabei wurde jeweils die Zeit in gewisser Hinsicht angehalten, die dynamische oder Längsschnittperspektive – und damit der soziale Wandel – soll dagegen in den folgenden drei Kapiteln im Mittelpunkt stehen. An verschiedenen Stellen wurde bereits angemerkt, dass das soziale Leben nicht annähernd erfasst werden kann, wenn es nicht als kontinuierlicher Strom von Ereignissen betrachtet wird. Soziales Handeln und Welterleben vollzieht sich – aus der Individuenperspektive – nicht als Aneinanderreihung von einzelnen, getrennten Situationen und Handlungseinheiten, sondern in aller Regel als mehr oder weniger gleichförmiger, routinierter oder als turbulenter, intensiver Prozess des Sich-Verhaltens, Erfahren, Reagieren, Machen, Leiden, Kontemplieren, Wahrnehmen etc. Auch wurden bereits große gesellschaftliche Wandlungsprozesse auf der Makroebene angesprochen, wie etwa Modernisierungsprozesse oder Individualisierungsprozesse. In dem nun folgenden Kapitel geht es um soziale Wandlungsprozesse aus der Perspektive des Einzelnen.

9.2 Biografie, Lebenslauf, Generationen

Einzelne soziale Akteure, Verflechtungszusammenhänge und Gesellschaften unterliegen Veränderungen und Entwicklungen in der Zeit. Dies gilt für den ontogenetischen individuellen Lebenslauf ebenso wie für die phylogenetische Entwicklung von Gattungen wie den Menschen insgesamt. In diesem Kapitel stehen individuelle Lebensläufe und phylogenetischen Veränderungen auf der Individuenebene im Mittelpunkt. Unter **Lebenslauf** kann ganz allgemein die **zeitliche Aufeinanderfolge von sozial relevanten Lebensereignissen und -stationen als eine eigenständige Strukturdimension des Sozialen** verstanden werden. Menschliches Leben hat ontogenetisch betrachtet einen Anfang und ein Ende, und der Lebenslauf ist durch bestimmte Phasen und Abschnitte gegliedert. So wird generell zwischen einer Kindheits-/Jugend-, Erwachsenen- und Altersphase im Lebenslauf unterschieden. Diese Ausdifferenzierung in drei verschiedene Lebensabschnitte ist durchaus nicht *natur*gegeben, sondern sozial konstruiert.

Dies wird sofort im historischen Rückblick und im Vergleich mit Gesellschaften in andern Ländern deutlich. Es lassen sich vielfältige Verflechtungszusammenhänge nachweisen, in denen eine Zweiteilung von Lebensläufen in Kindheit und Erwachsenenalter prägend war bzw. ist. Das gesellschaftlich jeweils relevante und dominante Schema der Lebenslaufeinteilung lässt sich an den institutionalisierten Übergangsphasen ablesen. In modernen Gesellschaften sind dies vor allem der Übergang aus dem Ausbildungssystem in das Beschäftigungssystem und später das Ausscheiden aus dem Erwerb. In agrarisch-subsistenzwirtschaftlichen Gesellschaften gibt es keine eigenständige Altersruhephase, in der produktives Arbeiten für den Erwerb keine Rolle mehr spielt.[59] Jenseits dieser grundlegenden Zwei- oder Dreiteilung sind Lebensläufe durch vielerlei soziale Mechanismen und Normen weiter gegliedert. In fast allen Gesellschaften haben sogenannte Initiationsriten die entscheidende Bedeutung, den Übergang aus einer Lebensphase in eine andere zu organisieren und zu symbolisieren. Dazu gehören Schuleingangsfeiern (für den Übergang von der Kleinkindheitsphase in die Schulkinderphase), Abiturientenfeiern (für den Übergang der Ausbildungselite aus dem allgemeinen Schulsystem entweder in das Universitäts- oder direkt das Beschäftigungssystem), aber auch Feiern des Dienstendes etwa bei Hochschullehrern oder Betriebsjubiläums- und Betriebsabschiedsfeiern.

Martin Kohli (*1942) hat die Erkenntnis herausgearbeitet, dass mit der modernen bürgerlich-kapitalistischen Gesellschaft der **Lebenslauf** zu einer bedeutsamen und weiter ausdifferenzierten **Strukturdimension des sozialen Lebens** insgesamt geworden ist. Das individuelle Bewusstsein und die kollektive Beobachtung bzw. Selbstbeobachtung unterschiedlicher Lebensphasen ist erst neueren Datums. Dies lässt sich in den Literaturwissenschaften etwa an dem erst seit dem 18. Jahrhundert bedeutsamer werdenden Genre des autobiografischen Romans festmachen. In weiter zurückliegenden Jahrhunderten wurden etwa die Heldentaten eines Odysseus, Caesar oder Friedrich dem Großen in Biografien beschrieben. Selbsterzählungen über die erlebte oder individuell rekonstruierte eigene Lebensgeschichte finden sich aber nur wenige, vor allem bei stark religiös inspirierten Menschen. Autobiografien als Erzählungen des eigenen Lebens gewinnen dann rasant mit der Erstarkung der bürgerlichen Gesellschaft und gesellschaftlichen Prozessen der Individualisierung an Bedeutung.

Grundsätzlich können bei der soziologischen Betrachtung von Lebensläufen die zwei Extreme der Biografieforschung und der Lebensverlaufsforschung unterschieden werden. Unter **Biografie** wird dabei im soziologischen Sinne die **subjektiv (re-)konstruierte Lebensgeschichte** verstanden, unter dem **Lebensverlauf** dagegen die **objektiv nachvollziehbare Sequenzierung bestimmter Lebensereignisse, Stationen und Übergänge**. Wolfram Fischer

59 Interessant ist die Frage, ob die zunehmende Anzahl der älteren Menschen in Deutschland, die ihre Rente aufstocken, als Zeichen einer Aufweichung der Grenzen zwischen Erwerbs- und Altersphase oder als Ausdruck einer Neustrukturierung der Alternsphase gewertet werden sollte, vgl. Thieme 2008 und http://www.bpb.de/shop/zeitschriften/apuz/153013/alternde-gesellschaft.

und Martin Kohli (1987, S. 30f.) fassen zusammen, die soziologische Biografieforschung gehe von den Grundannahmen aus:

> „daß a) Menschen von sich behaupten, ‚Erfahrungen zu machen', daß sie b) mit ihrem Tun ‚Ziel und Sinn' verbinden und daß ihnen c) die Alltagswelt als bereits geordneter und geregelter Erfahrungsraum vorgegeben ist. Wir vertreten in diesem Beitrag die These, daß Erfahrungs-, Handlungs- und Strukturaspekt im sozialen Konstrukt ‚Biographie' bereits auf der Ebene der Sozialwelt integriert sind, d. h. nicht erst durch soziologische Theoriearbeit integriert werden müssen, sondern in der soziologischen Rekonstruktion von Biographien aufgedeckt werden können. (...) Wir verstehen ‚Biographie' als alltagsweltliches Konstrukt, das die lebensweltliche Ambiguität vorgegebener Regelhaftigkeit und Emergenz gleichermaßen beinhaltet" (Fischer/Kohli 1987, S. 30 f. und 35).

Biografie hat also einen Erfahrungs-, einen Handlungs- und einen Strukturaspekt. Der *Erfahrungsaspekt* bezieht sich darauf, dass Menschen ihre jeweilige Situation und auch ihre Zukunftspläne immer ausrichten an und aufbauen auf den von ihnen gemachten Erfahrungen, die wiederum subjektiv verarbeitete Sedimente von Lebensereignissen sind. Erfahrungen spiegeln nicht die objektive Clock time wider, sondern die durch die Menschen gegliederte und strukturierte Aufschichtung des Erlebten. Dabei treten immer subjektive Gewichtungen, zeitliche Straffungen und Verlängerungen des Erfahrenen auf. So nimmt etwa bei Kriegsteilnehmern oder Betroffenen anderer Katastrophen, wenn sie gebeten werden, in autobiografischen Narrationen ihr gesamtes Leben zu erzählen, die – nach objektiven Zeitmaßstäben gemessen – vergleichsweise kurze Zeitspanne der Kriegsjahre oder Katastrophenmonate in der erzählten Zeit einen ungleich größeren Raum ein als das restliche Leben.[60] Die *objektive*, in Stunden, Tagen und Jahren gemessene, intersubjektive gleiche Zeit steht also in biografischen Erzählungen immer in einem Spannungsverhältnis zur *subjektiven*, erlebten, erinnerten und erzählten Zeit.

Die biografischen Rekonstruktionen früherer Lebensereignisse sind auch vor dem Hintergrund von Interessen, späteren Ereignissen, Erfahrungen und Interaktionen mit Anderen nicht immer deckungsgleich mit dem in einer bestimmten Situation subjektiv Erlebten. So kann z. B. eine in einem gegebenen Moment als vergleichsweise langweilig oder gleichförmig erlebte Lebensphase später in der Rückschau als äußerst intensiv (positiv oder negativ) erlebte Periode rekonstruiert werden. Was z. B. in Kriegs- oder Katastrophen-

60 Zu diesen Differenzen zwischen *objektiver* und *subjektiver* Zeit bei mexikanischen Erwerbstätigen vgl. z. B. Pries 1997.

zeiten tatsächlich als routinierter Alltag gelebt wurde, wird in der erinnerten und erzählten Rekonstruktion entsprechend der nach diesen Ereignisse aufgehäuften „Erfahrungsaufschichtungen" und der spezifischen Bedingungen der Erzähl- oder Verhörsituation entweder verdrängt, glorifiziert oder als reinster Horror dargestellt.[61] Hier zeigt sich der zweite wesentliche Aspekt von Biografien, nämlich der jeweilige *Handlungszusammenhang*. Menschen versuchen, die von ihnen gemachten Erfahrungen in einen für sie nachvollziehbaren Sinnzusammenhang zu integrieren. Bereits bei dem Schlüsselbegriff der Identität (siehe Kapitel 6.2) wurde deutlich, dass sich die Kontinuität des Ich-Erlebens und des Wir-Erlebens aus Komplexitätsreduktionen und Sinnproduktionen ergibt. Sinnproduktionen beruhen immer auch auf dem bereits Erlebten und verändern dies in der Rückschau gleichzeitig nach den je gegebenen aktuellen Lebenslagen und -interessen. Die Entlassung aus einem Betrieb wird von jemandem, der über dreißig Jahre dort gearbeitet hat, aller Voraussicht nach anders verarbeitet, als von einer Person, die bereits in sehr vielen verschiedenen Betrieben gearbeitet hat und erst seit kurzer Zeit in dem Unternehmen tätig war, aus dem sie nun wieder entlassen werden soll.

Das Konzept der Identität kann auch eine Brücke zu dem von Fischer und Kohli erwähnten dritten Aspekt, der *Strukturqualität* von Biografie schlagen. Biografie erscheint den Menschen selbst als ein geordnetes und mehr oder weniger integriertes Ganzes und nicht bloß als Flickenteppich völlig unzusammenhängender vergangener Ereignisse. Identität ist ohne einen solchen geregelten Erfahrungsraum von Biografie nicht denkbar, und umgekehrt ist Biografie ohne eine mehr oder weniger gelungene Identitätsintegration nicht vorstellbar. Biografie setzt insofern immer auf dem bereits Erlebten und dessen Verarbeitung auf, hat also den Aspekt vorgegebener Regelhaftigkeit und Kontinuität, sie ist gleichzeitig aber immer auch offen für Re-Interpretationen und Rekonstruktionen. **Biografien** sind in diesem Sinne „**emergente soziale Tatsachen**". Das Interessante an diesem soziologischen Biografiekonzept ist nun, dass die Integration von Erfahrungs-, Handlungs- und Strukturaspekten in der Regel nicht von anderen, z.B. Psychologen, Soziologen oder Erziehern geleistet werden muss, sondern die Akteure selbst diese Integration permanent prozessieren.

Im Gegensatz zur Biografieforschung als Rekonstruktion der (re-)konstruierten Erfahrungsaufschichtungen von Menschen fokussiert die **Lebensverlaufsforschung** in erster Linie auf die intersubjektiv beobachtbare und registrierbare Sequenzierung von sozial relevanten Lebensereignissen:

---

61 Zur tatsächlichen Erfahrung des Mordens und Folterns als Alltagsgeschäft während der NS-Zeit vgl. z.B. Neitzel/Welzer 2011.

> „Lebensverlaufs-Forschung bezieht sich auf die Untersuchung sozialer Prozesse, die sich über den gesamten Lebensverlauf oder wesentliche Teile davon erstrecken, insbesondere die Familien- und Haushaltsgeschichte, Bildungs- und Ausbildungswege, Erwerbs- und Berufskarrieren, Wohnungs- und Wohnortsverläufe und Wanderungen. Diese Prozesse werden aber im Kontext institutionellen Wandels und historischer Sonderbedingungen betrachtet. (...)
> Lebensverläufe in dem hier beschriebenen Sinn sind sozial-historisch emergente Tatbestände. Eine Lebensverlaufsperspektive kann erst dann analytische Bedeutung gewinnen, wenn Institutionen – wie Familie, Schule und Staat – sich aus Kollektiven ausdifferenzieren, wenn Individuen als selbständige Handlungseinheiten gegenüber Primärgruppen auftreten und wenn die Annahme lebenslanger Zugehörigkeiten zu Sozialkategorien, wie beispielsweise zu Familien, Berufsgruppen, sozialen Schichten, Klassen und Wohngemeinden aufgegeben werden muß“ (Mayer 1990, S. 9 und 10).

Fasst man die beiden Aspekte der Biografie und des Lebensverlaufs im Konzept des Lebenslaufes zusammen, so kann man diesen als eine soziale Institution moderner Gesellschaften verstehen. Eine Grundvoraussetzung für diese **Institutionalisierung des Lebenslaufes** ist die Erweiterung der Lebenserwartung und Überlebenswahrscheinlichkeit des Menschen. Während noch vor eineinhalb Jahrhunderten (und noch heute in vielen armen Gegenden der Welt) die Kindersterblichkeitsrate hoch war, aber auch danach das Sterbensrisiko relativ gleichmäßig über den gesamten Lebensverlauf verteilt blieb, besteht in modernen und reichen Gesellschaften heute eine große Wahrscheinlichkeit, ein Alter von über 70 oder gar 80 Jahren zu erreichen. Deshalb kann die Ausformung des Lebenslaufes in unterschiedliche und immer differenziertere Phasen an Bedeutung gewinnen. Der Lebenslauf hat sich zu einer sozialen Institution entwickelt, was Martin Kohli an fünf Wandlungstendenzen festmacht:

> „Lebenslauf kann (ähnlich wie Geschlecht) als eine soziale Institution konzeptualisiert werden – nicht im Sinne einer sozialen Gruppierung, d.h. eines Aggregats von Individuen, sondern im Sinne eines Regelsystems, das einen zentralen Bereich oder eine zentrale Dimension des Lebens ordnet. (...)
> 1. Die Bedeutung des Lebenslaufs als soziale Institution hat stark zugenommen. Der historische Wandel hat von einer Lebensform, in der Alter nur als kategorialer Status relevant war, zu einer Lebensform geführt, zu deren zentralen Strukturprinzipien der Ablauf der Lebenszeit gehört (*Verzeitlichung*).
> 2. Die Verzeitlichung des Lebens ist weitgehend am (chronologischen) Lebensalter als Grundkriterium orientiert; dadurch ist es zu einem chronologisch standardisierten ‚Normallebenslauf' gekommen (*Chronologisierung*).
> 3. Die Verzeitlichung bzw. Chronologisierung ist ein Teil des umfassenderen Prozesses der Freisetzung der Individuen aus den (ständischen und lokalen) Bin-

dungen, d.h. ein Teil des neuen Vergesellschaftungsprogramms, das an den Individuen als eigenständig konstituierten sozialen Einheiten ansetzt (*Individualisierung*). (…)
4. Der Lebenslauf ist in den modernen Gesellschaften um das Erwerbssystem herum organisiert. Dies gilt sowohl für die äußere Gestalt des Lebenslaufs – die evidenteste zeitliche Gliederung ist heute die Dreiteilung in Vorbereitungs-, Aktivitäts- und Ruhephase (Kindheit/Jugend, ‚aktives' Erwachsenenleben, Alter) – als auch für das ihr zugrundeliegende Organisationsprinzip.
5. Das lebenszeitliche Regelsystem läßt sich auf zwei unterschiedlichen Realitätsebenen aufsuchen: zum einen auf derjenigen der Bewegung der Individuen durch das Leben im Sinn von Positionssequenzen bzw. ‚Karrieren', zum anderen auf derjenigen ihrer biographischen Perspektiven und Handlungen. Lebenslauf als Institution bedeutet also zum einen die Regelung des sequentiellen Ablaufs des Lebens, zum anderen die Strukturierung der lebensweltlichen Horizonte bzw. Wissensbestände, innerhalb derer die Individuen sich orientieren und ihre Handlungen planen" (Kohli 1985, S. 1 und 2f, Hervorhebungen im Original).

Wie hier am Beispiel der soziologischen Analyse von Lebensläufen gezeigt wurde, ermöglicht die Längsschnittperspektive der Biografie- und Lebensverlaufsforschung, soziale Veränderungen aus der Perspektive der Individuen zu untersuchen. Diese erscheinen dabei nicht als passive Vollzugsorgane gesellschaftlicher Strukturen und Institutionen, sondern als aktive Mitgestalter ihrer sozialen Welt. Versteht man unter **sozialem Wandel** allgemein die **Strukturveränderung grundlegender sozialer Institutionen, Kulturmuster und Handlungsweisen von Gesellschaften oder anderen großen Verflechtungszusammenhängen** (eine Erläuterung und Diskussion dieses Schlüsselbegriffes erfolgt im folgenden Kapitel 10), so lassen sich die damit fokussierten Veränderungen ontogenetisch im individuellen Lebenslauf und phylogenetisch im Wandel der Strukturmuster von Lebensläufen über Generationen und Epochen hinweg verstehen und erklären. Sozialer Wandel spiegelt sich so in der individuellen Biografie und dem individuellen Lebensverlauf ebenso wie in den institutionalisierten Mustern von und Erwartungen an Lebensläufe in größeren Sozialgefügen.[62]

Ein wesentlicher soziologischer Schlüsselbegriff, der in diesem Zusammenhang zu erwähnen ist, ist der der Generation. Hierunter kann allgemein zunächst der **durchschnittliche zeitliche Abstand zwischen Eltern und deren Kindern/Nachkommen** (bei Menschen z.B. etwa 30 Jahre) verstanden werden. In einem engeren soziologischen Sinn bezeichnet Generation eine

62 Für die tiefgreifenden Veränderungen in den Karriereverläufen und -orientierungen im Wissenschaftssystem vgl. etwa Kahlert 2013.

Bezugsgruppe von Menschen, die **spezifische raum-zeitliche sozial relevante Gemeinsamkeiten** (Ereignisse, Erfahrungen, Deutungen) haben. Der Soziologe Karl Mannheim (1893–1947) hat sich intensiv mit Generationen beschäftigt und unterscheidet nach dem Grad der Gemeinsamkeiten abgestuft drei Typen (Mannheim 2010). Als **Generationenlagerung** bezeichnet er eine Bezugsgruppe von Menschen (heute oft Kohorte genannt), die ein objektives Raum-Zeit-Leben bzw. -Ereignis miteinander teilen (z.B. Geburtskohorte, Schulentlassungskohorte, Zweiter-Weltkriegsteilnehmer, Babyboomer-Nachkriegsgeneration). Unter **Generationenzusammenhang** versteht er die Bezugsgruppe von Menschen mit gemeinsamen Erfahrungen und Schicksalen (z.B. Soldaten der verschiedenen Länder und Konfliktparteien während des Zweiten Weltkrieges, Studierende während der 1960er-Jahre).[63] Von **Generationseinheit** spricht Mannheim, um soziale Bezugsgruppen zu charakterisieren, die gemeinsame Inhalte und Gestalten der Erfahrungsverarbeitung aufweisen (z.B. sich nicht schuldig fühlende SS-Angehörige, Unterstützer der Sowjetunion aus dem polnischen Widerstand gegen die NS-Okkupation, Angehörige von Sponti-Gruppen oder K-Gruppen aus der Studentenbewegung). Karl Mannheim unterstreicht mit seinen Arbeiten zu den Generationen, dass sozialer Wandel kaum möglich wäre, wenn es nicht auch Generationenabfolgen gäbe.

Der Generationenbegriff wurde und wird in der Soziologie nicht selten benutzt, um grundlegende soziale Wandlungsprozesse zu charakterisieren. So beschrieb z.B. Helmut Schelsky (1957) die in den 1920er-Jahren Geborenen, die als Jugendliche das NS-Regime und den Zweiten Weltkrieg erlebten und später – ohne grundlegend über ihre Erfahrungen während der NS-Zeit kollektiv und öffentlich zu reflektieren – am sogenannten Wiederaufbau und Wirtschaftswunder arbeiteten, als „die skeptische Generation". Diejenigen, die als Jugendliche noch zum Ende des Zweiten Weltkrieges an die Front geschickt wurden, bezeichnet Bude (1987) als Flak-Helfer-Generation. Die Geburtsjahrgänge zwischen 1955 und 1968 werden häufig als die zahlenmäßig

63 Dem Thema NS-Zeit wird hier bei den Beispiel-Generationen so viel Raum gegeben, weil wohl immer noch eine wichtige Aufgabe für die Soziologie in der tieferen Analyse dieser Zeit und ihrer individuellen und kollektiven Verarbeitung liegt: „Es ist eine offen Frage, ob und inwieweit in Deutschland die eigene Verantwortung und besonders die Erfahrung der Hitlerzeit verarbeitet ist. Distanz zu diesen Ereignissen zu gewinnen, ist nicht leicht. Man hat oft den Eindruck, daß die Hitler-Beule noch nicht aufgegangen ist. Der Eiter pulsiert, aber kommt nicht heraus" (Elias 1969, S. 29). Empirisch interessant sind die in aller Regel generationenorientierten Studien des Deutschen Jugendinstituts zur spezifischen biografischen und generationellen Verarbeitung der Wende vgl. etwa Bien et al. 1999.

starke Generation(enlagerung) der Babyboomer bezeichnet. Breiter diskutiert wurde in Deutschland auch die eher journalistische Publikation über die Generation Golf (Illies 2001), und in den letzten Jahren wird vielfach von der Generation Praktikum, der Generation Maybe und der Generation Y gesprochen. All dies zeigt, dass die Analyse sozialen Wandels ausgehend vom Individuum über die Schlüsselkonzepte der Lebensläufe und Generation eine Erfolg versprechende Strategie ist. Im folgenden Abschnitt wird ein Beispiel für die Analyse sozialen Wandels ausgehend vom Individuum, aber in wesentlich größeren Zeitdimensionen vorgestellt.

9.3 Von Leidenschaften zu Interessen?

Ebenfalls von der Perspektive der Einzelnen aus, allerdings weniger ontogenetisch auf Lebensläufe, sondern phylogenetisch auf einen größeren gesellschaftlichen Epochenwandel orientiert interpretiert Albert Hirschmann (1915–2012) die längerfristige Entwicklung der menschlichen Handlungsantriebe seit dem Mittelalter bis heute als den Übergang von einer durch Leidenschaften zu einer durch Interessen strukturierten Lebensform. Die Entstehung der modernen bürgerlich-kapitalistischen Gesellschaft ist für ihn das Ergebnis der **Zähmung, Kontrolle und Kanalisierung von Leidenschaften in und durch Interessen**. Dieser soziale Wandel ist zwar auf der Individuen-Ebene angesiedelt, aber als über viele Generationen phylogenetisch sich entwickelnde Veränderung zu interpretieren.

In seinem Buch „Leidenschaften und Interessen" (1980) greift Hirschmann die Lehren des Bischofs Sankt Augustinus aus dem 12. Jahrhundert auf. Für Augustinus wie auch für Hirschmann sind bestimmte anthropologische Grundannahmen leitend. Nach Augustinus kennzeichnen den Menschen drei Hauptsünden, nämlich die Begierde nach Geld und Eigentum, die Machtgier und die sexuelle Begierde (dies erinnert uns unmittelbar an die bereits im Kapitel 2 vorgestellte, aber wesentlich differenziertere Maslowsche Bedürfnishierarchie). Für Augustinus besteht eine wesentliche Aufgabe darin, diese Begierden zu zähmen und zu kontrollieren. Augustinus' Grundidee war nun, einige Laster dadurch zu begrenzen und zu kontrollieren, dass sie von anderen in Schach gehalten oder gezügelt würden. Er ging nach Hirschmann davon aus:

> „Daß nämlich eine Gruppe von Leidenschaften, die bislang verschiedentlich als Gier, Habsucht oder Gewinnsucht bekannt waren, nutzbringend eingesetzt werden könnten, um andere, wie Ehrgeiz, Macht oder sexuelle Begierde zu bekämpfen oder zu zügeln" (ebd., S. 49).

Was von der Antike bis zum Mittelalter – und noch bis heute in bestimmten Kulturen und Religionen, man denke etwa an das islamische Zinsverbot – als ebenso lasterhaft wie andere menschliche Leidenschaften verpönt war, nämlich die Gewinnsucht und das Verlangen nach Reichtum, wird nun seit dem Mittelalter langsam positiv konnotiert als ein zumindest in den Wirkungen fruchtbringendes Streben. Nach Augustinus hatten noch die frühen Römer eine „babylonische Liebe für ihr irdisches Vaterland bewiesen (... die) das Verlangen nach Reichtum und manche andere Laster um ihres einen Lasters willen unterdrückten, nämlich der Liebe zum Ruhm“ (zit. n. Hirschmann 1980, S. 18). Im alten Rom also wurden nach Augustinus vielerlei Leidenschaften und Laster der Menschen durch die Vaterlandsliebe und die Liebe zum Ruhm der eigenen (ethnischen) Gruppe kanalisiert. Diese Funktion der Kanalisation von Leidenschaften, ihrer Domestizierung und Indienstnahme für positive bzw. produktive Ziele der Gesellschaft bzw. des sozialen Ganzen übernehmen nun nach Hirschmann immer stärker die **Interessen** als **rational kalkulierte und gewählte Aufmerksamkeiten und Bestrebungen auf etwas hin**. Im Gegensatz zu dem dumpfen Getriebensein durch Gefühle, Leidenschaften oder Instinkte besäßen Interessen einen wesentlich höheren Grad an reflektierten, kalkulierten und kalkulierbaren Absichten und Zielen.

In der hier nur skizzierten Argumentation findet sich ein in der Soziologie insgesamt wichtiges, vom Individuum ausgehendes Erklärungsmuster: Es gibt immer **nicht intendierte Folgen absichtsvollen Handelns**! Diese soziologische Grundregel wurde von Robert K. Merton (1910–2003) ausgearbeitet. Aufgrund der Komplexität und Kontingenz von Handlungssituationen können auch hochgradig reflektierte und rational kalkulierte (a) Deutungen der Handlungssituation selbst, (b) Auswahlen der passenden Handlungsrahmungen, (c) Bestimmungen der eigenen Präferenzen, (d) Auswahl der angemessenen Handlungsskripte und (e) Deutungen der Handlungsmotivationen und -strategien aller Beteiligten niemals alle wirklich wirksamen und relevanten Faktoren berücksichtigen. Da Handeln immer ein auf die Zukunft gerichteter Prozess ist, müssen zudem immer Annahmen über die nachfolgenden Entwicklungen und Handlungsweisen Anderer getroffen werden. All dies führt dazu, dass bei allem noch so absichtsvollen Handeln immer unbeabsichtigte Nebenwirkungen auftreten (Merton 2010[1936]).

Während Merton das Prinzip der nicht intendierten Folgen absichtsvollen Handelns auf die Mikroebene individuellen sozialen Handelns bezieht, fokussiert Hirschmann eher auf die makrosoziologische Ebene der „List der Vernunft“ (Georg F. Hegel), die sich langfristig aus bestimmten Handlungsströmen in komplexeren Verflechtungszusammenhängen gleichsam hinter dem Rücken der Handelnden ergibt. Ähnlich wie bei der im Kapitel 7.4 erwähnten unsichtbaren Hand des Marktes ist das bei Hirschmann zitierte Argumentationsmuster von Augustinus: Indem Menschen individuell für sich bestimmte Ziele verfolgen, wird für die Gesamtheit der sozialen Gruppe, der sie angehören, unter Umständen ein ganz anderes Ziel verwirklicht. In dem langen historischen Übergang von der mittelalterlichen zur modernen bürgerlich-kapitalistischen Gesellschaft setzt sich – so die bei Hirschmann vorgebrachte Argumentation – eine Dominanz des Lasters Gier und Habsucht in der Form des gleichsam reingewaschenen Prinzips der individuellen Interessenorientierung durch und drängt dadurch andere Laster wie die des Müßiggangs, des Ehrgeizes, der Macht oder der sexuellen Begierde zurück. Man könnte nun vermuten, dass das Laster der Gier und Habsucht tatsächlich weit verbreitet ist, aber die anderen Laster nicht minder heftig und fröhlich tanzen.

Mit seiner Interpretation des Übergangs von Leidenschaften zu Interessen und seiner „politischen Begründungen des Kapitalismus vor seinem Sieg" wählt Hirschmann eine völlig andere Erklärungsrichtung als dies Max Weber tat, als dieser die Entstehung des modernen Kapitalismus zu erklären versuchte. Für Max Weber war die protestantische Ethik und die damit verbundene Suche nach der individuellen Erlösung der Gläubigen durch tugendhafte Arbeit ein entscheidender Motor dafür, dass sich gerade in Nordwesteuropa der Kapitalismus seit dem 18. Jahrhundert durchsetzte – und nicht etwa in einem so riesigen und verwaltungserfahrenen Großreich wie China oder im katholischen Kolonialreich Spanien. Nach Weber verheißt die protestantische Ethik demjenigen das Heil im jenseitigen Leben, der auf Erden tugendhaft und maßvoll sein Leben gestaltet. Hiermit sind – so Weber – die besten Voraussetzungen für die Entwicklung einer kapitalistischen Wirtschafts- und Wachstumsdynamik gegeben, weil nicht mehr Verschwendung, sondern Reichtumsanhäufung und -nutzung zum ethischen Prinzip werden. Hirschmann dagegen argumentiert: Nicht diese von den Einzelnen und ihren Glaubensvorstellungen ausgehenden (protestantischen) Orientierungen haben dem Kapitalismus gleichsam von unten zum Durchbruch verholfen. Vielmehr meint Hirschmann (1980, S. 138),

> „daß sich die Ausbreitung kapitalistischer Lebensformen der ebenso verzweifelten Suche nach einer Möglichkeit, den Zusammenbruch der Gesellschaft zu verhindern, verdankt, der wegen prekären Bedingungen der inneren und äußeren Ordnung fortwährend drohte."

Welcher der beiden Interpretationen man auch immer dem Vorzug geben mag: In beiden Fällen wird sozialer Wandel als über viele Generationen, also phylogenetisch angelegter Prozess der strukturellen Veränderung der grundlegenden menschlichen Antriebskräfte und Handlungslogiken konzipiert. Auch im folgenden Abschnitt wird ein Schlüsselbegriff vorgestellt, mit dessen Hilfe sozialer Wandel primär von den Individuen und ihrem Handeln aus in den Blick genommen wird.

9.4 Wertewandel und Migration

Bereits in Kapitel 4.3 waren Werte und Normen als Schlüsselbegriffe der Soziologie vorgestellt worden, die für das Verstehen und Erklären sozialen Handelns grundlegend sind. Gesellschaftliche Wertevorstellungen und ihre Veränderungen sind auch für das Erfassen sozialen Wandels von großer Bedeutung. Bei dem im vorhergehenden Abschnitt behandelten (angenommenen) Übergang von Leidenschaften zu Interessen ging es wesentlich um die Typen von Handlungsantrieben selbst, wobei eine Zurückdrängung von Trieben und Triebstümpfen zugunsten rational kalkulierter Motivationen unterstellt wurde. Im Folgenden geht es um den Wandel der dominanten Werte in einer Gesellschaft oder größeren Verflechtungsbeziehung selbst.

Einen bekannten Forschungsansatz hierzu hat der US-amerikanische Sozialwissenschaftler Ronald Inglehart (*1934) vorgelegt. In einer großen, die USA mit westlichen europäischen Ländern vergleichenden Studie (Inglehart 1977) wollte er herausfinden, ob es grundlegende Unterschiede in den Wertorientierungen der Menschen gibt. Dabei ging er von einem eng an die (bereits in Kapitel 2.3 vorgestellten) Überlegungen von Maslow angelehnten Konzept einer Hierarchie von Bedürfnissen und Werten in modernen Gesellschaften aus. Er unterschied **materialistische physiologische Bedürfnisse** von **post-materialistischen sozialen und Selbstverwirklichungsbedürfnissen**. Zu den materialistischen Orientierungen zählte er Selbsterhaltung (stabile Ökonomie, Wirtschaftswachstum, keine Inflation) und Sicherheit (Ordnung, Kampf gegen Kriminalität, äußere Verteidigungsbereitschaft). Post-materialistische Orientierungen teilte er in Zugehörigkeit und Anerkennung (mehr Einfluss auf Regierung, mehr Mitbestimmung in Arbeit und Kommune, weniger Unpersönlichkeit in der Gesellschaft), intellektuelle (Redefreiheit, Wertschätzung von Ideen) und ästhetische (schöne Städte und Natur) Orientierungen. Auf diese Weise konstruierte Inglehart einen Postmaterialismus-Index.

Schon die Zusammensetzung und Operationalisierung der grundlegenden Bedürfnis- und Werteorientierungen mag aus heutiger Sicht etwas befremdlich wirken, in den Zeiten des Kalten Krieges und der aufkommenden Protestbewegungen der 1970er-Jahre waren die gewählten Aspekte durchaus verständlich. Inglehart konnte dann auf der Grundlage von individuenbezogenen Datenerhebungen empirisch zeigen, dass der Postmaterialismus-Index in den USA wesentlich höher war als in den westeuropäischen Ländern. Den von ihm diagnostizierten Wertewandel von materialistischen zu postmaterialistischen Orientierungen bezeichnete er als eine „stille Revolution". Denn dieser (unterstellte) soziale Wandel in den westlich-kapitalistischen Ländern vollzog sich mehr oder weniger lautlos und ohne einschneidende Zäsuren, wenngleich die Studentenbewegung einige der von Inglehart diagnostizierten Themen (politische Beteiligung, mehr Demokratie, mehr Ökologie) auf ihre Fahnen geschrieben hatte. Ingelharts empirische Vorgehen waren ebenso umstritten wie das zugrunde liegende theoretische Konzept.[64]

All dies sollte aber nicht darüber hinwegtäuschen, dass mit dieser Studie eine inzwischen ausdifferenzierte soziologische Tradition der empirischen Forschung und theoretischen Diskussion über gesellschaftlichen Wertewandel begründet wurde. Inzwischen liegen mit dem World Values Survey und mit der European Values Study äußerst wertvolle lange Zeitreihen der Messung sozialer Werte vor, die einen Zugang zur vergleichenden Analyse sozialen Wandels ausgehend von den Individuen ermöglichen. In Deutschland waren vor allem die Veränderungen der Werteorientierungen im Zusammenhang der Wiedervereinigung von Interesse, diese wurden im Rahmen der sozialwissenschaftlichen Transformationsforschung ausführlich untersucht.[65]

Bei der bisherigen Betrachtung sozialen Wandels als grundlegender Veränderung von Wertorientierungen der Menschen stehen *endogene* (von innen generierte) Triebkräfte im Vordergrund. Demnach erfolgen Verschiebungen in den handlungsleitenden Orientierungen der Individuen nach und nach aus dem Inneren einer ansonsten stabilen Gesellschaft heraus. Ein wesentlicher Faktor für *exogenen* (von außen angestoßenen) sozialen Wandel sind Migrationsprozesse. Dabei sind solche Wanderungsprozesse selbst wieder Ergebnis komplexer Veränderungen wie der Bevölkerungsdichte, fehlenden Erwerbschancen, Diskriminierungen oder Verfolgungen aus religiösen oder weltanschaulichen Gründen. So hatte etwa Max Weber den grundlegenden Wandel der ostelbischen Landwirtschaft, die durch Großgrundbesitz, abhängige Landarbeiter und Kleinbauern geprägt war, bereits im ausgehenden 19. Jahrhundert in seiner Enquete für den Verein für Socialpolitik ein-

64 So war der Anteilswert derjenigen, die eine starke Außenverteidigung – einen materialistischen Wert – stark gewichteten, in den USA vier Mal höher als im Durchschnitt der untersuchten neun europäischen Länder. Für Deutschland wurde die Inglehartsche Wertewandelhypothese empirisch mehr oder weniger widerlegt (Klein/Pötschke 2001).

65 Vgl. zur Transformationsforschung z. B. auch Merkel 2010

dringlich und umfassend in einem voluminösen Werk von über tausend Seiten untersucht:

> „Die patriarchalische Organisation ist nach alledem der Umwandlung in eine kapitalistische verfallen. Es ist diese Entwicklung längst im Gange, sie ist aber in den einzelnen Gegenden des Ostens verschieden weit fortgeschritten. Das ostelbische Deutschland zerfällt, soweit der Großbetrieb vorherrscht, nach seiner Arbeitsverfassung schon jetzt in einen vorwiegend patriarchalisch und einen vorwiegend kapitalistisch organisierten Teil. Von Norden nach Süden fortschreitend, gelangt man aus dem ersteren in den letzteren. In Mecklenburg, großen Teilen von Pommern, der nördlichen und nordöstlichen Mark, den Höhengegenden der beiden Provinzen Preußen herrscht das patriarchalische System mit seiner Interessengemeinschaft noch vor: in Posen, noch mehr in Schlesien, ist es aus früher erörterten Gründen fast gänzlich verschwunden“ (Weber 1984 [1892], S. 903).

Und Max Weber betonte explizit die Bedeutung der Wanderarbeit, die durch diese kapitalistische Organisation der Landwirtschaft gefördert wurde und direkt das Ausnutzen billigerer Saisonarbeiter beflügelte:

> „Vor allem aber führt diese Entwickelung zur Beseitigung der ständigen einheimischen Arbeiterschaft. Immer wieder und überall fand sich, daß in rapide zunehmendem Maße fremde Arbeitskräfte von niedriger Lebenshaltung herangezogen werden [...]. Der Grund der Heranziehung der Wanderarbeiter auch da, wo einheimische Arbeiter zu haben wären, ist teilweise – aber nur teilweise – in absolut niedrigeren Löhnen, die ihnen gezahlt werden, begründet, allgemein aber, abgesehen von der größeren Fügsamkeit der prekär gestellten Fremden, darin, daß eine Ausnutzung der Arbeitskraft im Sommer möglich ist, ohne die Notwendigkeit, auch im Winter für die Leute zu sorgen und namentlich ohne Übernahme der verwaltungsrechtlichen und sonstigen Verpflichtungen, welche einheimischen Arbeitern gegenüber bestehen“ (ebd., S. 914 f.).

Erweitert man den Begriff der Saisonarbeit um den der Vertragsarbeit und Arbeitnehmerüberlassung, so ist die Analyse Max Webers auch im 21. Jahrhundert noch von großer Aktualität. Wanderungsentscheidungen werden auf der individuellen bzw. meistens noch stärker auf der Familien- und Haushaltsebene getroffen und sollen einer Verbesserung der Lebensumstände dienen. Sie führen aber fast immer auch zu Veränderungen der Wertorientierungen sowohl bei den Migrierenden wie auch bei den Menschen in den Herkunfts- und in den Ankunftsgebieten. Die Wechselwirkungen zwischen dem allgemeinen Prozess sozialen Wandels und dem Phänomen der Binnen- wie der internationalen Migration waren nicht nur für Max Weber oder Georg Simmel (1903) ein wichtiger Gegenstand.

Auf der Ebene von Individuen und sozialen Gruppen wurde dieses Thema in der amerikanischen Soziologie umfänglich analysiert. Die zwischen 1918 und 1920 in fünf Bänden veröffentlichte Studie „The Polish Peasent in Europe and America“ von William Thomas und Florian Znaniecki (1974) beschäftigt sich mit der sozialen Desorganisation und Reorganisation in Polen sowie mit der sozialen Organisation und Desorganisation (polnischer Einwanderer) in den USA. Das Spannungsverhältnis zwischen Migration und sozialem Wandel war für die USA zu Beginn des 20. Jahrhunderts von erheblicher Bedeutung. Denn die Einwanderer machten damals mehr als ein Drittel der Gesamtbevölkerung aus. Einwanderung veränderte nicht nur die gesellschaftlichen Strukturen und Prozesse in den USA, sie hatte auch nachhaltige Wirkungen auf die Einwanderer selbst und auf deren Familien in den Herkunftsregionen. Insofern ist die Studie von Thomas/Znaniecki (1974) die erste umfangreiche Studie über den transnationalen Wandel von sozialen Werten und Lebensorientierungen durch Migrationsprozesse.

9.5 Zusammenfassung, Übungsaufgaben und weiterführende Literatur

Dieses Kapitel 9 lässt sich folgendermaßen **zusammenfassen**:

1. Biografie als sozialweltliches Orientierungsmuster und soziale Institution spiegelt die geteilten, relativ stabilen und gleichzeitig individuell und sozial auszufüllenden Normalitätserwartungen an die zeitliche Aufeinanderfolge relevanter Lebensereignisse wider.
2. Lebensverlauf bezeichnet die Sequenzmuster von Menschen durch soziale Positionen, die durch soziale Institutionen strukturiert und durch Akteure gelebt, ausgefüllt und verändert werden.
3. Institutionalisierung des Lebenslaufes meint die Herausbildung eines gesellschaftlichen Regelsystems, das durch Verzeitlichung, Chronologisierung, Individualisierung und Erwerbszentrierung die biografischen Horizonte und Sequenzmuster sozialer Positionen von Menschen strukturiert.
4. Generation ist eine Bezugsgruppe von Menschen, die spezifische raumzeitliche sozial relevante Gemeinsamkeiten (haben.
5. Der soziale Wandel hin zur bürgerlich-kapitalistischen Gesellschaft kann als Zähmung, Kontrolle und Kanalisierung von Leidenschaften in und durch Interessen verstanden werden.

6. Soziale Wertorientierungen sind einerseits im individuellen Lebenslauf relativ stabil, verändern sich andererseits nach Lebensphasen und Generationen sowie durch allgemeingesellschaftliche Entwicklungen und durch Migration.

Übungsfragen

Was versteht man in der Soziologie unter Biografie und Lebensverlauf und, in welchem Verhältnis stehen beide Begriffe zu sozialen Institutionen und individuellen Entscheidungen?

Erläutern Sie die wesentlichen Elemente der von Martin Kohli entwickelten These der Institutionalisierung des Lebenslaufs.

Was versteht man in der Soziologie unter Generation, und inwiefern können Ereignisse, Erfahrungen und Deutungen unterschiedliche Typen von Generationengemeinsamkeiten begründen?

Wie hat sich im Verlaufe sozialen Wandels das Verhältnis von Leidenschaften und Interessen verändert und welche Erklärungen liefern hierfür z. B. Max Weber und Albert Hirschmann?

Erläutern Sie die These des Wertewandels von materiellen zu post-materiellen Interessen und diskutieren Sie diese vor dem Hintergrund empirischer Befunde.

Erörtern Sie das wechselseitige Wirkungsverhältnis zwischen sozialem Wandel und Migration an einem Beispiel Ihrer Wahl.

Vertiefende Literatur zu diesem Kapitel

Beck, U. (1986): Individualisierung, Institutionalisierung und Standardisierung von Lebenslagen und Biographiemustern. In: ders. : Risikogesellschaft. Auf dem Weg in eine andere Moderne. Frankfurt am Main: Suhrkamp, S. 205–236.

Kohli, M. (1985): Die Institutionalisierung des Lebenslaufs. Historische Befunde und theoretische Argumente. In: Soziale Welt 37, S. 1–29.

Mannheim, K. (2010): Das Problem der Generationen. In: Neckel, S./Mijic, A./Scheve, von, C./Titton, M. (Hrsg.): Sternstunden der Soziologie. Wegweisende Theoriemodelle des soziologischen Denkens. Frankfurt am Main und New York: Campus Verlag.

Mayer, K. U. (1990): Lebensverläufe und sozialer Wandel. Anmerkungen zu einem Forschungsprogramm. In: ders.: Lebensverläufe und sozialer Wandel. Kölner Zeitschrift für Soziologie und Sozialpsychologie, Sonderband 31. Opladen: Westdeutscher Verlag.

Sackmann, R. (2007): Lebenslaufanalyse und Biografieforschung. Eine Einführung. Wiesbaden: VS Verlag für Sozialwissenschaften.

Kapitel 10
Sozialer Wandel ausgehend von gesamtgesellschaftlichen Ordnungen

Kasten 10.1

Soziologische Regel:
Sozialer Wandel ist mehr als die Veränderung eines Elementes in einem Puzzle. Es ist die Neukonfiguration des Puzzles insgesamt.

Sozialer Wandel kann sehr unterschiedlich verstanden werden: als beständige Veränderung in kleinen Schritten und Einheiten oder als eruptive, revolutionäre Zäsur und einen dann folgenden vollständigen Neuanfang. Die empirisch beobachtbaren sozialen Veränderungsprozesse, die in der Soziologie gemeinhin als sozialer Wandel bezeichnet werden, sind wohl zwischen diesen beiden Extremen angesiedelt. Sozialer Wandel aus der Sicht gesamtgesellschaftlicher Ordnungen bezieht sich auf grundlegende Veränderungen in den Gefügestrukturen der Gesellschaften, auf ein Resetting in den Formen und Mechanismen der gesellschaftlichen Differenzierung und Integration. Insofern ist damit mehr gemeint als das Austauschen von Einzelteilen ohne Änderung der Gesamtkonfiguration. Allerdings ist sozialer Wandel auch nicht dem kompletten Austauschen eines Puzzlespiels gegen ein anderes ähnlich. Denn – und das zeigen alle Revolutionen in der Geschichte der Menschheit – auch bei einem noch so drastischen und turbulenten Schnitt in der sozialen Entwicklung bleiben die Menschen ontogenetisch und phylogenetisch die gleichen, und auch die historisch gewachsenen sozialen Institutionen und kulturellen Traditionen erweisen sich als äußerst zählebig.
Im vorhergehenden Kapitel wurde sozialer Wandel aus der Perspektive der langfristigen und strukturellen Veränderungen auf der Ebene individueller Akteure behandelt. In diesem Kapitel geht es um sozialen Wandel, der als Wandel komplexer Gesellschaften und sozialer Systeme verstanden werden kann. Nach (1) einigen Ausführungen zu den Formen und Begleitumständen gesellschaftlichen Wandels werden (2) einige Beispiele für gesellschaftlichen Wandel in der längerfristigen historischen Entwicklung sowie in international-vergleichender Perspektive gegeben, abschließend werden (3) einige Theorien sozialen Wandels expliziter behandelt.

10.1 Praxisbeispiel und Grundidee

Abbildung 10.1: Geschichte der Arbeit (Quelle: Geschichte der Arbeit. Vom Alten Ägypten bis zur Gegenwart. Hg. von A. Eggebrecht u. a.; (c) 1980, Verlag Kiepenheuer & Witsch GmbH & Co KG, Köln)

Abbildung 10.2: Produktionsarbeit (Quelle: Fraunhofer IAO, 2013: Produktionsarbeit 4.0)

Das linke Bild zeigt eine für das ländliche Leben auch in Deutschland noch bis in das beginnende 20. Jahrhundert typische Situation der Arbeit. Die Erntearbeit wird manuell ausgeführt. Im Hintergrund sind Häuseransiedlungen, eine Bauernschaft oder ein Dorf zu erkennen. Es arbeiten Männer und Frauen auf dem Feld. Eine gewisse Arbeitsteilung könnte dadurch angedeutet sein, dass die beiden Männer (vorne im Bild) mit der Sichel das Korn abschneiden und die Frau das Zusammenschnüren übernimmt. Erntearbeit findet saisonal statt, die landwirtschaftliche Arbeit ist ganz auf die Produktion der unmittelbaren Lebensmittel gerichtet. Die in der Landwirtschaft Tätigen repräsentierten noch zuzeiten der Reichsgründung 1871 den erwerbsstärksten Sektor.[66]

Im rechten Bild wird ein Industrieroboter (im Hintergrund zu erkennen) von einem Spezialisten (wahrscheinlich einem Mechatroniker) programmiert bzw. gesteuert. Die angedeuteten Linien zwischen verschiedenen Geräten sollen die drahtlose Datenübertragung andeuten. Die Frau rechts im Bild ist mit einer Art Tablet-PC ebenso mit dem Roboter-Steuerungscompu-

66 Vgl. http://de.wikipedia.org/wiki/Hochindustrialisierung_in_Deutschland; Eggebrecht et al. 1980, S. 243 ff.

ter verbunden wie ein im Hintergrund stehende andere Maschine. In Deutschland sind im 21. Jahrhundert nur noch weniger als fünf Prozent der Erwerbstätigen in der Landwirtschaft tätig. Und auch dort bestimmen Wissen und Technik – ebenso wie im industriellen oder Dienstleistungssektor – wesentlich stärker als die physische Kraftanstrengung die Arbeit.

Ganz offensichtlich liegen zwischen den Formen der gesellschaftlichen Reproduktion und Reichtumsproduktion, den vorherrschenden Technologien und Wissensbeständen, dem Gewicht bestimmter Tätigkeiten und auch der Geschlechterordnung innerhalb der Gesellschaft gewaltige Sprünge. Die Bilder repräsentieren mittelalterliche agrarische und moderne industriell-elektronische Produktion. In diesem Vergleich von Gesellschaften über viele Jahrhunderte wird der soziale Wandel unzweifelhaft deutlich. Aber wo beginnt im soziologischen Sinne sozialer Wandel und wo ist der Begriff nicht mehr sinnvoll anzuwenden? Betrachten wir die Gegenüberstellung der beiden Bilder und der damit ausgedrückten Gesellschaftsverhältnisse *nur* als sozialen Wandel, weil der dazwischen liegende Zeitraum so groß ist? Ist schon die Veränderung von Modeströmungen wie z.B. bei Frisuren oder Musikrichtungen als sozialer Wandel zu bezeichnen? Dann wäre praktisch jede sozial relevante Veränderung als sozialer Wandel zu bezeichnen (so wie jeder Austausch eines Puzzlesteins in diesem Sinne ein neues Puzzle kreieren würde). Oder sollten nur einschneidende, in engen Zeitfenstern erfolgende revolutionäre Umwälzungen als sozialer Wandel bezeichnet werden, wie etwa der Fall der Berliner Mauer 1989?

Ähnlich wie andere Wissenschaftler auch müssen Soziologen ihr Verständnis von sozialem Wandel präzise fassen und explizieren.[67] Unzweifelhaft kann der Fall der Mauer und die in einem sehr kurzen Zeitraum von 1989 bis etwa 1991 (Auflösung der UdSSR) erfolgte Implosion des realen Sozialismus in ganz Osteuropa als Ausdruck eines grundlegenden sozialen Wandels angesehen werden. Aber wie waren diese turbulenten Ereignisse möglich? Waren sie geplant? Wurden die Hauptakteure des Wandels selbst von dessen Dynamik überrascht? Diese Fragen können hier nicht geklärt werden. Es soll im Folgenden aber ein Grundverständnis des sozialen Wandels, wie er aus Sicht gesamtgesellschaftlicher Ordnungen analysiert wird, vermittelt werden. Dabei werden allgemeine Triebkräfte, Erklärungsmuster und Theorien sozialen Wandels vorgestellt.

67 So wird seit der griechischen Klassik darüber gestritten, ob die Natur Sprünge macht und es so etwas wie einen Umschlag von Quantität in Qualität geben könne.

10.2 Sozialer Wandel als Gesellschaftswandel

Sozialer Wandel ist ein Grundkennzeichnen aller Formen menschlichen Zusammenlebens, er ist auch ein Schlüsselbegriff der Soziologie. In diesem Kapitel steht der Blick auf sozialen Wandel ausgehend von gesamtgesellschaftlichen Strukturen im Vordergrund. Dabei lassen sich hinsichtlich des Verhältnisses von Stabilität und Wandel drei Positionen unterscheiden. Für einige Soziologen ist die gesellschaftliche Ordnung das Primäre und der soziale Wandel eher die Ausnahmeerscheinung. Émile Durkheim und Talcott Parsons z.B. interessierten sich vor allem für die Strukturen, Stabilitätsbedingungen und funktionalen Vernetzungen innerhalb bestehender Gesellschaften. Für andere Theoretiker dagegen ist der soziale Wandel primär und gesellschaftliche Ordnung eher ein vorübergehendes und eher labiles Phänomen. So war für Karl Marx etwa die gesamte menschliche Geschichte, die Geschichte einer Aufeinanderfolge von Klassenkämpfen und sozialen Revolutionen. Für jüngere Soziologen wie Manuel Castells oder John Urry besteht die heutige Welt vor allem aus Flüssen von Informationen, Gütern, der Mobilität von Menschen und der permanenten Neukonfiguration sozialer Gefüge. In einer dritten Perspektive werden soziale Ordnung und sozialer Wandel explizit als zwei komplementäre Sichtweisen betrachtet, die beide ihre Berechtigung haben und deren Gewichtung zueinander durch die jeweils spezifischen Zusammenhänge von Erkenntnisinteressen und Forschungsfragen bestimmt wird.

Für Wolfgang Zapf (2000, S. 427), der sich über lange Zeit mit dem Thema beschäftigt hat (Zapf 1979; Zapf/Dierkes 1994) ist **sozialer Wandel** „die **prozessuale Veränderung der Sozialstruktur einer Gesellschaft in ihren grundlegenden Institutionen, Kulturmustern, zugehörigen sozialen Handlungen und Bewußtseinsinhalten.**" Diese Definition liefert in einem ersten Schritt wichtige Bestimmungsmerkmale: Nicht jede kleine Veränderung, etwa eine ökonomische Krise, eine bestimmte Modeerscheinung oder der Bau eines neuen Fußballstadions kann als sozialer Wandel betrachtet werden. In der Soziologie meint sozialer Wandel tief greifende Veränderungen im Hinblick auf grundlegende Institutionen, Kulturmuster, Handlungen und Bewusstseinsinhalte, und zwar nicht nur in einer Gemeinde oder Organisation, sondern in größeren Verflechtungszusammenhängen bzw. Gesellschaften als Ganzes. Voraussetzungsreich und durchaus kritisch zu diskutieren ist die von Zapf gegebene Definition in zumindest drei Hinsichten.

Erstens wird hier sozialer Wandel als *Gesellschafts*wandel definiert, denkbar sind aber durchaus Formen sozialen Wandels *unterhalb* oder *jenseits* der Ebene von (Gesamt-)Gesellschaften (was immer darunter im Einzelnen dann zu verstehen ist: Nationalgesellschaft, Weltgesellschaft, kapitalistische Gesellschaft?). So hat z.B. das Ruhrgebiet seit der Mitte des 20. Jahrhunderts einen sozialen Wandel im Hinblick auf die Wirtschaftsstruktur, die Beschäftigungsstrukturen, auf Lebens- und Umweltbedingungen, die Bevölkerungszusammensetzung nach religiösen Orientierungen sowie Herkunftsländern und -regionen erfahren. Ebenso lässt sich aus der Perspektive der Globalisierung oder der Verbreitung des Internets sozialer Wandel diagnostizieren, der nicht auf eine Gesellschaft bzw. eine Nationalgesellschaft beschränkt ist.

Eine zweite Einschränkung der Definition ergibt sich aus der Annahme, es lasse sich eine feste Sozialstruktur einer Gesellschaft identifizieren, deren Wandel eindeutig zu untersuchen sei. Auch diese Annahme kann kritisch hinterfragt werden, da in einer gegebenen Nationalgesellschaft zwar bestimmte Kulturmuster, grundlegende Institutionen, Handlungsorientierungen und Bewusstseinsinhalte dominant sind bzw. sein können, aber bezüglich dieser in der Definition von Zapf genannten Dimensionen niemals eine Homogenität unterstellt werden kann. Insofern erinnert die oben wiedergegebene Definition an die von Parsons vorgetragene – und in Kapitel 7.2 dargestellte – Idee, dass Gesellschaften normativ und über funktionale Subsysteme integriert seien. Die Schweiz ist ein Beispiel dafür, dass grundlegende Institutionen, Kulturmuster, zugehörige soziale Handlungen und Bewusstseinsinhalte durchaus auf der nationalstaatlichen Ebene *und gleichzeitig* auf der Ebene von sprachlich-kulturellen, religiösen oder ethnischen Gruppen mehr oder weniger starke Gemeinsamkeiten aufweisen können. Dabei sind selbst innerhalb der Gesamtbevölkerungen der größeren Einheit, z. B. des Nationalstaates, sehr unterschiedliche Vorstellungen darüber ausgeprägt und stehen in Konflikt zueinander, welche Kulturmuster und Bewusstseinsinhalte wo dominieren sollten. Diese zeigen die Auseinandersetzungen zwischen politischen Parteien in vielen Ländern, die entweder eine nationalistisch-exklusive Politik (z. B. Le Pen in Frankreich; AfD und NPD in Deutschland), eine Assimilation an die Mehrheitsgesellschaft (UDP Sarkozy in Frankreich, Teile von CDU, CSU und SPD in Deutschland) oder die Anerkennung einer multikulturellen Gesellschaft (Grüne in Frankreich und Deutschland, Teile von CDU, CSU und SPD in Deutschland) befürworten.

Die dritte Relativierung bezieht sich darauf, sozialen Wandel nur als *prozessuale* Veränderung zu definieren und damit eher eruptive oder revolutionäre Wandlungsprozesse als eher marginales Thema für sozialen Wandel auszublenden. Die von Zapf vorgeschlagene Definition findet sich ja in der im Jahre 2000 erschienenen 6. Auflage der von Bernhard Schäfers herausgegebenen „Grundbegriffe der Soziologie" – also mehr als zehn Jahre nach grundlegenden sozialen Wandlungsprozessen in allen osteuropäischen Ländern, deren Dynamik man kaum angemessen erfasst, wenn man sie *nur* als *prozessuale* Veränderungen beschreibt. Sozialer Wandel kann auch in Form einer Zäsur, eines Bruchs oder einer revolutionären Veränderungsdynamik erfolgen, wie die Beispiele sozialer Revolutionen, des Falls der Berliner Mauer 1989 in Deutschland und auch die Veränderungen in nordafrikanischen Ländern wie Ägypten, Tunesien oder Libyen seit 2010 zeigen.

All diese Aspekte werden im weiteren Verlauf dieses Kapitels wieder aufgenommen, zunächst aber seien einige Beispiele für gesellschaftlichen Wandel gegeben. Karl Martin Bolte hat sich intensiv mit dem sozialen Wandel in Deutschland in einer Langfristperspektive beschäftigt. Ein Vergleich des Statusaufbaus der Bevölkerung in der mittelalterlichen ländlichen Feudalgesellschaft (Abbildung 10.1) mit dem Statusaufbau und der Schichtung der deutschen Bevölkerung in den 1960-Jahren (Abbildung 10.2) kann verdeutlichen, was in der zitierten Definition sozialen Wandels von Zapf gemeint ist: die tief greifende Veränderung in dem strukturellen Aufbau von raumzeitlich eingrenzbaren Gesellschaften. Trotz möglicher Einwände (die sich nicht zuletzt auf die drei bereits erwähnten Relativierungen beziehen könnten) macht der Vergleich doch Einiges sehr deutlich. Zunächst verändern sich die Hauptgruppen im Statusaufbau nach ihren Charakteristika bzw. Bezeichnungen: Während Hochadel und Ritter sowie Geistliche als eigenständige Statusgruppen in der modernen deutschen Bevölkerung keine so große Rolle mehr spielen, dass sie als besondere soziale Gruppen auszuweisen wären, haben sich die Statusgruppenbezeichnungen in der Gegenwartsgesellschaft auf eine *Schichtklassifikation* von der Oberschicht bis zu den sozial Verachteten verändert.

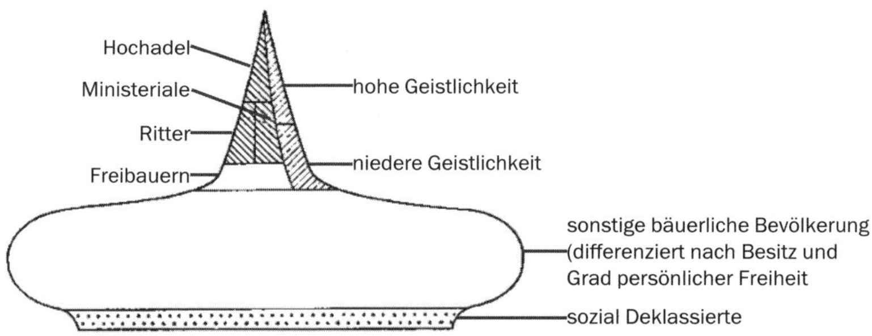

Abbildung 10.3: Hauptgruppen im Statusaufbau der ländlichen Feudalgesellschaft (13.–16. Jahrhundert)
(Quelle: Bolte et al. 1967, S. 270)

Das Verhältnis zwischen Breite und Höhe in den Abbildungen spiegelt die Beziehung zwischen der horizontalen und vertikalen Differenzierung wider, die z.B. über die unmittelbaren materiellen Ressourcenverteilungen und die gesellschaftlichen Statuswertungen gemessen werden kann. Hier zeigen sich erhebliche Veränderungen: Von einer horizontal sehr weit ausgedehnten und vergleichsweise gestauchten vertikalen Sozialstruktur mit einer zahlenmäßig sehr kleinen Spitze (ähnlich einem alten Bettwärmer mit Pickelspitze) verändert sich der gesellschaftliche Statusaufbau in Richtung einer stärker vertikal als horizontal ausdifferenzierten Zwiebelform. Die ländliche Feudalgesellschaft ist auch – dies deuten die durchgezogenen horizontalen Linien an – vergleichsweise wenig durchlässig: Die übergroße Mehrheit der Bevölkerung besteht aus nach Besitz und Grad der persönlichen Freiheit durchaus variierenden, aber letztlich bäuerlichen Gruppen. Für diese besteht kaum eine Möglichkeit des sozialen Aufstiegs, in der Regel nur über den Beruf des Priesters.

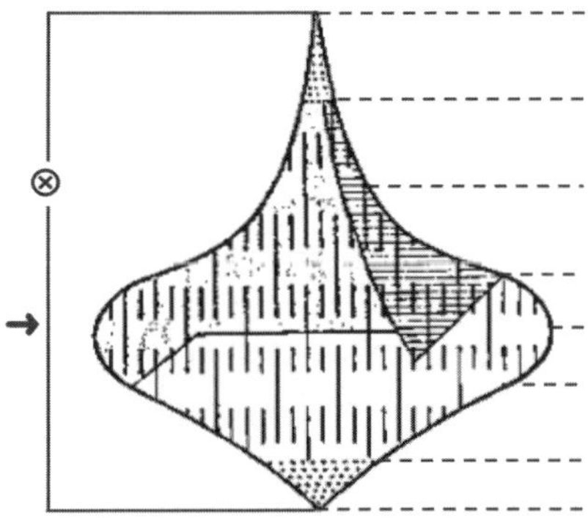

Bezeichnung der Statuszone	Anteil v.H.	
Oberschicht	ca. 2	
obere Mitte	ca. 5	
mittlere Mitte	ca. 14	
untere Mitte	ca. (29)	58
unterste Mitte/oberes Unten	ca. (29)	
unten	ca. 17	
sozial Verachtete	ca. 4	

Die Markierungen in der breiten Mitte bedeuten:

Angehörige des sogenannten neuen Mittelstands

Angehörige des sogenannten alten Mittelstands

Angehörige der sogenannten Arbeiterschaft

Punkte zeigen an, dass ein bestimmter gesellschaftlicher Status fixiert werden kann.

Senkrechte Striche weisen darauf hin, dass nur eine Zone bezeichnet werden kann, innerhalb derer jemand etwa im Statusaufbau liegt.

⊗ = Mittlere Mitte nach den Vorstellungen der Bevölkerung

→ = Mitte nach der Verteilung der Bevölkerung. 50 v.H. liegen oberhalb bzw. unterhalb im Statusaufbau

Abbildung 10.4 : Statusaufbau und Schichtung der deutschen Bevölkerung in den 1960er-Jahren
(Quelle: Bolte et al. 1967, S. 316)

Dagegen zeigt die Gesellschaftsstruktur in den 1960er-Jahren wesentlich stärkere Überlappungen zwischen Arbeiterschaft, altem und neuem Mittelstand, wie sich an den drei im mittleren Bereich sich überschneidenden Gruppen der unteren Mittelschicht zeigt. Die Zugehörigkeit zu einer der drei Statusgruppen (Arbeiterschaft, altem und neuem Mittelstand) und zu einer der sieben unterschiedenen Schichten wurde hierbei durch Selbst- und Fremdzuordnungen der Bevölkerung selbst und durch die Messung *objektiver* Indikatoren (wie Einkommen, Berufsposition, Schulbildung) vorgenommen. Wie an den senkrechten Linien ersichtlich wird, ist die vertikale soziale Positionierung innerhalb der modernen Gesellschaft wesentlich variabler als in der mittelalterlich-ländlichen Gesellschaft. Dabei zeigt sich für die 1960-Jahre – aber auch noch heute (siehe Kapitel 12) – die besondere Bedeutung des Berufs für die soziale Positionierung: „Für einen Großteil der Gesellschaftsmitglieder prägt der Beruf heute zumindest noch in bestimmten Grenzen das Einkommen, den Lebensstil sowie den allgemeinen Umgang mit Dingen und Menschen“ (Bolte et al. 1967, S. 313).

Bei aller möglichen theoretischen und empirischen Kritik an den Details dieser Gegenüberstellung kann sie doch beispielhaft den sozialen Wandel im Sinne einer grundlegenden Veränderung der inneren Struktur einer Gesellschaft verdeutlichen. In ähnlicher Weise ließe sich gesamtgesellschaftlicher Wandel auch darstellen als Übergang von einer eher ländlich-agrarisch und dezentral organisierten Gesellschaft hin zu einer urban- und hochkonzentriert zusammengeballten gesellschaftlichen Lebensweise. Dieser Aspekt der Urbanisierung und Bevölkerungskonzentration in Großstädten zeigte sich historisch in Deutschland erst seit dem Ende des 19. Jahrhunderts, das Wachstum von Megacitys hat in den letzten Jahrzehnten eine enorme Dynamik entfaltet und spiegelt sozialen Wandel in all seiner Ambivalenz wider. Denn diese Megacitys in Asien, Lateinamerika oder Afrika sind einerseits Ausdruck moderner und dynamischer Wirtschaftsaktivitäten und andererseits Knotenpunkt neuer Armutsverhältnisse. Ist Urbanisierung dabei eine Voraussetzung oder eher eine Folge sozialen Wandels?

10.3 Triebkräfte und Formen sozialen Wandels

In der Analyse sozialen Wandels lassen sich vielfältige Faktoren ausmachen, die entweder als Ursachen, als Formen oder als Wirkungen desselben thematisiert werden. Hier liegt ein Grundproblem aller Theorien sozialen Wandels: Was eigentlich ist als Teil des gesellschaftlichen Wandels aufzufassen, was hat ihn verursacht und welche Folgewirkungen löst ein spezifischer gesellschaftlicher Wandel aus? So wird etwa in Erklärungen des Wandels zur industriell-kapitalistischen Gesellschaft häufig die Verbreitung der Dampfmaschine als eine wesentliche Ursache genannt. Verortet man die einsetzende Dynamik des industriellen Kapitalismus im England des 18. Jahrhunderts, so muss auffallen, dass die Grundtechnologie der Dampfmaschine bereits im 16. Jahrhundert bekannt und entwickelt war und schon im Jahre 1606 ein Patent auf

Dampfmaschinen vergeben wurde.[68] Die technische Innovation der Dampfmaschine ist also nur schwerlich als hauptsächlicher verursachender Faktor für den gesellschaftlichen Wandel zum modernen industriellen Kapitalismus anzusehen. Nicht selten werden – gerade von Nicht-Soziologen – *technische* Innovationen als Ursache *sozialen* Wandels angeführt. Eine solche Sichtweise nennt man technologischen Determinismus. Denn ohne spezifische soziale Veränderungen werden in der Regel technische Entwicklungen nicht stimuliert und schon gar nicht massenhaft verbreitet.

Die Basisinvention der Dampfmaschine schlummerte also über mehr als ein Jahrhundert lang, bis ihre massenhafte Nachfrage, technische Optimierung und räumliche Verbreitung vor allem als eine *Folgewirkung* anderer Veränderungen, die teilweise rechtlicher und organisatorischer Natur waren, einsetzte. So hat etwa die Ausbreitung des Manufakturwesens in England oder Deutschland – als eine soziale Innovation der Produktionsverhältnisse (siehe Kapitel 8.5) – die Verbreitung von Dampfmaschinen ebenso beschleunigt wie das Größenwachstum und die räumliche Konzentration produktiver Tätigkeiten, die zunehmend eine von Wasser- und anderen Naturkräften unabhängige Energie- und Kraftversorgung notwendig machten. Dampfmaschinen sind also je nach Blickpunkt als ein verursachender Faktor, als ein wesentlicher Bestandteil oder als eine Folgewirkung der Ausbreitung industrieller Produktionsverhältnisse zu betrachten.[69] Deshalb ist im Folgenden von (kontextuellen) Faktoren bzw. Triebkräften sozialen Wandels die Rede und nicht von (eindeutigen Ursachen oder Wirkungen), weil die jeweiligen konkreten Wirkungsverhältnisse nur im Rahmen spezifischer Fragestellungen und Theorieannahmen bestimmt werden können.

---

68 Vgl. http://en.wikipedia.org/wiki/Steam_engine; Frenken/Nuvolari 2004 analysieren die an gesellschaftlichen Nutzungsbedürfnissen orientierte Weiterentwicklung der Dampfmaschine im 17. und 18. Jahrhundert.

69 Ein epistemologisches Problem der Untersuchung sozialen Wandels sei hier zumindest kurz erwähnt: Sozialer Wandel beinhaltet immer auch den Wandel von Wahrnehmungs- und Interpretationsweisen bestimmter Dinge, wie lässt er sich dann aber von dem Wandel tatsächlicher *objektiver* Außenwelten (die aber wiederum nur über subjektive, wenn auch wissenschaftliche Wahrnehmungsweisen rekonstruiert werden können) abgrenzen? Die Dampfmaschine war schon spätestens Anfang des 17. Jahrhunderts objektiv da, gesellschaftlich wahrgenommen – weil eventuell massenhaft zu gebrauchen – wurde sie erst ein Jahrhundert später. Ist sie dann breit eingeführt, wird sie zur Ursache des sozialen Wandels stilisiert. Ähnlich werden *nach* erfolgtem sozialen Wandel häufig die *vor* diesem in der alltäglichen sozialen Praxis gelebten Verhältnisse *ex post* anders wahrgenommen. Heinz Abels (2001, S. 334) zitiert Theodor Fontane, der seinen Stechlin sagen lässt: „Ich weiß nicht, seit wir die Eisenbahn haben, laufen die Pferde schlechter, oder es kommt einem auch bloß so vor."

Generell können die folgenden *Faktoren sozialen Wandels* benannt werden. Zunächst einmal sind dies *technische Innovationen* wie die bereits angesprochene Dampfmaschine, das Eisenbahnsystem, die (auch sozialen und organisatorischen) Möglichkeiten der Erz- und Kohleförderung aus tieferen Schichten, neue Transporttechnologien wie Automobile und Flugzeuge oder moderne Kommunikationstechnologien wie das Internet. Ein zweiter wesentlicher Faktor gesellschaftlichen Wandels sind *wirtschaftliche Entwicklungen*, etwa von der selbstversorgenden Subsistenzwirtschaft zu einer arbeitsteiligen Marktwirtschaft. Hierzu mussten aber Märkte als soziale Institution befestigt und verallgemeinert werden. Ein dritter Faktor sind *wissenschaftliche Entdeckungen* etwa in der Astronomie (die Erde ist keine Scheibe und deshalb können wir uns auf Entdeckungstouren Richtung Indien machen), der Geometrie (über den Satz des Pythagoras sind komplexe Entfernungs- und Flächenberechnungen z.B. im Nildelta zur Ackerbaunutzung möglich geworden) oder in der Elektrizität und Elektronik (Strom lässt sich für Beleuchtung, Bewegung und Kommunikation nutzen).

Ein vierter Faktor ist *demografischer Natur* und bezieht sich etwa auf die grundlegenden Muster von Kindersterblichkeit, Lebenserwartung und Fertilitätsrate. Der sogenannte demografische Übergang im Deutschland des 19. Jahrhunderts bestand aus einem nachhaltigen Rückgang der Kindersterblichkeit und der Sterberate insgesamt (also einer Erhöhung der Lebenserwartung) bei einer zunächst noch anhaltend hohen Geburtenrate. Dies hatte ein ungeheures Bevölkerungswachstum zur Folge: In Deutschland stieg die Bevölkerung während des 19. Jahrhunderts von 23 auf 56 Millionen Menschen (vgl. Ehmer 2010, S. 17). Zum Teil sind diese Entwicklungen auf Fortschritte der Medizin und der Produktionsweise (ländlich wie industriell) zurückzuführen, zum anderen haben diese Faktoren aber auch den Urbanisierungsprozess ab dem Ende des 19. Jahrhunderts mit vorangetrieben.

Ein fünfter Faktor gesellschaftlichen Wandels betrifft *kulturell-religiöse Entwicklungen*, wobei als markante Perioden sozialen Wandels in dieser Hinsicht z.B. die Kreuzzüge im 11. und 12. Jahrhundert, das Aufkommen des Protestantismus und die Glaubenskriege im 16. Jahrhundert oder auch die religiöse Pluralisierung im Kontext von Migrationsbewegungen seit dem 20. Jahrhundert angeführt werden können. Max Weber hat z.B. ganz ausdrücklich die Verbreitung der protestantischen Ethik als eine wesentliche Voraussetzung der Entstehung des modernen Kapitalismus bezeichnet.[70] Schließlich sind nicht zuletzt politische Konflikte als Faktoren gesellschaftlichen Wandels mitzuden-

70 Vgl. zu Webers Thesen zur protestantischen Ethik Weber 1988[1920]; diese These wird allerdings in der Soziologie sehr kontrovers diskutiert, vgl. z.B. Steinert 2010.

ken. Sie können als Klassenkonflikte innerhalb von Gesellschaften auftreten, aber auch als inter-gesellschaftliche Konflikte von großer Bedeutung sein. Hierzu zählen soziale Revolutionen wie in Russland oder Mexiko zu Beginn des 20. Jahrhunderts, in China zur Mitte des 20. Jahrhunderts oder die Umwälzungen in den nordafrikanischen Ländern zu Beginn des 21. Jahrhunderts.

Ökologische Faktoren können sechstens als Ursachen, Formen oder Folgen gesellschaftlichen Wandels identifiziert werden. Häufig werden langfristige Veränderungen klimatischer Bedingungen (wie etwa das Ende von Eiszeiten) oder länger andauernde Trockenzeiten als (Mit-)Ursachen gesellschaftlicher Veränderungen thematisiert. In der durch Techniken vollständig durchgeformten modernen Welt sind jedoch alle bzw. fast alle umwelt-ökologischen Faktoren auch bereits Wirkungen menschlicher Eingriffe. Wenn etwa in afrikanischen Ländern oder Indien viele Menschen vor Dürrekatastrophen oder Überschwemmungen fliehen und so sozialen Wandel auslösen, so liegen den auslösenden *Natur*katastrophen selbst ja komplexe Prozesse gesellschaftlichen Wandels zugrunde wie etwa die spezifische Form der Industrialisierung in Nordamerika und Europa, die die Erderwärmung und den Klimawandel mitverursacht hat.

Schließlich sind *Migrationsbewegungen* und *gewaltsame kollektive Konflikte* bedeutende Faktoren sozialen Wandels, die im 21. Jahrhundert an Bedeutung gewinnen. Die Anzahl an Menschen, die dauerhaft außerhalb ihres Geburtslandes leben, ist von 1990 bis 2013 um etwa fünfzig Prozent auf 232 Mio. angewachsen, während gleichzeitig die Weltbevölkerung im gleichen Zeitraum um etwa ein Drittel anstieg; die Zahl der Binnenmigranten betrug im Jahre 2013 über 760 Mio. Menschen, ein Drittel davon allein in der Volksrepublik China. Für das gleiche Jahr wurden etwa 50 Mio. Flüchtlinge, Vertriebene und Asylsuchende weltweit gezählt.[71] Nachdem die Anzahl bewaffneter interner und internationaler Konflikte von 1990 bis 2010 abgenommen hatte, steigt seitdem vor allem die Zahl nicht-staatlicher kollektiver bewaffneter Auseinandersetzungen stark an.[72] Die Zusammenhänge zwischen sozialem Wandel, Migrationsbewegungen und bewaffneten Konflikten sind komplex. Jeder der drei Faktoren kann sowohl als Ursache als auch als Ausdrucksform oder als Folgewirkung der beiden anderen wirksam sein.

---

71 Vgl. http://www.iom.sk/en/about-migration/migration-in-the-world (Abruf 18.08.2015).

72 Vgl. http://www.systemicpeace.org/conflicttrends.html und http://www.sipri.org/yearbook/2015 (Abruf 18.08.2015).

Generell lassen sich verschiedene Formen sozialen Wandels unterscheiden etwa nach der **Tiefe, Geschwindigkeit oder Geplantheit des gesellschaftlichen Wandels.** In der Regel stehen die Begriffe Innovation, Reform und Evolution für sich langsam vollziehende gesellschaftliche Wandlungstendenzen, während die Begriffe Bruch und Revolution für eher einschneidende Veränderungen stehen. Gesellschaftlicher Wandel kann sich langsam oder relativ schnell vollziehen, und er kann zumindest teilweise geplant oder aber auch vollständig ungeplant verlaufen. Die US-amerikanisch inspirierte Modernisierungstheorie der zweiten Hälfte des 20. Jahrhunderts ist ein gutes Beispiel für den Glauben an eine Planbarkeit gesellschaftlichen Strukturwandels (vgl. Zapf 1979). Auch in Deutschland wurden noch in den 1970er-Jahren große Hoffnungen in die Planbarkeit und Steuerbarkeit gesellschaftlicher Entwicklungen gesetzt – nicht zuletzt wurde deshalb auch die Soziologie als Wissenschaft massiv ausgebaut. Die überzogenen Erwartungen an die Möglichkeiten der bewussten und gezielten Beeinflussung sozialen Wandels sind indes geschwunden. Die Soziologie konnte die diesbezüglich in sie gesetzten Hoffnungen nicht erfüllen – sie kann aber heute recht gut erklären, warum diese Hoffnungen aufgrund der Komplexität gesellschaftlicher Entwicklungen überzogen waren. Einige ausgewählte Erklärungsmuster sozialen Wandels sollen im Folgenden skizziert werden.

10.4 (Erklärungs-)Muster sozialen Wandels

In der vorherrschenden soziologischen Diskussion sind einige Grundmetaphern gesellschaftlichen Wandels immer wieder bemüht worden – die gleichwohl in einer international vergleichenden und nicht eurozentristischen Perspektive durchaus kritisch zu hinterfragen sind. Einige dieser soziologischen Modelle sozialen Wandels werden in diesem Abschnitt skizziert. Zwei bereits bei Klassikern der Soziologie bearbeitete Formen gesellschaftlichen Strukturwandels stehen am Anfang: Der Übergang von mechanischer zu organischer Solidarität (Durkheim) und der von Vergemeinschaftung zu Vergesellschaftung (Weber, Tönnies). Émile **Durkheim** formulierte den von ihm als **Strukturwandel von mechanischer zu organischer Solidarität** gefassten sozialen Prozess folgendermaßen:

> „Es ist also ein Gesetz der Geschichte, dass die mechanische Solidarität, die zuerst allein oder fast allein stand, nach und nach an Boden verliert und dass die organische Solidarität ein immer stärkeres Übergewicht erhält. Aber wenn sich die Art und Weise, wie die Menschen untereinander solidarisch sind, verändert,

> dann kann die Struktur der Gesellschaft nicht unverändert bleiben. Die Form eines Körpers wandelt sich notwendigerweise, wenn seine molekularen Verbindungen nicht mehr dieselben sind" (Durkheim 1988[1893], S. 229).

Für Durkheim werden Gesellschaften durch Zusammenhaltungskräfte bestimmt, die aus Ähnlichkeiten oder Unähnlichkeiten resultieren: „Jeder weiß, dass wir den lieben, der uns ähnlich ist, der so denkt und fühlt wie wir, aber das gegenteilige Phänomen ist nicht weniger häufig" (ebd., S. 101). Beide Formen des Zusammenhalts, die er Solidarität nennt, sind in sozialen Verflechtungsbeziehungen anzutreffen: „Gleich zu gleich gesellt sich gern" und „Gegensätze ziehen sich an". In diesem Sinne sind für Durkheim spezifische Formen der Solidarität eng verknüpft mit dem jeweiligen Strukturaufbau, dem organischen Ganzen einer Gesellschaft.[73] Als Beispiel für eine der mechanischen Solidarität entsprechende Sozialstruktur benennt Durkheim **segmentäre Gesellschaften** auf der Grundlage von Clans. Er nennt solche Völker oder Gesellschaften segmentär, weil sie nach seiner Meinung „aus der Wiederholung von untereinander ähnlichen Aggregaten gebildet sind, analog den Ringen des Ringelwurms" (ebd., S. 230).

Segmentäre Gesellschaften werden vor allem durch das Prinzip der Ähnlichkeit oder Gleichheit ihrer Glieder zusammengehalten. Durkheim benennt das Beispiel nordamerikanischer Indianerstämme, in denen alle Menschen gleich im sozialen Status seien und sich die Kräfte des Zusammenhalts nur durch die Zugehörigkeit zu einem großfamiliären Clan ergeben. Die **organische Solidarität** dagegen prägt nach Durkheim vor allem moderne, hochgradig arbeitsteilige und ausdifferenzierte Gesellschaften.

> „Sie bilden sich nicht durch die Wiederholung von ähnlichen und homogenen Segmenten, sondern bestehen aus einem System von verschiedenen Organen, von denen jedes eine Sonderrolle ausübt, und die ihrerseits aus differenzierten Teilen bestehen" (ebd., S. 237).

Für Durkheim ergibt sich die organische Solidarität daraus, dass das wechselseitige Aufeinander-angewiesen-Sein der jeweils sehr unterschiedlichen Teile des Ganzen von diesen Teilen (den Einzelmenschen und Gruppen) durchaus erkannt wird und auf diese Weise *organische* Kräfte des Zusammenhalts erzeugt werden, die aus dem Bewusstsein erwachsen, Teil eines organischen Ganzen zu sein. Für Durkheim liegt die wesentliche Ursache für

73 In dem obigen Zitat werden die organizistischen Metaphern, die bereits im Kapitel 3.2 erwähnt wurden, sehr deutlich. Man beachte dies auch bei den folgenden Durkheim-Zitaten!

den Übergang von den durch mechanische Solidarität zusammen gehaltenen segmentären Horden zu den durch organische Solidarität gebundenen arbeitsteiligen Gesellschaften in der zunehmenden Bevölkerungsdichte, die sich in Europa (nicht zuletzt aufgrund der bereits erwähnten demografischen Veränderungen) ergeben habe.

Die von Durkheim und anderen Soziologen zitierten Beispiele „primitiver" bzw. vormoderner Kulturen und Völker sind zu Recht inzwischen vielfältiger Kritik unterzogen worden. In sehr vielen Fällen haben Soziologen ohne profunde Sachkenntnis die ihnen eigenen Urteile und Vorurteile gegenüber anderen Formen von sozialen Verflechtungsbeziehungen reproduziert und genau die Beispiele ausgewählt und meistens einseitig und oberflächlich dargestellt, die dem jeweils bereits entwickelten Argument als Beispiel dienen konnten. Die moderne ethnografische und anthropologische Forschung hat gezeigt, wie hochdifferenziert und komplex die sogenannten einfachen Völker und Stämme sind bzw. sein können.[74]

Unabhängig von dieser notwendigen Kritik und Relativierung des Argumentes von Durkheim ist die Grundidee bestechend: Zwischen den Formen der Ausdifferenzierung von gesellschaftlichen Verflechtungszusammenhängen und den jeweiligen Bindungskräften, die die einzelnen Menschen und Gruppen zusammenhalten, besteht ein genuiner und struktureller Zusammenhang. Sozialer Wandel beinhaltet also tief greifende Veränderungen in den sozialen Mechanismen sowohl der Differenzierung als auch der Integration. Moderne gegenwärtige Gesellschaften zeichnen sich durch eine ausdifferenzierte Vielfalt individueller und gruppenbezogener Merkmale, Orientierungen und Strategien aus. Dies muss aber – nimmt man Émile Durkheims Argument auf – nicht zum Auseinanderbrechen von Gesellschaftlichkeit führen, sondern kann umgekehrt neue Formen des Zusammenhalts hervorbringen und fördern.

Ein in der Soziologie ähnlich prominentes Gegensatzpaar wie das von mechanischer und organischer Solidarität ist das von Ferdinand Tönnies und Max Weber benutzte Begriffspaar von **Gemeinschaft und Gesellschaft** bzw. **Vergemeinschaftung und Vergesellschaftung**. Vergemeinschaftung defi-

74 Dies lässt sich gut an Marcel Mauss' Studie über die Gabe erkennen, in der er den von ihm untersuchten „archaischen Gesellschaften" soziale Regeln des Sich-gegenseitig-Beschenkens zuschreibt, die in der modernen bürgerlich-kapitalistischen Gesellschaft teilweise schon durch Kommerzialisierung marginalisiert wurden: „Ein großer Teil unserer Moral und unseres Lebens schlechthin steht noch immer in jener Atmosphäre der Verpflichtung und Freiheit zur Gabe. Zum Glück ist noch nicht alles in Begriffen des Kaufs und Verkaufs klassifiziert" (Mauss 1968[1950]), S. 157).

niert Max Weber in seinem Werk Wirtschaft und Gesellschaft folgendermaßen: „**Vergemeinschaftung** soll eine soziale Beziehung heißen, **wenn und soweit die Einstellung des sozialen Handelns** – im Einzelfall oder im Durchschnitt oder im reinen Typus – **auf subjektiv gefühlter (affektueller oder traditionaler) Zusammengehörigkeit der Beteiligten beruht**" (1972 [1922], S. 21). In dieser Definition scheinen die bereits in Kapitel 2.1 behandelten zwei Idealtypen sozialen Handelns affektuelles und traditionales Handelns auf. Über diese in dem jeweiligen Sozialgefüge *vorherrschenden* idealtypischen Handlungsformen definiert Max Weber seinen Idealtypus der Vergemeinschaftung. Leicht lässt sich – ähnlich wie bei Durkheim – die Analogie zu traditionalen Verflechtungszusammenhängen hier erkennen.

Als **Vergesellschaftung** bezeichnet Weber dagegen soziale Beziehungen, **„wenn und soweit die Einstellung des sozialen Handelns auf rational (wert- oder zweckrational) motiviertem Interessenausgleich oder auf ebenso motivierter Interessenverbindung beruht**" (ebd.). Dem Typus der Vergesellschaftung liegen also die beiden Idealtypen sozialen Handelns zweckrationales und wertrationales Handeln zugrunde. Bestimmend ist nach Weber diese Sozialisierungsform für moderne Gesellschaften. Ähnlich wie bei Durkheim zeigt sich bei Max Weber, dass gesamtgesellschaftlicher sozialer Wandel in idealtypische Kategorien, häufig einfache Dichotomien gefasst und mit jeweils vorherrschenden Handlungs- und Bindungsformen verknüpft wird.

Dies gilt auch für das bereits 1887 erschienene Werk „Gemeinschaft und Gesellschaft" von Ferdinand Tönnies. Tönnies (2005[1887]) unterscheidet zwei grundlegende Bindungskräfte zwischen den Menschen, zwei Formen ihrer wechselseitigen „Bejahung". Wenn sich die Individuen als Teil einer gleichsam durch Wesensgemeinsamkeiten und **„Wesenswillen"** begründeten größeren sozialen Gruppe begreifen – dies können **Gemeinsamkeiten des Blutes** (als ethnische oder Verwandtschaftsverhältnisse), **des Ortes** (als Nachbarschaft, regionale oder nationale Identität) oder **des Geistes** (als Freundschaft, Gesinnungsgemeinschaft) sein – so kennzeichnet dies nach Tönnies eine Gemeinschaft. Wenn dagegen der Zusammenhang von Menschen durch deren je eigennützigen Interessen, durch ihren **„Kürwillen"** (von küren, was früher so viel wie auswählen bedeutete) bestimmt wird, so ist hiermit nach Tönnies das Fundament von Gesellschaft gelegt. Typisch sind hier **Handels-, Tausch-, Kontrakt- und Lohnarbeitsverhältnisse**, die jeweils **von individuellen Interessen und Zwecken bestimmt** sind (wie z.B. Organisationen und speziell Aktiengesellschaften, moderne Staaten oder wissenschaftliche Vereinigungen).

Trotz vieler Differenzierungen kann verallgemeinernd doch gesagt werden, dass sich sowohl das Durkheimsche Begriffspaar mechanische-organische Solidarität als auch die Tönniessche Unterscheidung von Gemeinschaft und Gesellschaft sowie die Webersche Differenzierung in Vergemeinschaftung und Vergesellschaftung (1) in der einen oder anderen Weise an der Idee idealtypischer Gegenüberstellungen orientieren, (2) sich auf komplexere Verflechtungszusammenhänge von vielen Einzelnen, deren soziale Strukturierung und Verbindungen beziehen und (3) auf eine Diagnose generellen sozialen Wandels abzielen. Sozialer Wandel wird dabei im Sinne eines generellen Übergangs von mechanischer zu organischer Solidarität, von der Dominanz von Gemeinschaften zu der von Gesellschaften und vom Wandel des vorherrschenden Mechanismus der Vergemeinschaftung zu dem der Vergesellschaftung verstanden (auch wenn die Autoren im Einzelnen keineswegs von einem linearen Übergang und z.B. vom Ende des Bindungstyps der Gemeinschaftlichkeit oder mechanischen Solidarität in modernen Gesellschaften ausgingen).

Damit behandeln alle drei Autoren eine Epoche sozialen Wandels, wie er in der europäisch-westlichen Soziologie fast unisono als der *Übergang vom mittelalterlich, agrarischen Feudalsystem zur bürgerlich-industriell-kapitalistischen Gesellschaft* im langfristigen Trend einiger Jahrhunderte adressiert wird (und wie dies bereits in dem vorhergehenden Abschnitt 10.3 angedeutet wurde). Ein anderes, damit durchaus zusammenhängendes, aber enger auf die Entwicklung seit dem 19. Jahrhundert abstellendes Erklärungsmuster charakterisiert den sozialen Wanden von eher *traditionalen Bindungen und Sozialstrukturen hin zu modernen Gesellschaften*, die sich vor allem durch die Tendenzen von *Rationalisierung, Differenzierung, Individualisierung, Urbanisierung und Meritokratie* auszeichnen. Beide – eher makrosoziologischen – Erklärungsansätze können der soziologischen Modernisierungstheorie zugerechnet werden (vgl. Zapf 1979).

Eine weitere Gruppe soziologischer Diagnosen sozialen Wandels, die eher auf der Mesoebene angesiedelt sind und auf gesellschaftliche Veränderungen seit dem 20. Jahrhundert abzielen, beschäftigen sich mit dem sektoralen und arbeitsbezogenen Strukturwandel von Gesellschaften. Hier werden vor allem die Übergänge von der Industriegesellschaft zur Dienstleistungsgesellschaft und von dieser zur Wissensgesellschaft thematisiert. Nach dieser bereits am Ende des 17. Jahrhunderts von Ökonomen entwickelten sogenannten Dreisektoren-Hypothese durchlaufen (alle) Gesellschaften ausgehend von einer absoluten Dominanz des primären Sektors (Landwirtschaft, extraktive Industrien) zunächst das Stadium einer Expansion und eventuell sogar Vorherrschaft des sekundären, industriellen Sektors und gelangen danach zur Dominanz des tertiären bzw. Dienstleistungssektors. Stärker als der französische Ökonom Jean Fourastié (1907–1990), durch dessen Werk die Dreisektoren-Hypothese in Deutschland bekannter wurde (Fourastié 1969[1949]), hat sich der französische Soziologe Alain Touraine (*1925) mit den gesellschaftlichen Aspekten des sozialen Wandels zur postindustriellen Gesellschaft beschäftigt, wobei Aspekte wie die Machtgerinnung in technokratischen Strukturen und die immer stärker gesellschaftlich programmierte Produktion eine wichtige Rolle spielten (Touraine (1972[1969]). Der US-amerikanische Soziologe Daniel Bell (1919–2011) hat diese Argumentation aufgegriffen, vor allem die primäre Bedeutung von Wissen hervorgehoben und die soziale Zusammensetzung der heraufziehenden Dienstleistungsklasse zu prognostizieren versucht (Bell 1975[1973]).

Eine sehr wichtige und interessante Forschungsrichtung beschäftigt sich seit einigen Jahrzehnten mit dem sozialen Wandlungsprozess, der allgemein als Globalisierung bezeichnet wird. Unter Globalisierung kann allgemein der Prozess der **weltweiten Verbreitung internationaler Transaktionen, Kommunikationen, Wanderungen, sozialer Praktiken und Symbolsysteme** einerseits sowie die zunehmend **weltweite Wahrnehmung und das globale Bewusstsein von gemeinsamen Problemen, Risiken, Rechten, Ereignissen und Tendenzen,** die die Menschheit als Ganze betreffen, andererseits verstanden werden (vgl. Pries 2013). Zwischen den objektiven Prozessaspekten und den subjektiven Wahrnehmungsaspekten von Globalisierung besteht keine klare Grenze, weil z.B. die subjektive Erkenntnis der globalen wechselseitigen Abhängigkeiten in Klimafragen die objektive Landkarte potenziell Handelnder verändert (weshalb die Unterscheidung subjektiver und objektiver Faktoren in der Soziologie besonders schwierig ist). Entsprechend herrscht in der wissenschaftlichen Literatur kein Einvernehmen darüber, wie tief greifend *objektive* Globalisierungsprozesse tatsächlich sind und inwiefern es sich bei dem so Bezeichneten nur um veränderte *subjektive* Wahrnehmungen gesellschaftlicher Phänomene und Prozesse handelt.[75] Grundsätzlich aber kann festgehalten werden, dass das Thema sozialer Wandel im 21. Jahrhundert kaum angemessen behandelt werden kann, ohne die Fragen der sich verändernden „Raumbezüge des Sozialen" (Pries 2010, S. 31 ff.) ausdrücklich einzuschließen.

10.5 Theorien sozialen Wandels

Wie schon in den vorhergehenden Abschnitten deutlich wurde, gibt es im Hinblick auf die Voraussetzungen, Formen und Folgen sozialen Wandels sehr unterschiedliche theoretische Annahmen und empirische Befunde. Aus

75 Vgl. zu diesem epistemologischen Problem, das sich bei der Analyse sozialen Wandels grundsätzlich stellt, bereits die Anmerkung 69 und Pries 2008, S. 281 ff.

der Vielzahl der Denkschulen und Theorieansätzen zum gesellschaftlichen Wandel sollen im Folgenden drei anhand eines Autors jeweils kurz vorgestellt werden: Eine konflikttheoretische, eine funktionalistisch-systemtheoretische und eine modernisierungstheoretische Perspektive.

Als ein ausgesprochener **Konflikttheoretiker** in Bezug auf gesellschaftlichen Wandel kann Karl Marx (1818–1883) betrachtet werden.[76] Für ihn ist alle gesellschaftliche Entwicklung ein Ergebnis dauerhafter Spannungsverhältnisse zwischen den gesellschaftlich organisierten Produktivkräften und den jeweiligen Produktionsverhältnissen (Marx/Engels 1972[1848], S. 361 ff.). Mit **Produktivkräften** sind die vorherrschenden Formen der Produktion und Reproduktion der menschlichen Lebensgrundlagen gemeint, etwa die agrarische oder die hocharbeitsteilig-technisch-industrielle Produktion. Der Begriff **Produktionsverhältnisse** bezieht sich dagegen auf die Eigentumsverhältnisse an den Produktionsmitteln. In der europäischen Feudalgesellschaft sind diese wesentlich am Besitz von Grund und Boden ausgerichtet, in der industriell-kapitalistischen Gesellschaft am Besitz von Fabriken und Rohstoffvorkommen und – so ließe sich hinzufügen – in der modernen Dienstleistungs- und Wissensgesellschaft durch den Besitz von Kapital und Wissen.

Die Spannungen zwischen Produktivkräften und Produktionsverhältnissen verschärfen sich nach Marx, wenn die jeweils das Eigentum an den Produktionsmitteln monopolisierende herrschende soziale Klasse mit den vorhandenen produktiven Möglichkeiten der gesellschaftlichen Produktivkräfte in Widerspruch geraten. Unter diesen Bedingungen entstehen neue soziale Gruppen, die die neuen Produktivkräfte und Produktionsweisen repräsentieren und gegen die alteingesessenen Herrschaftsverhältnisse opponieren. Diese Klassenkämpfe führen – so Karl Marx – regelmäßig zu revolutionären Veränderungen der Gesellschaft. Vor dem Hintergrund der Umbrüche im England des aufkommenden Industrialismus und im Frankreich der politischen Revolution ist die Marxsche Betonung von eruptiven und tief greifenden, auf vergleichsweise kurze Zeitperioden konzentrierten Phasen gesellschaftlichen Wandels verständlich. Für Karl Marx ist die Geschichte der Menschheit eine (von ihm fast gesetzmäßig gedachte) Abfolge von der Sklavenhaltergesellschaft über die feudale und die kapitalistische Gesellschaft bis hin zur sozialistischen und dann kommunistischen Gesellschaft.

---

76 Wichtige weitere Konflikttheoretiker sind z. B. Ralf Dahrendorf (1992[1961]), der als Liberaler soziale Konflikte vor allem als Macht-Herrschafts-Spannungen thematisiert, und Lewis A. Coser, (1972[1956]), der seine Theorie sozialer Konflikte in den Zusammenhang des Parsonsschen Strukturfunktionalismus stellt; vgl. ausführlicher das Kapitel 11.2.

In einer eher der **funktionalistischen und systemtheoretischen Denktradition** entsprechenden Perspektive ist gesellschaftlicher Wandel vor allem als eine **mehr oder weniger kontinuierliche Evolution von Arbeitsteilung, Differenzierung, neuen Integrationsformen und Anpassungen** an entsprechende soziale und materiale Umwelten konzeptioniert. William Ogburn (1886–1959) hat sich als erster in dieser Perspektive ausführlich mit Formen und Dynamiken sozialen Wandels beschäftigt (Ogburn 1969[1922]). Für ihn entsteht sozialer Wandel zunächst als die Ansammlung von neuen und sozial relevanten Erfindungen, die sich in bestimmten gesellschaftlichen Kreisen und geografischen Regionen kumulieren und hierdurch eine Beschleunigung im Austausch von Wissen erfahren. Solange diese Wissensveränderungen nicht zu einer grundlegenden Anpassung auch des „kulturellen Überbaus" der Gesellschaft führen, entsteht ein sogenannter Cultural Lag, also ein Nachhinken der Kultur einer Gesellschaft hinter dem bereits erreichten Grad von Wissen und Technik. Die hierdurch hervorgerufenen Spannungen führen dann sukzessive (also nicht revolutionär, sondern evolutionär durch Kreislaufbewegungen von Erfindung, Wissensakkumulation, Austausch und Anpassung der Kultur) zu einer Anpassung auf der Kulturebene von Gesellschaft.

In einer **modernisierungstheoretischen Perspektive** schließlich wird sozialer Wandel als die historische **Entwicklung von Lebenswelten, Lebensführungsmustern und gesellschaftlichen Institutionen** angesehen, die sich über viele Generationen in einer insgesamt eindeutig gerichteten Perspektive weiterentwickeln. Modernisierungstheorien sind vom Grundansatz her **evolutionär und unidirektional** angelegt, vereinfacht gesagt: Alles wird immer rationaler und besser. Ein klassischer Vertreter ist Auguste Comte, der sein Verständnis gesellschaftlichen Wandels in das sogenannte **Dreistadiengesetz** gefasst hat (siehe Kapitel 1.3). Demzufolge dominiert in traditionellen und einfachen Gesellschaften eine **theologische Welterklärung**, die sich vom Polytheismus zum Monotheismus weiterentwickelte. So hatten etwa die Griechen vor 2.000 Jahren für bestimmte Lebensbereiche spezifische Gottheiten, die bei Regen, Donner, Liebesproblemen oder als Erklärung für die Wirkungen des Weines Verwendung fanden. Diese vorwiegend theologische Welterklärung macht dann – etwa seit dem Ausgang des Mittelalters – einem **metaphysischen Weltbild** Platz. Darin wird die vom Menschen wahrgenommene Wirklichkeit über abstrakte und durch philosophische Reflexion gewonnenen Begriffe und Konzepte handhabbar gemacht. Dieser metaphysischen Phase folgt dann seit der Aufklärung und mit der modernen bürgerlich-kapitalistischen Gesellschaft die **wissenschaftliche rational-positive Welterklärung**.

Für fast alle älteren Theoriensätze zum sozialen Wandel gilt, dass sie ein stark teleologisches Verständnis aufweisen, wonach der menschlichen bzw. sozialen Entwicklung bestimmte Gesetzmäßigkeiten zugrunde liegen (weshalb einige Autoren den Begriff der sozialen Evolution in einem solchen Sinne der Verwirklichung gleichsam *natürlich-objektiver* Phasenabfolgen verwenden). Meistens wurde dabei auch eine optimistische Perspektive eingenommen, der zufolge – vereinfacht ausgedrückt – die Menschheit aus Unwissenheit und Elend letztlich auf dem stufenförmigen Weg zur Erleuchtung und zum Wohlstand ist. Nicht zuletzt vor dem Hintergrund der Verbrechen während des NS-Regimes, aber auch der danach folgenden Kriege wie z. B. in Vietnam, des Ausbleibens einer ‚nachholenden Modernisierung' in den Ländern des Südens sowie des zunehmenden Bewusstseins über das Elend vieler Menschengruppen auf der ganzen Welt wird sozialer Wandel seit der zweiten Hälfte des 20. Jahrhunderts wesentlich differenzierter analysiert.[77]

10.6 Zusammenfassung, Übungsaufgaben und weiterführende Literatur

Dieses Kapitel 10 lässt sich folgendermaßen **zusammenfassen**:

1. Sozialer Wandel ist die Strukturveränderung grundlegender sozialer Institutionen, Kulturmuster und Handlungsweisen von Gesellschaften oder anderen großen Verflechtungszusammenhängen.
2. Faktoren sozialen Wandels können technische, wirtschaftliche, demografische, kulturell-religiöse, politische, wissenschaftliche etc. Ereignisse und Entwicklungen sein.
3. Drei wesentliche (Erklärungs-)Muster sozialen Wandels sind der Durkheimsche Übergang von mechanischer zu organischer Solidarität, das Tönniessche Konzept des Wandels von Gemeinschaft zu Gesellschaft und das Webersche Modell der Zurückdrängung von Vergemeinschaftung durch Vergesellschaftung.
4. Man kann grob konflikttheoretische, funktionalistisch-systemtheoretische und modernisierungstheoretische Theorien sozialen Wandels unterscheiden.

77 Vgl. z. B. Eisenstadt 1988; Müller 1995; aus entwicklungssoziologischer Perspektive Schulz 1997.

Übungsfragen

Was versteht man in der Soziologie unter sozialem Wandel? Nennen Sie mindestens drei seiner wesentlichen Kennzeichen.

Diskutieren Sie das Dreistadiengesetz von Auguste Comte unter dem Gesichtspunkt der damit verbundenen Annahmen bezüglich des sozialen Wandels.

Erläutern Sie mindestens zwei der jeweils von Émile Durkheim, Ferdinand Tönnies und Max Weber eingebrachten (Erklärungs-)Muster sozialen Wandels

Erläutern Sie wesentliche Triebkräfte des sozialen Wandels am Beispiel des Übergangs von der agrarisch-feudalen zur bürgerlich-industriell-kapitalistischen Gesellschaft.

Was unterscheidet konflikttheoretische, funktionalistisch-systemtheoretische und modernisierungstheoretische Erklärungsmodelle sozialen Wandels? Erläutern Sie dies an einem selbst gewählten Beispiel.

Vertiefende Literatur zu diesem Kapitel

Elias, N. (1986): Was ist Soziologie? 5. Auflage. Weinheim und München: Juventa Verlag, S. 175–195.

Giddens, A. (1988): Die Konstitution der Gesellschaft. Grundzüge einer Theorie der Strukturierung. Frankfurt am Main und New York: Campus Verlag, S. 281–300.

Marx, K./Engels, F. (1972) [1848]: Manifest der Kommunistischen Partei. In: Marx-Engels-Werke Band 4. Berlin: Dietz, S. 461–482.

Kapitel 11
Sozialer Wandel aus der Verflechtungsperspektive

Kasten 11.1

Soziologische Regel:
Aus der Verflechtungsperspektive ist sozialer Wandel wie das beständige Knüpfen neuer und das Erweitern gerissener oder zerschnittener Teile von sozialen Netzwerkbeziehungen.

In den vorangehenden zwei Kapiteln wurde sozialer Wandel einmal aus der Perspektive der Individuen und zum anderen aus der Perspektive gesamtgesellschaftlicher Strukturen und Prozesse beleuchtet. Dabei wurde bereits deutlich, dass sozialer Wandel niemals allein auf die Ebene einzelner Menschen begrenzt ist und dass er sich umgekehrt in aller Regel nicht als radikaler Umsturz komplexer Gesellschaftssysteme oder geschlossener Gesellschaftsstrukturen und aller ihrer Mitglieder gleichzeitig vollzieht. Er findet vielmehr im Rahmen spezifischer Verflechtungszusammenhänge und auf unterschiedlichen Ebenen statt; bestimmte soziale Gruppen gewinnen die Oberhand über andere und können neue Regeln und Wirklichkeitsdefinitionen durchsetzen. Dabei sind soziale Konflikte, Macht- und Herrschaftsbeziehungen sowie die Dynamiken innerhalb und zwischen Organisationen und schließlich soziale Bewegungen entscheidende Triebkräfte für diese dynamische Entwicklung von sozialen Konfigurationen. Bestimmte soziale Mechanismen können entweder jenseits des sozialen Wandels weiterexistieren oder deren Veränderung selbst kann sozialen Wandel ausmachen. Sozialer Wandel ist nur begrenzt steuerbar.
Sozialer Wandel ist also mehr als der Austausch einiger Steine in einem Puzzle, aber auch weniger als der Beginn eines ganz anderen Puzzlespiels. Menschliches und insgesamt soziales Dasein ist ohne beständigen sozialen Wandel nicht denkbar. Weder Richtung noch Formen dieser Veränderungen sind dabei vorhersehbar oder gar steuerbar: „Der Fortgang der Evolution einschließlich unserer eigenen wird durch uns selbst gesteuert, bewusst und fatalerweise auch unbewusst“ (Neuweiler 2008: 210).
In diesem Kapitel wird (1) der soziale Konflikt als ein Dauermotor sozialen Wandels in seinen verschiedenen Formen behandelt, werden (2) Macht und Herrschaft als soziale Phänomene (und soziologische Schlüsselbegriffe) vorgestellt, die beständige Ursache und geronnenes Ergebnis sozialen Wandels sind und werden (3) soziale Bewegungen als Grundbestandteile sozialer Wandlungsprozesse behandelt.

11.1 Praxisbeispiel und Grundidee

Sommer 1945. Ein britischer Soldat, Stephen Spender, der im Privatberuf Schriftsteller ist, bereist im Auftrag der Alliierten Kontrollkommission Deutschland kurz nach Ende des Zweiten Weltkriegs und dem Sieg über das NS-Regime.

> „Spender kam wiederholt auf die Deutschen und ihre seelische Verfassung zu sprechen, die er zu entziffern versuchte. So geschah es, als er bei einem seiner Streifzüge entlang des Rheins auf sechs Männer traf. Sie schauten still und ‚trübsinnig' auf den Fluss, Spender hielt sie für ehemalige Angehörige der Wehrmacht: ‚Deutsche Soldaten haben heute denselben seelenlos-niedergedrückten Gesichtsausdruck wie die aus Holz geschnitzten Figuren von slawischen Bauern', erläuterte er, bevor er einen Moment später feststellen musste, dass er keine deutschen Kriegsgefangenen, sondern ehemalige polnische Zwangsarbeiter vor sich hatte. Es war ein kurzes Gespräch, das sich mit den Männern entspann, bevor sie wieder in Schweigen verfielen. Spender sah in dieser ‚Apathie' nur ein ‚vordergründiges Symptom'. ‚Hinter ihr steht etwas viel Bedrohlicheres', erklärte er, ‚etwas, was geschah und seine Spuren hinterlassen hat, die Feuer nämlich, in denen die Städte Europas verbrannten und die noch im Geist der Menschen schwelen. Dies ist ein Geisteszustand, der jenseits aller Verzweiflung weiterglüht.' Spender fügte hinzu: ‚Denselben Ausdruck kannte ich von den Gesichtern der hoffnungslosen jungen Männer der aufgelösten Wehrmacht, aber auch von denen repatriierter französischer Gefangener und von Männern und Frauen, die man als Deportierte, als Displaced Persons bezeichnet.'
> Spenders Beobachtung einer scheinbar auffallend apathischen Verfassung der Menschen war kein Einzelfall. Vor allem für Nachkriegsdeutschland ist diese Beobachtung häufig dokumentiert. Davon zeugt auch Hannah Arendts berühmt gewordener ‚Bericht aus Deutschland', in dem die Emigrantin das Verhalten der Deutschen außergewöhnlich fand. Nirgends werde der ‚Alptraum von Zerstörung und Schrecken weniger verspürt' als in Deutschland, interpretierte sie jedoch, und sah die Deutschen auf der Flucht vor der Wirklichkeit und damit auch vor ihrer Verantwortung für die begangenen Verbrechen. Die deutsche Gesellschaft schien von Gleichgültigkeit erfasst, auffallend war in Arendts Augen lediglich Selbstmitleid: ‚Die Angesprochenen sind lebende Gespenster, die man mit Worten, mit Argumenten, mit dem Blick menschlicher Augen und der Trauer menschlicher Herzen nicht mehr rühren kann.' Stattdessen ließ sich offenbar bereits geraume Zeit nach Kriegsende unter den Deutschen eine ausgesprochene Neigung beobachten, den Besatzungsmächten für alle Notstände der Nachkriegszeit die Schuld zu geben. Das Bewusstsein darüber, wie man überhaupt in diese Lage geraten war, schien zwei Jahre nach dem Krieg vielerorts bereits dem Vergessen anheimgefallen zu sein. Mehr als vierzig Prozent der Bundesdeutschen betrachteten laut Umfragen aus dem Jahr 1951 das ‚Dritte Reich' als die beste Zeit ihres Lebens" (Goltermann 2009, S. 34).

Nach 1945 hatten viele Millionen Menschen in ganz Europa und darüber hinaus traumatische Erfahrungen der NS-Zeit und des Krieges zu verarbeiten – zweifelsohne eine soziale Zäsur dramatischen Ausmaßes für alle Gesellschaften Europas. Auf dem Gebiet der späteren BRD und DDR hielten sich damals insgesamt etwa 40 Millionen Menschen mit direkten Kriegs- und Wanderungserfahrungen auf: 12,5 Millionen Kriegsflüchtlinge und Vertriebene, elf Millionen Displaced Persons (die vorher vor allem vom NS-Regime als Zwangsarbeiter eingesetzt worden waren), zehn Millionen interne Wanderer (die meistens aus den größeren und zum Teil zerbombten Städten aufs Land geflohen waren) und neun Millionen deutsche Kriegsgefangene, die nach und nach bis in die 1950er-Jahre zurückkehrten (Bade 2003). In West- und Ostdeutschland lebten um 1950 zusammen etwa 69 Millionen Menschen.

Die Schilderung von Svenja Goltermann verdeutlicht die zunächst ähnliche individuelle Reaktionsweise auf den doppelten sozialen Wandel zum NS-Regime und Krieg einerseits und zu deren Ende andererseits. Im Sinne von Mannheim beschreibt der Soldatenjournalist Spender die Generationenlagerung derjenigen, denen – ob als Opfer, Mitläufer oder Täter des NS-Regimes – der Alptraum von Zerstörung und Schrecken ins Gesicht geschrieben stand und gleichsam in den Knochen steckte. Erwähnenswert ist, dass bereits wenige Jahre später aus dieser gemeinsamen Generationenlagerung der Erfahrung des Alptraums von Zerstörung und Schrecken sich wieder eine „Generationeneinheit" (Karl Mannheim) von immerhin etwa zwei Fünfteln der Deutschen gebildet hatte, die die NS-Zeit „als die beste Zeit ihres Lebens" deuteten. Noch heute liegen hier gewaltige Aufgaben der historischen Soziologie, diese Mechanismen des kollektiven Verdrängens, Tabuisierens, Beschönigens und pragmatischen Ärmelaufkrempelns zu verstehen und zu erklären.

Ganz offensichtlich ist hierzu eine Perspektive notwendig, die weder nur vom Individuum aus noch nur von der Gesamtgesellschaft aus diese Etappen sozialen Wandels analysiert. Denn – um in dem im vorhergehenden Kapitel bemühten Bild der Puzzlesteine zu bleiben: Das NS-Regime und sein Ende sind weder dem Austauschen nur einiger Puzzlesteine einer gesellschaftlichen Gesamtkonfiguration vergleichbar, noch der völligen Neukonstruktion des Puzzles. Sozialer Wandel als Kontinuität und Bruch lagen sehr nahe beieinander und waren je nach Betrachtungsdimension eng ineinander verwoben. Eine Verflechtungsperspektive auf sozialen Wandel hatte recht früh Nobert Elias entwickelt. Selbst von der Verfolgung durch das NS-Regime betroffen, hatte er auch recht früh die starken Kontinuitätslinien in der sozialen Entwicklung und den kollektiven Deutungsmustern nach 1945 betont, wie dies in dem Zitat in Fußnote 63 deutlich wird. Für Elias sind soziale Veränderungsprozesse zwar der gesellschaftliche Normalzustand. Aber diese müssen keine eindeutig gerichtete Entwicklung etwa von traditionellen zu modernen Gesellschaften oder von vor-rationalen zu immer rationaleren Denkweisen der Menschen aufweisen. Auch das angemessene tatsächliche Lernen aus der Geschichte ist – wie das obige Beispiel der zwei Fünftel vom NS-Regime gefährlich Verblendeten zeigt – kein zwangsläufiger Prozess, sondern eine beständige gesellschaftliche Aufgabe. In den folgenden Abschnitten werden soziale Konflikte, aber auch Macht und Herrschaft und Organisationen als mächtige Triebkräfte sozialen Wandels behandelt.

11.2 Sozialer Wandel und Konflikt

Konflikte sind allgegenwärtig. Im persönlich-zwischenmenschlichen Bereich tauchen sie ebenso auf wie zwischen verschiedenen sozialen Gruppen. Von technischen Konflikten wird z.B. gesprochen, wenn sich zwei Computereinheiten oder Telefone aufgrund von Schnittstellenproblematiken nicht angemessen verbinden können. Unter sozialem Konflikt wird hier allgemein die **Auseinandersetzung um sozial relevante Ressourcen und Symbolsysteme** (Deutungen, Etikettierungen, Abgrenzungen, Problembenennungen bzw. Verharmlosungen etc.) verstanden. Soziale Konflikte sind allen menschlichen Verflechtungszusammenhängen genuin eigen. Dies liegt zum einen daran, dass die sozial relevanten Ressourcen – seien es Geld, Einkommen, Prestige, öffentliche Aufmerksamkeit und Anerkennung, Sicherheit, Risiken oder Umwelt – grundsätzlich begrenzt sind. Zum anderen wird, wie bereits in den Abschnitten 2.3 und 8.3 herausgearbeitet, die soziale Wirklichkeit von Menschen unterschiedlich wahrgenommen und interpretiert, sodass nur über konfliktbehaftete Kommunikation unterschiedliche Sichtweisen ausgetragen werden können.

Missverständnisse, Spannungen, Irritationen und schließlich Konflikte um die angemessene Wahrnehmung und Interpretation von Situationen und Erwartungen sind unvermeidlich und allen sozialen Beziehungen inhärent – das kollektive Schweigen und die „Unfähigkeit zu trauen“ (Mitscherlich/Mitscherlich 1976)über die NS-Zeit nach 1945 war in dieser Hinsicht auch eine Strategie, sozialen Konflikten um Vergangenheitsdeutungen aus dem Weg zu gehen. Aus der alltäglichen Lebenserfahrung sind soziale Konflikte auf der Individuenebene (z.B. als Generationenkonflikt um die richtige Erziehung von Kindern oder als Konflikt um bestimmte Gewohnheiten und Präferenzen) ebenso bekannt wie soziale Konflikte zwischen kollektiven und korporativen Akteuren (z.B. Tarifkonflikte zwischen Arbeitgebern und Arbeitnehmern um Beschäftigungsbedingungen). Ethnische oder Rassenkonflikte sind ebenso Ausdruck sozialer Konflikte wie die Auseinandersetzungen unterschiedlicher sozialer Klassen oder zwischen verschiedenen kulturellen oder religiösen Gruppen. Behandelt wurden im Kapitel 2.2 bereits Intra- und Interrollenkonflikte, die selbst auf der Ebene einzelner Akteure und ihrer Handlungssituationen unvermeidbar sind.

Aufgrund der Dynamik und Unabgeschlossenheit aller sozialen Handlungssituationen treten Konflikte als Interessen- oder Wahrnehmungskonflikte im alltäglichen Leben auf. Wenn z.B. zwei Autofahrer ihre Fahrzeuge jeweils in die gleiche Parkbucht manövrieren möchten, stellt sich die Frage, ob der Wirklichkeitsinterpretation „Ich hatte als Erster die Idee, hier zu parken, also setzte ich als Erster den Blinker" oder der Deutung „Ich war der Parkbucht in dem Moment am nächsten und habe außerdem ein kleines Kind zu transportieren" der Vorrang zu geben ist. Hier lässt sich keine *objektive* Regel oder Routine bemühen, die angeben könnte, welche Situationsdeutung und welche Skriptauswahl verbindlich gemacht werden sollten. Der soziale Konflikt um die Interpretation dieser Situation und die entsprechenden Handlungen (inklusive der damit verbundenen Ansprüche auf Ressourcen- bzw. Parkplatzbenutzung) muss zwischen den Beteiligten ausgetragen werden. Konflikte um Geltungsansprüche, häufig auch als Autoritätskonflikte bezeichnet, treten in allen Organisationen, auch in der Universität (z.B. Wie werden Referate verteilt, wenn sich sehr viele Teilnehmende für ein bestimmtes Thema melden?) oder im Fußballverein (Wer wird in der Mannschaft aufgestellt, und wer muss auf die Ersatzbank?) auf. Sie beziehen sich auf die mit bestimmten Gruppenpositionen verbundenen Ansprüche, Rechte und Pflichten, die zwar teilweise formalisiert sind, sich aber niemals vollständig standardisieren lassen, sondern der permanenten Interpretation und Neuaushandlung bedürfen.

Generell kann in einer soziologischen Perspektive der **soziale Konflikt** definiert werden als **situationsübergreifende Auseinandersetzung innerhalb oder zwischen sozialen Einheiten** (Personen, Gruppen, Klassen Gesellschaften usw.) **um gesellschaftlich relevant erachtete Themen, Werte, knappe Güter, Regeln und Rechtfertigungen oder Deutungen**, die auf der Grundlage unterschiedlicher **Leidenschaften, Weltbilder, Interessen oder Wahrnehmungen** bei einer **Mindestressourcenausstattung aller beteiligten Konfliktparteien ausgetragen** werden. Durch das Bestimmungsmerkmal situationsübergreifender Auseinandersetzungen wird der soziologische Konfliktbegriff von sozialpsychologischen oder allein auf einmalige Situationen bezogenen Konfliktverständnissen getrennt. Hierdurch wird vermieden, die bereits beschriebene grundsätzliche Konfliktdurchdringung alles sozialen Lebens mit dem in der Soziologie relevanten Begriff des sozialen Konflikts zu vermischen. Ralf Dahrendorf unterscheidet typische *Konfliktformen*:

„Rollenkonflikt, Proporzkonflikt, industrieller Konflikt, Klassenkonflikt, internationaler Konflikt. Ausdrucksformen lassen sich in mehreren Dimensionen unterscheiden: Im Hinblick auf die Intensität (nach dem Grad der inneren Beteiligung) und Gewaltsamkeit (nach der Wahl der Ausdrucksmittel), aber auch im Hinblick auf die Erscheinungsform als manifester (als solcher gewollter), latenter (unterschwelliger) oder umgeleiteter (als solcher nicht mehr direkt erkennbarer in andere Verhaltensweisen abgedrängter) Konflikt" (Dahrendorf 1969, S. 1006).

Als *Triebkräfte und Ursachen* sozialer Konflikte lassen sich je nach paradigmatischem Standpunkt sehr unterschiedliche Faktoren identifizieren. Für *marxistisch inspirierte harte Konfliktsoziologen* ist wie bereits beschrieben alle Geschichte eine Geschichte von Kämpfen, jeweils feindlicher bis antagonistischer sozialer Klassen mit widerstreitenden ökonomischen und politischen Interessen. Hier wird der soziale Konflikt auf bestimmte materielle und darauf aufbauend ideologische Gegenstandsbereiche bezogen. Alle anderen sozialen Konflikte werden der Auseinandersetzung um Besitz, Status und Macht untergeordnet. Soziale Konflikte sind in dieser Sichtweise auch das Primäre und Vorherrschende, wodurch sozialer Wandel praktisch auf Dauer gestellt ist. Ein dauerhaftes Gleichgewicht in sozialen Systemen halten sie für Wunschdenken und historisch nicht nachweisbar.[78] Gerhard Lenski (*1924), der ausführlich die Positionen von funktionalistischen und konflikttheoretischen Soziologen verglich und zu einer Synthese zusammenführte (Lenski 1977[1966], S. 579ff.), beschreibt den Standpunkt der Konflikttheoretiker für den hier interessierenden Zusammenhang folgendermaßen:

„Konflikttheoretiker sehen, wie schon dieses Etikett verrät, soziale Ungleichheit als Ergebnis des Kampfes um geschätzte Güter und Dienstleistungen, deren Angebot knapp ist. Wo die Funktionalisten die gemeinsamen Interessen der Mitglieder einer Gesellschaft betonen, geht es den Konflikttheoretikern um die Interessen, welche die Gesellschaft spalten. Wo die Funktionalisten auf die gemeinsamen Vorteile hinweisen, die aus sozialen Beziehungen erwachsen, betonen Konflikttheoretiker das Moment von Herrschaft und Ausbeutung. (…)

78 Bei Marx wird ein solches Zurücktreten von Klassenkämpfen und harten sozialen Verteilungskonflikten in das Stadium der kommunistischen Gesellschaft verlegt; Zu Karl Marx vgl. die sehenswerte Dokumentation http://www.zdf.de/ZDFmediathek/beitrag/video/1187338/Karl-Marx-und-der-Klassenkampf-#/beitrag/video/1187338/Karl-Marx-und-der-Klassenkampf-und http://de.wikipedia.org/wiki/Klassenkampf.

Die Konflikttheorie geht im Gegensatz dazu in der Regel nicht von einem System aus. Sie betont die Konflikte und Kämpfe, welche beständig das Gesellschaftsgefüge zu zerstören drohen. Sie befaßt sich weit weniger mit der Gesamtgesellschaft und ihren Bedürfnisse als mit den Untergruppen innerhalb von Gesellschaften, mit Klassen, Parteien, Splittergruppen und Interessengruppen, die dauernd um Vorteile konkurrieren“ (Lenski 1977[1966], S. 36 f. und 57).

Eine hier in dem Zitat bereits angesprochene, eher *weiche und funktionalistische Konflikttheorie* wird dem US-amerikanischen Soziologen Louis Coser (1913–2003) zugeschrieben. Ausgehend von der von Georg Simmel entwickelten Idee, dass der Streit eine wichtige Vergemeinschaftungsform sei, der durchaus nicht nur und manchmal nicht in erster Linie desintegrative, sondern integrative Wirkungen zeige, argumentiert Coser, dass Konkurrenz und Auseinandersetzung konstitutiv für alle Verflechtungsbeziehungen seien und dass diese Art sozialer Konflikte für die größeren Sozialzusammenhänge eine stimulierende, stabilisierende und somit durchaus positive Funktion hätten. Mit seiner Konflikttheorie orientiert sich Coser zwar einerseits an der funktionalistischen Systemtheorie Talcott Parsons, kritisiert diese aber gleichzeitig wegen ihrer zu einseitigen Orientierung auf Stabilität:

> „Ein Thema kehrt in fast allen Schriften von Talcott Parsons wieder: Die Beschäftigung mit jenen Elementen in sozialen Strukturen, die deren Erhaltung garantieren. Wenn ein Interesse für Prozesse sozialer Veränderung gelegentlich bei Parsons vorhanden ist, so bleibt es doch entschieden marginal. (...) Weil er normative Strukturen, die die soziale Ordnung erhalten und garantieren, für zentral ansieht, mußte Parsons notwendig den Konflikt als ein Phänomen betrachten, das hauptsächlich störende, auflösende und dysfunktionale Konsequenzen hat“ (Coser 1972[1956], S. 20 f.).

Für Coser haben Konflikte, gleichviel ob sie harmonisch oder disharmonisch aufgelöst werden, eine durchaus positive Wirkung für den Zusammenhalt von Sozialgefügen. Ganz im Sinne Simmels (1908, S. 284 ff.) stiften für Coser die positiven und die negativen Faktoren sozialer Konflikte Gruppenbeziehungen: „Konflikt und Kooperation haben soziale Funktionen. Weit davon entfernt, notwendig dysfunktional zu sein, ist ein gewisses Maß an Konflikt ein wesentliches Element für die Gruppenbildung und den Bestand des Gruppenlebens“ (ebd., S. 33). Im Verständnis von Coser stärken soziale Konflikte also grundsätzlich sozialen Zusammenhalt und führen kontinuierlich zu sozialem Wandel.

Als Vertreter einer *machtbasierten Konflikttheorie* wird weithin Ralf Dahrendorf (1929–2009) angesehen. Zwischen Marxismus und Funktionalismus vertritt er die Position, dass jede Form von Herrschaft soziale Konflikte generiere, dass Gesellschaft immer ein äußerst labiles Gleichgewicht und deshalb der Konflikt permanenter Begleiter aller Verflechtungszusammenhänge sei (Dahrendorf 1992; zu den Schlüsselbegriffen von Macht und Herrschaft siehe den folgenden Abschnitt 11.3). Dabei geht er von der ungleichen Verteilung von Macht nicht nur in der Gesamtgesellschaft, sondern auch auf der individuellen Ebene aus: Menschen können z.B. in bestimmten sozialen Positionen (man denke etwa an einen Hauptabteilungsleiter in einem Unternehmen oder an den Vorsitzenden eines Parteiverbandes) mächtig, aber in anderen sozialen Positionen (z.B. als Anwohner einer viel befahrenen Straße) vergleichsweise ohnmächtig sein. Soziale Konflikte entstehen ihm zufolge deshalb nicht nur zwischen Besitz- oder Einkommensklassen, sondern überall dort, wo es um Aspekte der menschlichen Lebenschancen geht.

Alle drei hier nur skizzierten Theorien sozialer Konflikte (die marxistisch beeinflusste *harte*, vor allem aber die funktionalistische *weiche* und die machtbasierte Konflikttheorie) sind geeignet, soziale Wandlungsprozesse aus einer Verflechtungsperspektive heraus zu thematisieren. Soziale Konflikte innerhalb und zwischen sozialen Gruppen sind ein Grundbestandteil sozialen Zusammenlebens überhaupt. Sie sind auch ein Motor für sozialen Wandel. Soziale Konflikte und sozialer Wandel sind weder auf die Zäsuren sozialer Revolutionen begrenzt, noch bedauerliche Störungen im organischen Funktionieren stabiler sozialer Systeme. In dem hier vorgetragenen Verständnis sozialer Konflikte entsteht ein Modell von sozialem Wandel als einem auf Dauer gestellten Mechanismus, um soziale Problemlagen und neue Herausforderungen immer wieder neu zu bearbeiten und hierdurch gesellschaftliche Entwicklungen insgesamt voranzutreiben – deren Dynamik und Ausgang sind dabei allerdings nur sehr begrenzt steuer- und berechenbar.

11.3 Sozialer Wandel im Spannungsfeld von Macht und Herrschaft

In einer verflechtungsorientierten Perspektive ist der soziale Konflikt ursächlich mit den Verhältnissen von Macht und Herrschaft verbunden. Macht und Herrschaft führen zu sozialen Konflikten, umgekehrt sind Macht und Herrschaft aber immer auch Ausdruck von sedimentierten sozialen Konflikten (Giddens 1988, S. 313ff.). Sozialer Wandel ist grundsätzlich mit Auseinandersetzungen um Machtverteilung verbunden, und asymmetrische Machtverteilung, die z.B. nicht mehr als legitim angesehen wird, kann zu Konflikten und einschneidendem sozialen Wandel führen. Eine allgemeine soziologische Definition von **Macht** kann zunächst lauten: **Macht** ist ein **asymmetrisches Beeinflussungspotenzial**. Jede soziale Beziehung schließt wechselseitige Beeinflussungsmöglichkeiten ein. Wenn die Möglichkeiten, innerhalb solcher Beziehungen Einfluss auszuüben, ungleich verteilt sind, entstehen asymmetrische Beeinflussungspotenziale. Diese können sich auf die Beziehungen zwischen Menschen oder auf Beziehungen zwischen Menschen und anderen Dingen beziehen. Drei verschiedene Auffassungen von Macht sollen hier skizziert werden (vgl. Abels 2009a, S. 239ff.). Ein erstes Machtverständnis bezieht sich auf Macht als **allgemeines Gestaltungspotenzial von Akteuren gegenüber unbelebter Materie, anderen Lebewesen und Menschen**. Giddens (1988[1984], S. 313ff.) bezeichnet diese Macht auch als „Transformationskapazität". Es geht also um Macht nicht als eine personale Eigenschaft oder einen Besitz, sondern als ein relationales Potenzial, als eine Chance etwas zu tun, zu lassen, zu bewirken. Drastisch zeigt sich dies an der Person des letzten Kaisers von China, Pu Yi, der Macht nur bis zum Sieg der bürgerlichen Revolution im Jahre 1912 hatte; danach lebte er zunächst noch mit vielen Privilegien ausgestattet und später nach der sozialistischen Revolution Mao Tse-tungs und einer entsprechenden Umerziehung als Gärtner.[79] Macht ist also grundsätzlich nicht eine Subjekt-Eigenschaft, sondern ein relationales Phänomenen.

Ein zweites Konzept von Macht bezieht sich auf die **strukturelle Macht**, die **in sozialen Beziehungen** auf die einzelnen Akteure oder sozialen Gruppen einwirkt. In diesem Sinne kann Macht als strukturelle Beeinflussung durch die gegebenen Verhältnisse bzw. Institutionen verstanden werden. Die bereits in Kapitel 1.1 vorgestellte Definition von Émile Durkheim zu den „soziologischen Tatbeständen" erfüllt dieses Kriterium einer strukturellen Machtausübung: Es geht um Normen, Symbolsysteme, aber auch Artefakte-Arrangements wie Gebäude oder gebaute Verkehrsverhältnisse, die auf das Handeln und die Möglichkeiten von Akteuren eine entscheidende Prägewirkung ausüben. Soziologische Tatbestände und soziale Institutionen im Durkheimschen Sinne wurden zwar irgendwann durch soziale Akteure und Akteursgruppen erzeugt (wenn auch nicht willentlich oder explizit), gleichwohl haben sie sich zu verselbstständigten Realitäten *sui generis* weiter sedimentiert. Das Stichwort von der strukturellen Macht, die in den gegebenen sozialen und materialen Verhältnissen steckt, wurde im Zusammenhang der Stu-

79 Vgl. die Autobiografie Pu Yis (2004[1964]) und den auf dieser Basis gedrehten Film von 1987.

dentenbewegung und entsprechender kritischer Gesellschaftstheorien hervorgehoben.[80]

Der dritte Rahmen für Machtkonzepte in der Soziologie ist im engeren Sinne auf die **Macht in sozialen Beziehungen als asymmetrisches Beeinflussungspotenzial zwischen Akteuren und Akteursgruppen** gefasst. Aufgrund von Ressourcenanhäufungen (materielle Ressourcen, Ressourcen an Geltungsanspruch etc.) sind bestimmte soziale Positionen und soziale Gruppen mit größeren Beeinflussungsmöglichkeiten in Sozialbeziehungen ausgestattet als andere Positionen und Akteursgruppen. Heinrich Popitz (1925–2002) hat in seinem Buch „Prozesse der Machtbildung" (1968) ausführlicher dargestellt, wie es zur Ausbildung von Machtasymmetrien in Vergesellschaftungsprozessen kommt. Er identifiziert drei Mechanismen: Die gegenseitige Anerkennung der Privilegierten, die produktive Überlegenheit von Solidaritätskernen und die Macht-Reproduktion durch Umverteilungssysteme.

Ein Beispiel für den ersten Mechanismus liefert er mit der Situation, der *gegenseitigen Anerkennung der Privilegierten*, von einer nur begrenzten Zahl von Liegestühlen auf einem Schiff. Eine ähnliche Situation ist aus dem Schwimmbad, dem Strandurlaub, dem Saunaaufenthalt oder von anderen Gelegenheiten allen hinlänglich bekannt. Diejenigen, die zuerst kommen, belegen mit ihren Handtüchern die Liegestühle. Kommen spätere Passagiere bzw. potenzielle Nutzer hinzu, so bestätigen die durch das deponierte Handtuch Privilegierten die Norm „Wer zuerst kommt, malt zuerst" als die für diese Situation gültige und ausschlaggebende Regel. Privilegierte erkennen sich also wechselseitig an und unterstützen sich in der Verteidigung ihrer Privilegien. Dieser Mechanismus ist auch aus der Politik und den Verhältnissen in Organisationen hinlänglich bekannt. Als Beispiel für die *produktive Überlegenheit von Solidaritätskernen* führt Popitz Gefangenenlager nach dem Zweiten Weltkrieg an. Diejenigen, die aufgrund ihrer fachlichen Ausbildung als Köche, Klempner, Englischsprechende oder Schreiner fachliche Kenntnisse und Fähigkeiten besaßen, schlossen sich zusammen, organisierten z.B. den Aufbau eines Herdes und einer Küche und konnten so eine Machtstellung im Gefangenenlager gegenüber den Nicht-Qualifizierten entwickeln, die sich etwa in Privilegien des Lagerausgangs oder zusätzlicher Essensrationen niederschlagen konnte. Dieser

80 Die Bedeutung der in sozialen und materiellen Strukturen gleichsam sedimentierten Machtaspekte wurde allerdings nicht nur von links, z.B. während der Studentenbewegung, betont, sondern auch von einem eher konservativen Soziologen wie z.B. Hans Linde (der während der NS-Zeit eine durchaus dubiose Rolle gespielt hat; vgl. Adamski 2009, S. 128f.). Linde (1972 und 1982) betonte die „Sachdominanz in Sozialstrukturen" und die strukturellen Wirkungen technischer Artefakte auf Sozialbeziehungen.

Mechanismus der sozialen Schließung von Kerngruppen, denen in einem bestimmten Moment eine überlegene Ressourcenausstattung zufällt, ist ebenfalls hinlänglich aus vielfältigen Sozialzusammenhängen bekannt. So konnte z.B. Bill Gates' Firma Microsoft durch Übereinkommen mit mächtigen PC-Ausstattern über viele Jahre den Software-Standard Windows (und hohe Preise für die entsprechenden Produkte) verteidigen, der sich aus einer ähnlichen Abschottung privilegierter Solidaritätskerne – und nicht in erster Linie aus technischer Überlegenheit – ergab.

Der dritte Mechanismus, die *Machtreproduktion durch Umverteilungssysteme*, veranschaulicht Popitz am Beispiel von Jugendlichen in einer Resozialisierungsmaßnahme. Der stärkste, der dort einsitzenden Jugendlichen schart gewaltbereite Mitinsassen um sich und beginnt, die täglichen Essensrationen nach den von *ihm gesetzten* Kriterien zu verteilen. Indem eine kleine Gruppe dieses Privileg der Rationierung für sich erfolgreich (hier: durch Gewaltbereitschaft) reklamiert und verteidigt, kann der Rest der Gruppe in eine abhängige Position gebracht werden. Der Mechanismus der zunehmenden Machtschere zwischen dem kontrollierenden Kern und dem Rest der Gruppe kann sich stabilisieren. Ähnliche Mechanismen finden sich z.B. bei Schutzgelderpressung durch die Mafia, aber auch bei öffentlichen Ausschreibungen (z.B. für ICE-Züge), in denen es einem inneren Kern gelingt, die Kriterien von Auftragsvergaben so zu beeinflussen, dass die eigenen Chancen verbessert werden.

Während Macht bisher recht allgemein als asymmetrisches Beeinflussungspotenzial definiert wurde und weitgehend dem im angelsächsischen Sprachgebrauch üblichen Begriff von *Power* entsprechend behandelt wurde, sei im Folgenden auf die durch Max Weber eingeführte wichtige Unterscheidung zwischen Macht und Herrschaft nach dem jeweiligen Legitimitätsgrad hingewiesen. Max Weber versteht unter **Macht „jede Chance, innerhalb einer sozialen Beziehung den eigenen Willen auch gegen Widerstreben durchzusetzen**, gleichviel worauf diese Chance beruht" (1972[1922], S. 28). Max Weber kritisiert, dass der Machtbegriff „amorph" sei und häufig wenig spezifisch verwendet wurde. Er argumentiert: „Alle denkbaren Qualitäten eines Menschen und alle denkbaren Konstellationen können jemand in die Lage versetzen, seinen Willen in einer gegebenen Situation durchzusetzen" (ebd., S. 28f.). Entscheidend sind für ihn die Legitimationsgrundlagen, die dazu führen, den eigenen Willen durchsetzen zu können. Weil der Machtbegriff für Weber soziologisch zu diffus ist, da er sich auf personale, funktionale oder positionale Ressourcen gründen kann, differenziert er dieses Konzept mit seiner Typisierung von Herrschaftsformen weiter aus.

Herrschaft soll nach Max Weber **„die Chance** heißen, **für spezifische (oder: für alle) Befehle bei einer angebbaren Gruppe von Menschen Gehorsam zu finden**. Nicht also jede Art von Chance, ‚Macht' und ‚Einfluss' auf andere Menschen auszuüben“ (ebd., S. 122). Für Weber ist Herrschaft ein Sonderfall von Macht, der zwei Bedingungen genügt: Erstens ist Herrschaft marktmäßig oder durch (rationale) Interessenkonstellationen bedingt, und zweitens beruht Herrschaft auf Autorität, die als anerkannte Befehlsgewalt und Gehorsamspflicht gesetzt ist. Weber unterscheidet weiterhin **drei Typen der Legitimitätsgeltung von Herrschaft**: Sie kann **rationalen, traditionalen oder charismatischen Charakters** sein. Wie leicht zu erkennen ist, lehnt sich diese Unterscheidung stark an den Idealtypen sozialen Handelns an (siehe Abschnitt 3.2). Rationale Legitimitätsgeltung von Herrschaft wird z. B. durch demokratische Wahlen erreicht. Traditionale Begründung von Herrschaft findet sich z. B. sehr häufig noch in den Geschlechterrollenverteilungen oder in den Hierarchien und Besetzungsprozeduren von Bischöfen und Päpsten. Charismatische, auf personaler Autorität beruhende Herrschaft kennzeichnet Mafiastrukturen meistens ebenso wie die Hierarchien in Rockerbanden oder in studentischen Arbeitsgruppen.

Die bisherigen Ausführungen machen deutlich, dass Macht und Herrschaft niemals absolut und völlig stabil sind. Alle Typen von Herrschaft müssen immer wieder auf die eine oder andere Weise legimitiert werden. Machtausübung, die sich keine legitime Geltung verschaffen kann, führt zu permanenter Gewaltausübung und Terror. Macht- und Herrschaftsverhältnisse sind also prekär und labil. Sie unterliegen der permanenten Herausforderung sozialen Wandels. Grundlegende Veränderungen von Macht- und Herrschaftsarrangements sind Ausdruck sozialen Wandels, wie z. B. die Demokratisierung der Hochschulen durch die Studentenbewegung zeigt. Umgekehrt ist die Mobilisierung von Macht und Legitimitätsgeltungsansprüchen ein unverzichtbares Instrument zur strukturellen Veränderung sozialer Verhältnisse. Macht und Herrschaft einerseits und sozialer Wandel andererseits stehen so in einem wechselseitigen Beeinflussungsverhältnis, das sich am Beispiel von Organisationen verdeutlichen lässt.

11.4 Macht und Herrschaft in Organisationen

Organisationen wurden in Abschnitt 8.5 als arbeitsteilige Kooperationsgebilde mit Mitgliedschaftsregeln, gestaltbaren Zwecken und gestalteten Strukturen vorgestellt. Sie stellen einen zentralen modernen Vergesellschaftungsmodus dar. Für Max Weber wird legale und rationale Herrschaft am besten durch den Idealtypus einer bürokratischen Organisation verwirklicht. **Bürokratische Organisation** hat also hier keinerlei – wie heute vielfach zu assoziieren wäre – negativen Beigeschmack. Vielmehr ermöglicht es nach Weber gerade die bürokratische Form von Organisation, die Herrschaftsausübung maximal zu rationalisieren und damit von Günstlingswirtschaft, Nepotismus, undurchsichtigem Gefeilsche, Privilegiengewährung qua Stand oder Kaste zu befreien. Gegen die der modernen bürgerlichen Gesellschaft vorausgehenden Mechanismen traditionaler oder charismatischer feudaler Herrschaftsausübung benennt Weber (vgl. 1978[1922], S. 125 f.) insgesamt **acht Elemente rationaler Herrschaftsformen**: (1) kontinuierliche regelmäßige Amtsführung (und nicht gelegentliche Hobbypolitik zwischen Prassen und Jagen), (2) geregelte Kompetenzverteilung (und nicht willkürliche Kompetenzanmaßung), (3) klare Amtshierarchie mit Kontrolle, Aufsicht, Berufungs- und Beschwerdemöglichkeiten (und nicht Willkürentscheidungen ohne Einspruchsmöglichkeiten), (4) Regelgebundenheit und Fachqualifikation der Beamten (und nicht Dilettantismus von Günstlingen), (5) eindeutige Trennung der in der Organisation Arbeitenden von den Verwaltungsmitteln und dem Betriebsvermögen (und nicht die Vermischung von Amtsvermögen und Bürostätte mit dem Privatvermögen und der Wohnstätte wie bei Feudalgut), (6) keine Appropriation (persönliche Aneignung und Vererbung) der Amtsstelle an den Amtsinhaber (wie dies bei der Erblichkeit von Ämtern im Feudalsystem üblich war), (7) Aktenmäßigkeit und Schriftlichkeit der Verwaltung (und nicht nur mündliche Verwaltungsentscheidungen, die später nicht mehr überprüfbar sind) und schließlich (8) herrschaftliche Struktur der Verwaltung mit Beamten und würdiger Bürokratie (die „Herrschaft der Verwaltung" im Sinne des Wortes Bürokratie soll sich in den privilegierten Positionen der Menschen und der Räumlichkeiten widerspiegeln).

Die Einführung der bürokratischen Verwaltung – das lässt sich an ihren skizzierten Elementen erkennen – war selbst ein Ausdruck des im Abschnitt 10.2 näher beschriebenen sozialen Wandels von der feudalen zur modernen bürgerlichen Gesellschaft. Dabei sah Weber durchaus die **Ambivalenz von Bürokratie** als rationaler Verwaltung. Sie ermöglicht einerseits, Entscheidungen rein nach sachlichen Erwägungen von Beamten treffen zu lassen, die dabei allein öffentlich gesetzten Regeln folgen und nicht über Beziehungen oder Vererbung an ihren Job gekommen sind, sondern entsprechend dem meritokratischen Prinzip der Eignung. Aber gerade durch die strikte Neutralität und Regelbefolgung, durch das Absehen vom Einzelschicksal und von den möglichen Folgen im jeweiligen spezifischen Fall funktioniert bürokratische Verwaltung wie eine kalte Maschine, die ausschließlich nach formalen Prinzipien funktioniert. Man denke nur aktuell an die nicht seltenen Fälle der Abschiebung von Flüchtlingen und Asylbewerbern *nach den geltenden gesetzlichen Bestimmungen* in für diese Menschen gefährliche Krisengebiete. Die Zweischneidigkeit bürokratischer Verwaltung liegt also darin, einerseits nach explizierten, vereinbarten und legitimen, nachvollziehbaren, weil dokumentierten Regeln und Verfahren zu funktionieren und dadurch andererseits aber gerade nicht die Komplexität der sozialen Wirklichkeit mit ihren Kontingenzen und dem beständigen Wandel sozialer Verhältnisse zu berücksichtigen.

Für Max Weber und viele Soziologen seiner Zeit – und in mancher Hinsicht bis heute – repräsentiert die bürokratische Organisation bei aller Ambivalenz doch ein positives Ergebnis sozialen Wandels: Sie ist im Vergleich zu den vorhergehenden Formen der Herrschaftsausübung die bessere Lösung für die Rationalisierung von Herrschaft. Sozialer Wandel kann als berechenbar, weil von den dazu autorisierten bürokratischen Organen verwaltet erscheinen.[81] Während Max Weber den sozialen Wandel hin zum **ehernen Gehäuse einer universalen bürokratischen Rationalisierung** vor allem bezogen auf die öffentliche Verwaltung und Unternehmen konstatierte und für unausweichlich hielt, formulierte ein anderer Autor eine ähnliche, aber pessimistischere These für die Entwicklung politischer Parteien. Robert Michels (1876–1936), der als Soziologe und Politikwissenschaftler eine bewegte Biografie vom deutschen Linkssozialisten bis zum Anhänger des italienischen Faschismus aufzuweisen hat, veröffentlichte 1911 eine Studie über die Entwicklung der sozialistischen Parteien Europas und formulierte darin sein „**ehernes Gesetz der Oligarchie in Großorganisationen**" (Michels 1989 [1911]). Nach seiner Auffassung gibt es eine geradezu gesetzmäßige Wandlungstendenz großer Organisationen in Richtung einer oligarchischen Führerschaft, die sich von den Massen der Mitglieder und deren Zielen entfernt. Diese Führerschaft entwickelt starke Eigeninteressen am Erhalt ihrer Positionen und Privilegien, dass von einer rationalen Zieleverfolgung der Gesamtorganisation nicht mehr die Rede sein kann. Die Ironie der Geschichte liegt in diesem Falle vor allem darin, dass diejenigen (vor allem die von Michels aufgrund eigener Erfahrungen analysierten sozialdemokratischen Parteien), die eigentlich angetreten waren, den sozialen Wandel voranzutreiben, sich selbst dann in den einmal erreichten Führungspositionen festsetzten und vorrangig am Erhalt ihrer Privilegien interessiert waren.[82]

Weit weniger pessimistisch in Bezug auf die Statik bzw. Dynamik von Machtverteilungen in Organisationen argumentieren Michel Crozier (1922–2013) und Eberhard Friedberg in einer Studie über Machtprozesse in Unternehmen (Crozier/Friedberg 1979). Für sie besteht grundsätzlich in modernen Organisationen immer die **Möglichkeit zum sozialen Wandel auch von**

81 Vgl. zu diesen Problemen z. B. Diamond et al. 1985; Mayntz 1968.

82 Michels wandte sich später aus Enttäuschung über die Sozialdemokratie der faschistischen Bewegung Mussolinis zu. Die These einer verselbstständigten Organisationselite und – im Falle von Unternehmen – z. B. einer Managerklasse wurde später in vielfältigen Formen weiterentwickelt, vgl. z. B. Ehrenreich/Ehrenreich 1979.

unten. Niemals kann man Organisationen vollständig von oben kontrollieren oder dominieren (wie dies letztlich Max Weber positiv und Robert Michels eher kritisch unterstellten).

> „Keine Situation in einer gegebenen Organisation stellt einen Akteur völlig unter Zwang. Er behält immer einen Freiheits- und Verhandlungsspielraum. Dank dieses Spielraums (der für seine Gegenspieler wie für die Organisation insgesamt eine Ungewissheitsquelle ist) besitzt jeder Akteur Macht über andere Akteure. Diese Macht ist umso größer, je relevanter die von ihm kontrollierte Ungewissheitsquelle für jene ist" (ebd., S. 56).

Crozier und Friedberg unterscheiden vier bedeutende Quellen von Macht für Akteure in Organisationen, die nicht – wie bei Weber – nach dem Typus ihrer Legitimitätsgeltung, sondern nach der Quelle der Kontrolle von Unsicherheitszonen unterschieden werden. Diese sind:

> „Solche, die aus der Beherrschung eines spezifischen Sachwissens und der funktionalen Spezialisierung herrühren; solche, die an die Beziehungen zwischen einer Organisation und ihrer Umwelt, oder besser ihren Umweltsegmenten, gebunden sind; solche, die aus der Kontrolle von Informationen und Kommunikationskanälen herrühren; solche schließlich, die sich aus dem Vorhandensein allgemeiner organisatorischer Regeln ergeben" (ebd., S. 50).

Beispielhaft beziehen Experten und Fachleute wie Instandhaltungsarbeiter oder Informatiker aufgrund der *funktionalen Spezialisierung* in Organisationen und ihrer spezifischen Fähigkeiten, Kenntnisse und Erfahrungen Kontrolle über Unsicherheitszonen: Da niemand anderes das gleiche Fachwissen hat, muss man ihnen glauben, wenn sie etwa sagen, für eine bestimmte Aufgabe oder Reparatur eine bestimmte Ressourcenmenge an Zeit und technischen Mitteln zu benötigen. Im Gegensatz zu den funktionalen Spezialisten bezieht eine andere Gruppe von Organisationsmitgliedern ihre Macht aus der *Kontrolle über die Umweltbeziehungen*. So sind z.B. Handelsvertreter und Pressesprecher als Kontakte oder Relais einer Organisation zu ihrer Umwelt zu verstehen, die innerhalb der Organisation das Wissensmonopol für sich beanspruchen, zu wissen, wie die Organisation in der Umwelt wahrgenommen wird bzw. welche Wünsche und Erwartungen eigentlich die Kunden an die Organisation stellen. Der dritte Typus der Kontrolle von Unsicherheitszonen bezieht sich auf die *Kommunikations- und Informationskanäle*: Chefsekretärinnen (diese Position wird bisher meistens tatsächlich nur von Frauen besetzt) kontrollieren etwa den Zugang zum Terminkalender der Führungsebene, sie können entscheidende kleine Hinweise und Stichwörter über Stimmungen oder Vorgesetztenvorlieben geben. Ähnlich hängt in Organisationen oft von der mittleren Führungsebene ab, ob und was nach oben und nach unten kommuniziert wird. Eine letzte Unsicherheitszone, die eine bedeutende Machtquelle sein kann, ist die *Auslegung der organisationsrelevanten Regeln*. Im idealtypischen Weberschen Modell folgen alle Bürokraten einfach nur strikt den gegebenen Vorschriften. Tatsächlich können Regeln und Normen aber *per definitionem* niemals die Einzelfälle und Kontingenzen des Lebens tatsächlich in sich beinhalten oder berücksichtigen – sonst wären es eben keine über den Einzelfall hinausgehenden Regeln. Deshalb entbrennen normalerweise in Organisationen Konflikte auch um die Regelinterpretation. Dass diese Ungewissheitszone der Regelauslegung eine wichtige Machtressource ist, zeigt sich immer dann, wenn in Organisationen Dienst nach Vorschrift gemacht wird.

Insgesamt lässt sich resümieren, dass aus einer Verflechtungsperspektive sozialer Wandel nicht nur mit dem – in Abschnitt 11.3 behandelten – allgemeinen Spannungsfeld von Macht und Herrschaft zusammenhängt, sondern dass gerade Organisationen als in ständigem Wandel begriffene Spannungsfelder von Macht und Herrschaft sind.[83] In einer Verflechtungsperspektive findet sozialer Wandel gerade auch auf der Ebene von Organisationen als Verschiebung von Macht und Herrschaftsbeziehungen statt. Des Weiteren können Organisationen – z. B. als politische Parteien, große Konzerne oder nicht-Regierungsorganisationen – sozialen Wandel unmittelbar anstoßen oder verstärken. Dies wird im folgenden Abschnitt zu behandeln sein.

11.5 Sozialer Wandel und soziale Bewegungen

Sozialer Wandel wird nicht nur durch spezifische Macht- und Herrschaftskonstellationen initiiert (und dann durch neu entstandene vorübergehend wieder eingefroren), er findet auch nicht nur in und durch Organisationen statt. Sozialer Wandel vollzieht sich seit etwa zwei Jahrhunderten auch durch und in sozialen Bewegungen. Was aber ist der Unterschied zwischen den im vorhergehenden Abschnitt behandelten Organisationen und sozialen Bewegungen? Offensichtlich spielen Organisationen innerhalb von und für soziale Bewegungen eine wichtige Rolle, man denke nur an die Organisation Greenpeace und ihre Bedeutung für die Umweltbewegung. Organisationen können auch aus sozialen Bewegungen hervorgehen, wie das Beispiel der Partei Die

83 Zur Bedeutung des Feldbegriffs für die Soziologie allgemein vgl. Fürstenberg 1985 und 1995.

Grünen zeigt. Nach dem Verständnis von Rucht/Neidhard (2001, S. 540) stellen **soziale Bewegungen**

> „soziale Gebilde aus miteinander vernetzten Personen, Gruppen und Organisationen dar, die mit kollektiven Aktionen Protest ausdrücken, um soziale bzw. politische Verhältnisse zu verändern oder um sich vollziehenden Veränderungen entgegenzuwirken."

Wichtige soziale Bewegungen neueren Datums sind seit den 1980er-Jahren die Friedensbewegung, die Umweltbewegung und auch die Frauenbewegung. Hierdurch wurde die soziologische Bewegungsforschung in Deutschland und auch international wesentlich stimuliert. *Im Gegensatz zu Organisationen* weisen soziale Bewegungen keine klaren Mitgliedschaftszuweisungen auf, sie sind nicht durch klare Binnendifferenzierungen von Positionen und Rollen oder eindeutig formal festgelegte Verfahren gekennzeichnet. Sie weisen schließlich keine eindeutige Hierarchisierung nach Kompetenzen und Entscheidungsbefugnissen auf. Soziale Bewegungen sind nicht institutionalisiert, also keine Organisationen, sie streben aber gleichwohl die Beeinflussung von Organisationen an. Soziale Bewegungen sind also als ein Konglomerat bestehend aus individuellen Akteuren sowie sozialen Gruppen und Organisationen als kollektive Akteure zu verstehen, die unmittelbar einen sozialen Wandel herbeiführen möchten. Dabei geht es meistens um die *Verwirklichung von sozialem Wandel*, z.B. um die grundlegende Veränderung des Energiemodells moderner Gesellschaften (Abschaffung von fossilen und Kernkraftwerken und Ersetzung durch erneuerbare Energien) oder um die gesellschaftliche Gleichberechtigung der Geschlechter. Soziale Bewegungen können sich aber auch gegen spezifische Formen sozialen Wandels stellen, z.B. gegen den Abriss historisch relevanter Gebäude, gegen die Durchschneidung sozial-räumlicher Dorfgemeinschaften durch Autobahnen oder gegen das Aufgeben von Privilegien idyllischer Natürlichkeit durch eine drohende Stromtrasse.

Soziale Bewegungen zielen also auf die **Umsetzung oder Verhinderung von sozialem Wandel**, und sie bestehen nicht aus einem kollektiven Akteur oder einer Akteursgruppe, sie sind vielmehr als ein **Netzwerk unterschiedlicher Akteurstypen** zu verstehen. Sie orientieren sich dabei auf die Beeinflussung politischer Parteien und anderer Interessenverbände, aber auch der Massenmedien und der öffentlichen Meinung, die sie für ihre Sache einzunehmen versuchen (Rucht/Neidhardt 2001, S. 552f.). Die drei zuvor genannten sozialen Bewegungen haben in Deutschland für die politischen Parteien, für die Medienlandschaft und für die öffentliche Meinung nachweislich und substanziell Wirkungen gezeigt. Die Umweltbewegung etwa hat im großen

Ausmaß nicht nur zur Herausbildung einer eigenständigen Partei (Die Grünen) geführt, sie hat für die Bildung vieler weiterer Organisationen eine wichtige Impulsgeberfunktion gehabt (z.B. das Wuppertal-Institut oder das Öko-Institut in Freiburg), und sie hat unmittelbar zur Herausbildung einflussreicher Nicht-Regierungsorganisationen wie z.B. Greenpeace geführt.

Soziale Bewegungen können auch als eine äußerst wichtige Form der **Kanalisierung sozialen Wandels** betrachtet werden. Über das sogenannte *Agenda-Setting* fokussieren soziale Bewegungen mittels vielfältiger Aktivitäten (Protestaktionen, Studien, öffentliche Aufrufe, Telefonaktionen, Gespräche mit Politikern, den Massenmedien etc.) die öffentliche Aufmerksamkeit auf bestimmte ihnen relevante Themenstellungen (z.B. für die Abschaltung aller Atomkraftwerke, gegen den Bau bestimmter, als überflüssig oder unökologisch erachteter technischer Großprojekte). Auf diese Weise können sie die in der öffentlichen Meinung institutionalisierten, d.h. als fraglos gegebenen Legitimitäts- und Geltungsstrukturen verändern und so Einfluss auf gesellschaftliche und politische Akteure nehmen. Sie verändern in der Terminologie von Boltanski/Thévenot (2007[1991]) die bestehenden „Rechtfertigungsordnungen". Dies unterstreicht den Netzwerkcharakter sozialer Bewegungen (siehe Abschnitt 8.4) – es geht dabei weder um eine Koalition von Bewegungsorganisationen noch um ideengetriebene Modeerscheinungen. Vielmehr sind soziale Bewegungen als ein komplexes Konglomerat unterschiedlicher Typen individueller und kollektiver Akteure zu verstehen, die durch koordinierte Aktionen darauf abzielen, soziale Praktiken (z.B. Geschlechterarrangement, Nutzungsformen von Energie oder Transport), Symbolsysteme (z.B. öffentliche Meinung, Rechtsfertigungsordnungen, gesetzliche Bestimmungen) und Artefaktestrukturen entweder gezielt zu verändern oder bewusst zu erhalten.

Zusammenfassend dürfte deutlich geworden sein, dass sozialer Wandel nicht nur aus der Perspektive der Individuen und des gesamtgesellschaftlichen Sozialsystems untersucht werden kann, sondern dass auch der Zugang über die Verflechtungsbeziehungen eine ertragreiche Erforschung von Formen, Voraussetzungen und Folgewirkungen sozialen Wandels eröffnet. Schlüsselbegriffe hierfür sind sozialer Konflikt, Macht und Herrschaft in Verflechtungsbeziehungen und Organisationen sowie soziale Bewegungen.

In den vorhergehenden drei Teilen (Kapitel 3 bis 11) wurden Grundthemen der Soziologie in einer jeweils vom Individuum, von der Gesellschaft und von Verflechtungszusammenhängen ausgehenden Perspektiven behandelt. Soziales Handeln, soziale Ordnungszusammenhänge und sozialer Wandel strukturierten dabei die Behandlung von Schlüsselbegriffen der Soziologie. In den beiden nun folgenden Kapiteln werden einige übergreifende Frage behandelt. Zunächst wird an einem konkreten Beispiel, dem großen Thema der sozialen Ungleichheit, gezeigt, wie verschiedene paradigmatische Denkschulen dieses Thema bearbeiten und wie dabei die in den vorhergehenden Kapiteln vorgestellten Grundthemen und Perspektiven der Soziologie zusammenwirken (können). Abschließend werden einige methodologische und wissenssoziologische Fragen behandelt, die uns bereits in mehreren Kapiteln begegneten: Was ist in der Soziologie eine wissenschaftliche Aussage? Welcher Unterschied besteht zwischen verstehen und erklären? Gibt es zwischen qualitativen und quantitativen Methoden der Sozialforschung bestimmte Qualitätsunterschiede?

11.6 Zusammenfassung, Übungsaufgaben und weiterführende Literatur

Dieses Kapitel 11 lässt sich folgendermaßen **zusammenfassen**:

1. Soziale Konflikte sind situationsübergreifende Auseinandersetzungen innerhalb oder zwischen Personen, Gruppen, Klassen oder (National-)Gesellschaften um Werte oder Ressourcen bei einer Mindestausstattung der beteiligten Konfliktparteien für friedlichen oder gewaltsamen Kampf. Sie sind Grundbestandteil aller sozialen Figurationen und grundlegende Triebkraft sozialen Wandels.

2. Macht ist allgemein ein asymmetrisches Beeinflussungspotenzial; unter Herrschaft versteht man legitime Machtausübung (z.B. als rationale, traditionale oder charismatische Herrschaft); Macht und Herrschaft sind immer im Fluss und Teil sozialen Wandels.

3. Macht ist in Organisationen asymmetrisch verteilt, aber niemals nur in einem Zentrum zusammengefasst; es bestehen immer vielfältige Ungewissheitszonen, deren Kontrolle die Quelle von Macht in Organisationen ist.

4. Max Weber arbeitete einen Idealtypus bürokratischer Verwaltung als Instrument rationaler Herrschaft heraus; Macht in Organisationen ist grundsätzlich fragil, muss immer wieder erneuert und ausgehandelt werden; veränderte Machtkonstellationen führen zu oder sind Ausdruck von Organisationswandel und damit sozialem Wandel.

5. Soziale Bewegungen als situationsübergreifende soziale Netzwerke unterschiedlicher Akteurstypen zielen auf die Veränderung (oder die Konservierung) politischer, sozialer, kultureller, ökologischer etc. Verhältnisse und sind eine wesentliche Triebkraft sozialen Wandels.

Übungsfragen

Was unterscheidet einen persönlichen von einem sozialen Konflikt? Erläutern Sie dies an einem Beispiel.

Erläutern und diskutieren Sie unterschiedliche soziologische Definitionen von Macht.

Kann eine Person „Macht haben“ und unabhängig von Beziehungen mit sich tragen wie etwa Geld? Erläutern Sie Ihre Antwort an einem Beispiel.

Was versteht Max Weber unter Macht und unter Herrschaft?

Welche Typen legitimer Herrschaft unterscheidet Max Weber?

Welche vier Quellen von Macht als Kontrolle von Unsicherheitszonen unterscheiden Crozier/Friedberg, und warum ist (infolgedessen) Macht in Organisationen immer im Fluss?

Erläutern Sie die Bedeutung sozialer Bewegungen für sozialen Wandel.

Vertiefende Literatur zu diesem Kapitel

Giddens, A. (1988) [1984]: Die Konstitution der Gesellschaft. Grundzüge einer Theorie der Strukturierung. Frankfurt am Main und New York: Campus Verlag, S. 300–320.

Rucht, D./Neidhardt, F. (2007): Soziale Bewegungen und kollektive Aktionen. In: Joas, H. (Hrsg.): Lehrbuch der Soziologie. Frankfurt am Main und New York: Campus, S. 627–652.

Weber, M. (1976) [1922]: Wirtschaft und Gesellschaft. Grundriss der verstehenden Soziologie. Tübingen: Mohr, S. 122–142.

Kapitel 12
Denkschulen: Das Beispiel sozialer Ungleichheit

Kasten 12.1

Soziologische Regel:
Soziale Ungleichheit – als die ungleichmäßige Verteilung von Zugangschancen zu knappen materiellen und immateriellen Ressourcen auf soziale Positionen und Gruppen, die zu systematischer sozialer Verschiedenwertigkeit von Lebensbedingungen und Lebenschancen führt – ist nicht von der Natur gegeben, sondern von den Menschen gemacht – und kann von ihnen verändert werden.

Über Jahrtausende wurden Menschen in gesellschaftlich mehr oder weniger fest vorgegebene soziale Verhältnisse – z. B. soziale Stände oder Klassen, Kasten oder Schichten, Geschlechterverhältnisse und ethnische Zuschreibungen – hineingeboren und hatten nur wenige Chancen, ihre soziale Position zu verändern. Diejenigen, die unter diesen Umständen über viele Privilegien verfügten, waren geneigt, die bestehenden sozialen Ungleichheitsverhältnisse über natürliche oder göttliche Ordnungen zu legitimieren. Und den Unterprivilegierten erschienen die sozialen Ungleichheitsverhältnisse ebenfalls fast so natürlich, wie dem Fisch das Wasser.
Die Soziologie ist von Anbeginn eine kritische Wissenschaft, insofern sie die soziale Gewordenheit solcher Ungleichheitsverhältnisse untersucht. Sie interessiert sich dafür, wie die tatsächliche Verschiedenheit von Menschen nach Größe, Stärke, Hautfarbe, Intelligenz, Geschlecht und Geschlechterorientierung, Fähigkeiten und Fertigkeiten, Interessen, Leidenschaften und Präferenzen unter den jeweiligen gesellschaftlichen Bedingungen wahrgenommen, bewertet, gewichtet, geschätzt, marginalisiert, gefördert oder unterdrückt werden. Bei der soziologischen Analyse sozialer Ungleichheit kommen dabei die unterschiedlichsten (Mikro-, Meso- und Makro-)Betrachtungsebenen und (handlungstheoretischen, strukturalistischen, funktionalistischen etc.) Forschungsparadigmen zum Tragen. Deshalb eignet sich das Thema soziale Ungleichheit gut, die in diesem Einführungsbuch vorgestellten verschiedenen Dreierschritte noch einmal abschließend zu demonstrieren.
Hierzu wird – nach einem Praxisbeispiel und der Erläuterung der Grundidee dieses Kapitels (1) zunächst geklärt, was eigentlich *soziale* Ungleichheit von anderen For-

men der Ungleichheit, z. B. der *natürlichen* Ungleichheit unterscheidet. Sodann werden (2) die beiden Konzepte von Verteilungsungleichheit und Chancenungleichheit behandelt und einige Grundformen sozialer Ungleichheitsgruppen skizziert. In einem weiteren Abschnitt werden (3) die drei prominenten Grundbegriffe der soziologischen Ungleichheitsforschung Klasse, Stand und Schicht sowie weitere Kategorien wie Gender und Ethnizität erläutert. Schließlich werden (4) das Modell des sozialen (Ungleichheits-) Raumes von Pierre Bourdieu sowie einige weitere Begriffe vorgestellt, die sich stärker an der Dynamik der (Re-)Produktion sozialer Ungleichheit orientieren.

12.1 Praxisbeispiel und Grundidee

In einem wissenschaftlichen Forschungsprojekt (SVR-Forschungsbereich 2014) wurden über 3.500 Bewerbungen um eine Ausbildungsplatz in den Berufen Bürokaufmann/-frau und Kfz-Mechatroniker/-in an insgesamt knapp 1.800 Unternehmen verschickt, die bei der Bundesagentur für Arbeit zu besetzende Stellen ausgeschrieben hatten. Es wurden identische Bewerbungspakete versandt, bei denen nur jeweils einmal ein türkischer und einmal ein deutscher Name für die Bewerbung verwendet wurden. Dabei zeigte sich, dass schon bei den Rückmeldungen, aber auch bei den Absagen und den Einladungen zu einem Vorstellungsgespräch die mit einem türkischen Namen versehenen Bewerbungen statistisch signifikant diskriminiert wurden (Abbildung 12.1)

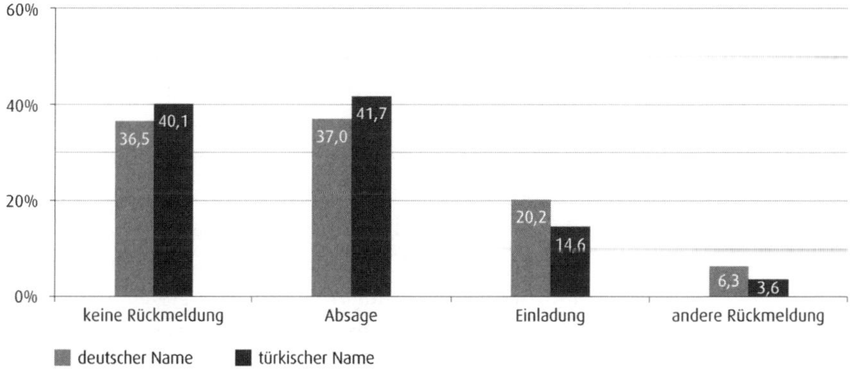

Anmerkungen: Die Unterschiede zwischen Bewerbern mit einem deutschen und Bewerbern mit einem türkischen Namen sind signifikant ($p \leq 0.001$).

Abbildung 12.1: Unternehmensrückmeldungen auf Bewerbungen
(Quelle: SVR-Forschungsbereich, Studie „Diskriminierung am Ausbildungsmarkt. Ausmaß, Ursachen und Handlungsperspektiven." Berlin, 2014)

Ähnliche Untersuchungen zur sozialen Diskriminierung wurden in vielen Ländern durchgeführt. Sie kamen immer zu ähnlichen Ergebnissen: Auch wenn die Bewerbungsunterlagen in allen Punkten und Aspekten bis auf einen zu untersuchenden Faktor (hier: der deutsch oder türkisch erscheinende Name) gleich waren, führten die bestehenden sozialen Bewertungen im Hinblick auf diesen Faktor zu einer statistisch signifikanten Ungleichbehandlung der Bewerbungen. Als zu untersuchender Faktor kann wie im vorgestellten Fall der Vor- und Nachname – als ein Indikator für die mögliche regionale Herkunft des Bewerbenden oder seiner Vorfahren – gelten, aber auch das biologische Geschlecht (Mann oder Frau), das Alter, die Ausbildungseinrichtung, an der bestimmte Abschlüsse gemacht wurden, oder ein mitgeliefertes Foto. In allen Fällen lässt sich zeigen, dass bei der Behandlung von Bewerbungen in Organisationen (Unternehmen ebenso wie öffentlichen Verwaltungen Einflüsse wirksam sind, die auf soziale Bewertungen von Faktoren zurückzuführen sind, die eigentlich keinen Einfluss auf den Bewerbungsprozess haben sollten. Denn wenn man die betreffenden einstellenden Organisationen befragt, weisen sie jede Form der absichtlichen oder systematischen Ungleichbehandlung von Bewerbungen allein wegen des Faktors Herkunft bzw. Migrationshintergrund, Geschlecht, Alter etc. zurück.

Im Sinne der eingangs gegebenen Definition sozialer Ungleichheit handelt es sich hier also um eine ungleichmäßige Verteilung knapper materieller und immaterieller Güter (hier: Arbeitsplatz bzw. Beschäftigung) auf soziale Positionen und Gruppen (hier: systematische Diskriminierung nach – aufgrund des Namens – unterstelltem Herkunftslandkontext), die zu systematischer sozialer Verschiedenwertigkeit von Lebensbedingungen und Lebenschancen führt (hier: Erwerbschancen). Der Name Memet Öztürk ist zunächst nur orthografisch-phonetisch, also von der Abfolge der Buchstaben und ihrer Aussprache her *andersartig* als der Name Karl Müller oder Franz Koslowski. In einem Bewerbungsverfahren ist er aber offensichtlich auch *anderswertig*. Er mobilisiert bei den involvierten Akteuren Assoziationen, Framings und Skripte, die trotz aller formalisierten und explizierten Beurteilungskriterien eine *eigene soziale Wirksamkeit* entfalten. Beim Thema soziale Ungleichheit geht es also nicht um die gleichsam *von der Natur gegebenen* Unterschiede, sondern um den sozialen Umgang mit Verschieden*artigkeit*, die also solche zunächst implizit oder explizit wahrgenommen und dann zu einer Verschieden*wertigkeit* im sozialen Handeln und in sozialen Ordnungen wird.

Schon dieses Beispiel lässt erahnen, warum das Thema „soziale Ungleichheit" ein Herzstück der soziologischen Theorie und Forschung ist: Wir erleben die soziale Welt als nach oben und unten, links und rechts, gut und schlecht gegliedert; wir unterscheiden und beurteilen soziale Positionen (z. B. Berufspositionen oder Eigentumsverhältnisse) nach ihrer sozialen *Wertig-*

keit; wir ordnen Menschen fortwährend nach ihren *sozial* relevanten Merkmalen bzw. Attributen (Gender, Alter, Habitus, Bildung, Kleidung, Einkommen etc.) ein. Soziale Ungleichheit ist gleichsam das Wasser, in dem wir uns als Fische bewegen – ohne dabei dessen spezifische Qualität, ohne die impliziten Ordnungsmuster als phylo- und ontogenetisch sozial konstruierte wahrzunehmen. Soziale Ungleichheit bildet für viele Soziologen den Kern und Referenzpunkt, wenn es um soziales Handeln, soziale Ordnungsmuster und um sozialen Wandel geht.

Der Untersuchungsgegenstand sozialer Ungleichheit lädt auch dazu ein, von der mikrosoziologischen Ebene der Individuen, von der makrosoziologischen Betrachtung der Gesamtgesellschaft und von der mesosoziologischen Perspektive der Verflechtungszusammenhänge her betrachtet zu werden. Das Gebiet sozialer Ungleichheit ist schließlich auch von großer gesellschaftlicher Brisanz. Denn keine moderne Gesellschaft kann dauerhaft bestehen, wenn ein Großteil ihrer Mitglieder die bestehenden Formen der horizontalen, vertikalen und zeitlichen Ungleichheiten für nicht mehr legitim hält. Solche sozialen Legitimierungsdefizite können z.B. auftreten, wenn für viele Gesellschaftsmitglieder die Schere zwischen armen und reichen Menschen zu weit aufgeht oder wenn umgekehrt andere Menschengruppen die *Leistungsgerechtigkeit* für nicht gewahrt halten, wenn für relevante soziale Gruppen die Anerkennung von kultureller, religiöser oder politischer Vielfalt nicht gegeben ist oder umgekehrt für andere Gruppen die gesellschaftliche Vielfalt zu einer Herausforderung wird.

12.2 Geschlecht oder: *natürliche* und *soziale* Ungleichheit

Bevor unterschiedliche soziologische Denkschulen und paradigmatische Sichtweisen in Bezug auf soziale Ungleichheit anhand relevanter Schlüsselbegriffe vorgestellt werden, ist zu klären, was *soziale* Ungleichheit eigentlich von anderen Formen der Ungleichheit unterscheidet. Dies zeigte sich schon an dem eingangs vorgestellten Beispiel der *sozialen Bewertung* von Namen in Bewerbungsverfahren. Die Klärung dieser Frage ist vor allem wichtig, weil Nicht-Soziologen sehr häufig *sozial konstruierte* Unterscheidungen als quasi natürliche Unterschiede behandeln. Dies ist z.B. dann der Fall, wenn gesagt wird „Die Professoren sind von Natur aus intelligenter als andere Menschen, sonst wären sie ja keine Professoren“ oder „Die Unternehmer sind von Natur aus fleißiger und leistungsbereiter, sonst hätten sie es nicht so weit gebracht“. Mit Hinweis auf *die Natur der Sache* werden oft „soziale Tatsachen“ zu „natürlichen Dingen" und damit der Begründungs- bzw. Diskurspflicht entzogen. Wenn von sozialer Ungleichheit die Rede ist, geht es also offensichtlich um etwas anderes als um *natürliche Unterschiede.* Unter **sozialer Ungleichheit** können zunächst **alle sozial als relevant erachteten Formen von Unterschieden zwischen Menschen und Menschengruppen** angesehen werden. In der Soziologie wird unter sozialer Ungleichheit **allgemein die ungleichmäßige Verteilung von Zugangschancen zu knappen materiellen und immateriellen Ressourcen auf soziale Positionen und Gruppen verstanden, die zu systematischer sozialer Verschiedenwertigkeit von Lebensbedingungen und Lebenschancen führt.**

Wenn einige Menschen blonde Haare und andere braune oder schwarze Haare haben oder wenn sie groß oder klein, dunkelhäutig oder hellhäutig, blauäugig oder grünäugig sind, so handelt es sich hierbei *zunächst* um natürliche Unterschiede. Solange, wie die betroffenen Menschen in ihrer Selbstwahrnehmung und in ihrer Wahrnehmung durch andere nicht aufgrund dieser Merkmale taxiert, einsortiert, hofiert oder marginalisiert werden, handelt es sich tatsächlich um objektiv gegebene Verschiedenheiten, die nicht als soziale Ungleichheit für die Soziologie von Bedeutung sind. Dies gilt z.B. für den Fingerabdruck: Er indiziert die Verschiedenheit aller Menschen, führt aber in aller Regel nicht zu sozialen *Verschiedenwertigkeiten.* In der gesellschaftlichen Praxis spielen die benannten Unterschiede aber fast immer auch eine wichtige Rolle bei der sozialen Distinktion. In bestimmten Gruppen sind blondhaarige Männer und/oder Frauen in sozialen Bewertungen privilegiert (z.B. in vielen lateinamerikanischen Ländern, in denen die Distanzierung von indigenen oder Afro-Merkmalen noch immer häufig als Ausdruck gehobener sozialer Position beurteilt wird; vgl. Hernández 2014).

Gerade in der modernen Gesellschaft ist Körperlichkeit im Sinne von schlank sein, sportlich sein und schön sein zu einem unübersehbaren sozialen Distinktionsmerkmal geworden. Aus soziologischen Untersuchungen ist bekannt, dass Adipositas und Bulimie mit bestimmten sozial relevanten Merkmalen signifikant korrelieren, und es wird vermutet, dass solche Krankheitsbilder in direktem Zusammenhang zu sozialer Ungleichheit und sozialem Wandel stehen, also wesentlich komplexere soziale Zusammenhänge aufweisen, als etwa in der medizinischen oder psychologischen Forschung angenommen (vgl. Kardorff/Ohlbrecht 2007, S. 157, 165). Deshalb ist grundsätzlich äußerste Vorsicht geboten, Unterschiede zwischen Menschen und Menschengruppen als natürlich zu bezeichnen, fast immer haben scheinbar natürliche Merkmale enorme soziale Bedeutungen für soziale Distinktions- und Differenzierungsprozesse. Dies wird deutlich, wenn man einen Blick in die Geschichte wirft. Schon im 5. Jahrhundert vor Christus schrieb Aristoteles, der ansonsten luzide Denker, dem die Menschheit viel zu verdanken hat:

> „Das lebendige Wesen aber besteht erstens aus Seele und Leib, von denen jene von Natur an ihm das Herrschende und dieser das Beherrschte ist. (…)
> Ferner das männliche Geschlecht ist stärker als das weibliche: es herrscht, während diese gehorcht.
> Ganz nach diesen nämlichen Gesichtspunkten muß sich nun aber doch notwendig überhaupt das Verhältnis der Menschen zu einander regeln: alle diejenigen, welche so weit von anderen abstehen wie der Leib von der Seele und das Tier vom Menschen – in diesem Falle befinden sich aber alle die, welche ihre (natürliche) Aufgabe im Gebrauch ihrer Körperkräfte finden und bei denen dies ihr höchste Leistung ist – diese, sage ich, sind Sklaven von Natur, für die es besser ist, wenn sie auch tatsächlich als solche beherrscht werden, gerade so gut wie von den vorher genannten Gegenständen das Entsprechende gilt" (Aristoteles 1978 [384-322 v.Chr.], S. 97-99).

Die gesamte soziale Ungleichheitsstruktur des alten Athens sowie die unterschiedliche soziale Positionierung von Männern und Frauen (und weiteren Geschlechtern)wird hier von Aristoteles begründet mit den angeblich bestehenden *natürlichen* Unterschieden zwischen den Geschlechtern sowie zwischen den Sklaven und Herren. Zweifelsohne haben die Unterschiede zwischen Männern und Frauen (und weiteren Geschlechtern) eine biologische Dimension. Aber vor allem sind es soziale Zuschreibungen, gesellschaftliche Konventionen, Institutionen und strukturelle Ungleichverteilungen sozialer Positionen und Chancen, die die Unterschiede zwischen den Geschlechtern sozial formen (Sabisch 2014). Man kann auch umgekehrt formulieren, dass zunächst oder scheinbar natürliche Merkmale und Kategorien wie Alter, Größe, Körpergewicht und Körpererscheinung, Hautfarbe, Begabungen und Intelligenz, biologisches Geschlecht, genetische Dispositionen und Instinktstümpfe als *Träger für soziale Wertungen und Zuschreibungen* benutzt werden.

Dass das von Aristoteles vorgetragene Argumentationsmuster leider bis in die Gegenwart immer noch wirksam ist, zeigt sich an dem Umstand, dass die Sklaverei in den USA erst im 19. Jahrhundert abgeschafft wurde, dass das Frauenwahlrecht erst in der Weimarer Republik, also im 20. Jahrhundert eingeführt wurde und dass die Apartheid in Südafrika erst 1992 beendet wurde – die Begründung und Festigung sozialer Ungleichheitsstrukturen mit Hinweis auf angebliche *natürliche* Ungleichheiten ist also ein bis in die Gegenwart übliches Verfahren, Ungleichheitsstrukturen zu produzieren, zu reproduzieren, zu rechtfertigen und zu stabilisieren. Trotz aller Debatten über die Gleichberechtigung der Geschlechter beträgt der sogenannte *Gender Pay Gap* auch gegenwärtig noch über zwanzig Prozent, wovon ein erheblicher Teil nur über Diskriminierung zu erklären ist (Statistisches Bundesamt 2013). Auch die Begründungen dafür, warum Topmanager im 21. Jahrhundert das Hundertfache von dem der anderen in ihrem Unternehmen Beschäftigten verdienen sollen, dürfen oder müssen, enthalten häufig natürlich-biologistische Elemente. Man wird in einer Managementzeitung oder einem Wirtschaftsmagazin kaum die Aussage finden, dass die im Vergleich zum Durchschnittseinkommen der Erwerbstätigen sehr hohen und in den letzten zwanzig Jahren exorbitant gewachsenen Jahreseinkommen von Managern auf dem Mechanismus der *gegenseitigen Anerkennung von Privilegierten* beruhen, der im vorhergehenden Kapitel im Abschnitt 11.3 vorgestellt wurde. Häufiger werden dort Begründungen bemüht, die auf die persönlichen Belastungen und Verantwortungen sowie auf die Angebots- und Nachfragedynamik für die knappe Ressource Führungsfähigkeiten abstellen. Neben rein biologistischen werden also rationalistisch-marktwirtschaftliche Argumente bemüht.[84] Gerade Soziologen sollten vorsichtig sein, Unterschiede als **natürliche** Verschiedenartigkeiten zu interpretieren. Sie sollten immer nach den wahrscheinlich dahinter liegenden sozialen Prozessen der Generierung und Reproduktion von sozialer Ungleichheit fragen. In den folgenden Abschnitten wird dabei versucht, das Thema sozialer Ungleichheit in die Neun-Felder-Matrix aus sozialem Handeln, sozialer Ordnung und sozialem Wandel einerseits und aus vom Individuum, von der Gesellschaft und von der Verflechtung ausgehenden Perspektiven andererseits zu verorten.

12.3 Verteilungsungleichheit oder Chancenungleichheit?

Betrachtet man soziologische Ungleichheitskonzepte näher, so lassen sich zwei Herangehensweisen unterscheiden: Soziale Ungleichheit kann als Verteilungsungleichheit oder als Chancenungleichheit konzipiert werden. Die Analyse von **Verteilungsungleichheit** ist im Sinne des dieses Buch strukturierenden Drei-Schritt-Konzeptes, das in den vorangegangenen Kapiteln vorgestellt wurde, stark auf soziale Ordnungsmuster (Kapitel 6, 7 und 8) und Gesamtgesellschaften (Kapitel 4, 7 und 10) gerichtet. Als Beispiel für diese Herangehensweise sei die folgende Definition von Stefan Hradil, einem der führenden Ungleichheitsforscher in Deutschland, genannt:

84 „Die Gier nach übermäßigem Geld wird durch natürliche, also biologische Eigenschaften und gesellschaftliche Komponenten begründet. Experimente haben gezeigt, dass im Gehirn bei erfolgreichen Geldgeschäften das gleiche Lustgefühl in der Hirnregion des ‚Nucleus accumbens' erzeugt wird wie beim Sex und sogar suchtähnliche Reaktionen hervorgerufen werden" (Scheer 2010, S. Kap.2, 2. Seite). Zu den Selbstrekrutierungsmechanismen von Eliten in Wirtschaft, Politik und Wissenschaft vgl. Hartmann 2002.

> „Unter sozialer Ungleichheit versteht man die asymmetrische Verteilung knapper und begehrter Güter auf gesellschaftliche Positionen und so entstehende vorteilhafte bzw. nachteilige Lebensbedingungen von Menschen. Soziale Ungleichheit meint demnach nicht bloße Verschiedenartigkeit, sondern Verschiedenwertigkeit von Lebensbedingungen" (Hradil 2001, S. 590).

Dass es sich hierbei um eine spezifische Definition sozialer Ungleichheit handelt, die vor allem auf die *Verteilung* von knappen und begehrten *Gütern* sowie Lebensbedingungen abstellt, wird ersichtlich und deutlicher, wenn im Weiteren andere Konzepte vorgestellt werden, die eher auf Chancenungleichheit zielen. Zunächst aber seien drei Grundelemente aller Konzepte sozialer Ungleichheit hier benannt, die aus der Definition hervorgehen. Erstens geht es bei sozialer Ungleichheit immer um die *gesamtgesellschaftliche Wertigkeit* unterschiedener Merkmale, Potenziale und Ressourcen. Eine Person oder Menschengruppe kann noch so viele Papierscheine oder Muscheln oder getrocknete Blätter von unterschiedlichsten Baumarten sammeln und besitzen – so lange, wie diese Dinge keine gesellschaftliche Wertschätzung haben (z. B. weil die Papierscheine als Geld oder die Muscheln als Schmuck von Anderen ebenfalls hoch geschätzt werden), so lange bleibt ihre Verteilung auf Menschen oder Positionen für Aspekte der sozialen Ungleichheit irrelevant.

Das zweite Bestimmungsmerkmal sozialer Ungleichheit liegt in der *Knappheit und Begehrtheit der unterschiedenen Merkmale, Potenziale und Ressourcen.* Die gesellschaftliche Wertigkeit, die bereits angesprochen wurde, ergibt sich in aller Regel aus Knappheit und Begehrtheit durch Andere. Dass Knappheit für sich genommen noch kein ausreichendes Kriterium ist, zeigt sich sofort an dem folgenden Beispiel: Ein über zwanzig Jahre altes Auto, das vielfältig repariert und ausgebeult wurde und sogar Ersatzteile und Anbauten von andern Fahrzeugen integriert, dürfte zwar relativ selten vorkommen und deshalb unter das Knappheitskriterium fallen, allerdings ist es in der Regel kaum begehrt – man muss eventuell sogar noch Geld bezahlen, wenn man es entsorgen will. Im Sinne von Begehrtheit knapper Güter wird diese Schrottkiste also kaum zum Gegenstand sozialer Ungleichheitsstrukturierung – höchstens in der Art und Weise, dass alleine schon der Besitz eines solchen Gefährts als Ausdruck einer bemitleidenswerten Positionierung in der sozialen Unterschicht gedeutet wird (wenn dagegen Joseph Beuys oder ein anderer bereits bekannter Künstler dieses Auto als Kunstwerk vorgestellt hätte, wäre es vielleicht zu einem knappen *und* begehrenswerten Gut geworden).

Der dritte grundlegende Aspekt sozialer Ungleichheitskonzepte besteht darin, dass es sich bei den Verteilungen und Zuschreibungen der unterschiedenen Merkmale, Potenziale und Ressourcen um regelmäßige, unpersönliche und situationsübergreifende Muster handeln muss, die auf gesellschaftliche Positionen bezogen sind. Wer in einer Spielbank in Las Vegas eine Glückssträhne hat und viel Geld verdient, steigt noch nicht gleich in der sozialen Ungleichheitsstruktur nach oben. Dies wäre erst dann der Fall, wenn er oder sie das gerade Gewonnene nicht am nächsten Abend wieder verlören, sondern daraus einen dauerhaften Güterbesitz begründeten.

Während in der zuvor genannten Definition von Stefan Hradil soziale Ungleichheit als asymmetrische Güterverteilung auf soziale Positionen im Mittelpunkt stand, geht es in der Definition sozialer Ungleichheit als **Chancenungleichheit** hier vor allem um die mit sozialen Positionen verbundenen ungleichen Chancen des Zugangs zu knappen und begehrten Merkmalen, Potenzialen und Ressourcen:

> „‚Soziale Ungleichheit' heißt, dass die Chancen der Individuen, ihre jeweiligen Bedürfnisse zu befriedigen, ungleich verteilt sind. Insbesondere handelt es sich um Ungleichheiten in den Chancen, 1. sich mit Gütern zu versorgen, 2. wichtige Informationen zu gewinnen und 3. das Handeln anderer Menschen ggf. auch gegen deren Widerstand zu beeinflussen (d. h. Macht auszuüben bzw. Machtansprüche abzuwehren). Ökonomische Chancen, Informations- und Machtchancen stehen in aller Regel in vielfältiger Wechselbeziehung" (Bahrdt 1997, S. 132f.).

Neben Gütern werden hier die wichtigen Begriffe der Informationen und Machtpotenziale angeführt. Ein Minister der deutschen Bundesregierung mag z.B. im Verhältnis zu einem Topmanager weniger materielle Güter wie Einkommen, Dienstfahrzeuge oder Untergebene um sich scharen. Aber die mit seiner gesellschaftlichen Position verbundenen Chancen, wichtige Informationen zu gewinnen und das Handeln anderer Menschen zu beeinflussen, können ungleich größer sein (müssen sie aber nicht, wenn man an die Vorstandsvorsitzenden großer Großkonzerne wie Siemens oder Volkswagen und deren weit verzweigte Lobbyarbeit denkt). Diese mit einer Ministerposition verbundenen Informations- und Machtchancen können mittelfristig auch den Zugang zu einer erweiterten unmittelbaren Güterversorgung verschaffen, wie die Beispiele früherer Regierungsmitglieder zeigen, die später in Vorstandspositionen großer Unternehmen wechselten.[85] Die hier nur skizzierte Herangehensweise, soziale Ungleichheit vor allem als Chancenungleichheit zu thematisieren, setzt – das dürfte deutlich geworden sein – einerseits an den Einzelnen als Mitglied

85 Man denke hier nur an den ehemaligen Bundeskanzler Gerhard Schröder, der später für Gazprom arbeitete, an den ehemaligen hessischen Ministerpräsidenten Roland Koch, der in den Vorstand von Bilfinger wechselte oder an die ehemaligen Bundestagsabgeordneten wie Friedrich Merz oder Wolfgang Kubicki, deren Informations- und Machtchancen ihnen später bei ihrer Arbeit als Rechtsanwälte sehr hilfreich waren.

sozialer Gruppen an (Kapitel 3, 6 und 9) und fokussiert andererseits auf die Spannweite sozialen Wandels in individuellen, gesamtgesellschaftlichen und verflechtungsbezogenen Kontexten (Kapitel 9, 10 und 11).

Wie so oft in der Soziologie ergeben sich vollständigere, der Wirklichkeit näherkommende Modelle sozialer Ungleichheit, wenn man verschiedene Perspektiven miteinander kombiniert. Dies gilt auch für die Perspektive auf – eher zu einer Querschnittsbetrachtung einladende – Verteilungsungleichheit und die eher längsschnittorientierte Perspektive auf Chancenungleichheit. Da es bei sozialen Ungleichheitsuntersuchungen immer um regelmäßige und kollektive Muster asymmetrischer Verteilungen und Chancen geht, sind einige Schlüsselbegriffe zu erwähnen, die in der Ungleichheitsforschung traditionell eine große Rolle spielen, weil sie entweder als Ordnungsmuster oder als Dimension sozialer Ungleichheit fungieren.

Ein typisches **Ordnungsmuster sozialer Ungleichheit** ist mit dem Begriff Kaste verbunden. Unter einer Kaste versteht man die Gesamtheit von Menschen, die qua Geburt einer bestimmten sozialen Gruppe mit spezifischen Rechten und Pflichten zugeordnet werden, wobei zwischen diesen unterschiedlichen sozialen Gruppen als Kasten eine starre Hierarchie besteht, die vorwiegend religiös legitimiert wird. Im Hinduismus, der drittgrößten Religionsgemeinschaft weltweit, ist die Gesellschaft vereinfacht in vier Hauptkasten eingeteilt:

> „1. Brahmanen. Sie studierten die heiligen Schriften der Veden; erteilten geistliche Unterweisung und führten die rituellen Opfer aus.
> 2. Kshatriyas, die Kriegerkaste. Sie sollten die Schwachen schützen, als Könige gerecht regieren und den Brahmanen Schutz und Ermunterung bei ihren gelehrten und priesterlichen Arbeiten gewähren.
> 3. Vaishyas, die Kaste der Händler und Hirten, sollten den Reichtum des Landes durch Handel und Landwirtschaft vermehren.
> 4. Shudras, die dienende Kaste. Sie setzten sich aus der Bevölkerung der Nicht-Aryas zusammen und sollten als Bedienstete für die Brahmanen, Kshatriyas und Vaishyas arbeiten“ (vgl. http://de.wikipedia.org/wiki/Hinduismus#Kastensystem).

In Indien haben Kastendenken und Kastenzuordnungen noch immer eine große Bedeutung. Sie strukturieren gerade in ländlichen Räumen die Heiratskreise, Berufschancen und das soziale Ansehen der Menschen, und zwar unabhängig von Geschlecht oder Alter. So können Liebesbeziehungen zwischen Mitgliedern verschiedener Kasten in Indien auch heute noch – je nach regionalem, kulturellem und sozialem Kontext – zu mitunter existenziellen Konflikten führen. Dies wird drastisch an den gelegentlichen Nachrichten über Tötungen im Zusammenhang von kastenübergreifenden Liebesbeziehungen deutlich. Hierbei kommt es regelmäßig zu starken Pressionen gegen die Paare bis hin zu Mord und Treiben der eigenen Kinder in den Selbstmord. Inzwischen existieren bereits Hilfsorganisationen, die Paare in Sicherheit bringen.[86]

Ein anderes, in Europa über Jahrhunderte relevantes Ordnungsmuster sozialer Ungleichheit ist durch den Begriff des Standes bezeichnet. Stände können allgemein als soziale Gruppierungen verstanden werden, die **Gemeinsamkeiten der Abstammung, Berufsausübung, Besitzausstattung oder des Bildungsniveaus** für sich reklamieren oder durch Fremdzuschreibungen erfahren und die entsprechenden **geteilten sozialen und kulturellen Normen** folgen, wobei der Stand jeweils auf die nächste Generation **vererbt** wird und der Wechsel zwischen Ständen nur sehr selten vorkommt. Zwischen den Ständen einer größeren sozialen Ordnung besteht entsprechend eine **klare Hierarchie mit separierten Lebensbereichen und -formen**. Der Begriff des Standes wird in der sozialen Ungleichheitsforschung klar von denen der sozialen Klasse und der Schicht getrennt. Bereits im Abschnitt 10.2 wurde auf den „Statusaufbau der mittelalterlichen Gesellschaft" verwiesen. Die mittelalterliche Ständeordnung setzte sich im Wesentlichen aus drei Ständen zusammen: dem Klerus als erstem Stand, dem Adel als zweitem Stand, den freien Bürgern und freien Bauern als drittem Stand. Unter dem Begriff vierter Stand wurden in verschiedenen Zeiten die unfreien, leibeigenen Bauern, die verarmte übrige Landbevölkerung und später auch die Arbeiterschaft gefasst. Ohne in eine Diskussion der unterschiedlichen und zum Teil sehr widersprüchlichen Begriffsverwendung[87] einzutreten, lässt sich festhalten, dass in Europa bis zur aufkommenden bürgerlich-kapitalistischen Gesellschaft das ständische Denken und die Zuordnung aller Menschen zu Ständen das vorherrschende Ordnungsmuster sozialer Ungleichheit war.

Mit der Entwicklung der modernen Gesellschaft und der Soziologie traten andere Ordnungsmuster sozialer Ungleichheit in den Vordergrund, vor allem die Begriffe **soziale Klasse** und **soziale Schicht**. Seit etwa den 1980er-Jahren gewannen dann weitere Begriffe wie die der **sozialen Milieus** und **Lebensstile**, der **sozialen Räume** sowie **sozialer Differenzierung und Mobilität** an Bedeutung. Immer spiegelten dabei die vorherrschenden soziologischen Begriffe und Konzeptionen die jeweilige gesellschaftliche Realität wider, auf die sie sich bezogen. Schon recht früh wurden entsprechend in den

---

86 Beispielhaft hierzu ein Report aus der New York Times vom 10.07.2010: http://www.nytimes.com/2010/07/10/world/asia/10honor.html?pagewanted=all&_r=0; zu den sogenannten „Liebeskommandos" in Indien vgl. http://en.wikipedia.org/wiki/Love_Commandos; http://lovecommandos.o.rg/ und http://www.youtube.com/watch?v=53nSbCOU27k.

87 So ordnet Riehl (1976[1887], S. 58) z. B. die Bauern insgesamt „nach der mittelalterlichen Ständelehre" dem vierten und letzten Stand zu.

USA die Begriffe **Class, Race und Gender** zum magischen Dreieck der sozialen Ungleichheitsforschung. Vor dem Hintergrund der deutschen NS-Vergangenheit und des damit verbundenen Rassenwahns fand der US-amerikanische Begriff Race, der dort vor allem auf die Hautfarbe als sichtbares Merkmal sozialer Ungleichheitsordnungen abstellte, in Deutschland als Kategorie Ethnizität Eingang in die soziologische Diskussion. Mit der Frauenbewegung und Frauenforschung schließlich wurden die Begriffe **Geschlecht** und vor allem die (im deutschen nicht gut übersetzbare Differenzierung der) Begriffe **Sex und Gender** für die Ungleichheitsforschung prominent. Es gibt kaum einen Gegenstandsbereich, der in der Soziologie der letzten zwanzig Jahre einen vergleichbaren Aufschwung genommen hat wie die Geschlechtersoziologie (Gildenmeister/Hericks 2012). Unter dem Begriff Intersektionalität wird die Geschlechterforschung mit der allgemeinen soziologischen Ungleichheitsanalyse verknüpft (Lenz 2010).

Fragt man nach den **Dimensionen**, die im Mittelpunkt der jeweiligen Ordnungsmuster sozialer Ungleichheit standen, so ergeben sich auch hier deutliche Entwicklungen über die Zeit. In vormodernen Gesellschaften dominierten vor allem die Merkmale der durch Geburt bestimmten sozialen Herkunft, der beruflich-ständischen Zugehörigkeit und Ehre, der gesamtgesellschaftlich definierten Aufgaben der einzelnen sozialen Gruppen inklusive expliziter Normen für Kleidung und Benehmen das Ordnungsmuster sozialer Ungleichheit. Mit der bürgerlich-kapitalistischen Gesellschaft traten die Dimensionen materiellen Wohlstands (Einkommen, Besitz), der Erwerbsposition (Beruf, Arbeitsbedingungen, Stellung in Unternehmen und Verwaltungsorganisationen), des Prestiges und der Macht (Ansehen nach sozialer, vor allem beruflicher Stellung) sowie der Bildung zunehmend in den Vordergrund der erforschten und diskutierten Ordnungsmuster sozialer Ungleichheit. Hierzu gesellten sich seit der zweiten Hälfte des 20. Jahrhunderts Aspekte wie die „Arbeits-, Wohn-, Umwelt- und Freizeitbedingungen" (Hradil 2000, S. 31), aber auch der Lebensrisiken, Sicherheit, der Geschlechterorientierungen, Lebensstile, Lebensläufe (Beck 1984), der natio-ethno-kulturellen Zugehörigkeiten (Mecheril 2003), der Selbstinszenierungen und Eventisierung (Hitzler 2011) sowie der sozialen Anerkennung (Honneth 1992; Honneth et al. 2013).

Schon diese wenigen Stichwörter zeigen, dass die Dimensionen der jeweils gesellschaftlich relevanten Ordnungsmuster sozialer Ungleichheit einem sozialen Wandel unterliegen und selbst sogar grundlegende Muster sozialen Wandels anzeigen. Nicht mehr allein Einkommen, Bildung, Berufsposition oder gesellschaftliches Ansehen im Sinne einer von der Gesamtgesellschaft geteilten Gliederungshierarchie sind für Ungleichheitsdynamiken relevant, sondern auch die Lebensstile und Milieus der Menschen, die sich zum Teil *quer* zu den traditionellen Merkmalen sozialer Ungleichheit ausdifferenzieren. Bildlich gesprochen wandeln sich nicht nur die vertikale und die horizontale Differenzierung sozialer Ungleichheitsmuster sowie die Ungleichheitsdynamik in der zeitlichen Perspektive von Lebensläufen und Generationenwechsel, sondern auch deren relative gesellschaftliche Bedeutung. So wurden etwa in den 1980er- und 1990er-Jahren vor allem horizontale Differenzierungen sozialer Ungleichheit in der Soziologie erforscht und diskutiert (Kreckel 1983 und 1992; Berger/Hradil 1990). Seit dem Beginn des neuen Jahrhunderts wurde Geschlechterforschung als Teil der Ungleichheitsforschung prominenter und fand gleichzeitig eine tendenzielle Rückbesinnung auf die Bedeutung vertikaler Dimensionen sozialer Ungleichheitsmuster statt. Einige prominente Konzepte sozialer Ungleichheitsforschung werden in den folgenden Abschnitten vorgestellt.

12.4 Soziale Klassen, Stände und Schichten

Der Begriff der sozialen Klasse ist einer der Schlüsselbegriff für die Analyse sozialer Ungleichheit schlechthin. Er wurde zuerst systematisch von Karl Marx entwickelt und als Grundlage seiner Gesellschaftstheorie verwendet. Später differenzierte Max Weber ihn weiter aus und entkleidete ihn in gewisser Hinsicht des revolutionstheoretischen Zusammenhangs. Die Klassenkonzepte beider Autoren werden hier skizziert. Dabei zeigt sich, dass Marx bei seinem Verständnis eher von der Gesellschaft als Ganzes und Max Weber eher von der sozialen Position der Einzelnen ausgeht. Für Marx bestimmen sich **soziale Klassen** in erster Linie über die **Stellung in den generellen Produktionsverhältnissen einer Gesellschaft**. Diese Produktionsverhältnisse werden als die Verteilung von Grund und Boden, Rohstoffen und Geld (im agrarischen Produktionsverhältnis) und später dann auch Maschinen, Werkzeugen und Kapital (unter kapitalistischen Produktionsverhältnissen) verstanden. Bei Marx wird die **Klassenlage** also **durch den Besitz der gesellschaftlichen Produktionsmittel bestimmt**. Im Kapitalismus sind dies die industriellen Produktionsmittel sowie Rohstoffe und Kapitalien, die allesamt im Besitz der Kapitalistenklasse, der Bourgeoisie sind. Die Arbeiterklasse ist zunächst nur eine *Klasse an sich*. Da die Lohnarbeiter außer ihrer Arbeitskraft keine eigenen Produktionsmittel (auch keinen Grund und Boden) besitzen, um ihren Lebensunterhalt zu bestreiten, sind sie *objektiv* in der gleichen Klassenlage, die sich durch ihr Verhältnis zu den (industriellen) Produktionsmitteln bestimmt, die sich allesamt in den Händen der Kapitalistenklasse befinden.

Während dieses Argument in der Perspektive von der Gesamtgesellschaft aus auf das bestehende kapitalistische Muster sozialer Ordnung verweist, ist die Marxsche Revolutionstheorie wieder von der Gesamtgesellschaft ausgehend auf den sozialen Wandel ausgerichtet: Indem sich die Arbeiter ihrer objektiven Lage bewusst werden und die Notwendigkeit einer grundlegenden Veränderungen der Eigentums- und Produktionsverhältnisse erkennen, schließen sie sich in sozialen Kämpfen zusammen und werden zur *Klasse für sich*, also zu einem sich seiner historischen Mission bewussten Subjekt der Geschichte, des sozialen Wandels durch Revolution. In ähnlicher Weise hatte sich nach Marx bereits die Bourgeoisie als zunächst ökonomische Klasse unter dem Regime der agrarisch-feudalen Gesellschaftsordnung formiert, um dann auch als politische *Klasse für sich* die bürgerliche Revolution mit dem parlamentarisch demokratischen System, der Gewerbefreiheit und Vereinigungsfreiheit als neues kapitalistisches Regime zu installieren.

Nach Karl Marx führt die Geschichte der Menschheit über die Abfolge von Klassenkämpfen zur Revolution des Proletariats gegen die bürgerlich-kapitalistische Klasse. Nach einer Übergangsphase des Sozialismus wird dann der Endzustand des Kommunismus erreicht, in dem die Produktionsmittel allen gehören, also vollständig vergesellschaftet sind. Die von Marx entwickelte Theorie sozialer Ungleichheit hat eine sehr klare **materialistische Grundorientierung**. Damit ist gemeint, dass die Strukturen sozialer Ungleichheit vorrangig durch die materiellen Produktionsverhältnisse einer Gesellschaft und die Position der Gesellschaftsmitglieder in dieser *objektiven Struktur* bestimmt werden. Alle weiteren Aspekte sozialer Ungleichheit (wie z.B. Bewusstseinsformen und Lebensstile) ergeben sich demnach erst aus diesen objektiv-materiellen Produktionsverhältnissen. Diese materialistische Grundorientierung wird in dem folgenden Zitat deutlich.

> „Das allgemeine Resultat, das sich mir ergab und, einmal gewonnen, meinen Studien zum Leitfaden diente, kann kurz so formuliert werden. In der gesellschaftlichen Produktion ihres Lebens gehen die Menschen bestimmte, notwendige, von ihrem Willen unabhängige Verhältnisse ein, Produktionsverhältnisse, die einer bestimmten Entwicklungsstufe ihrer materiellen Produktivkräfte entsprechen. Die Gesamtheit dieser Produktionsverhältnisse bildet die ökonomische Struktur der Gesellschaft, die reale Basis, worauf sich ein juristischer und politischer Überbau erhebt, und welcher bestimmte gesellschaftliche Bewusstseinsformen entsprechen. Die Produktionsweise des materiellen Lebens bedingt den sozialen, politischen und geistigen Lebensprozess überhaupt. Es ist nicht das Bewusstsein der Menschen, das ihr Sein, sondern umgekehrt, ihr gesellschaftliches Sein, das ihr Bewusstsein bestimmt“ (Marx 1971[1867 ff.], S. 15).

Auch wenn sich viele seiner Aussagen und Voraussagen empirisch nicht bestätigt haben, besitzen die gesellschaftlichen Analysen von Karl Marx sowie seine Theorie sozialer Ungleichheit bis heute eine analytische Klarheit und

Schärfe, die weltweit beachtet wird. Sein Hauptwerk „Das Kapital“ wurde in Deutschland in den Jahren 2009 und 2011 in zwei Verlagen neu aufgelegt und findet großen Absatz. Lange vor den eigentlichen Begründern der Soziologie hat Marx ein sozialwissenschaftliches Theoriegebäude entwickelt, an dem sich fast alle dann folgenden Soziologen implizit oder explizit abgearbeitet haben. Dies gilt auch für Max Weber. Er lehnt seinen Klassenbegriff im Hinblick auf die marktliche bzw. materialistische Orientierung durchaus an Karl Marx an:

> „‚Klassen‘ sind keine Gemeinschaften in dem hier festgehaltenen Sinn, sondern stellen nur mögliche (und häufige) Grundlagen eines Gemeinschaftshandeins dar. Wir wollen da von einer ‚Klasse‘ reden, wo 1. einer Mehrzahl von Menschen eine spezifische ursächliche Komponente ihrer Lebenschancen gemeinsam ist, soweit 2. diese Komponente lediglich durch ökonomische Güterbesitz- und Erwerbsinteressen und zwar 3. unter den Bedingungen des (Güter- oder Arbeits-)Markts dargestellt wird (‚Klassenlage‘). Es ist die allerelementarste ökonomische Tatsache, daß die Art, wie die Verfügung über sachlichen Besitz innerhalb einer sich auf dem Markt zum Zweck des Tauschs begegnenden und konkurrierenden Menschenvielheit verteilt ist, schon für sich allein spezifische Lebenschancen schafft“ (Weber 1972, S. 531; Hervorhebung im Original).

Für Max Weber ist die Klassenlage vor allem ökonomisch bedingt, allerdings teilt er nicht Marx’ Annahme eines grundlegenden Antagonismus. Für Weber ist die **Besitzklasse** bzw. sind die Besitzklassen primär durch Besitzunterschiede geprägt, die ihnen im Gegensatz zu den Angehörigen der anderen Klassen die Chance eröffnen, **alleine durch den Besitz an Gütern, Geld und anderen Dingen ihr Leben bestreiten** können. Zur Besitzklasse gehören also Großgrundbesitzer, Unternehmer und auch Rentiers, also Menschen, die allein von den Zinserträgen ihres Besitzes leben können. Als **Erwerbsklasse** bezeichnet Max Weber die Gruppe derjenigen Menschen, die **primär durch Chancen der Marktverwertung von Gütern und Leistungen** geprägt ist, wobei hierzu auch selbstständige Handwerker bzw. Manager gehören. Die **soziale Klasse** definiert Max Weber als **Gesamtheit der Klassenlagen, zwischen denen ein Wechsel in einem Lebenslauf, also persönlich und in der Generationenfolge vergleichsweise leicht möglich ist und typisch** stattzufinden pflegt (ebd., S. 177). Soziale Klassen werden bei Max Weber also nicht, wie bei Karl Marx, durch das Verhältnis zu den Produktionsmitteln bestimmt, sondern durch die Möglichkeiten der intra- und intergenerationellen Mobilität.

Für Max Weber hat das Konzept der **Stände** eine weit über die feudale Gesellschaftsordnung hinausweisende Bedeutung. Stände sind für ihn Gemeinschaften von Menschen, die in der Regel amorph und ohne einheitliches

Bewusstsein oder einheitliche kollektive Aktionen **durch soziale Einschätzungen als Selbst- und Fremdwahrnehmungen der Ehre gekennzeichnet** sind (ebd., S. 534). Unter Ehre versteht Weber Aspekte der Lebensführung, der Stilisierung des Lebens, der formalen Erziehungsweise, des Abstammungs- und des Berufsprestiges. Geht es bei dem Konzept der **Klasse** für Weber also in erster Linie um **ökonomische Aspekte von Marktchancen und Positionsmobilität**, so wird das Konzept der **Stände** durch die **Aspekte gesellschaftlicher Wahrnehmung, Beurteilung und Anerkennung** bestimmt.

Diese Zweiteilung von objektiven Merkmalen der Ressourcenausstattung (wie z.B. Ausbildungszertifikate, Einkommen, Besitz und Vermögen) und der subjektiven, gesellschaftlich bewerteten, wahrgenommenen und gewichteten Verteilung von Merkmalen wie Prestige (als der sozialen Wertschätzung) und Status (als die sozial bewertete Rangstellung in einem Verflechtungszusammenhang) spielen in der Ungleichheitsforschung eine zentrale Rolle. Empirische Befunde aus aller Welt zeigen, dass die soziale Wertschätzung etwa bestimmter Berufspositionen keineswegs strikt mit den ökonomischen Marktchancen, gemessen etwa in der Einkommenshöhe korreliert.[88] So haben etwa Ärzte und Professoren eine vergleichsweise hohe soziale Wertschätzung, während sie in der Einkommensskala weiter unten angesiedelt sind als etwa Politiker oder Gewerkschaftsführer, die trotz höherer Einkommen im Berufsprestige niedriger angesiedelt sind.

Neben den Begriffen Klasse und Stand ist schließlich der Terminus soziale Schicht in der Soziologie und der sozialen Ungleichheitsforschung von besonderer Bedeutung. Allgemein kann man unter sozialer Schicht eine **Gruppe von Menschen mit gleichen sozial relevanten Merkmalen** verstehen. Welches diese Merkmale sind – ob z.B. das Einkommen und der Umfang von Vermögen, der höchste Bildungsabschluss, die Berufsgruppe, das Prestige, die kulturellen Vorlieben oder eine gemeinsame Mentalität – bleibt zunächst offen und muss *ex ante* (deduktiv) oder *ex post* (induktiv) in einem Modell der Lage der Schichten und ihres Verhältnisses zueinander (Schichtmodell) festgelegt werden. Zunächst in Deutschland und dann in Dänemark lebend hat vor allem Theodor Geiger (1891–1952) seit den 1930er-Jahren für eine am Schicht-Begriff ausgerichtete soziologische Ungleichheitsforschung plädiert:

> „Geflissentlich wird hier vorerst nicht von Klassen gesprochen. Dieses Wort ist mit den Anklängen einer ganzen Gesellschaftsphilosophie, nämlich der marxistischen, behaftet. Diese aber wird gesondert zu erörtern sein. Für den Anfang gilt es, Ter-

88 Vgl. z.B. die schon seit Jahrzehnten erhobene Berufsprestigeskala des Instituts für Demoskopie (IfD) Allensbach: http://www.ifd-allensbach.de/uploads/tx_reportsndocs/PD_2013_05.pdf.

mini zu wählen, die ein Mindestmaß an Urteilen involvieren und dadurch eine geeignete Grundlage für die Diskussion einander widerstreitender Theorien bilden. Ferner werden bekanntlich die Klassenstruktur (in marxistischer oder anderer Auffassung) andere historische Gesellschaftstypen — etwa die Stände und Kastenstruktur — zur Seite gestellt. Man braucht da einen diese und mögliche weitere historische Typen umgreifenden Oberbegriff. Als solcher ist derjenige der Schicht geeignet. Schichtung heißt also Gliederung der Gesellschaft nach dem typischen Status (den Soziallagen) ihrer Mitglieder, ohne nähere Bestimmung dieser Soziallagen oder der Merkmale, an die sie im geschichtlichen Sonderfall geknüpft sind. Auch in der angelsächsischen Literatur, die früher den Ausdruck social classes bald im spezifischen, bald in einem weiteren Sinne gebrauchte, hat sich jetzt für den allgemeinen Oberbegriff der Schicht das entsprechende social stratum (und demgemäß stratification, stratified society) durchgesetzt" (Geiger 1962, S. 186).

Für Geiger ist die soziale Lage von Mitgliedern einer Großgesellschaft immer das Ergebnis *verschiedener* Merkmale und nicht nur eines – wie etwa im Marxismus das nach Geigers Auffassung teleologisch-geschichtsphilosophischen bestimmte Kriterium des Verhältnisses der Menschen zu den Produktionsmitteln. Geiger benutzt den Begriff der sozialen Schicht, das zeigt das obige Zitat, als Oberbegriff auch für solche Termini wie Klasse oder Stand. Für ihn ist eine soziale Schicht eine Gruppe von Menschen, die aufgrund der Betrachtung einer begrenzten Anzahl von gesellschaftlich relevanten Merkmalen einer im Vergleich zu anderen sozialen Schichten ähnlichen sozialen Lage zugeordnet werden können. Für ihn muss jede Analyse sozialer Schichten von einem entsprechenden Modell ausgehen, in dem die zu betrachtenden Merkmale geordnet und begründet werden:

„Nun ist klar, daß ‚die Lage' jedes einzelnen Gesellschaftsgliedes stets durch zahlreiche Merkmale bestimmt, in der Tat die Resultante vieler Komponenten ist. Für die unmittelbare Anschauung ist die Gesellschaft eine Millionenmenge von Menschen, deren Existenzen in unendlichen Schattierungen spielen. Gruppiere ich sie nach dem Merkmal der Berufsart in Schichten, so vereinige ich Personen, die sich dem Einkommen nach in sehr verschiedenen Lagen befinden usf. Um also ein ganz wirklichkeitstreues, alle Varianten erfassendes Bild der Schichtung zu gewinnen, hätte man alle die Merkmale und Merkmalsreihen zu berücksichtigen, die auch nur verdächtigt werden können, für die gesellschaftliche Lage des Einzelnen mitbestimmend zu sein. Es liegt auf der Hand, daß dies menschenunmöglich wäre – und wäre es möglich, so nützte es uns wenig, denn es brächte keinerlei Ordnung in die Fülle der Erscheinungen, spiegelte nur photographisch getreu die Unordnung der Wirklichkeit. Statt dessen also geht man von einer prima-facie Beobachtung des gesamten gesellschaftlichen Lebens aus, wobei gewisse Unterschiede der Lage sich als schicksalsbestimmend aufdrängen. Diese Merkmale wählt man aus und schafft sich damit ein hypothetisches Schichtungsmodell, das also vermeintlich wesentlichen Merkmalen der Lage folgt, mögliche andere aber außer acht läßt" (ebd., S. 194f.).

Während sich Geiger hier für die Notwendigkeit eines deduktiven Vorgehens, also für die bereits *vor* der Datenanalyse zu treffenden Entscheidung für die „sich als schicksalsbestimmend aufdrängenden Unterschiede" ausspricht, machen moderne statistische Datenanalyseverfahren wie die Cluster- und Faktorenanalyse es möglich, aus einem großen Set möglicher relevanter Merkmale diejenigen herauszufiltern, die sich stärker als andere „schicksalsbestimmend" im Sinne der jeweils interessierenden – *ex ante* präzise zu definierenden – Fragestellung erweisen. Geigers Schichtungskonzept kann trotz aller aus heutiger Sicht zu differenzierenden Argumente immer noch als interessanter und ergiebiger Vorschlag verstanden werden, ausgehend von spezifischen Fragestellungen (z.B. nach dem Gewicht der Dimension Geschlecht oder Migrationsgeschichte oder den Merkmalen typischer Gesundheits- oder Lebensrisiken) die Clusterung von Menschengruppen (in der Regel nationalstaatlich verfassten Gesellschaften) nach entsprechenden sozialen Positionen empirisch und ergebnisoffen zu erforschen.

Man kann dieses Schichtungskonzept der sozialen Ungleichheit auch als eine „Theorie mittlerer Reichweite" (Robert K. Merton) bezeichnen, die zwischen einer gesellschaftlichen Großtheorie und einfacher empirischer Beschreibung angesiedelt ist. Schon die in Abschnitt 10.2 dargestellten Modelle der Schichtung und des Statusaufbaus der (deutschen) Bevölkerung im Mittelalter und zur Mitte des 20. Jahrhunderts nach Karl Martin Bolte oder auch die von Helmut Schelsky (1953) entwickelte Vorstellung von der „nivellierten Mittelstandsgesellschaft" Deutschlands sind Beispiele für solche Schichtmodelle im Sinne von Theodor Geiger. Solche Schichtmodelle verweisen immer auf die Multidimensionalität sozialer Ungleichheitsordnungen – dies ist also keineswegs eine Erfindung der sogenannten Intersektionalitätsforschung. In dieser wird vor allem die Verschränkung von Klassen-, Rassen- und Geschlechteraspekten in Mechanismen der gesellschaftlichen Marginalisierung und Diskriminierung thematisiert. Der französische Soziologe Pierre Bourdieu hat versucht, diese Mehrdimensionalität sozialer Ungleichheit in einem theoretischen Konzept systematisch zu integrieren.

12.5 Sozialer Raum und soziale Mobilität

Für Pierre Bourdieu sind alle Menschen als soziale Akteure in einem mehrdimensionalen sozialen Raum positioniert. Ihre soziale Position in diesem sozialen Raum wird von drei wesentlichen Aspekten bestimmt. Erstens geht es um das **Gesamtvolumen an Kapital**, das den Akteuren als Machtmittel zur Verfügung steht. Zweitens ist die jeweilige **Zusammensetzung der Ressourcen nach drei unterschiedlichen** Kapitalsorten entscheidend. Schließlich ist der soziale Raum drittens durch eine Zeitachse bestimmt, also durch die Veränderungen und Laufbahnen bzw. **Mobilitätsmuster von Menschen in der intra- und intergenerationellen Zeit**. Bourdieu unterscheidet die drei Sorten ökonomischen, sozialen und kulturellen Kapitals. **Ökonomisches Kapital** ist für Bourdieu jede Form von tauschbarem Besitz wie z. B. Geld, Immobilien, Fabriken oder Kunstgegenstände. Dieser Besitz ist in modernen Gesellschaften über Eigentumsrechte institutionalisiert und generalisiert.

Als **soziales Kapital** bezeichnet Pierre Bourdieu die sozialen Beziehungen von Menschen in Netzwerken, die ihre Lebenschancen erweitern oder einschränken. Im Deutschen bringt der Ausdruck „jemand hat gute Beziehungen" genau diesen Umstand zum Ausdruck: Irgendwelche Arten von sozialen Beziehungen haben alle Menschen; aber derjenige, von dem gesagt wird, er habe *gute Beziehungen*, kann über dieselben Dinge erreichen, die anderen Menschen ohne solche Beziehungen nicht offenstehen. Hier kann man beispielsweise an berufliche Positionen oder Ämter denken, die unter Umständen wenig oder kein ökonomisches Kapital einbringen, aber einen Akteur mit vielen Beziehungen versorgen, die wiederum für das gesellschaftliche Leben entscheidend werden können. Die dritte Kapitalform schließlich ist das **kulturelle Kapital**, welches in Wissen, Zertifikaten und in Kulturgütern angesammelt werden kann. Kulturelles Kapital schlägt sich z. B. in Bildungstiteln wie einem Hochschulabschluss nieder, es existiert auch in der Form *feiner Bildung*, von *gutem Geschmack* oder distinguierter Umgangsformen. Die bisher genannten Formen kulturellen Kapitals sind dem jeweiligen Akteur dergestalt „inkorporiert", dass er sie nicht einfach wie ökonomisches Kapital auf andere Akteure transferieren kann. Man kann zwar sagen: „Ich bringe dir gute Manieren bei", aber nicht: „Ich verkaufe dir meine guten Manieren". Neben diesen inkorporierten, nicht übertragbaren Formen kulturellen Kapitals sind erworbene Kunstgegenstände oder Bücherschätze als konvertierbare Formen kulturellen Kapitals zu betrachten.

Für Bourdieu hat ökonomisches Kapital eine sehr hohe **Konvertierbarkeit** in die anderen Kapitalsorten: Mit Geld kann man sich Beziehungen kaufen (wie das Verschenken von Eintrittskarten für Politiker in die VIP-Lounges bei wichtigen Fußballspielen zeigt), aber auch bestimmte Formen kulturellen Kapitals (wie z. B. Bücher oder Kunstwerke), und man kann sich über Privatlehrer vielleicht sogar ein wenig Bildung aneignen. Soziales Kapital ist zwar sehr wichtig und hilft Akteuren, eigene Interessen durchzusetzen, etwa wenn eine Bekanntschafts- oder Verwandtschaftsbeziehung genutzt wird, um eine gut bezahlte Beschäftigungsposition zu erreichen. Da soziales Kapital aber immer auf direkter Bekanntschaft oder Freundschaft, auf Vertrauen oder auf Standestiteln (z. B. Adelsstand oder gehobenem Berufsstand) beruht, lässt es sich nur in engen Grenzen konvertieren. Kulturelles Kapital dagegen kann in mittlerem Maße z. B. in ökonomisches oder auch in soziales Kapital konvertiert werden (Müller 1992, S. 283).

Für Pierre Bourdieu bestimmt sich nun die Position eines Akteurs im sozialen Raum einerseits nach der Gesamtsumme aus ökonomischem, sozialem und kulturellem Kapital, andererseits aber auch nach der jeweiligen Zusammensetzung des Gesamtvolumens nach Kapitalsorten. So kann ein Krimineller oder Zuhälter oder Risikofondmanager über viel ökonomisches Kapital verfügen, aber das kulturelle Kapital dürfte bei einem Schriftsteller oder Philosophen höher sein. Eine Person aus altem Adelsgeschlecht wächst in der Regel in vielfältige gute Beziehungen hinein und erwirbt so soziales Kapital, aber dies lässt sich nicht – wie das Beispiel Karl-Theodor zu Guttenberg zeigt – einfach in kulturelles Kapital kopieren; geht Letzteres aufgrund spezifischer Ereignisse (wie der Aberkennung eines Doktortitels) verloren, können auch die anderen Kapitalsorten eine drastische gesellschaftliche Positionsverschiebung im sozialen Raum kaum aufhalten. Dies führt unmittelbar zur vierten von Bourdieu verwendeten Kapitalform. Als **symbolisches Kapital** bezeichnet er die soziale Wahrnehmung und Anerkennung eines Akteurs im sozialen Raum, sein Prestige. Pierre Bourdieu geht davon aus, dass die sozialen Positionen im sozialen Raum typischerweise mit bestimmten Lebensstilen korrelieren und zeigt dies für die französische Gesellschaft in seiner bekannten Studie „Die feinen Unterschiede“ (1991[1979], z. B. die Übersicht S. 212).

Soziale Positionen und Lebensstile verdichten sich für Bourdieu in dem jeweiligen Habitus von Akteuren und sozialen Gruppen (siehe Abschnitt 6.3). Dieser ist als Verinnerlichung spezifischer Einstellungen und Erzeugungsformen sozialer Praxis weitgehend über die Sozialisation inkorporiert: sozial vererbt. Er kann nur in Grenzen durch eigene Anstrengungen und Leistungen der Akteure verändert werden. Auch in modernen Gesellschaften, von denen häufig (siehe die „Pattern variables“ von Parsons, Abschnitt 4.4) gesagt wird, sie verteilten soziale Positionen eher nach meritokratischen als nach askriptiven Kriterien, spielt also die soziale Vererbung von vielen Elementen sozialer Positionierungen noch immer eine sehr große Rolle. Gerade in Deutschland hat die empirische Bildungsforschung der letzten Jahrzehnte die Strukturierung der Bildungs- und damit auch der späteren Beschäftigungschancen nach der sozialen Schicht- bzw. Klassenlage der Eltern immer wieder bestätigt (vgl. Geißler 2014 oder Hradil 2006).

In allen großen Studien und Theorien sozialer Ungleichheit ist das **Spannungsverhältnis zwischen askriptiven und meritokratischen Mechanis-**

men der sozialen Positionierung von hervorragender Bedeutung. Während einige Autoren (wie Ulrich Beck 1986 oder Michael Vester 2002) stärker auf die individuellen Gestaltungsmöglichkeiten des eigenen Lebens, der Lebensstile und Milieus unabhängig von der jeweiligen sozial vererbten Ressourcenausstattung und Habitus-Präformierung ausgehen, betonen andere Autoren (z. B. Rainer Geißler 2008 und Stefan Hradil 2001 und auch Bourdieu 1991 [1979]) eher die askriptiven Mechanismen der Ungleichheitsverteilung. An den vorhergehenden zwei Abschnitten zeigte sich, dass eine allein vom Individuum ausgehende Ungleichheitsforschung ebenso problematisch ist, wie eine nur von der Gesamtgesellschaft her argumentierende. Dies zeigte sich an der Diskussion um Geigers Schicht-Konzept: Ohne einige Grundannahmen zu Ordnungsmustern sozialer Ungleichheit lassen sich aus der Vielzahl möglicher Aspekte keine relevanten Merkmale für Untersuchungen herausfiltern, und umgekehrt läuft eine nur von einer allgemeinen Gesellschaftstheorie (wie der Marxschen Klassentheorie oder der allgemeinen Systemtheorie) ausgehende Ungleichheitskonzeption Gefahr, in einer überraschungsfreien „Reifikation"[89] der eigenen abstrakten Vorannahmen stecken zu bleiben. Bourdieus Ungleichheitstheorie ist nicht zuletzt deshalb so prominent, weil sie in der Perspektive von sozialen Räumen als Verflechtungszusammenhängen zwischen den Dimensionen sozialen Handelns, sozialer Ordnungen und sozialen Wandels aufgespannt ist.

Der letzte Aspekt des (individuellen und verflechtungsbezogenen) sozialen Wandels kam in der Zeitachse des sozialen Raumes zum Ausdruck. Hiermit sind wichtige Fragen der sozialen Mobilität, also der Ungleichheitsentwicklung in der (ontogenetischen und phylogenetischen) zeitlichen Entwicklung angesprochen. Bereits in der Unterscheidung von Verteilungs- und Chancenungleichheit sowie bei dem dritten von Bourdieu genannten Aspekt (nämlich dem der Mobilitätschancen in der Zeit) wurde deutlich, dass soziale Ungleichheitsforschung ohne die Längsschnittperspektive auf Mobilitätsprozesse nicht vollständig ist. Peter Berger (2001, S. 235) definiert diesen Begriff folgendermaßen:

> „**Soziale Mobilität** bezieht sich auf Bewegungen von einer sozialen Position in eine andere, von einer sozialen Schicht in eine höhere oder tiefere. Sie kann die Form einzelner, kleiner Schritte aufwärts bzw. abwärts, eines schnellen Kletterns bis an die Spitze oder eines jähen Absturzes ganz nach unten annehmen.

89 „Reifikation ist, die Produkte menschlicher Aktivität so zu verstehen, als wären sie etwas anderes als menschliche Produkte – wie etwa Gegebenheiten der Natur, Auswirkungen kosmischer Gesetze oder Manifestationen eines göttlichen Willens." (Berger/Luckmann 1980, S. 82).

Unter intragenerationeller oder Karrieremobilität versteht man Berufswechsel oder Wechsel der Schicht- bzw. Klassenzugehörigkeit im jeweiligen Lebenslauf; unter intergenerationeller oder Generationenmobilität Statusveränderungen zwischen den Eltern- und Kindergenerationen“ (Berger 2001, S. 235; Hervorhebung im Original).

Grundsätzlich kann das Konzept der Mobilität auf Individuen bzw. Akteure oder auch auf soziale Gruppen und gesellschaftliche Strukturen insgesamt bezogen werden. So wurde etwa in der soziologischen Forschung zum sozialen Wandel (siehe Kapitel 10) eine gesamtgesellschaftliche Mobilität vom Agrarsektor in die Beschäftigungszweige der Industrie und später der Dienstleistungen und Wissensproduktion diagnostiziert. Dies muss nicht unbedingt allein oder mehrheitlich durch individuelle Mobilitätsprozesse, also durch den Wechsel von Individuen aus dem Agrarsektor in den Industrie- oder Dienstleistungssektor erfolgen. Vielmehr kann sich die im primären Sektor tätige Bevölkerung auch z. B. durch altersbedingtes Ausscheiden reduzieren, während andere Beschäftigungssektoren durch Neueinstiege von Berufsanfängern wachsen. Sektoraler Beschäftigungswandel kann sich also als intergenerationeller oder intragenerationeller Wandel vollziehen. Ähnlich gilt umgekehrt, dass auch bei gesamtgesellschaftlicher Strukturkonstanz durchaus individuelle Mobilitätsprozesse eine erhebliche Rolle spielen können. So kann sich etwa trotz gleichbleibender sektoraler oder berufsgruppenbezogener Beschäftigungsverteilung eine Verschiebung von abhängiger zu (schein-)selbstständiger Erwerbsarbeit ergeben, die mit einschneidenden sozialen Mobilitätsaspekten verbunden ist.[90]

Abschließend seien noch kurz wichtige Erklärungsansätze erwähnt, mit deren Hilfe die Dynamik sozialer Ungleichheit erklärt werden kann. Hier lassen sich zumindest fünf verschiedene Denkschulen skizzieren. Ein erstes Erklärungsmodell wurde bereits erwähnt: das **marxistische Konzept von Klassenkämpfen**. Danach zieht sich die Spaltung von Gesellschaften in ausbeutende und ausgebeutete Klassen durch die gesamte Menschheitsgeschichte. Erst mit der Vergesellschaftung der Produktionsmittel im Kommunismus versiegt die materielle Quelle sozialer Ungleichheit als soziale Klassenverhältnisse. Während das marxistische Modell explizit kritisch gegenüber den bestehenden Verhältnisses ist, ist das zweite Modell genau das Gegenteil: die

90 Vgl. z. B. den Wandlungstendenzen der Mittelklasse in Deutschland Heinze 2011 und zum Beispiel der scheinselbstständigen Paketauslieferer bei German Parcel Service: http://www.lsg-darmstadt.justiz.hessen.de/irj/LSG_Darmstadt_Internet?rid=HMdJ_15/LSG_Darmstadt_Internet/sub/274/2746c7f6-a6e2-a11a-eb6d-f197ccf4e69f,,,11111111-2222-3333-4444-100000005003%26overview=true.htm.

funktionalistische (Belohnungs-)Theorie erklärt bestehende soziale Ungleichheiten als Ausdruck der jeweiligen Knappheitsverhältnisse und Anerkennungen von Humanressourcen in arbeitsteiligen Gesellschaften. Die ungleichen Positionen und Gratifikationen innerhalb von Gesellschaften spiegeln demzufolge nur die gesellschaftliche Bewertung der jeweiligen Positionen wider (nach dem Motto: Fußballspieler und Topmanager verdienen so viel, weil sie das sozial auch verdient haben).

Eine dritte, wesentlich kritischere Erklärung liefert das bereits von Max Weber entwickelte Konzept der **sozialen Schließung**. Bestimmte, mit Privilegien ausgestattete soziale Gruppen beschränken oder monopolisieren den Zugang zu den entsprechenden sozialen Positionen und knappen Ressourcen. Schon die Zünfte im Mittelalter und heute die Ärzte kontrollieren selbst den Zugang zu ihrem Tätigkeitsbereich und können so Statusprivilegien ausbauen (siehe den in Abschnitt 11.3 beschriebenen Prozess der Machtstabilisierung). Ein vierter Ansatz fokussiert auf die Entstehung sozialer Ungleichheit durch **Stigmatisierung und Marginalisierung.** Bestimmten sozialen Gruppen (z.B. allen Frauen, allen Menschen mit Migrationshintergrund) werden bestimmte negative Eigenschaften zugeschrieben (z.B. nicht Auto fahren zu können oder nicht so intelligent zu sein, siehe schon die Äußerungen von Aristoteles über die Frauen in Abschnitt 12.2). Auf der Grundlage dieser Negativzuschreibungen werden dann die entsprechenden sozialen Gruppen z.B. in der Schule oder bei Bewerbungen benachteiligt. Es ergibt sich so eine Self-fullfilling-Prophecy-Spirale von Stigmatisierungen, die weitere Benachteiligungen nach sich ziehen. Ein letzter hier zu erwähnender Ansatz bezieht sich auf die **Interessenartikulations- und Konfliktfähigkeit** sozialer Gruppen. In einer Massendemokratie muss z.B. das politische System *realpolitisch* nur die konfliktfähigen Interessen und sozialen Gruppen berücksichtigen. Die Statusgruppe der Beamten ist z.B. im Bundestag völlig überproportional vertreten, während Arbeitslose oder alte Menschen dort kaum eine Lobby haben. Im Sinne von Bourdieu können die sozialen Gruppen mit großen ökonomischen Kapitalressourcen diese in politischen Einfluss konvertieren und so ihre gesellschaftliche Position noch weiter ausbauen.

In diesem Kapitel konnte gezeigt werden, dass soziale Ungleichheit als ein Kernthema der Soziologie sich durch alle drei Gegenstandsbereiche (des sozialen Handelns, der sozialen Ordnung und des sozialen Wandels) zieht und dass alle drei Betrachtungsweisen (vom Individuum aus, von der Gesamtgesellschaft aus, vom Verflechtungszusammenhang aus) zwar spezifische Erkenntnisgewinne beisteuern, dass sich dabei aber die Verflechtungsperspektive als die wohl dem Gegenstand angemessenste erwies. Dies wird auch durch den Umstand unterstrichen, dass sich soziale Ungleichheitsforschung im 21. Jahrhundert nicht mehr unreflektiert am sogenannten methodologischen Nationalismus (Wimmer/Glick Schiller 2002) orientieren kann (siehe Abschnitt 7.2 und dort Fußnote 52). Bis heute ist Ungleichheitsforschung fast ausschließlich auf nationalgesellschaftliche Zusammenhänge ausgerichtet. Angesichts zunehmender Globalisierung und Transnationalisierung stellt sich aber die Frage nach den Formen von transnationaler sozialer Ungleichheit. Soziale Ungleichheitsforschung kann die nationalstaatlich verfassten Gesellschaften nicht mehr unhinterfragt zur Bezugs- und Analyseeinheit machen (Berger/Weiß 2008; Pielage et al 2013).

Welche gravierend unterschiedlichen Aussagen in Bezug auf die Entwicklung der globalen sozialen Ungleichheitsstrukturen sich ergeben, hat eine Studie der UNESCO gezeigt. Je nachdem, ob das Durchschnittseinkommen nach Ländern, das nach der jeweiligen Bevölkerungszahl gewichtete Durchschnittseinkommen nach Ländern oder das individuelle Einkommen auf der Personenebene zugrunde gelegt wird, ergeben sich die wissenschaftlich fundierten Aussagen „Das Ausmaß der globalen Ungleichheit ist von 1950 bis 2000 angestiegen und dann bis 2010 gefallen“, „Das Ausmaß der globalen Ungleichheit ist von 1950 bis 2010 nach längerer Stagnation tendenziell immer weiter gefallen“ oder „Das Ausmaß der globalen sozialen Ungleichheit ist in den letzten zwanzig Jahren tendenziell angestiegen“ (UNESCO 2010, S. 19). Gerade diese letzten Aspekte verweisen auf die Frage, wie denn eigentlich wissenschaftlich-soziologische Erkenntnisse zustande kommen und kritisch überprüft werden können. Damit beschäftigt sich das nächste und letzte Kapitel dieser Einführung.

12.6 Zusammenfassung, Übungsaufgaben und weiterführende Literatur

Dieses Kapitel 12 lässt sich folgendermaßen **zusammenfassen**:

1. Unter sozialer Ungleichheit versteht man in der Soziologie die ungleichmäßige Verteilung von Zugangschancen zu knappen materiellen und immateriellen Ressourcen auf soziale Positionen und Gruppen, die zu systematischer sozialer Verschiedenwertigkeit von Lebensbedingungen und Lebenschancen führt.

2. Soziale Ungleicheit kann mit Konzepten von Kasten, Ständen, Klassen, Schichten oder sozialen Räumen erforscht werden, wobei häufig verwendete Merkmale Besitz, Einkommen, Bildung, Beruf, Ansehen, Selbstkonzepte und Lebensstile sind.

3. Zur Erklärung der Entstehung und Persistenz sozialer Ungleichheit werden in der Soziologie unterschiedliche theoretische Konzepte (wie Klassen-/Machtkämpfe, Belohnung für Kollektivbeitrag, soziale Schließung, Stigmatisierung/Marginalisierung, Interessenartikulations-/Konfliktfähigkeit) verwendet.

4. Hinsichtlich der Entwicklung sozialer Ungleichheit lässt sich eine signifikante *soziale Vererbung* von Einkommens- und Statuspositionen in Deutschland nachweisen; in globaler Perspektive nähern sich Länderdurchschnittseinkommen tendenziell an, während die individuelle Einkommensungleichheit weltweit eher zunimmt.

Übungsfragen

Was versteht man in der Soziologie unter sozialer Ungleichheit? Erläutern Sie den Unterschied zwischen Verteilungs- und Chancenungleichheit.

Vergleichen Sie den Begriff der sozialen Klasse bei Marx und Weber.

Erläutern Sie die Bedeutung von „Marktlage“ und „Ehre“ für die Theorie sozialer Ungleichheit bei Max Weber.

Erläutern Sie die drei Kapitalsorten bei Pierre Bourdieu und ihre Rolle für die soziale Position von Akteuren im sozialen Raum.

Erläutern Sie Dimensionen sozialer Ungleichheit und nennen Sie mögliche Erklärungsansätze für deren Herausbildung.

Was versteht man in der Soziologie unter sozialer Mobilität? Erläutern Sie den Unterschied zwischen intragenerationaler und intergenerationaler Mobilität.

Vertiefende Literatur zu diesem Kapitel

Bahrdt, H. P. (2003) [1984]: Schlüsselbegriffe der Soziologie. Eine Einführung mit Lehrbeispielen. 9. Auflage. München: C.H. Beck, S. 129–160.

Berger, P. A./Neu, C. (2007): Sozialstruktur und soziale Ungleichheit. In: Joas, Hans (Hrsg.): Lehrbuch der Soziologie. Frankfurt und New York: Campus, S. 241–266.

Bourdieu, P. (1995): Sozialer Raum und „Klassen“ – Leçon sur la leçon. In: ders.: Zwei Vorlesungen. 3. Auflage. Frankfurt am Main: Suhrkamp, S. 9–46.

Müller, H.-P. (1992): Ratlosigkeit als Diagnose: Die Neue Unübersichtlichkeit. In: ders.: Sozialstruktur und Lebensstile. Der neuere theoretische Diskurs über soziale Ungleichheit Frankfurt am Main: Suhrkamp, S. 19–52.

Kapitel 13
Epistemologie, Methodologie, Methoden

Kasten 13.1

Soziologische Regel:
Was auch immer der Soziologe mit einem beliebigen Theorierahmen und mit frei ausgewählten Methoden untersuchen mag, er bleibt grundsätzlich in einem gewissen Grade ein Teil des Versuchsaufbaus und des Forschungsgegenstandes.

Wie kaum eine andere Wissenschaft ist die Soziologie mit ihrem Erkenntnisgegenstand – der sozialen Welt mit ihren Regelmäßigkeiten des sozialen Lebens (soziale Ordnung), mit ihren sozial konstruierten subjektiven Sinnzusammenhängen (soziales Handeln) und in ihrer sozialen Konstruktion und Veränderung (sozialer Wandel) – verwoben. Weil alle Menschen soziale Wesen sind, betrachten sie sich zunächst einmal als Experten der (eigenen) sozialen Welt ihrer alltäglichen Lebensvollzüge. Fast alle der in diesem Buch behandelten Schlüsselbegriffe der Soziologie werden auch von Nicht-Soziologen im Alltag verwendet. Das gilt für Handeln, Sinn, Wahl, Werte, Normen, Rolle, Sozialisation, Kommunikation, Identität, Kultur, Soziale Gruppe, Gesellschaft, System, Institution, Lebenswelt, Praxis, Netzwerk, Organisation, Lebenslauf, Konflikt oder Macht. Das führt zu zweierlei Typen von Missverständnissen. Nicht-Soziologen könnten meinen, sie verstünden viel von Soziologie, weil sie ja die gleichen Begriffe verwenden. (Angehende) Soziologen könnten meinen, sie bräuchten die ihnen aus der Alltagswelt ja bekannten Begriffe nur umstandslos für ihr wissenschaftliches Tun zu übernehmen. Aber auch wenn die Soziologen ihre Begriffe kritisch und reflektiert benutzen, können sie erstens nicht ungeschehen machen, dass sie diese mindestens zwei Jahrzehnte lang (bis sie anfingen, richtige Soziologen zu werden) nur alltagsweltlich verwendet haben und zweitens können sie nicht verhindern, dass sie diese auch weiterhin in ihrer Kommunikation mit Nicht-Soziologen in einem wie auch immer ausgehandelten alltagsweltlichen Sinne benutzen (müssen).

In diesem letzten Kapitel werden einige Probleme des soziologischen Wissenserwerbs behandelt. Hierzu werden zunächst ausgewählte Aspekte der Theorie wissenschaftlicher Erkenntnisgewinnung (Epistemologie) behandelt und geklärt, ob alle Wissenschaften vor den gleichen wissenschaftstheoretischen Problemen stehen oder die Sozialwissenschaften und die Soziologie vor besonderen Herausforderungen steht (Abschnitt 13.2). Dies führt unmittelbar zur Behandlung der Grenzen des Modells einfachen Erklärens (Abschnitt 13.3) und zur grundlegenden methodologischen Bedeutung der Vergleichenden Methode (Abschnitt 13.4).

13.1 Praxisbeispiel und Grundidee

Welche Thiere gleichen einander am meisten?

Kaninchen und Ente.

(Quelle: http://diglit.ub.uni-heidelberg.de/diglit/fb97/0147?sid=8af6d821538a1926abf44c9a95c40951&zoomlevel=2)

Ente oder Hase? Was wir auf diesem Bild sehen, hängt nicht nur von den auf dem Papier gedruckten objektiven schwarzen Punkten, sondern auch von unserer subjektiven Wahrnehmungsbereitschaft bzw. von unserer selektiven Wahrnehmung ab. Zwei Psychologen (Brugger/Brugger 1993) zeigten die obige Abbildung jeweils etwa 260 Personen am Ostersonntag und an einem Sonntag im Oktober desselben Jahres am Eingang des Züricher Zoos und fragten, was diese darauf erkennen. Zu Ostern erkannten die Befragten signifikant häufiger einen Hasen, im Oktober häufiger eine Ente (unabhängig von ihrem Alter, das von zwei bis zu 93 Jahren variierte). An dieser und vielen anderen sogenannten Kippfiguren lässt sich im wahrsten Sinne des Wortes anschaulich machen, dass das, was wir sehen, auch davon abhängt, was wir sehen wollen.

Die obige Zeichnung hatte schon Thomas Kuhn (1922–1996), einer der bedeutendsten Wissenschaftstheoretiker, in seinem viel beachteten Buch „Die Struktur wissenschaftlicher Revolutionen“ als Beispiel benutzt, um sein Konzept wissenschaftlicher Paradigmen zu erläutern. Für Kuhn verläuft der Prozess wissenschaftlicher Erkenntnisgewinnung nicht immer geradlinig und kumulativ, sondern durchaus im Sinne von Revolutionen, durch die ein wissenschaftliches Theorie- und Methodengebäude durch ein anderes ersetzt wird. Denken wir etwa an Galileo Galilei und andere Wissenschaftler, durch deren Arbeit die Annahme von der Erde als Zentrum des Universums abgelöst wurde durch das Modell, nach dem sich unser Planet um die Sonne dreht. Auch Albert Einsteins Relativitätstheorie führte zu einer wissenschaftlichen Revolution. Kuhn hat sein Verständnis des Begriffs **Paradigma** mehrfach präzisiert und definierte ihn schließlich in einer weiten und einer engeren Fassung folgendermaßen:

> „Einerseits steht er für die ganze Konstellation von Meinungen, Werten, Methoden usw., die von den Mitgliedern einer gegebenen Gemeinschaft geteilt werden. Andererseits bezeichnet er ein Element in dieser Konstellation, die konkreten Problemlösungen, die, als Vorbilder oder Beispiele gebraucht, explizite Regeln als Basis für die Lösung der übrigen Probleme der ‚normalen Wissenschaft' ersetzen können" (Kuhn 1981 (1969), S. 186).

Die erste Bedeutung nennt Kuhn die soziologische, die zweite eine eher philosophische (ebd.). Ähnlich wie je nach Paradigma einige Menschen in der obigen Abbildung eine Ente oder einen Hasen erkennen, kommen verschiedene Gruppen von Soziologen je nach ihrem Paradigma als der „Konstellation von Meinungen, Werten, Methoden" unter Umständen zu sehr divergierenden Ergebnissen etwa im Hinblick auf die Frage, wie sich die soziale Ungleichheit in einer Gesellschaft ausgestaltet und verändert. Während wir bei der Betrachtung von Kippfiguren allerdings zwischen den beiden Gestaltwahrnehmungen hin- und herwechseln können, bleiben für Kuhn (ebd.: 125f.) die Wissenschaftler weitgehend in ihrem jeweiligen Paradigma verhaftet:

> „Die Versuchsperson bei einer Gestaltdemonstration weiß, daß sich ihre Wahrnehmung verschoben hat, da sie diese wiederholt wechseln lassen kann, während sie dasselbe Buch oder Stück Papier in der Hand hält. Der Tatsache bewusst, daß sich in ihrer Umwelt nichts verändert hat, richtet sie ihre Aufmerksamkeit in steigendem Maße nicht auf die Figur (Ente oder Kaninchen), sondern auf die Linien auf dem Papier […] Bei der wissenschaftlichen Beobachtung ist die Situation jedoch genau umgekehrt. Der Wissenschaftler kann nichts heranziehen, was jenseits dessen läge, was er mit den Augen und seinen Apparaten zu erfassen vermag."

Die Frage, wie wissenschaftliche Erkenntnisgewinnung eigentlich möglich ist, ergibt sich also für alle Wissenschaftsdisziplinen und ist nicht einfach zu beantworten. Sie steht im Zentrum der Wissenschaftstheorie und Epistemologie.

13.2 Epistemologie und Wissenschaftstheorie

In vielen Wissenschaftsdisziplinen, vor allem den Naturwissenschaften, lösen sich Paradigmen im weiteren Sinne in der Regel im Zeitverlauf ab, was zu einer relativen Einheitlichkeit in einer bestimmten Periode führt. So wird kaum ein Physiker im 21. Jahrhundert die Gültigkeit der Relativitätstheorie anzweifeln. In der Soziologie dagegen liegen die Dinge etwas komplizierter. Dies hängt, wie bereits zu Beginn dieses Kapitels erwähnt, mit dem Umstand zusammen, dass die erkennenden Subjekte der Soziologie als Wissenschaft immer auch auf vielfältige Weise mit ihrem Erkenntnisgegenstand verwoben sind. Die Soziologie ist, darauf wurde bei der Behandlung ihrer Schlüsselbegriffe immer wieder hingewiesen, eine multi-paradigmatische Wissenschaft. In ihr bestehen verschiedene Paradigmen mehr oder weniger gleichberechtigt nebeneinander. Dabei wurde in verschiedenen Intensitätswellen die Frage diskutiert, ob die Soziologie das gleiche Wissenschaftsverständnis haben sollte wie die Natur- oder Ingenieurswissenschaften, ob es also eine „Einheit aller Wissenschaften" gebe oder ob die Soziologie und die Sozial- und Geisteswissenschaften insgesamt nicht ein eigenes Verständnis ihres wissenschaftlichen Tuns benötigen.

Das zu analysierende Forschungsobjekt (die soziale Welt) und die analysierende Wissenschaftlergruppe samt ihrer Messapparatur (die Soziologen und die Soziologie) überlappen sich, ohne dass eine Chance der sauberen Trennung gegeben wäre. Für die Naturwissenschaften hatte Werner Heisenberg die sogenannte Unschärferelation formuliert, nach der bei der Untersuchung sehr kleiner Teilchen und Wirkungskräfte (wie Elektronen, deren Orten und Bewegungen) z.B. durch den Strahl eines Elektronenmikroskops selbst eine Beeinflussung der zu messenden Größen erfolge. Diese Unschärferelation spielt in den Naturwissenschaften nur in Extremsituationen eine Rolle und kann sogar berechnet werden. In der Soziologie stellt sich die Verstrickung von Untersuchungsobjekt und Untersuchungssubjekt von Anfang an als besonderes Problem dar, man kann ihr nicht entrinnen und kann sie kaum exakt berechnen. Zwar kann (und sollte) sich der Forscher bemühen, die sozialen Voraussetzungen seines Tuns jeweils bewusst und explizit zu reflektieren, um so die Beeinflussung des Erkenntnissubjekts durch das Erkenntnisobjekt abzuschwächen. Da die Analyse soziologisch relevanter Phänomene meistens Interventionen im Forschungsgegenstand wie teilnehmende Beobachtungen, Befragungen oder Experimente erfordert, ist auch die Beeinflussung des Erkenntnisobjekts durch das Erkenntnissubjekt eigentlich immer gegeben. Wie im Kapitel 2.3 dargestellt wurde, können subjektive Sinnzusammenhänge und Bedeutungskontexte sozialen Handelns nur durch Interaktion erschlossen werden. Dies gilt nicht nur für alltägliches Handeln von Gesellschaftsmitgliedern, sondern auch für das alltägliche Wissenschaftshandeln der Soziologen.

Niemand kann sich selbst an den eigenen Haaren aus einem Sumpf ziehen. Auch die wissenschaftliche Begründung dessen, was Soziologen wie tun, wenn sie Soziologie betreiben, kann nicht aus sich selbst heraus geboren werden. Sie bedarf eines reflektierten und begründeten wissenschaftlichen Standpunktes. In diesem Buch wurde, wie bereits in Kapitel 1 dargestellt, dieses Selbstverständnis so formuliert, dass es die selbstgestellte Aufgabe der Soziologie ist, soziale Verflechtungszusammenhänge als zeitlich dauerhafte und hinsichtlich der Anzahl und Qualität sozialer Beziehungen dichter Sozialräume zu erklären und zu verstehen. Diese Sozialräume wurden dabei in die drei Dimensionen (1) sozialer Praxis (erziehen, arbeiten, grüßen, lieben etc.), (2) sozialer Symbolsysteme (Sprache, Rituale, Normen etc.) und (3) menschlicher Artefakte (Technik, Architektur, Geräte etc.) differenziert. In den vorangegangen Kapiteln wurden Aspekte solcher Sozialräume anhand von Schlüsselbegriffen in den Perspektiven sozialen Handelns (Kapitel 3 bis 5), sozialer Ordnungen (Kapitel 6 bis 8) und sozialen Wandels (Kapitel 9 bis 11) und mit den Herangehensweisen vom Individuum, von der Gesellschaft und von Verflechtungszusammenhängen her behandelt.

Im Verlaufe der vorhergehenden Kapitel wurden bereits mehrfach wissenschaftliche Standpunkte angesprochen. Im Folgenden werden verschiedene soziologische Denkweisen bzw. Paradigmen kurz skizziert. Schon die in Abschnitt 1.4 vorgestellten Mitbegründer der Soziologie als Wissenschaft – Émile Durkheim, Max Weber und Georg Simmel – legten in ihrem jeweiligen Wissenschaftsverständnis recht unterschiedliche Schwerpunkte. Für Émile Durkheim war die Identifikation und Analyse der für objektiv gehaltenen „soziologischen Tatbestande" sozialer Institutionen das Wichtigste. Ein solches Konzept kommt einem positivistischen Wissenschaftsverständnis nahe, das z.B. soziale Institutionen als ähnlich objektiv gegebene (oder zumindest objektiv identifizierbare) Untersuchungseinheiten betrachtet wie etwa der Chemiker bestimmte Elemente, der Physiker spezifische Anziehungskräfte oder der Biologe klar unterscheidbare Tierfamilien.

Für die verstehende Soziologie Max Webers war von Anfang an entscheidend, subjektive Sinnzusammenhänge durch Nachvollziehen, Sich-Hineinversetzen, Vergleichen mit anderen Situationen und Typisieren zu verstehen und darauf aufbauend soziales Handeln in seinen Abläufen ursächlich zu erklären. Ein solches Soziologieverständnis begründet von Anfang an einen generellen Unterschied zwischen den Sozial- und Geisteswissenschaften einerseits und den Naturwissenschaften andererseits. Letztere müssen sich nicht darum scheren, welchen subjektiven Sinn ein Nagel damit verbindet, von einem Magneten angezogen zu werden oder wie sich Schwefelpulver dabei fühlt, mit Zink verrührt zu werden. Die Forschungsgegenstände der Naturwissenschaften können analysiert und in ihrem *Verhalten* (besser: in ihren Reaktionsweisen) erklärt werden, ohne in ihnen eine subjektive Sinndimension suchen zu müssen. Genau Letzteres aber müssen Soziologen tun, wenn sie menschliches (und auch tierisches) Handeln verstehen und erklären wollen.

Georg Simmel war von der philosophischen Denktradition der Phänomenologie geprägt. Er lehnte einen positivistischen Ansatz ebenso ab wie die Idee, die Soziologie in Anlehnung an die Biologie oder den Organizismus als Lehre von *objektiv* und *natürlich* gegebenen Strukturen und Funktionen sozialer Entitäten zu begreifen. Sein Verständnis war vielmehr das einer Formalen Soziologie, die durch möglichst genaue und von der alltäglichen Lebenswelt ausgehende Beobachtungen gesellschaftlicher Phänomene diese auf möglichst wenige gemeinsame Formen und soziale Mechanismen verdichten solle. Es handelt sich hierbei also einerseits um das genaue Gegenteil eines naturwissenschaftlich-positivistischen Verständnisses; andererseits vertrat Simmel aber auch nicht einen relativistischen Standpunkt, nach dem die gesellschaftliche Wirklichkeit beliebig interpretierbar sei. Vielmehr finde in der Lebenswelt – z.B. bei Verhandlungen über den Preis einer Ware oder Dienstleistung oder in Diskursen über gesellschaftliche Wirklichkeitswahrnehmungen – eine Prüfung und Erhärtung von Sichtweisen und Theorien statt.

Es zeigt sich also, dass bereits bei den Klassikern der Soziologie unterschiedliche Vorstellungen darüber bestanden, wie diese gerade entstehende Disziplin vorgehen solle, um wissenschaftliche Erkenntnisse zu produzieren. Solche Fragen der Erkenntnistheorie (Epistemologie) stellt sich nicht nur die Soziologie, sie kommen in allen Wissenschaftsdisziplinen vor, und vor allem die Philosophie und die Wissenschaftstheorie beschäftigen sich hiermit. In den 1920er- und 1930er-Jahren war es vor allem der sogenannte Wiener Kreis, der sich intensiv – und vor allem aus empirisch-positivistischer Perspektive – mit Fragen der wissenschaftlichen Erkenntnisgewinnung beschäftigte. Hieraus ging später der vor allem durch Karl Popper entwickelte Kritische Rationalismus hervor. Danach kann es keine wissenschaftlichen Letztgewissheiten, wohl aber in steigendem Maße *bis auf weiteres* gültige wissenschaftliche Aussagen über die Welt geben.

Innerhalb der Soziologie gibt es eine Gruppe von Professionellen, die sich dem Paradigma des Kritischen Rationalismus verpflichtet fühlen (z.B. Esser 1989). In den 1960er-Jahren entwickelten sich vor dem Hintergrund der Studentenbewegung und kritischer Diskussionen über die Rolle der Wissenschaften im Allgemein und der Soziologie im Besonderen heftige Diskussionen über die angemessenen Formen und Möglichkeiten der Gewinnung wissenschaftlicher Erkenntnisse. In diesen als Positivismusstreit bekannt gewordenen Debatten ging es vor allem darum, ob für die Sozial- und die Naturwissenschaften die gleichen epistemologischen Grundprinzipien gelten und ob man soziologisch relevante Erkenntnisse ohne den Bezug auf ein – theoretisch unterstelltes – gesellschaftliches Ganzes überhaupt gewinnen könne (vgl. Ritsert 2003[1996]). Die Opponenten des Kritischen Rationalismus im Positivismusstreit, die der so genannten Frankfurter Schule angehörten, betonten die Unmöglichkeit, wissenschaftliches Erkennen zu trennen von der gesellschaftlichen Totalität, in der es gewünscht, gefordert, gefördert und verwertet wird:

> „Forschung ist eine Institution zusammen handelnder und miteinander sprechender Menschen; als solche bestimmt sie durch die Kommunikation der Forscher hindurch das, was theoretisch Geltung beanspruchen kann. Die Forderung kontrollierter Beobachtung als Basis für Entscheidungen über die empirische Triftigkeit von Gesetzeshypothesen setzt bereits ein Vorverständnis bestimmter sozialer Normen voraus. Es genügt ja nicht, das spezifische Ziel einer Untersuchung und die Relevanz einer Beobachtung für bestimmte Annahmen zu kennen; vielmehr muss der Sinn des Forschungsprozesses im Ganzen verstanden sein, damit ich wissen kann, worauf sich die empirische Geltung von Basissätzen überhaupt bezieht" (Habermas 1963, S. 491).

Wissenschaftliche Erkenntnis kann demzufolge nicht aus den gesellschaftlichen Verhältnissen, innerhalb derer sie angestrebt wird, herausgelöst werden. Das vom Kritischen Rationalismus so stark betonte Gebot der Wertneutralität der Wissenschaften sei in Wirklichkeit nur der Ausdruck dafür, dass sich die entsprechenden Wissenschaftler über den gesellschaftlichen Herrschaftszusammenhang, innerhalb dessen Wissen für bestimmte Zwecke erzeugt werde, keine Rechenschaft mehr ablegten, sondern sich nur noch als Produzenten gesellschaftlich steriler „technischer Erkenntnisse" verstünden:

> „Wertneutralität hat mit theoretischer Einstellung, im klassischen Sinne nichts zu tun; sie entspricht im Gegenteil einer Objektivität der Geltung von Aussagen, die durch Beschränkung auf ein technisches Erkenntnisinteresse ermöglicht – und erkauft wird. Diese Beschränkung hebt nicht etwa die normative Bindung des Forschungsprozesses an Motive der Lebenspraxis auf; sie bringt vielmehr ein bestimmtes Motiv gegenüber anderen undiskutiert zur Herrschaft. Gerade die Herrschaft eines sich selbst verborgenen technischen Erkenntnisinteresses deckt die verschleierten Investitionen des gewissermaßen dogmatischen Gesamtverständnisses einer Situation, mit der sich auch der strikt erfahrungswissenschaftliche Soziologe unausdrücklich identifiziert hat, bevor es ihm im Ansatz einer formalisierten Theorie unter dem Anspruch hypothetischer Allgemeingültigkeit entgleitet" (ebd., S. 499).

Seit dem Positivismusstreit haben sich die verschiedenen Positionen innerhalb der Soziologie tendenziell angenähert und die Diskussionen versachlicht. Im Folgenden können die entsprechenden Debatten nicht nachgezeichnet werden, die Wissenssoziologie beschäftigt sich ausführlich und sehr differenziert mit den entsprechenden Fragestellungen.[91] Wir wollen vor diesem Hintergrund ein eher pragmatisches **Wissenschaftsverständnis für die Soziologie** zitieren und nahelegen, welches als Ausgangspunkt für weitere Reflexionen dienen kann:

> „Wissenschaft ist jenes menschliche Handeln, das auf die Herstellung von Aussagen abzielt, die jenen Aussagen überlegen sind, die schon anhand der Denkmittel des gesunden Menschenverstandes formuliert werden können. Von wissenschaftlichen Aussagen wird verlangt: Sie müssen mit jenen Sachverhalten, auf die sie sich beziehen (‚empirischerer Referent'), übereinstimmen (‚empirischer Wahrheitsgehalt'); und sie müssen nach den Regeln einer angebbaren Logik richtig sein (‚logische Konsistenz')" (Reinhold 2000, S. 734).

Diese Definition ist im Lichte des Positivismusstreits dem Popperschen Verständnis näher als dem von Theodor W. Adorno. Sie enthält zugleich wichtige Definitionselemente und kann leicht um reflexive Überlegungen ergänzt werden, die im nächsten Abschnitt 13.3 vorgestellt werden. Die beiden Kriterien „empirischer Wahrheitsgehalt" und „logische Konsistenz" lassen sich an einem Beispiel verdeutlichen. Nehmen wir den Vorgang des uns allen bekannten Händeschüttelns bei förmlichen Begrüßungen, so kann z.B. die folgende Beobachtungsaussage getroffen werden: „Ich sehe zwei Menschen, wie sie ihre jeweils rechten Hände ineinander schieben, diese schließend drücken und dann schütteln". Über den empirischen Wahrheitsgehalt einer solchen Beobachtungsaussage lässt sich vergleichsweise leicht Konsens zwischen verschiedenen Beobachtern herstellen: Entweder stimmt die Aussage oder sie stimmt nicht.

Schwieriger wird es dagegen bei der Beurteilung der „logischen Konsistenz" der Aussagen, die für die Deutung und Erklärung der empirischen Beobachtung mobilisiert werden. Man könnte ja z.B. folgende mögliche, alternative Handlungslogiken unterstellen: (1) „Händeschütteln ist eine sozial akzeptierte Form der Begrüßung", (2) „Händeschütteln dient dem Austausch von Bakterien" und (3) „Händeschütteln als Kräftemessen ist der erste Schritt zur gewaltsamen Auseinandersetzung". Durch wiederholte Beobachtungen

91 Vgl. Schützeichel 2007; Seifert/Radnitzky 1989; Fragen der Wissenschaftssoziologie, also der soziologischen Untersuchung der sozialen Prozesse wissenschaftlicher (Erkenntnis-)Produktion, werden hier nicht ausführlicher erörtert (Knorr-Cetina 1984).

ließe sich nun feststellen, welche der drei Erklärungen die größte logische Konsistenz aufweist. Dann würde die Erklärung (3) als nicht richtig zu verwerfen sein, wenn es nach Händeschütteln nicht vermehrt zu ernsthaften körperlichen Auseinandersetzungen kommt. Die Aussage (2), die auf mit dem Händeschütteln verbundene Absichten des Austausches von Bakterien abstellt, lässt sich als logisch nicht konsistent einordnen, wenn z.B. Begrüßende beobachtet werden können, die sich gerade vor dem Händeschütteln diese noch gründlich gewaschen oder vielleicht sogar desinfiziert haben (wie dies in Krankenhäusern gelegentlich vorkommen soll). Genauer allerdings ließe sich die logische Konsistenz dieser Aussage (2) durch eine individuelle oder gemeinsame Befragung der Händeschüttelnden überprüfen. Dabei würde sich schnell herausstellen, dass das Händeschütteln nicht mit dem subjektiven Sinn verbunden ist, Bakterien auszutauschen, sondern dass Letzteres allenfalls eine „nicht intendierte Folge absichtsvollen Handels" im Sinne von Robert K. Merton (siehe Abschnitt 9.3) ist.

Um zu wissenschaftlichen Aussagen zu gelangen, die den alltagsweltlichen im Hinblick auf den empirischen Wahrheitsgehalt und ihre logische Konsistenz überlegen sind, müssen die verwendeten Begriffe definiert und expliziert sowie in ein auf die Aussagen bezogenes theoretisches Bezugssystem eingebettet sein. Wissenschaftliche Begriffe verknüpfen spezifische inhaltlich-gedankliche Merkmale mit einem eindeutig festgelegten Referenten. Eine Definition für den Begriff „Baum" könnte etwa lauten: „Ein Baum ist ein pflanzliches Lebewesen mit den drei Gliederungseben von Wurzelwerk in der Erde, mehr oder weniger kompaktem Stamm und einem mit Blättern versehenen Astwerk als Krone". Eine solche Definition grenzt die Vorstellungsinhalte, die mit dem Referenten Baum verbunden sind, von anderen Pflanzen wie Blumen oder Sträuchern oder auch von Artefakten wie Sonnenschirmen ab. Grundsätzlich gilt, dass Begriffe immer nur im Rahmen anderer Begriffe bzw. eines komplexeren Bezugssystems von Begriffen festgelegt werden können. Durch Begriffsdefinitionen legen Wissenschaftler also den Bedeutungsinhalt und Sprachgebrauch bestimmter Referenten fest:

> „Unter einer Definition versteht man in der Wissenschaftslehre heute im Allgemeinen eine Aussage, die den Zweck hat, die Verwendungsregeln eines Ausdrucks (seinen ‚Sinn') anzugeben, oder, anders ausgedrückt, einen Begriff zu bestimmen, wobei an die Verwendungsregeln (‚den Sinn') anderer Ausdrücke in bestimmter Weise angeknüpft wird" (Albert 1969, S. 173).

In der Wissenschaftstheorie werden sehr unterschiedliche Formen und Strategien von Begriffsdefinitionen behandelt, von denen nur drei hier kurz erwähnt seien (vgl. zum Folgenden schon Friedrichs 1973, S. 74ff.). Als „analytische Begriffsdefinition“ bezeichnet man die exakte Explizierung eines bekannten Begriffs durch andere Begriffe. Zum Beispiel ließe sich der Begriff „Siedlung“ definieren als „ständiges Zusammenleben vieler Menschen“. Eine „synthetische Begriffsdefinition“ liegt dann vor, wenn verschiedene explizierte Begriffe zusammengefügt werden, um einen bestimmten Sachverhalt spezifischer zu erfassen. So könnte man aufgrund von Unzulänglichkeiten der oben genannten analytischen Definition von „Siedlung“ (die ja letztlich den Begriff Siedlung kaum von dem z.B. der Gesellschaft zu trennen vermag, da es auch bei Letzterem um ein „ständiges Zusammenleben von Menschen“ geht) auf der Grundlage von Beobachtungen eine Siedlung definieren als „ständiges Zusammenleben vieler Menschen auf einer begrenzten Fläche“. Dabei kann der Ausdruck „begrenzte Fläche“ flexibel – von der Kleingemeinde bis zur Großstadt – verwendet werden, aber eine Aufteilung von ständigem Zusammenleben vieler Menschen auf mehrere Flächen würde dieser synthetischen Definition zufolge nicht mehr als eine Siedlung gelten.

Unter einer „Nominaldefinition“ versteht man schließlich die Abgrenzung und Erklärung eines neuen Begriffs durch bereits definierte Begriffe. So könnte man etwa „Großstadt“ definieren als eine „Siedlung mit mehr als 100.000 Einwohnern“, wenn die Begriffe „Siedlung“ und „Einwohner“ bereits vorher definiert wurden. Sind Begriffe durch Bezugnahme auf andere Begriffe und meistens auch bestimmte theoretisch-konzeptionelle Annahmen in der einen oder anderen Weise explizit definiert worden, so bemüht sich wissenschaftliche Forschung dann um das Aufstellen von in irgendeiner Weise überprüfbaren Behauptungen bzw. Annahmen. Dabei strebt sie nach raumzeitlich und inhaltlich spezifizierten Aussagen, also nach solchen Aussagen, in denen die Bedingungen für den behaupteten Zusammenhang möglichst genau angegeben werden, und die falsifiziert, also als ungültig zurückgewiesen werden können.

Aussagen, die grundsätzlich nicht widerlegt werden können, nützen der wissenschaftlichen Erkenntnis wenig. Dies gilt meistens für reine Existenzaussagen (wie z.B.: „Es gibt ethnische Diskriminierung“) oder reine Allaussagen (wie etwa: „Alle Minderheiten werden diskriminiert“). Denn in beiden Fällen müssten *alle* möglichen Formen und Fälle von ethnischer Diskriminierung und von Minderheiten bekannt und untersuchbar sein, um diese Aussage gegebenenfalls widerlegen zu können. Interessanter wäre eine wissenschaftlich überprüfbare Aussage wie etwa: „Die Ausländerfeindlichkeit war in Bayern im Jahre 2009 größer als in Nordrhein-Westfalen“, wobei hierbei der Begriff „Ausländerfeindlichkeit“ exakt zu definieren und in messbare Kategorien, Merkmale und Indikatoren zu operationalisieren wäre. Dies ist grundsätzlich nur im Rahmen von theoretischen Bezügen denkbar. Theorien verknüpfen mehrere Aussagen zu komplexen Aussagegefügen. Der Begriff

„Ausländerfeindlichkeit" könnte etwa im Rahmen von Theorien des „Labellings" oder der „Diskriminierung" definiert werden. Theorien sind von großer Bedeutung, weil nur durch sie Wissen geordnet werden kann und gleichzeitig so fokussiert wird, dass weiterer Wissenserwerb angestrebt und ermöglicht wird.

Mindestens ebenso wichtig wie explizites Definieren von Begriffen und Einordnen des eigenen wissenschaftlichen Tuns in spezifische Theorierahmungen ist es, sich sehr genau über den Entdeckungs-, Begründungs- und Verwertungszusammenhang eines spezifischen Erkenntnisinteresses Rechenschaft abzulegen. Bei dem *Entdeckungszusammenhang* geht es um die Fragen: „Wie bin ich auf die mich interessierende Fragestellung überhaupt gekommen? Warum will ich das eigentlich wissen?" Über den *Begründungszusammenhang* legt sich der Forschende Rechenschaft ab, indem er fragt: „Warum ist meine Fragestellung vor dem Hintergrund bzw. im Lichte vorliegender Theorien und empirischer Befunde sinnvoll? Wie lässt sich das Thema meiner angestrebten Untersuchung rechtfertigen? Warum ist eine solche Forschung unter den gegebenen Bedingungen von Ressourcen (Zeit, Geld) und angesichts der Vielfalt möglicher anderer Themen sinnvoll?" Schließlich geht es immer auch um den *Verwertungszusammenhang* einer Forschung: „Wem sollen bzw. können die zu erwartenden Ergebnisse nützlich sein? Handelt es sich um Auftragsforschung für ein großes Unternehmen? Dürften hautsächlich bestimmte soziale Gruppen (und wenn ja: welche) Interesse an den Forschungsergebnissen haben? Geht es um Grundlagenforschung, deren gesellschaftlicher Nutzen gegenwärtig noch gar nicht absehbar ist?" Wie bereits im Positivismusstreit breit erörtert wurde, ist sozialwissenschaftliche, aber auch alle andere Forschung (z.B. zu Atomkraft- oder Windkraftnutzung, zu Stammzellen oder gentechnisch veränderten Pflanzen, zu Krankheiten, die sehr viele Menschen oder nur eine kleine zahlungskräftige Gruppe betreffen) immer in gesellschaftliche Wert- und Interessenbezüge eingebunden. Diese sollten immer kritisch reflektiert werden (Weingart 1989).

13.3 Einfaches Erklären und seine Grenzen

In der Soziologie besteht weitgehend Einigkeit darüber, dass die beiden Ziele, soziale Phänomene und Sachverhalte zu verstehen und zu erklären, gleichrangig sind. Dies äußert sich bereits in der mehrfach zitierten Definition von Max Weber (1972[1922], S. 1), der zufolge die Aufgabe der Soziologie darin liegt, „soziales Handeln deutend verstehen und dadurch in seinem Ablauf und in seinen Wirkungen ursächlich erklären" zu können. Einige Soziologen glauben, dass diese Wissenschaftsdisziplin dadurch und nur dann wissenschaftliche Reputation auch gegenüber den anderen Wissenschaften gewinnen könne, wenn sie sich möglichst weitgehend dem *Modell des einfachen Erklärens* annähere. Dieses wissenschaftliche Erklärungsmodell wurde bereits im vorhergehenden Abschnitt angesprochen und ist aus der Physik oder Chemie hinlänglich bekannt. Ziel ist es dabei, spezifische Ausgangsbedingungen zu benennen, unter denen formulierte gesetzmäßige Abläufe zu erwarten sind. Erklärungen zielen auf Wenn-dann-Aussagen ab, in denen Einwirkungsmechanismen spezifiziert werden, die ursächlich eine Veränderung eines Gegenstandes oder einer Situation auslösen, wobei alle sonstigen potenziellen Einwirkgrößen kontrolliert werden.

Eine solche Wenn-dann-Aussage könnte etwa lauten: „Wenn in einer Gesellschaft die Arbeitslosenrate ansteigt, dann erhöht sich in dieser Gesellschaft auch der Grad der Fremdenfeindlichkeit". Grundsätzlich ist diese Behauptung einer soziologischen Überprüfung zugänglich. Es ergeben sich aber grundlegende und strukturelle, d.h. nicht durch einfaches Verbessern von Messmethoden und Definitionskonzepten zu überwindende Probleme. Eine erste Schwierigkeit ergibt sich, wenn dabei längere Zeiträume betrachtet werden sollen, also sozialer Wandel eine Rolle spielen könnte. Es stellt sich nämlich die Frage, ob Fremdenfeindlichkeit über sehr lange Zeiträume mit immer den gleichen Fragestellungen oder Indikatoren sinnvoll messbar ist. Abgesehen davon, dass in aller Regel keinerlei entsprechende Datenreihen vorliegen, ist grundsätzlich einzuwenden, dass sich Fremdenfeindlichkeit in ihren gesellschaftlichen Äußerungsformen aufgrund vieler Faktoren und sogar durch die Befassung mit diesem Thema – und auch mit der möglichen Wirkung eventueller soziologischer Studien hierzu – im öffentlichen Diskurs wesentlich verändern kann. So lassen sich empirisch bedeutsame Veränderungen in dem Gehalt von Fremdenfeindlichkeit in den letzten fünfzig Jahren registrieren, etwa von generellen und diffusen Ressentiments gegenüber „ausländisch" oder „fremdländisch" (ein noch aus der Nazi-Zeit stammender Ausdruck!) aussehenden Menschen hin zu Vorurteilen und feindlichen Haltungen gegenüber spezifischen Gruppen wie allen Menschen, die aufgrund ihrer Kleidung der Religionsgruppe des Islams zugeschriebenen werden. Will man nun die Entwicklung des Phänomens der Fremdenfeindlichkeit im längerfristigen Zeitablauf analysieren und in ursächliche Beziehung zur jeweiligen Entwicklung der Arbeitslosenrate setzen, so steht man vor dem grundlegenden Problem, entweder das Messinstrument zur Analyse dieses Phänomens stabil zu halten (und damit den realen Bedeutungswandel des sozialen Phänomens in seiner gesellschaftlichen Einbettung auszublenden) oder die Messinstrumente an sich verändernde Kontextbedingungen anzupassen (und dadurch nicht genau zu wissen, welcher Anteil der gemessenen Veränderungen tatsächlichen Änderungen im untersuchten Phänomen oder den Veränderungen der Messinstrumente geschuldet ist).

Ein zweites Problem besteht darin, dass zur Überprüfung der Aussage „Wenn in einer Gesellschaft die Arbeitslosenrate ansteigt, dann erhöht sich in dieser Gesellschaft auch der Grad der Fremdenfeindlichkeit" nicht nur eine (National-)Gesellschaft, sondern mehrere zu betrachten sind. Denn nur so wird ermöglicht, ob die Aussage für alle Gesellschaften, für einen Teil oder für gar keine zu falsifizieren ist. Allerdings trifft eine international vergleichende Untersuchung von Fremdenfeindlichkeit – neben den Problemen überhaupt vorliegender Datenbestände im längeren Zeitverlauf – auf das strukturelle Problem, dass sich Fremdenfeindlichkeit in unterschiedlichen gesellschaftlichen Kontexten auch sehr unterschiedlich äußert. So etwa dürften negative Vorurteile gegenüber dunkelhäutigen Menschen in Deutschland, den USA, Mexiko oder Südafrika einen völlig unterschiedlichen Stellenwert im Gesamtkontext der für die jeweiligen (National-)Gesellschaften geltenden Fremdenfeindlichkeit oder „gruppenbezogenen Menschenfeindlichkeit" haben. Welche Strategie auch immer man einschlägt, es gibt keine völlig zufriedenstellende Forschungsstrategie, um alle denkbaren Kontextbedingungen und potenziellen Einflussgrößen auf ein innerhalb unterschiedlicher Gesellschaftskontexte sich darstellendes und entwickelndes Phänomen wie Fremdenfeindlichkeit *objektiv* zu messen.

Zumindest *drei strukturelle Begrenzungen* dürften deutlich geworden sein. Erstens bestehen erhebliche Begrenzungen im Hinblick auf vergleichbare Daten, vor allem, wenn es um historische Zeitreihen geht. Zweitens ergibt sich das theoretisch-strukturelle Problem, dass soziale Phänomene nur im Kontext ihrer jeweils spezifischen (national-) gesellschaftlichen Einbettung ausgeformt sind und ihre Besonderheiten entwickeln, sodass eigentlich für jedes Land unterschiedliche Messinstrumente zu entwickeln wären, um das gleiche soziologische Phänomen international vergleichend zu untersuchen. Ein drittes, damit eng zusammenhängendes Strukturproblem besteht darin, dass raumzeitliche Ausdehnungen von soziologischen Annahmen einerseits mögliche beeinflussende Wirkungsgrößen besser zu erfassen helfen, andererseits aber vor dem unter dem vorhergehenden Punkt angesprochenen Strukturproblem und vor praktischen Ressourcen und Datenzugangsproblemen stehen.

Die hier nur angedeuteten Probleme hängen eng mit den Fallstricken der „Vergleichenden Methode" zusammen, die im folgenden Abschnitt näher behandelt wird. Zunächst sei auf Alternativen zum einfachen Modell der Erklärung hingewiesen. Ein Gegenmodell hierzu haben für die Soziologie in den 1920er-Jahren William Isaac Thomas (1863–1947) und Florian Witold Znaniecki (1882–1958) entwickelt. Sie lehnen das einfache Denkschema von

Ursache-Wirkung für die Gesellschaftswissenschaften und speziell für die Soziologie ab. Für sie ist das schon von Émile Durkheim aufgestellte Gebot, soziale Tatsachen nur durch soziale Tatsachen zu erklären, ungeeignet. Vielmehr würden im sozialen Leben und in der soziologischen Forschung *objektive* Phänomene (soziale Werte) und *subjektive* Haltungen (Einstellungen) sehr eng zusammenhängen. Sie seien in einer integrierten Perspektive zu untersuchen.

Für Thomas/Znaniecki besteht das soziale Leben einerseits aus *objektiven Kulturelementen* (Values) wie etwa Entlohnungssystem, Ehe oder MA-Abschluss, die jenseits der individuellen Biografien, Wünsche oder Eigenschaften eine dauerhafte Existenz haben und auf das soziale Handeln der Menschen einwirken. Andererseits gehören zum sozialen Leben auch die jeweils *subjektiven Eigenschaften* (Attitudes) wie z.B. Hunger, Gefühle, Gedanken oder Angst der Mitglieder der entsprechenden sozialen Gruppe (Thomas/Znaniecki 1974, S. 20ff.). Dieses Begriffspaar von Werten und Einstellungen ist wesentlich, um den Unterschied zwischen der Sozialpsychologie (die sich nach Thomas/Znaniecki wesentlich mit den Einstellungen beschäftigt) und einer modernen Soziologie zu verdeutlichen: „Aber wenn wir das Leben einer konkreten sozialen Gruppe untersuchen, finden wir bestimmte sehr wichtige Aspekte dieses Lebens, welche die Sozialpsychologie nicht angemessen in Rechnung stellt, die keine der spezielleren Kulturwissenschaften als ihren eigentlichen Gegenstand behandelt und welche als *Soziologie* während der letzten fünfzig Jahre den zentralen Interessengegenstand verschiedener Forscher ausmacht" (ebd., S. 31, Hervorhebung im Original). Der Soziologie geht es danach um die formalen Regeln von Verhalten, um die sozialen Institutionen und um die soziale Organisation von sozialen Gruppen (ebd., S. 32ff.).

Das grundlegende methodologische Prinzip ist für die Autoren: „*Die Ursache eines Wertes oder einer Einstellung ist niemals ein Wert oder eine Einstellung allein, sondern stets eine Kombination einer Einstellung mit einem Wert*" (ebd., S. 81, Hervorh. i. Original). Hiermit schlagen Thomas und Znaniecki ein Verständnis von Soziologie vor, das später von der Denkschule des Symbolischen Interaktionismus (siehe Abschnitt 5.3) weiterentwickelt wurde. In erkenntnistheoretischer Hinsicht warnen sie vor vier Trugschlüssen, die den soziologischen Forschungsprozess betreffen (ebd., S. 4ff.). Ein erster Trugschluss sei, dass Menschen glaubten, die gesellschaftliche Wirklichkeit zu kennen, bloß weil sie in ihr lebten. Tatsächlich werde bzw. sei den Menschen von ihrer Lebenswirklichkeit immer nur ein kleiner Ausschnitt bewusst, der größte Teil bleibe unbemerkt bzw. vorbewusst. Deshalb seien Erfahrungen nur in Grenzen nachvollziehbar und übertragbar, denn in diese ginge wesentlich mehr ein, als den Erfahrenden explizit bewusst sei. Als zweiten Trugschluss bezeichnen Thomas und Znaniecki die Auffassung, „soziale

Tatsachen" könnten theoretisch und praktisch vom übrigen sozialen Leben isoliert werden. Dies hat zur Konsequenz, dass auch der wissenschaftliche Erkenntnisprozess zutiefst in die unterschiedlichsten Formen alltäglicher Lebensvollzüge (der Forschenden, der untersuchten Akteure, der Forschung in Auftrag gebenden und sie rezipierenden sozialen Gruppen etc.) eingewoben ist.

Ein dritter Trugschluss sei, von der Soziologie immer unmittelbar praktische Lösungen zu erwarten. Unabhängige Wissenschaft müsse um ihrer selbst willen betrieben werden können.

Schließlich formulieren sie als vierten Trugschluss, dass alle Menschen gleich auf gleiche Einflüsse und Handlungsbedingungen reagieren würden. Dies verkompliziert die soziologische Analyse exponentiell im Vergleich zur Erforschung der unbelebten Natur und der einfachen Lebewesen. Seit den bahnbrechenden Arbeiten von William Thomas und Florian Znaniecki sind viele Studien zu den hier aufgeworfenen Fragen der Möglichkeiten soziologischer Erkenntnisse abgefasst worden. Das Modell einfacher Erklärungen – darüber besteht weitgehend Einigkeit – reicht für die Soziologie nicht aus. Mit Meinefeld (1995, S. 297) lassen sich drei Forderungen an eine kritisch-reflektierte Methodologie soziologischer Forschung formulieren:

> „diese Methodologie muß in der Lage sein, den eigenen Forschungsprozeß als eine spezifische gesellschaftliche Institution zur Gewinnung sozialer Erkenntnis in seiner Bedingtheit zu erkennen, und sie muß sich darum bemühen, aus dieser Bedingtheit resultierende Folgen für die eigene Konstitution des Gegenstandes wie auch für das in der Forschung hervorgebrachte Wissen selbstkritisch zu reflektieren; sie muß weiter in der Lage sein, menschliches Handeln auf den Rahmen der Wirklichkeitssicht der Handelnden, in dem es sich als dieses Handeln konstituiert, zu beziehen und es aus dieser Perspektive zu verstehen; schließlich muß sie einen eigenen Interpretationsrahmen aufspannen können, der es ihr erlaubt, die Perspektive der Handelnden zu transzendieren und innerhalb eines eigenen Relevanzsystems das sinnhaft verstandene Handeln ebenso wie damit in Verbindung stehende und daraus resultierende soziale Phänomene zu analysieren."

Vereinfacht lässt sich resümieren, dass in der soziologischen Erkenntnisgewinnung der Soziologe als das erkennende Subjekt des Forschungsprozesses unweigerlich bis zu einem gewissen Grade Teil der zu erkennenden Wirklichkeit ist. Deshalb sind kritisch die Entdeckungs-, Begründungs- und Verwertungszusammenhänge zu reflektieren. Der Forschende benötigt grundsätzlich einen Zugang zu den Sinnstrukturen des zu Untersuchenden, weil sonst weder Verstehen noch Erklären möglich wären. Durch den Zugang zu diesen sozialen Sinnstrukturen wird aber der Forschende selbst als soziales Wesen beeinflusst und in einem gewissen Grade geformt.

13.4 Die Vergleichende Methode als Methodologie

Nicht zuletzt, weil das an den Naturwissenschaften orientierte Modell der einfachen Erklärung für soziologische Erkenntnisgewinnung nicht ausreicht, sei hier abschließend die „Vergleichende Methode" als ein methodologisches Prinzip in allen Sozialwissenschaften dargestellt. Methodologisches Prinzip heißt hier, dass es nicht nur um eine von vielen Methoden der Soziologie geht, sondern um eine umfassendere Strategie des Erkenntnisgewinns. Hierauf hatte schon John Stuart Mill (1806–1873) in seinem Buch *A System of Logic* 1843 ausführlich hingewiesen. Die Vergleichende Methode sucht generell nach Gemeinsamkeiten und Unterschieden zwischen sozialen Phänomenen innerhalb von definierten Bezugs- bzw. Untersuchungseinheiten. Das Ziel ist dabei, diese Phänomene zu klassifizieren und zu typisieren und die Variationen innerhalb und zwischen den Aussage- und Untersuchungseinheiten zu kontrollieren, um so Wirkungszusammenhänge zu erkennen. Auf der Basis von Klassifizierung und Typisierung sollen Wirkungszusammenhänge erkannt und gemessen werden. In der Vergleichenden Methode sind Erklären und Verstehen in gewisser Hinsicht integriert.

Mill (1843) unterscheidet drei grundlegende Methoden des Vergleichs: die Methode der Übereinstimmung, die Methode des Unterschieds und die Methode der Variation in der Zeit. Er unterstrich die Bedeutung der Vergleichenden Methode als eines *Quasi-Experiments*. In den Sozialwissenschaften und speziell in der Soziologie sind die Möglichkeiten des direkten wissenschaftlichen Experiments sehr begrenzt. Denn erstens lassen sich gesellschaftliche Entwicklungen nicht zurückdrehen, d.h. nicht wieder auf null setzen. So könnten wir nicht den Ausbau des modernen Eisenbahnwesens zurückbauen, um zu überprüfen, welche gesellschaftlichen Wirkungen ein ausschließlich auf Wasserstraßen basierendes System der Mobilität hätte. Wir können auch nicht durch ein direktes Experiment klären, welche weltweiten Wirkungen es gehabt hätte, wenn sich der moderne Kapitalismus zuerst in Asien und nicht in Europa entwickelt hätte. Zweitens verbieten sich selbst mögliche begrenzte Experimente aus ethischen Gründen. So ist es unmöglich, z.B. die Kinder von Eltern ein und derselben Alterskohorte und sozialen Klassenlage in zwei Gruppen aufzuteilen und dabei der einen Gruppe gezielt keinerlei und der anderen eine sehr umfangreiche Bildung zukommen zu lassen, um anschließend zu beobachten, wie die sich dann wieder zusammengeführten Probandengruppen gesellschaftlich positionieren. Drittens wären bestimmte Experimente vielleicht ethisch akzeptabel, aber zu ressourcenaufwändig und langwierig. So könnte man bestimmte soziale Gruppen, die auf freiwilliger Basis zusammengesetzt werden, unter definierten und zwischen den zu vergleichenden Gruppen kontrastierenden Bedingungen über mehrere Generationen zusammenleben lassen. Das wäre aber nicht nur sehr teuer, eventuell interessieren dann in hundert Jahren die forschungsleitenden Fragen die dann lebenden Menschen schon nicht mehr.

Angesichts dieser Schwierigkeiten kann die Vergleichende Methode in der Soziologie als ein Quasi-Experiment verstanden werden. Man kann z. B. die Frage wissenschaftlich bearbeiten, welche Voraussetzungen, Formen und Folgewirkungen ein auf Wasserstraßen basiertes öffentliches Transportsystem für die Entwicklung sozialer Beziehungen hat, indem man Venedig, bestimmte holländische Städte und andere ähnliche bzw. kontrastierende Regionen miteinander vergleicht. Für Mill dient die Vergleichende Methode letztlich der *Erklärung von Zusammenhängen*. Die *Methode der Übereinstimmung* setzt an der Gleichheit eines zu erklärenden Phänomens (Explanandum), etwa der Existenz von Fremdenfeindlichkeit, in verschiedenen Zusammenhängen an. Im zweiten Schritt werden die möglichen erklärenden Faktoren (Explanantia) für dieses zu erklärende Phänomen systematisch untersucht (durch theoretische Reflexion, durch gründliche Revision bereits vorliegender Erkenntnisse sowie durch Ausleuchten aller nur denkbaren, in den Vergleichsfällen beobachtbaren Faktoren).[92] In einem dritten Schritt schließlich werden solche Bezugseinheiten (z. B. Nationalgesellschaften) ausgewählt, für die gilt, dass das Explanandum (also z. B. Fremdenfeindlichkeit) überall vorkommt, sich aber die Explanantia potenziell unterscheiden. Nur wenn ein Explanans in allen ausgewählten Bezugseinheiten tatsächlich vorkommt, kann dieser Einflussfaktor als möglicherweise das Explanandum erklärend identifiziert werden. Um von der Ebene der Beobachtung einer bloßen Korrelation zwischen Explanandi und Explanantia zur ursächlichen Erklärung zu gelangen, müssen theoretisch und logisch konsistente Rahmungen für das Beobachtete entwickelt werden.

Bei der *Methode des Unterschieds* werden solche Erhebungseinheiten ausgewählt, die sich im Hinblick auf das Explanandum unterscheiden. Auch hier gibt die (positive oder negative) Korrelation zwischen der Ausprägung des Explanans und des Explanandum Hinweise auf die wahrscheinlichen Wirkungsbeziehungen. Im Falle der *Methode der Variation in der Zeit* werden

92 Zu den vor allem im deduktiv-nomologischen Modell verwendeten Begriffen Explanandum und Explanans vgl. http://de.wikipedia.org/wiki/Deduktiv-nomologisches_Modell.

die Bezugseinheiten so ausgewählt, dass sie im Hinblick auf den Wandel eines zu untersuchenden Phänomens in der zeitlichen Entwicklung Unterschiede aufweisen. Entsprechend kann von einer möglichen (durch logische Konsistenzprüfungen zu erhärtende) Beeinflussungsvermutung für diejenigen Explanantia ausgegangen werden, deren Wandel in der Zeit mit dem Wandel des Explanandums korrespondiert. Die Vergleichende Methode findet in vielen soziologischen Untersuchungen in der einen oder anderen Form Verwendung. Schon Émile Durkheim (1999: 216) meinte: „Die vergleichende Soziologie ist nicht etwa nur ein besonderer Zweig der Soziologie; sie ist soweit die Soziologie selbst, als sie aufhört, rein deskriptiv zu sein, und danach strebt, sich über die Tatsachen Rechenschaft zu geben." Meistens wird allerdings nur wenig explizit über die Voraussetzungen und Bedingungen der vergleichenden Methode reflektiert. Vergleichende Verfahren können insgesamt stark variieren zwischen den Formen von Klassifizieren und Typisieren, zwischen Quantifizieren und Qualifizieren, zwischen Variablen- und Fallstudienorientierungen, zwischen Erklären und Verstehen sowie zwischen dem Bestreben, Ursache-Wirkungs-Modelle oder Konfigurationsmodelle zu entwickeln.

13.5 Die Soziologie als spannende Wissenschaft

In diesem Kapitel wurden verschiedenartige Fallstricke und Probleme der Gewinnung wissenschaftlicher Erkenntnisse angesprochen. Es wurde gezeigt, dass die epistemologischen und methodologischen Herausforderungen für die Soziologie besonders groß sind, weil das Objekt und das Subjekt der Erkenntnis mehrfach miteinander verwoben sind. Diese Schwierigkeiten führen zuweilen zu einer Sprache in der Soziologie, die von Nicht-Soziologen kaum zu verstehen ist. Da es aber ja um Aspekte der sozialen Welt geht, die jeder zu kennen glaubt, kann die Soziologensprache zuweilen als schwer zugänglich erscheinen. Wir hoffen, dass dieses Buch auf unkomplizierte, einfache und direkte Weise zeigen konnte, dass die soziale Welt wissenschaftlich betrachtet tatsächlich wesentlich komplizierter und voraussetzungsvoller ist, als es den Menschen in ihrem alltäglichen Leben erscheint.

Dieser Sachverhalt sollte nicht als Argument gegen die Soziologie verstanden werden, sondern vielmehr als erneute Einladung, sich intensiver auf sie einzulassen. Denn was kann es Spannenderes geben, als die eigene Daseinsweise in dieser Welt und die der Mitmenschen besser verstehen und erklären zu können? Und wie sollen Lösungen für die Probleme der Menschen und der Menschheit gefunden werden, ohne eine starke Beteiligung der Soziologie? Ob es um Klimawandel, Über- oder Unterbevölkerung in bestimmten

Regionen, um gewaltsame Konflikte und Kriege geht oder um Hungerkatastrophen, Epidemien oder Massenarbeitslosigkeit: Es handelt sich immer um Herausforderungen, die von Menschen gemacht und von diesen identifiziert (oder auch verdrängt) werden. Im Kern geht es also nie um rein technische oder naturwissenschaftliche Problemstellungen, sondern um gesellschaftlich produzierte und wahrgenommene Fragen und Aufgaben. Ein kritischer und zur Selbstreflexion einladender soziologischer Blick ist also bedeutsam.

Auf diese Weise kann die Soziologie den Individuen, größeren Verflechtungszusammenhängen und ganzen Gesellschaften helfen, kritisch über sich selbst nachzudenken. Dies ist umso bedeutsamer, wenn man mit Ulrich Beck (1986) die gesellschaftliche Entwicklung der letzten Jahrzehnte als den Übergang von einfacher zu reflexiver Modernisierung interpretiert. Denn mit dem Ende der „einfachen Modernisierung" hat die Wissenschaft ihren Monopolanspruch auf die *richtige* Weltdeutung und den Glauben an einen linear fortschreitenden Erkenntnisgewinn verloren: „Zunächst erfolgt die Anwendung von Wissenschaft auf die ‚vorgegebene' Welt von Natur, Mensch und Gesellschaft, in der reflexiven Phase sind die Wissenschaften bereits mit ihren eigenen Produkten, Mängeln, Folgeproblemen konfrontiert, treffen also auf eine zweite zivilisatorische Schöpfung" (Beck 1986: 254). Während der wissenschaftliche Zweifel als Methode in der Phase der einfachen bzw. primären Verwissenschaftlichung *nur* auf die Erkenntnisgegenstände und die der Wissenschaft äußerliche Wirklichkeit angewendet wurde, bezieht er sich in der reflexiven Verwissenschaftlichung auf den Wissenschaftsbetrieb, auf seine gesellschaftliche Einbindung und seine Folgen selbst.

Während die Wissenschaft also in der einfachen Moderne mit dem Impetus des Wahrheits- und Aufklärungsanspruchs auf die Entmystifizierung der (traditionalen) Welt gerichtet war, leitet die reflexive Modernisierung einen Prozess der De-Mystifizierung der Wissenschaften selbst ein: Auch in der Wissenschaft wird nur mit Wasser gekocht, und jede Tür der Erkenntnis, die dort geöffnet wird, führt in einen neuen Raum voller rätselhafter Türen, die noch verschlossen sind. Damit verliert die Wissenschaft tendenziell ihren Monopolanspruch auf objektive und letzte Wahrheiten, den sie für einige Zeit besaß bzw. reklamierte. In der alltäglichen Lebenswelt haben die Werte, Normen, Rollen, Identitäten, sozialen Klassenbeziehungen etc. als gegebene, nicht hinterfragte Regeln und Regelmäßigkeiten immer nur *bis auf weiteres* Gültigkeit – solange, wie sie nicht massiv Irritationen auslösen und bewusst infrage gestellt werden. Ähnlich werden auch in der wissenschaftlichen Welt soziologische Erkenntnisse und Grundsätze nur *bis auf weiteres* akzeptiert – solange, wie sie nicht falsifiziert oder gar durch andere Paradigmen ersetzt werden.

Gerade im Zeitalter der Globalisierung verbreitet sich in der Soziologie die Erkenntnis darüber, dass ihre eigenen Wurzeln als Wissenschaft doch in einem sehr spezifischen gesellschaftlichen Kontext der modernen industriell-kapitalistischen Länder Europas und Nordamerikas liegen. Die Soziologien Afrikas, Asiens, Australiens und Lateinamerikas – die Unterscheidung und Abgrenzung solcher Einheiten als Kontinente ist ja selbst eine gesellschaftliche Konstruktion (Lewis/Wigen 1997) – sind sicherlich sehr stark von dieser klassisch-modernen Soziologie beeinflusst. Aber das 21. Jahrhundert wird ganz sicherlich auch gewaltige Weiterentwicklungen, Neuinterpretationen und vielleicht auch Umwälzungen unserer heutigen soziologischen Wissensbestände mit sich bringen. So spiegelt die in diesem Buch so häufig angesprochene Unterscheidung von Individuum und Gesellschaft wohl weniger eine allgemein gültige und objektive Herangehensweise wider als vielmehr die besondere geistesgeschichtliche und gesellschaftliche Entwicklung Europas und Nordamerikas zur Moderne.

Der bekannte israelische Soziologe Shamuel Eisenstadt (1923–2010) hat dafür plädiert, nicht von einer Moderne, sondern von einer „multiplen Moderne“ (Eisenstadt 2000) bzw. von „multiple modernities“ (Eisenstadt 2003) zu sprechen. Demnach haben sich auf der Welt viele kulturell-gesellschaftliche Programme und Verflechtungsformen nebeneinander entwickelt; die westlichen Formen von Modernisierung sind nicht die einzigen. Für Afrika betont z.B. der Religionswissenschaftler Bongmba (2012), dass die Differenzierung des menschlichen Zusammenlebens in das Begriffspaar *Individuum und Gesellschaft* typisch für die westliche Moderne sei. Für Südafrika führt er die Ethik des Ubuntu an, nach der alle Menschen nur als Teil von und durch die anderen Menschen existieren. So heißt es in der Kultur der Zulu „A person is a person because of other people“ und in der der Sotho „A person is a person through other people“.[93] Solche Denkweisen und Wege in eine Moderne sind mit der in diesem Buch verfolgten Perspektive „von den Verflechtungszusammenhängen ausgehen“ sehr kompatibel.

Schon dieses kleine Beispiel zeigt, welche spannenden Einsichten und Perspektivveränderungen die soziologische Forschung und das soziologische Denken in der Zukunft noch bringen können. Die meisten Leserinnen und Leser dieses Buches werden die Entwicklungen im 21. Jahrhundert fast vollständig mitverfolgen können. Vielleicht haben einige ja sogar ihr Herz für die Soziologie entdeckt und werden von Beruf Soziologin oder Soziologe. Es gibt

93 Die Ubuntu-Kultur liegt auch der Theologie des Erzbischofs Desmond Tutu zugrunde: http://en.wikipedia.org/wiki/Desmond_Tutu und http://www.fofweb.com/activelink2.asp?ItemID=WE53&iPin=MPTUTU07&SingleRecord=True.

kaum Spannenderes, als durch soziologische Reflexion daran mitzuwirken, die sozialen Alltagspraktiken, Ordnungsmuster und Wandlungsdynamiken des Umgangs der Menschen mit sich selbst, mit der Natur und mit anderen Menschen als soziale Verflechtungszusammenhänge wissenschaftlich zu verstehen und zu erklären. Zwar ist dies noch keine hinreichende Garantie, wohl aber eine notwendige Voraussetzung für eine bessere Welt. Peter L. Berger und Hansfried Kellner (1981, S. 6) formulierten als die spezifisch soziologische Perspektive auf die Welt: „Not only is the world not what it appears to be, but it could be different from what it is.“ Was kann es Interessanteres geben, als die soziale Welt, in der wir leben, kritisch auf ihre soziale Gewordenheit hin zu untersuchen und darauf aufbauend den Horizont ihrer Veränderungsmöglichkeiten zu vermessen?

13.6 Zusammenfassung, Übungsaufgaben und weiterführende Literatur

Dieses Kapitel 13 lässt sich folgendermaßen **zusammenfassen**:

1. Epistemologie und Wissenschaftstheorie beschäftigen sich mit den Grundlagen, Bedingungen und Grenzen wissenschaftlichen Wissens.
2. Das in den Naturwissenschaften verbreitete „einfache Erklären“ reicht für die Soziologie nicht aus, weil subjektive Bedeutung und Wahrnehmungen Teil der Erkenntnisgegenstandes und des Erkennenden sind.
3. In der soziologischen Erkenntisgewinnung ist das erkennende Subjekt unweigerlich bis zu einem gewissen Grade Teil der zu erkennenden Wirklichkeit, weil sonst ein Zugang zum Verstehen und Erklären nicht möglich wäre.
4. Die Vergleichende Methode eignet sich, um Phänomene zu klassifizieren und zu typisieren und um die Variationen innerhalb und zwischen den Aussage- und Untersuchungseinheiten zu kontrollieren und so Wirkungszusammenhänge zu erkennen.

Übungsfragen

Was versteht man in der Wissenschaftstheorie (z. B. nach Thomas Kuhn) unter einem Paradigma?

Warum reicht das in den Naturwissenschaften dominante „einfache Erklären" für die Soziologie nicht aus?

Welche drei Formen der Vergleichende Methode können nach John Stuart Mill unterschieden werden, und warum ist diese Methodologie gerade für die Soziologie so bedeutsam?

Vertiefende Literatur zu diesem Kapitel

Meinefeld, W. (1995): Realität und Konstruktion. Erkenntnistheoretische Grundlagen einer Methodologie der empirischen Sozialforschung. Opladen: Leske + Budrich.

Schützeichel, R. (Hrsg.) (2007): Handbuch Wissenssoziologie und Wissensforschung. Konstanz: UVK Verlagsgesellschaft.

Seiffert, H./Radnitzky, G. (Hrsg.) (1989): Handlexikon zur Wissenschaftstheorie. München: Ehrenwirth.

Kapitel 14
Allgemeine und weiterführende Literatur sowie Internet-Links

14.1 Empfohlene Nachschlagewerke

- Endruweit, G./Trommsdorff, G./Burzan, N. (Hrsg.) (2014): Wörterbuch der Soziologie, 3. völlig überarbeitete Auflage. Konstanz/München: UVK.
  Ein gründliches Nachschlagewerk mit meist 2–3 Seiten langen Einträgen.
- Hillmann, K.-H. (2007): Wörterbuch der Soziologie. 4. Auflage. Stuttgart: Kröner.
  Ein gutes Nachschlagewerk mit sehr vielen, meistens recht kurzen Einträgen.
- Jary, D./Jary, J. (1995): The Harper Collins Dictionary Sociology. New York: HCP.
  Ein gutes englischsprachiges Nachschlagewerk, das in Kombination mit einem deutschsprachigen Soziologie-Lexikon in einer globalen Welt fast unverzichtbar ist.

Vertiefende Lektüren und zum Cross-checking:

- Abels, H. (2009): Einführung in die Soziologie. 2 Bände. 4. Auflage Wiesbaden: VS Verlag für Sozialwissenschaften.
  Gründliche, verständliche monografische Einführung in soziologische Mikro- und Makroperspektiven mit Schwerpunkt auf Theorietraditionen.
- Bahrdt, H.P. (2003) [1984]: Schlüsselbegriffe der Soziologie. Eine Einführung mit Lehrbeispielen. 9. Auflage. München: C. H. Beck.
  Kurzes, präzises und bewährtes, an den wichtigsten Schlüsselbegriffen orientiertes Autorenwerk.
- Giddens, A./Duneier, M. (2000): Introduction to Sociology. 3. Auflage. London und New York: Norton
  Aktuelle thematische Einführung in der Perspektive eines der wichtigsten Gegenwartssoziologen
- Joas, H. (2007): Lehrbuch der Soziologie. 3. Auflage. Frankfurt am Main und New York: Campus
  An US-Lehrbüchern orientiertes, illustriertes Werk mit unterschiedlich guten, z. T. aus dem Amerikanischen übersetzten Autorenkapiteln.
- Korte, H./Schäfers, B. (Hrsg.) (2010): Einführung in Hauptbegriffe der Soziologie. 8. Auflage. Wiesbaden: VS Verlag für Sozialwissenschaften.
  Kurze, gut gegliederte, übersichtliche Vorstellung einiger Hauptbegriffe durch einschlägige Autoren.

14.2 Allgemeine Link-Adressen

- http://de.wikipedia.org/wiki/Soziologie (Überblicksbibliografie)
- http://www.soziologie.de (Deutsche Gesellschaft für Soziologie, hier vermitteln vor allem die einzelnen Sektionen der Soziologie einen Einblick in Forschungen, Diskussionen und empfohlene Lehrbücher)

14.3 Soziologisch relevante Fachzeitschriften

- Acta Sociologica
- American Journal of Sociology
- American Sociological Review
- Annual Review of Sociology
- British Journal of Sociology
- Bulletin of Sociological Methodology
- European Journal of Sociology
- European Sociological Review
- International Sociology
- Kölner Zeitschrift für Soziologie und Sozialpsychologie
- Sociologia Internationalis
- Soziale Welt
- Soziologische Revue
- Zeitschrift für Organisationsentwicklung
- Zeitschrift für Soziologie

14.4 Soziologisch relevante Daten- und Methodenbestände

- European Social Survey
- Forschungsdatenzentrum der Bundesagentur für Arbeit
- Gesis
- JStor
- Landesdatenbank NRW
- Online-Portal für qualitative Sozialforschung
- SOWIPORT
- Statistisches Bundesamt
- Statista
- Web of Sciences
- WISO-Datenbank
- World Values Survey

14.5 Verwendete Literatur

Abels, H. (2009): Einführung in die Soziologie. Der Blick auf die Gesellschaft. 4. Auflage Wiesbaden: Westdeutscher Verlag.

Abels, H. (2014): Identität. In: Endruweit, G./Trommsdorff, G./Burzan, N. (Hrsg.): Wörterbuch der Soziologie. Konstanz und München: UVK, S. 172–175.

AG Soziologie (Hrsg.) (1993): Denkweisen und Grundbegriffe der Soziologie: Eine Einführung. 15. Auflage. Frankfurt am Main: Campus.

Alba, R./Johnson, M. (2000): Zur Messung aktueller Einstellungsmuster gegenüber Ausländern in Deutschland. http://sowiport.gesis.o.rg/search/id/iz-solis-90258770 [27.03.2014].
Albert, H. (1969): Definition. In: Bernsdorf, W. (Hrsg.): Wörterbuch der Soziologie. Stuttgart: Enke.
Arbeitsgruppe Bielefelder Soziologen (1981) (Hrsg.): Alltagswissen, Interaktion und gesellschaftliche Wirklichkeit. 5. Auflage. Opladen: Westdeutscher Verlag.
Arbeitsgruppe Soziologie (Hrsg.)(1999): Denkweisen und Grundbegriffe der Soziologie. Eine Einführung. Frankfurt am Main und New York: Campus.
Aristoteles (1978): Werke. Bd. 6. Berlin: Scientia Verlag.
Bach, M. (2008): Europa ohne Gesellschaft. Politische Soziologie der europäischen Integration. Wiesbaden: VS-Verlag für Sozialwissenschaften.
Bade, K. J. (2003): Migration in European history. Malden/Oxford/Carlton: Blackwell.
Bahrdt, H.P. (2003) [1984]: Schlüsselbegriffe der Soziologie. Eine Einführung mit Lehrbeispielen. 9. Auflage. München: C.H.Beck.
Bayertz, K. (2012): Der aufrechte Gang. Eine Geschichte des anthropologischen Denkens. München: Verlag C.H. Beck.
Beck, U. (1986): Risikogesellschaft. Auf dem Weg in eine andere Moderne. Frankfurt/M.: Suhrkamp.
Beck, U. (2004): Der kosmopolitische Blick oder: Krieg ist Frieden. Berlin: Suhrkamp.
Beck, U./Brater, M./Daheim, H. (1980): Soziologie der Arbeit und der Berufe. Grundlagen, Problemfelder, Forschungsergebnisse. Reinbek bei Hamburg: Rowohlt.
Beetz, M. (2010a): Das unliebsame System. Herbert Spencers Werk als Prototyp einer Universaltheorie. In: Zeitschrift für Soziologie 39, H. 1, S. 22–37.
Bell, D. (1973): Die nachindustrielle Gesellschaft. Frankfurt am Main: Campus.
Berger, P. A./Hradil, S. (Hrsg.) (1990): Lebenslagen, Lebensläufe, Lebensstile (Sonderband 7 der Sozialen Welt). Göttingen: Schwartz
Berger, P. A./Weiß, A. (Hrsg.) (2008): Transnationalisierung sozialer Ungleichheit. Wiesbaden: VS Verlag
Berger, P. A./Neu, C. (2007): Klassenstruktur und soziale Schichtung. In: Joas, Hans (Hrsg.): Lehrbuch der Soziologie. Frankfurt und New York: Campus, S. 241–266.
Berger, P. L./Luckmann, T. (1980): Die gesellschaftliche Konstruktion der Wirklichkeit. Eine Theorie der Wissenssoziologie. Frankfurt am Main: Fischer.
Berger, P. L./Kellner, H. (1981): Sociology Reinterpreted. An Essay on Method and Vocation. Garden City/New York: Anchor Press/Doubleday.
Bernsdorf, W. (Hrsg.) (1969): Wörterbuch der Soziologie. Stuttgart: Enke.
Bien, W./Kuhnke, R./Reißig, M. (Hrsg.) (1999): Wendebiographien. Zur ökonomischen und moralischen Verselbständigung junger Erwachsener. Ergebnisse der Leipziger Längsschnitt-Studie 3. München: DJI-Verlag
Blumer, H. (1981): Der methodologische Standort des symbolischen Interaktionismus. In: Arbeitsgruppe Bielefelder Soziologen (Hrsg.): Alltagswissen, Interaktion und gesellschaftliche Wirklichkeit. Bd. 1. Reinbek bei Hamburg: Rowohlt.
Bohnsack, R. (1989): Generation, Milieu und Geschlecht. Opladen: Leske+Budrich.
Bohnsack, R. (1991): Rekonstruktive Sozialforschung. Einführung in Methodologie und Praxis qualitativer Forschung. Opladen: Leske + Budrich.
Bohnsack, R. (1992): Interaktion und Kommunikation. In: Korte, H./Schäfers, B. (Hrsg.): Ein-führung in Hauptbegriffe der Soziologie. Opladen: Leske+Budrich.
Boltanski, L./Thévenot, L. (2007): Über die Rechtfertigung. Eine Soziologie der kritischen Urteilskraft. Hamburg: Hamburger Edition.

Bolte, K. M./Kappe, D./Aschenbrenner, K./Neidhardt, F. (Hrsg.) (1967): Deutsche Gesellschaft im Wandel. 2. Auflage. Opladen: Leske.
Bongmba, E. K. (2012): Introduction. In: ders. (ed.), The Whiley-Blackwell Companion to African Religions. Malden/Oxford: Wiley, pp. 1-21.
Bourdieu, P. (1974): Zur Soziologie der symbolischen Formen. Frankfurt am Main. Suhrkamp.
Bourdieu, P. (1991) [1979]: Die feinen Unterschiede. Frankfurt am Main: Suhrkamp.
Bourdieu, P. (1995): Sozialer Raum und „Klassen" – Leçon sur la leçon. In: ders.: Zwei Vorlesungen. 3. Auflage. Frankfurt am Main: Suhrkamp, S. 9–46.
Bourricaud, F./Boudon, R. (1992): Soziologische Stichworte: Ein Handbuch. 2. Auflage. Wiesbaden: Westdeutscher Verlag.
Brugger, P./Brugger, S. (1993): The Easter Bunny in October: Is it Disguised as a Duck? In: Perceptual and Motor Skills, Vol. 76, pp. 577–578.
Buchanan, M. (2002): Small Worlds. Das Universum ist zu klein für Zufälle. Spannende Einblicke in die Komplexitätstheorie. Frankfurt am Main und New York: Campus.
Bude, H. (1987): Deutsche Karrieren. Lebenskonstruktionen sozialer Aufsteiger aus der Flakhelfer Generation. Frankfurt am Main: Suhrkamp.
Bühl, W. L. (1999): Sozialer Wandel im Ungleichgewicht. Zyklen, Fluktuationen, Katastrophen. Stuttgart: Lucius + Lucius.
Burt, R. (2005): Brokerage and Closure: An Introduction to Social Capital. Oxford und New York: Oxford University Press.
Calhoun, C. (2002): The Class Consciousness of Frequent Travelers: Toward a Critique of Actually Existing Cosmopolitanism. In: The South Atlantic Quarterly 101, S. 869–897.
Calhoun, C. (2009): Cosmopolitanism and Belonging: From European Integration to Global Hopes and Fears. London: Routledge.
Claessens, D. (1993): Das Konkrete und das Abstrakte. (2. Auflage). Frankfurt/M.: Suhrkamp.
Comte, A. (1923) [1851-1854]: Soziologie. In: Waenting, H. (Hrsg.): Sammlung sozialwissenschaftlicher Meister. Bände 8–10. Jena: Gustav Fischer Verlag.
Constant, A. F./Kahanec, M./Zimmermann, K. F. (2008): Attitudes towards Immigrants, Other Integration Barriers, and Their Veracity. IZA DP No. 3650. http://www.iza.org/de/webcontent/publications/papers/viewAbstract?dp_id=3650 [27.03.2014].
Cooley, C. H. (1909): Social organization; a study of the larger mind. New York: Charles Scribner's Sons.
Coser, L. A. (1972): Theorie sozialer Konflikte. Neuwied: Luchterhand.
Crozier, M./Friedberg, E. (1979): Macht und Organisation: die Zwänge kollektiven Handelns. Königstein im Taunus: Athenäum.
Dahrendorf, R. (1992) [1961]: Elemente einer Theorie des sozialen Konflikts. In: Dahrendorf, R. (1992): Gesellschaft und Freiheit. Zur soziologischen Analyse der Gegenwart. München: Piper.
Dahrendorf, R. (1969): Sozialer Wandel. In: Bernsdorf, W. (Hrsg.): Wörterbuch der Soziologie. Stuttgart: Ferdinand Enke, S. 1012 1014.
Dawkin, R. (1976): The Selfish Gene. Oxford: Oxford University Press.
Decker, O./Brähler, E. (2008): Bewegung in der Mitte. Rechtsextreme Einstellungen in Deutschland 2008 mit einem Vergleich von 2002 bis 2008 und der Bundesländer. Bonn: Firedrich-Ebert-Stiftung.
Diamond, S./Narr, W.-D./Homann, R. (Hrsg.) (1985): Bürokratie als Schicksal? Leviathan Sonderheft 6.. Opladen: Westdeutscher Verlag.

Duranti, A. (1997): Universal and Culture-Specific Properties of Greetings. In: Journal of Linguistic Anthropology 7, Heft 1:63–97.
Durkheim, É. (1981) [1888]: Einführung in die Sozialwissenschaft an der Universität Bordeaux 1887-1888. In: Heisterberg, Lore (Hg.), Émile Durkheim. Frühe Schriften zur Begründung der Sozialwissenschaft. Soziologische Texte 122. Darmstadt und Neuwied: Luchterhand, S. 25–52.
Durkheim, É. (1988) [1893]: Über soziale Arbeitsteilung. 2. Auflage. Frankfurt am Main: Suhrkamp.
Durkheim, É. (2008) [1897]: Der Selbstmord. Neuwied/Berlin: Luchterhand.
Durkheim, É. (1999): Die Regeln der soziologischen Methode. Frankfurt am Main: Suhrkamp.
Durkheim, É. (1999): Erziehung, Moral und Gesellschaft. Vorlesung an der Sorbonne 1902/1903. Frankfurt am Main: Suhrkamp.
Eagleman, D. (2012): Inkognito. Die geheimen Eigenleben unseres Gehirns. Frankfurt am Main: Campus.
Eggebrecht, A./Flemming, J./Meyer, G./Müller A. von/Oppolzer, A./Paulinyi, A./Schneider, H. (Hrsg.) (1980): Geschichte der Arbeit. Frankfurt am Main und Wien: Büchergilde Gutenberg.
Ehmer, J. (2013): Bevölkerungsgeschichte und Historische Demographie 1800–2000. 2. Auflage. München: Oldenbourg Verlag.
Ehrenreich, J./Ehrenreich, B. (1979): Between Labour and Capital. Montreal: South End Press.
Eisenstadt, S. N. (1988): Tradition, Wandel und Modernität. Frankfurt am Main: Suhrkamp.
Eisenstadt, S. N. (2000): Die Vielfalt der Moderne. Weilerswist: Velbrück.
Eisenstadt, S. N. (2003): Comparative Civilizations and Multiple Modernities. 2 Volumes. Leiden/Boston: Brill.
Elias, N. (1976) [1939]: Über den Prozeß der Zivilisation. 2 Bände. Frankfurt am Main: Suhrkamp.
Elias, N. (1969): Die höfische Gesellschaft. Neuwied und Berlin: Luchterhand.
Elias, N. (1986): Was ist Soziologie? 5. Auflage. Weinheim und München: Juventa Verlag.
Elias, N. (1992): Studien über die Deutschen. Machtkämpfe und Habitusentwicklung im 19. und 20. Jahrhundert. (2. Aufl.) Frankfurt am Main: Suhrkamp.
Emirbayer, M. (1997): Manifesto for a Relational Sociology. In: The American Journal of Sociology 103, S. 281–317.
Engels, J. I. (2007): Kleine Geschichte der Dritten französischen Republik (1870–1940). Köln: Böhlau Verlag.
Erikson, E. H. (1973): Identität und Lebenszyklus. Frankfurt am Main: Suhrkamp.
Erikson, E. H. (1980): Childhood and Society. New York: Norton.
Erikson, E. H. (1980): Identity and the Life Cycle. New York: Norton.
Esser, H. (1993): Soziologie. Allgemeine Grundlagen. Frankfurt und New York: Campus.
Esser, H. (ab 1999): Soziologie. Spezielle Grundlagen. 6 Bände. Frankfurt am Main: Campus.
Feldmann, K. (2006): Soziologie kompakt: Eine Einführung. 4. Auflage. Wiesbaden: VS Verlag für Sozialwissenschaften.
Firth, R. (1972): Verbal and Bodily Rituals of Greeting and Parting. In: La Fontaine, J. S. (ed.), The Interpretation of Ritual: Essays in Honour of A. I. Richards. London: Tavistock, S. 1–38.
Fischer, J. (2012): Affengesellschaft. Frankfurt am Main: Suhrkamp.
Fischer, W./Kohli, M. (1987): Biographieforschung. In: Voges, W. (Hrsg.): Methoden der Biographie- und Lebenslaufforschung. Opladen: Leske+Budrich.

Fong, R. K. (1994): Ho'okipa: A history of Hawaiian greeting practices and hospitality (Master-of-Arts-Thesis). http://scholarspace.manoa.hawaii.edu/handle/10125/21099 [27.03.2014].
Fourastié, J. (1969): Die große Hoffnung des 20 Jahrhunderts. 2. Auflage. Köln: Bund Verlag.
Frenken, K./Nuvolari, A. (2004): The early development of the steam engine: an evolutionary interpretation using complexity theory. In: Industrial and Corporate Change 13, S. 419–450.
Friedrichs, J. (1973): Methoden der empirischen Sozialforschung. Reinbek bei Hamburg: Rowohlt.
Fuchs-Heinritz, W./Klimke, D./Lautmann, R. (Hrsg.) (2010): Lexikon zur Soziologie. 5. Auflage. Wiesbaden: VS Verlag für Sozialwissenschaften.
Fürstenberg, F. (1985): Soziale Ungleichheit aus feldtheoretischer Perspektive. In: Strasser, H./Goldthorpe, J. H. (Hrsg.): Die Analyse sozialer Ungleichheit. Opladen: Westdeutscher Verlag. S. 267–277.
Fürstenberg, F. (1995): Soziale Handlungsfelder. Strukturen und Orientierungen. Opladen: Leske+Budrich.
Fürstenberg, F. (2000): Berufsgesellschaft in der Krise. Berlin: Ed. Stigma.
Gang, I. N./Rivera-Batiz, F. L./Yun, M.-S. (2002): Economic Strain, Ethnic Concentration and Attitudes Towards Foreigners in the European Union. Discussion Paper No. 578. http://www.iza.org/de/webcontent/publications/papers/viewAbstract?dp_id=578 [27.03.2014].
Geertz, C. (1994) [1973]: Dichte Beschreibung. Beiträge zum Verstehen kultureller Systeme (2. Aufl.). Frankfurt/M.: Suhrkamp.
Gehlen, A. (1969): Moral und Hypermoral. Eine pluralistische Ethik. Frankfurt am Main: Athenäum Verlag.
Geiger, T. (1962): Arbeiten zur Soziologie. Neuwied: Luchterhand.
Geißler, R. (2008): Die Sozialstruktur Deutschlands. Zur gesellschaftlichen Entwicklung mit einer Bilanz zur Vereinigung. 5. Auflage. Wiesbaden: VS Verlag.
Geißler, R. (2014): Die Sozialstruktur Deutschlands: Zur gesellschaftlichen Entwicklung mit einer Bilanz zur Vereinigung. 7. Auflage. Wiesbaden: Springer VS.
Gerhards, J./Lengfeld, H. (2013): Wir, ein europäisches Volk? Sozialintegration Europas und die Idee der Gleichheit aller europäischen Bürger. Wiesbaden: Springer.
Geulen, D. (2007): Sozialisation. In: Joas, Hans (Hrsg.): Lehrbuch der Soziologie. Frankfurt am Main und New York: Campus, S. 137–156.
Giddens, A. (1988): Die Konstitution der Gesellschaft. Grundzüge einer Theorie der Strukturierung. Frankfurt am Main und New York: Campus Verlag.
Giddens, A. (2001): Sociology. 4. Auflage. Oxford: Blackwell.
Giddens, A./Duneier, M. (2000): Introduction to Sociology. 3. Auflage. London und New York: Norton.
Gigerenzer, G. (2007): Bauchentscheidungen. Die Intelligenz des Unbewussten und die Macht der Intuition. München: Goldmann.
Gildemeister, R./Hericks, K. (2012): Geschlechtersoziologie. Theoretische Zugänge zu einer vertrackten Kategorie des Sozialen. München: Oldenbourg Verlag.
Göran, T. (2000): Die Gesellschaften Europas. Frankfurt am Main: Campus.
Goffman, E. (2003) [1983]: Wir alle spielen Theater. Die Selbstdarstellung im Alltag. 10. Auflage. München: Piper.
Goltermann, S. (2009): Kriegsheimkehrer in der westdeutschen Gesellschaft. In: Bundeszentrale für politische Bildung (Hrsg.), Aus Politik und Zeitgeschichte, Nr. 36-37, S. 34–

39. http://www.bpb.de/apuz/31773/kriegsheimkehrer-in-der-west-deutschen-gesellschaft?p=all [18.03.2014].
Granovetter, M. (1973): The Strength of Weak Ties. In: American Journal of Sociology 78, S. 1360–1380.
Granovetter, M. (1985): Economic Action and Social Structure: The problem of Embeddedness. In: American Journal of Sociology 91, S. 481–510.
Grass, G. (1966): Die Plebejer proben den Aufstand. Ein deutsches Trauerspiel. Frankfurt am Main: Fischer.
Greco, M./Stenner, P. (Hrsg.) (2008): Emotions – A social science reader. Oxon: Routledge.
Gukenbiehl, H. L. (2010): Institution und Organisation. In: Korte, H./Schäfers, B. (Hrsg.): Einführung in Hauptbegriffe der Soziologie. 8. Auflage. Wiesbaden: VS Verlag für Sozialwissenschaften, S. 145–161.
Habermas, J. (1963): Analytische Wissenschaftstheorie und Dialektik. In: Horkheimer, M. (Hrsg.): Zeugnisse. Festschrift für Theodor W. Adorno. Frankfurt am Main: Europäische Verlagsanstalt. S. 473–50.
Habermas, J. (1981): Theorie des kommunikativen Handelns. 2 Bände. Frankfurt am Main: Suhrkamp.
Hardenberg, von, G. F. (Novalis) (1992): Aphorismen. Berlin: Insel Verlag.
Hartmann, M. (2002): Der Mythos von den Leistungseliten. Spitzenkarrieren und soziale Herkunft in Wirtschaft, Politik, Justiz und Wissenschaft. Frankfurt am Main und New York: Campus.
Heidenreich, M./Delhey, J./Lahusen, C./Gerhards, J./Mau, S./Münch, R./Pernicka, S. (2012): Europäische Vergesellschaftungsprozesse. Horizontale Europäisierung zwischen nationalstaatlicher und globaler Vergesellschaftung. Pre-prints of the DFG Research Unit „Horizontal Europeanization".
Heinze, R. (2011): Die erschöpfte Mitte - Zwischen marktbestimmten Soziallagen, politischer Stagnation und der Chance auf Gestaltung. Weinheim: Juventa.
Heisterberg, L. (1981): Einleitung. Durkheims Weg zu einer echten Wissenschaft von der Gesellschaft. In: dies. (Hrsg.)(1981): Émile Durkheim. Frühe Schriften zur Begründung der Sozialwissenschaft. Soziologische Texte 122. Darmstadt und Neuwied: Luchterhand, S. 11–23.
Heitmeyer, W. (2001): Fremdenfeindlichkeit und Gewalt bei Jugendlichen. http://library.fes.de/fulltext/asfo/01012001.htm [27.03.2014].
Heitmeyer, W. (Hrsg.) (2002 ff.): Deutsche Zustände. Frankfurt am Main: Suhrkamp.
Henecka, P. (2009): Grundkurs Soziologie. 9. Auflage. Stuttgart: UTB.
Hernández, T. K. (2014): Racial Subordination in Latin America. The Role of the State, Customary Law, and the New Civil Rights Response. New York: Cambridge University Press.
Hettlage, R./Vogt, L. (Hrsg.) (2000): Identitäten in der modernen Welt. Wiesbaden: VS Verlag für Sozialwissenschaften.
Hillebrandt, F. (2009): Praktiken des Tauschens. Zur Soziologie symbolischer Formen der Reziprozität. Wiesbaden: VS Verlag für Sozialwissenschaften.
Hillmann, K.-H. (2007): Wörterbuch der Soziologie. 4. Auflage. Stuttgart: Kröner.
Hirschmann, A. (1980): Leidenschaften und Interessen. Politische Begründungen des Kapitalismus vor seinem Sieg. Frankfurt am Main: Suhrkamp.
Hitzler, R. (2011): Eventisierung. Drei Fallstudien zum marketingstrategischen Massenspaß.Wiesbaden: Springer VS.

Hobbes, T. (2010, 2011) [1651]: Leviathan. Or The Matter, Form, & Power of a Common-Wealth Ecclesiasticall and Civill. Shapiro, I. (Hrsg. Engl.) (2010). New Haven: Yale University Press. Waas, L. R. (Hrsg. Deutsch) (2011) Berlin: Suhrkamp. http://www.gutenberg.org/files/3207/3207-h/3207-h.htm [27.03.2014].

Hofstede, G. (1997): 1997: Cultures and Organizations. Software of the Mind. New York: Mc Graw-Hill.

Hofstede, G. (2006): Lokales Denken, globales Handeln – interkulturelle Zusammenarbeit und globales Management. München: Deutscher Taschenbuch Verlag.

Honneth, A. (1992): Kampf um Anerkennung. Zur moralischen Grammatik sozialer Konflikte. Frankfurt am Main: Suhrkamp.

Honneth, A./Joas, H. (1980): Soziales Handeln und menschliche Natur. Frankfurt am Main: Campus.

Honneth, A./Lindemann, O./Voswinkel, S. (Hrsg.) (2013): Strukturwandel der Anerkennung. Frankfurt am Main und New York: Campus.

Hradil, S. (2001): Soziale Ungleicheit in Deutschland. Opladen: Leske+Budrich.

Hradil, S. (2006): Die Sozialstruktur Deutschlands im Internationalen Vergleich. 2. Auflage. Wiesbaden: VS Verlag für Sozialwissenschaften.

Huinink, J. (2005): BA-Studium Soziologie: Ein Lehrbuch. Reinbek bei Hamburg: Rowohlt.

Iacoboni, M. (2008): Woher wir wissen, was andere denken und fühlen. Die neue Wissenschaft der Spiegelneuronen. München: Deutsche Verlagsanstalt.

Illies, F. (2001): Generation Golf. Eine Inspektion. Frankfurt am Main: Fischer.

Inglehart, R. (1977): The Silent Revolution: Changing Values and Political Styles among Western Publics. Princeton: Princeton University Press.

James, W. (1914): Habit. New York: Henry Holt.

James, W. (1890): The Principles of Psychology. 2 Bände. New York und London: Holt and Macmillan.

Jensen, S. (1980): Talcott Parsons. Eine Einführung. Stuttgart: Vieweg+Teubner.

Joas, H. (1991): Rollen- und Interaktionstheorien in der Sozialisationsforschung. In: Hurrelmann, K./Ulich, D. (Hrsg.): Neues Handbuch der Sozialisationsforschung. Weinheim und München: Juventa.

Joas, H. (1996): Die Kreativität des Handelns. Frankfurt/M.: Suhrkamp.

Joas, H. (1999): Die Entstehung der Werte. 6. Auflage. Frankfurt am Main: Suhrkamp.

Joas, H. (2007): Lehrbuch der Soziologie. 3. Auflage. Frankfurt am Main und New York: Campus.

Joas, H. (2007): Die soziologische Perspektive. In: ders. (Hrsg.), Lehrbuch der Soziologie. Frankfurt am Main und New York: Campus, S. 11–38.

Kahlert, H. (2013): Riskante Karrieren. Wissenschaftlicher Nachwuchs im Spiegel der Forschung. Opladen/Berlin/Toronto: Barbara Budrich.

Keupp, H./Ahbe, T./Gmür, W./Höfer, R./Mitzscherlich, B./Kraus, W./Sraus, F.(1999): Identitätskonstruktionen. Das Patchwork der Identitäten in der Spätmoderne. Reinbek bei Hamburg: Rowohlt

Kim, Y. Y. (1994): Beyond Cultural Identity. In: Intercultural Communication Studies 4, S. 1–24.

Klein, M./Pötschke, M. (2001): Wertewandel und kein Ende. Antwort auf die Replik von Helmut Thome. In: Zeitschrift für Soziologie 30, H. 6, S.489–493.

Knorr-Cetina, K. (1984): Die Fabrikation von Erkenntnis. Frankfurt am Main: Suhrkamp.

König, René (1999): Einleitung. In: Durkheim, E., Die Regeln der soziologischen Methode. Frankfurt am Main: Suhrkamp, S. 21–82.

Kohli, M. (1985): Die Institutionalisierung des Lebenslaufs. Historische Befunde und theoretische Argumente. In: Soziale Welt 37, S. 1–29.

Korte, H. (2004): Soziologie. Konstanz: UTB/UVK.

Korte, H./Schäfers, B. (Hrsg.) (1992): Einführung in Hauptbegriffe der Soziologie. Opladen: Leske+Budrich.

Korte, H./Schäfers, B. (Hrsg.) (2010): Einführung in Hauptbegriffe der Soziologie. 8. Auflage. Wiesbaden: VS Verlag für Sozialwissenschaften.

Kreckel, R. (Hrsg.) (1983): Soziale Ungleichheiten. Sonderband 2 der Sozialen Welt. Göttingen: Otto Schwartz.

Kreckel, R. (1992): Politische Soziologie der sozialen Ungleichheit. Frankfurt am Main und New York: Campus.

Krempel, L. (2005): Visualisierung komplexer Strukturen. Grundlagen der Darstellung mehrdimensionaler Netzwerke. Frankfurt am Main und New York: Campus.

Kroneberg, C. (2005): Die Definition der Situation und die variable Rationalität der Akteure. Ein allgemeines Modell des Handelns. Zeitschrift für Soziologie 34, S. 344–363.

Kuhn, T. (2012) [1962]: Die Struktur wissenschaftlicher Revolutionen. Mit einem Postskriptum von 1969. 23. Auflage. Frankfurt/M.: Suhrkamp.

Latour, B. (2005): Reassembling the Social. An Introduction to Actor-Network-Theory. Oxford: Oxford University Press.

Lenski, G. (1977)[1966]: Macht und Privileg. Frankfurt am Main: Suhrkamp.

Lenz, I. (2010): Intersektionalität. In: Becker, R./Kortendiek, B. (Hrsg.): Handbuch Frauen- und Geschlechterforschung. Wiesbaden: Springer VS, S. 158-165.

Lewis, M.W./Wigen, K.E. (1997): The myth of continents: a critique of metageography. Berkeley: University of California Press.

Liebsch, K. (2010): Identität und Habitus. In: Korte, H./Schäfers, B. (Hrsg.): Einführung in Hauptbegriffe der Soziologie. 8. Auflage. Wiesbaden: VS Verlag für Sozialwissenschaften, S. 69–86.

Linde, H. (1982): Soziale Implikationen technischer Geräte, ihrer Entstehung und Verwendung. In Jokisch, R. (Hrsg.): Techniksoziologie. Frankfurt am Main: Suhrkamp, S. 1–31.

Linde, H. (1972): Sachdominanz in Sozialstrukturen. Tübingen: Mohr.

LLompart, J. (1993): Dichotomisierung in der Theorie und Philosophie des Rechts. Berlin: Verlag Duncker & Humblot.

Lockwood, D. (1973): Sozialintegration und Systemintegration – Social integration and system integration. In: Theorien des sozialen Wandels. Wolfgang Zapf (Hrsg.). Köln: Kiepenheuer & Witsch, S. 124–137.

Luhmann, N. (1984): Soziale Systeme: Grundriss einer allgemeinen Theorie. Frankfurt am Main: Suhrkamp.

Luhmann, N. (1986): Interaktion, Organisation, Gesellschaft. In: ders. : Soziologische Aufklärung 2. Aufsätze zu einer Theorie der Gesellschaft. Opladen: Westdeutscher Verlag.

Luhmann, N. (1997): Die Gesellschaft der Gesellschaft. 2 Bände. Frankfurt am Main: Suhrkamp.

Lutz, B./Sengenberger, W. (1974): Arbeitsmarktstrukturen und öffentliche Arbeitsmarktpolitik. Göttingen: Otto Schwartz.

Mannheim, K. (2010): Das Problem der Generationen. In: Neckel, S./Mijic, A./Scheve, von, C./Titton, M. (Hrsg.): Sternstunden der Soziologie. Wegweisende Theorie¬modelle des soziologischen Denkens. Frankfurt am Main und New York: Campus Verlag.

Marx, K. (1969) [1845]: Thesen über Feuerbach (Marx-Engels Werke, Band 3). Berlin: Dietz.

Marx, K./Engels, F. (1972) [1848]: Manifest der Kommunistischen Partei. In: Marx-Engels-Werke Band 4. Berlin: Dietz, S. 461–482.
Marx, K. (1975)[1867-1894]: Das Kapital. 3 Bände (MEW 23–25). Berlin (DDR): Dietz (Neuere, ungekürzte Ausgabe nach der zweiten Auflage von 1872. Mit einem Geleit¬wort von Karl Korsch aus dem Jahre 1932: 2009 Köln: Anaconda-Verlag).
Mau, S./Verwiebe, R. (2009): Die Sozialstruktur Europas. Stuttgart: UTB.
Mauss, M. (1969)[1950]: Die Gabe. Form und Funktion des Austauschs in archaischen Gesellschaften. Frankfurt am Main: Suhrkamp.
Mayer, K. U. (1990): Lebensverläufe und sozialer Wandel. Anmerkungen zu einem Forschungsprogramm. In: ders.: Lebensverläufe und sozialer Wandel. Kölner Zeitschrift für Soziologie und Sozialpsychologie, Sonderband 31. Opladen: Westdeutscher Verlag.
Mayntz, R. (Hrsg.) (1968): Bürokratische Organisation. Köln: Kiepenheuer und Witsch.
Mead, G. H. (1983)[1927]: Die objektive Realität der Perspektiven. In: Joas, H. (Hrsg.): Mead. Gesammelte Werke. Band 2. Frankfurt am Main: Suhrkamp.
Mecheril, P. (2003): Prekäre Verhältnisse. Über natio-ethno-kulturelle (Mehrfach-)Zugehörigkeit. Münster, New York, München und Berlin: Waxmann.
Meinefeld, W. (1995): Realität und Konstruktion. Erkenntnistheoretische Grundlagen einer Methodologie der empirischen Sozialforschung. Opladen: Leske + Budrich.
Merkel, W. (2010): Systemtransformation: Eine Einführung in die Theorie und Empirie der Transformationsforschung. 2. Auflage. Wiesbaden: VS Verlag für Sozialwissenschaften.
Merton, R. (2010): Die unvorhergesehenen Folgen zielgerichteter sozialer Handlung. In: Neckel, S./Mijic, A./Scheve, von, C./Titton, M. (Hrsg.): Sternstunden der Soziologie. Wegweisende Theoriemodelle des soziologischen Denkens. Frankfurt am Main: Campus, S. 71–87.
Meulemann, H. (2012): Soziologie von Anfang an: Eine Einführung in Themen, Ergebnisse und Literatur. 3. Auflage. Wiesbaden: VS Verlag für Sozialwissenschaften.
Meyer, J. W. (2005): Weltkultur. Wie die westlichen Prinzipien die Welt durchdringen. Frankfurt am Main: Suhrkamp.
Michels, R. (1989)[1911]: Zur Soziologie des Parteiwesens in der modernen Demokratie. Untersuchungen über die oligarchischen Tendenzen des Gruppenlebens. Stuttgart: Kröner.
Mill, J. S. (1860) [1843]: System of Logic. Ratiocinative and inductive being a connected view of the principles of evidence and the methods of scientific investigation. New York: Harper Brothers.
Mitscherlich, M./Mitscherlich, A. (1976): Die Unfähigkeit zu trauern. Grundlagen kollektiven Verhaltens. München: Piper.
Moss, C./Colbeck, M. (2000): Das Jahr der Elefanten. Tagebuch einer afrikanischen Elefantenfamilie. München: Sierra.
Müller, H.-P. (1992): Ratlosigkeit als Diagnose: Die Neue Unübersichtlichkeit. In: ders.: Sozialstruktur und Lebensstile. Der neuere theoretische Diskurs über soziale Ungleichheit Frankfurt am Main: Suhrkamp, S. 19–52.
Müller, H.-P./Schmid, M. (1995): Sozialer Wandel. Frankfurt am Main: Suhrkamp.
Nassehi, A. (2011): Soziologie: Zehn einführende Vorlesungen. 2. Auflage. Wiesbaden: VS Verlag für Sozialwissenschaften.
Neitzel, S./Welzer, H. (2011): Soldaten. Protokolle vom Kämpfen, Töten und Sterben. Frankfurt am Main: S. Fischer Verlag.
Nietzsche, Friedrich, 1988 [1880-1881]: Nachgelassene Fragmente 1880-1882 (Hrsg. Von Giogio Colli und Mazzino Montinari). München/Berlin/New York: dtv/de Gruyter.

Neuweiler, G. (2008): Und wir sind es doch – die Krone der Evolution. Berlin: Wagenbach.
Ogburn, W. F. (1922): Social Change. With Respect to Culture and Original Nature. New York: B. W. Huebsch.
Ogburn, W. F. (1943): Street Corner Society. Chicago: The University of Chicago Press.
Ogburn, W. F. (1965): Kultur und sozialer Wandel. Ausgewählte Schriften. Neuwied: Luchterhand.
Parsons, T. (1967): Einige Grundzüge der allgemeinen Theorie des Handelns. In: Hartmann, H. : Moderne amerikanische Soziologie. Neuere Beiträge zur soziologischen Theorie. Stutt-gart: Ferdinand Enke.
Parsons, T. (1967)[1937]: The Structure of Social Action. New York: Free Press.
Parsons, T. (1994)[1939]: Aktor, Situation und normative Muster. Frankfurt am Main: Suhrkamp.
Parsons, T. (1967)[1951]: The Social System. London: Routledge.
Parsons, T. (1976)[1971]: Das System moderner Gesellschaften. 2. Auflage. München: Juventa.
Parsons, T. (1975) [1966]: Gesellschaften: evolutionäre und komparative perspektiven. Frankfurt am Main: Suhrkamp.
Parsons, T./Shils, E. A. (1962)[1951]: Toward a general theory of action. New York: Harper & Row.
Perrow, C. (1991): A Society of Organizations. In: Theory and Society 20, S. 725–76.
Pielage, P./Pries, L./Schultze, G. (Hrsg.) (2012): Soziale Ungleichheit in der Einwanderungsgesellschaft. Kategorien, Konzepte, Einflussfaktoren. Bonn: Friedrich-Ebert-Stiftung.
Pirkis, J./Spittal, M. J./Cox, G./Robinson, J./Cheung, Y. T. D./Studder, D. (2013): The effectiveness of structural interventions at suicide hotspots: a meta-analysis. International Journal of Epidemiology 42, S. 541–548.
http://ije.oxfordjournals.o.rg/content/42/2/541.full.pdf+html [27.03.2014].
PKS (2010): Polizeiliche Kriminalstatistik. Frankfurt am Main: Polizeipräsidium Frankfurt am Main.
Plessner, H. (1975) [1928]: Die Stufen des Organischen und der Mensch. Einleitung in die philosophische Anthropologie. 3. Auflage. Berlin und New York: De Gruyter.
Popitz, H. (1968): Prozesse der Machtbildung. Tübingen: Mohr.
Prashad, V. (2000): Untouchable Freedom: A Social History of a Dalit Community. Oxford: Oxford University Press.
Pries, L. (1997): Wege und Visionen von Erwerbsarbeit. Erwerbsverläufe und Arbeitsorientierungen abhängig und selbständig Beschäftigter in Mexiko. Frankfurt am Main: Lang.
Pries, L. (1998): „Arbeitsmarkt" oder „erwerbsstrukturierende Institutionen"? Theoretische Überlegungen zu einer Erwerbssoziologie. In: Kölner Zeitschrift für Soziologie und Sozialpsychologie 50, S. 159–175.
Pries, L. (1999): Die Transnationalisierung der sozialen Welt und die deutsche Soziologie. In: Soziale Welt 50, S. 383–394.
Pries, L. (2008): Die Transnationalisierung der sozialen Welt. Frankfurt am Main: Suhrkamp.
Pries, L. (2010): Transnationalisierung: Theorie und Empirie grenzüberschreitender Vergesellschaftung. Wiesbaden: VS Verlag für Sozialwissenschaften.
Pries, L. (Hrsg.) (2012): Zusammenhalt durch Vielfalt? Bindungskräfte der Vergesellschaftung im 21. Jahrhundert. Wiesbaden: Springer VS.
Pries, L. (2013): Stichwort Globalisierung-Transnationalisierung. In: Hirsch-Kreinsen, H./ Minssen, H. (Hrsg.): Lexikon der Arbeits- und Industriesoziologie. Berlin: Edition Sigma, S. 240 244.

Pries, L. (2013): Ambiguities of global and transnational collective identities. In: Global Networks 13, Heft 1 2013, S. 22–40.
Pries, L./Sezgin, Z. (Hrsg.) (2010): Jenseits von ‚Identität oder Integration': Grenzen überspannende Migrantenorganisationen. Wiesbaden: VS Verlag für Sozialwissenschaften.
Pu Yi (2004)[1964]: Ich war Kaiser von China. München: Deutscher Taschenbuch Verlag.
Quetelet, A. (1914): Soziale Physik oder Abhandlung über die Entwicklung der Fähigkeiten des Menschen. Jena: Verlag Gustav Fischer.
Rammstedt, O. (1986): Deutsche Soziologie 1933–1945. Frankfurt am Main: Suhrkamp.
Reckwitz, A. (2006): Das hybride Subjekt. Eine Theorie der Subjektkulturen von der bürgerlichen Moderne zur Postmoderne. Weilerswist: Velbrück Wissenschaft.
Reisch, T. (2009): Springen sie nicht stattdessen woanders? In: Schweizerische Ärztezeitung 90, S. 747–748.
Rehberg, K. S. (2007): Kultur. In: Joas, H. (Hrsg.), Lehrbuch der Soziologie. Frankfurt am Main und New York: Campus, S. 73–106.
Reinhold, G. (2000): Soziologie-Lexikon. 4. Auflage. München: Oldenbourg.
Riehl, W. H. (1976) [1887]: Die bürgerliche Gesellschaft. Frankfurt am Main und Berlin: Ullstein.
Ritsert, J. (2003): Einführung in die Logik der Sozialwissenschaften. Münster: Verlag Westfälisches Dampfboot.
Roth, G. (2010): Wie einzigartig ist der Mensch? Die lange Evolution der Gehirne und des Geistes. Heidelberg: Spektrum Akademischer Verlag.
Rucht, D./Neidhardt, F. (2007): Soziale Bewegungen und kollektive Aktionen. In: Joas, H. (Hrsg.): Lehrbuch der Soziologie. Frankfurt am Main und New York: Campus, S. 627–652.
Ruppert, W. (1983): Die Fabrik. München: C.H. Beck.
Sabisch, K. (2014: Geschlechtliche Uneindeutigkeit, soziale Ungleichheit? Zum Alltagserleben von intersexuellen Kindern. In: psychosozial, 37. Jg., 135, S. 55-62.
Sackmann, R. (2007): Lebenslaufanalyse und Biografieforschung. Eine Einführung. Wiesbaden: VS Verlag für Sozialwissenschaften.
Sauer, W. (Hrsg.) (1984): Der Dressierte Arbeiter. Geschichte und Gegenwart der industriellen Arbeitswelt. München: C. H.Beck.
Schäfers, B. (2004): Sozialstruktur und sozialer Wandel in Deutschland. Mit einem Anhang: Deutschland im Vergleich europäischer Sozialstrukturen. 8. vollständig neu bearbeitete Auflage. Stuttgart: UTB.
Schäfers, B. (2010): Soziales Handeln und seine Grundlagen: Normen, Werte, Sinn. In: Korte, H./Schäfers, B. (Hrsg.): Einführung in Hauptbegriffe der Soziologie. Wiesbaden: VS Verlag für Sozialwissenschaft, S. 23–44.
Scheer, A.-W. (2010): Spiele der Manager. 3. Auflage. Saarbrücken: IMC.
Schelsky, H. (1953): Wandlungen der deutschen Familie in der Gegenwart. Stuttgart: Enke.
Schelsky, H. (1957): Die skeptische Generation. Eine Soziologie der deutschen Jugend. Düsseldorf: Diederichs.
Schirm, S. (2001): Globale Märkte, nationale Politik und regionale Kooperation in Europa und den Amerikas. Baden-Baden: Nomos (2. Aufl.).
Schimank, U. (2002): Akteurskonstellationen, soziale Dynamiken und Struktureffekte. In: ders. : Handeln und Strukturen. Einführung in die akteurstheoretische Soziologie. Weinheim und München: Juventa Verlag, S. 173–205.
Schimank, U. (2007): Gruppen und Organisationen. In: Joas, Hans (Hrsg.): Lehrbuch der Soziologie. Frankfurt am Main und New York: Campus, S. 217–240.

Schmid, H. B./Schweikard, D. P. (Hrsg.) (2009): Kollektive Intentionalität – Eine Debatte über die Grundlagen des Sozialen. Frankfurt am Main: Suhrkamp.
Schulz, M. (Hrsg.) (1997): Entwicklung. Die Perspektive der Entwicklungssoziologie. Opladen: Westdeutscher Verlag.
Schütz, A. (1932): Der sinnhafte Aufbau der sozialen Welt. Eine Einleitung in die verstehende Soziologie. Wien: Springer.
Schütz, A. (1971): Gesammelte Aufsätze I. Das Problem der sozialen Wirklichkeit. Den Haag: Martinus Nijhoff.
Schütz, A./Luckmann, T. (1988): Strukturen der Lebenswelt. Frankfurt am Main: Suhrkamp.
Schützeichel, R. (Hrsg.) (2007): Handbuch Wissenssoziologie und Wissensforschung. Konstanz: UVK Verlagsgesellschaft.
Seiffert, H./Radnitzky, G. (Hrsg.) (1989): Handlexikon zur Wissenschaftstheorie. München: Ehrenwirth.
Sennet, R. (2004): Verfall und Ende des öffentlichen Lebens. Die Tyrannei der Intimität. Frankfurt am Main: Fischer.
Simmel, G. (1903): Die Großstadt. Vorträge und Aufsätze zur Städteausstellung. In: Petermann, T. (Hrsg.): Jahrbuch der Gehe-Stiftung Dresden. Band 9, S. 185–206.
Simmel G. (1999) [1908]: Der Streit. In: ders.(Hrsg.): Soziologie. Untersuchungen über die Formen der Vergesellschaftung. Gesamtausgabe, Bd. 11. 3. Auflage. Frankfurt am Main: Suhrkamp, S. 186–255.
Simmel G. (1999) [1908]: Die quantitative Bestimmtheit der Gruppe. In: ders.(Hrsg.): Soziologie. Untersuchungen über die Formen der Vergesellschaftung. Gesamtausgabe, Bd. 11. 3. Auflage. Frankfurt am Main: Suhrkamp, S. 63–159.
Simmel, G. (1999) [1908]: Soziologie. Untersuchungen über die Formen der Vergesellschaftung. Gesamtausgabe, Bd. 11. 3. Auflage. Frankfurt am Main: Suhrkamp.
Sökefeld, M. (Hrsg.) (2008): Aleviten in Deutschland. Identitätsprozesse in der Diaspora. Bielefeld: Transcript.
Sombart, W. (1902): Der moderne Kapitalismus. Erster Band. Leipzig: Duncker & Humblot; https://archive.org/stream/dermodernekapit01sombgoog#page/n4/mode/2up (19.08.2015).
Sombart, W. (1967) [1930]: Die drei Nationalökonomien. Berlin: Verlag Duncker & Humblot.
Sonnemann, U. (1969): Negative Anthropologie. Vorstudien zur Sabotage des Schicksals. Reinbek: Rororo.
Spencer, H. (2008) [1855]: First Principles. 6 Bände, Einheitsausgabe. Cambridge: Cambridge University Press.
Spencer, H. (1966): The principles of sociology. New Jersey: Transaction Publishers.
Spindler, U. (2006): Die Encyclopédie von Diderot und d'Alembert. In: Madame de Pompadour – Die Encyclopédie. http://www.historicum.net/themen/pompadour-und-ihre-zeit/leben-und-alltag/ii-encyclopedie/ [15.05.2014].
Statistisches Bundesamt (2013): Verdienststrukturerhebung. Erhebung der Struktur der Arbeitsverdienste nach § 4 Verdienststatistikgesetz. Wiesbaden: Statistisches Bundesamt.
Stehr, N. (2007): Die Moralisierung der Märkte. Eine Gesellschaftstheorie. Frankfurt/M.: Suhrkamp.
Steinert, H. (2010): Max Webers unwiderlegbare Fehlkonstruktionen: Die protestantische Ethik und der Geist des Kapitalismus. Frankfurt am Main und New York: Campus.
Stolz, J. (2000): Soziologie der Fremdenfeindlichkeit: theoretische und empirische Analysen. Fankfurt am Main und New York: Campus.

Strasser, H. /Randall, S. C. (1979): Einführung in die Theorien des sozialen Wandels. Neuwied: Luchterhand.
Straub, J. (1999): Handlung, Interpretation, Kritik. Grundzüge einer textwissenschaftlichen Handlungs- und Kulturpsychologie. Berlin/New York: de Gruyter.
Strauss, A. (1964): The social psychology of G. H. Mead. Chicago: University of Chicago Press.
SVR-Forschungsbericht (Forschungsbericht des Sachverständigenrats deutscher Stiftungen für Migration und Integration) (2014): Diskriminierung am Ausbildungsmarkt. Ausmaß, Ursachen und Handlungsperspektiven. Berlin: SVR.
Taylor, W. F.(2011) [1911]: The principles of scientific management. London: Harper & Brothers.
Tenbruck, F. H. (1989): Zur Anthropologie des Handelns. In: ders. (Hrsg.): Die kulturellen Grundlagen der Gesellschaft. Opladen: Westdeutscher Verlag.
Tenbruck, F. (1996): Perspektiven der Kultursoziologie. Opladen: Westdeutscher Verlag.
Thieme, F. (2008): Alter(n) in der alternden Gesellschaft. Eine soziologische Einführung in die Wissenschaft vom Alter(n). Wiesbaden: VS Verlag für Sozialwissenschaften.
Thomas, W. I./Thomas, D. S. (1928): The Child in America. Behaviour Problems and Programs. New York: Alfred A. Knopf.
Thomas, W. I. (1965]1951]): Person und Sozialverhalten. (Hrsg. von E. H. Volkart). Neuwied: Luchterhand.
Thomas, W. I./Znaniecki, F. (1974[1918-1920]): The Polish peasant in Europe and America. 2 Bände. New York: Dover.
Tomasello, M. (2002): Die kulturelle Entwicklung des menschlichen Denkens. Frankfurt am Main: Suhrkamp.
Tönnies, F. (2010)[1887]: Gemeinschaft und Gesellschaft. Grundbegriffe der reinen Soziologie. Darmstadt: Wissenschaftliche Buchgesellschaft.
Touraine, A. (1972)[1969]: Die postindustrielle Gesellschaft. Frankfurt am Main: Suhrkamp.
Treibel, A. (2006): Einführung in soziologische Theorien der Gegenwart. 7. Auflage. Wiesbaden: VS Verlag für Sozialwissenschaften.
Türk, K. (1989): Neuere Entwicklungen in der Organisationsforschung. Ein Trend Report. Stuttgart: Thieme.
UNESCO (2010): World Social Science Report. Paris: UNESCO.
Vester, M. (2002): Soziale Milieus im gesellschaftlichen Strukturwandel zwischen Integration und Ausgrenzung. Frankfurt am Main: Suhrkamp.
Wassermann, S./Faust, K. (1995): Social Network Analysis. New York: Cambridge University Press.
Watson, J. B. (1913): Psychology as the Behaviorist views it. In: Psychological Review 20, S. 158–177.
Weber, M. (1984) [1892]: Die Lage der Landarbeiter im ostelbischen Deutschland. Tübingen: Mohr.
Weber, M. (1976) [1922]: Wirtschaft und Gesellschaft. Grundriss der verstehenden Soziologie. Tübingen: Mohr.
Weingart, P. (Hg.) (1989): Technik als sozialer Prozeß. Frankfurt/M.: Suhrkamp.
Weisser, G. (1956b): Wirtschaft. In Ziegenfuß, W. (Hrsg.): Handbuch der Soziologie. 2 Bände. Stuttgart: Enke, S. 970–1101.
Weymann, A.(1998): Sozialer Wandel: Theorien zur Dynamik der modernen Gesellschaft. Weinheim und München: Juventa Verlag.

Whyte, W. F. (1996) [1943]: Die Street Corner Society: Die Sozialstruktur eines Italienerviertels. Berlin und New York: Walter de Gruyter.
Wimmer, A./Glick Schiller, N. (2002): Methodological nationalism and beyond: nation-state building, migration and the social sciences. In: Global Networks 2, S. 301–334.
Zapf, Wolfgang (Hrsg.) (1979): Theorien des sozialen Wandels. Königstein am Taunus: Verlag Anton Hain.
Zapf, W./Dierkes, M. (Hrsg.) (1994): Institutionenvergleich und Institutionendynamik. Berlin: WZB Jahrbuch.
Ziegler, D. (2012): Die Industrieelle Revolution: Geschichte – Kompakt. 3. Auflage. Darmstadt: Wissenschaftliche Buchgesellschaft.